Über dieses Buch

Vladik Khononov ist ein scharfsinniger Denker, der seit Jahren DDD anwendet, um reale Business-Probleme zu lösen. Seine Ideen bringen die gesamte DDD-Community immer wieder voran, und dieses Buch wird DDD-Einsteiger inspirieren.

– Nick Tune, Technology Consultant

Was mir beim Lesen der Entwürfe dieses Buchs durch den Kopf ging und was mir besonders Spaß daran gemacht hat, ist, dass es das Versprechen seines Titels erfüllt! Es ist ein einladender und informativer Praxisratgeber, der das gesamte Feld des DDD abdeckt – von der Strategie bis hin zum technischen Design. Ich habe ein tieferes Verständnis von DDD und neue Einblicke in Bereiche erhalten, in denen ich schon Erfahrung besaß, und Konzepte und Praktiken kennengelernt, mit denen ich bisher weniger zu tun hatte. Vlad ist ein wundervoller Lehrer!

– Ruth Malan, Architecture Consultant bei Bredemeyer Consulting

Vlad hat bei seiner Arbeit an ausgesprochen komplexen Projekten Erfahrungen als DDD-Praktiker gesammelt und teilt dieses Wissen immer sehr gerne. In diesem Buch erzählt er die Geschichte des DDD auf eine einmalige Art und Weise und ermöglicht uns damit, sehr viel darüber zu lernen. Dieses Buch ist für Neueinsteigerinnen und Neueinsteiger gedacht, aber auch ich, die DDD schon lange praktiziert und über DDD schreibt und spricht, habe festgestellt, dass ich durch seine Sichtweise sehr viel gelernt habe.

– Julie Lerman, Software-Coach, O'Reilly-Autorin und engagierte DDD-Advokatin

Einführung in Domain-Driven Design

Einführung in Domain-Driven Design

Von der Business-Strategie zum technischen Design

Vlad Khononov

Deutsche Übersetzung von Thomas Demmig

O'REILLY®

Wir hoffen, dass Sie Freude an diesem Buch haben und sich Ihre Erwartungen erfüllen. Falls Sie Anregungen, Wünsche und Kommentare haben, lassen Sie es uns wissen: **service@rheinwerk-verlag.de**.

Informationen zu unserem Verlag und Kontaktmöglichkeiten finden Sie auf unserer Verlagswebsite **www.dpunkt.de**. Dort können Sie sich auch umfassend über unser aktuelles Programm informieren und unsere Bücher und E-Books bestellen.

Autor: Vlad Khononov
Übersetzung: Thomas Demmig
Lektorat: Ariane Hesse
Fachliche Unterstützung: Jörn Koch, Henning Schwentner
Copy-Editing: Sibylle Feldmann, *www.richtiger-text.de*
Satz: III-satz, *www.drei-satz.de*
Herstellung: Stefanie Weidner
Covergestaltung: Karen Montgomery, Michael Oréal, *www.oreal.de*
Druck: mediaprint solutions GmbH, 33100 Paderborn

PEFC-zertifiziert
Dieses Buch stammt aus nachhaltig bewirtschafteten Wäldern und kontrollierten Quellen
PEFC
PEFC/04-31-0810
www.pefc.de

Dieses Buch wurde mit mineralölfreien Farben auf PEFC-zertifiziertem Papier aus nachhaltiger Waldwirtschaft gedruckt. Der Umwelt zuliebe verzichten wir zusätzlich auf die Einschweißfolie. Hergestellt in Deutschland.

Bibliografische Information der Deutschen Nationalbibliothek:
Die Deutsche Nationalbibliothek verzeichnet diese Publikation in der Deutschen Nationalbibliografie; detaillierte bibliografische Daten sind im Internet über *http://dnb.dnb.de* abrufbar.

ISBN Print: 978-3-96009-195-0
ISBN PDF: 978-3-96010-732-3
ISBN ePub: 978-3-96010-733-0

1. Auflage 2022, 1. Nachdruck 2025
Authorized German translation of the English edition of *Learning Domain-Driven Design* ISBN 9781098100131

Dieses Buch erscheint in Kooperation mit O'Reilly Media, Inc. unter dem Imprint »O'REILLY«.
O'REILLY ist ein Markenzeichen und eine eingetragene Marke von O'Reilly Media, Inc. und wird mit Einwilligung des Eigentümers verwendet.

Rheinwerk Verlag GmbH • Rheinwerkallee 4 • 53227 Bonn
service@rheinwerk-verlag.de

Inhalt

Teil III Domain-Driven Design in der Praxis umsetzen

Teil IV DDD und andere Methodiken und Patterns

Grußwort

Domain-Driven Design stellt eine Reihe von Praktiken bereit, um gemeinsam Software aus der Sicht des Business zu bauen – genau die Domäne und die Probleme, die Sie angehen wollen. Der Begriff wurde ursprünglich von Eric Evans im Jahr 2003 mit der Veröffentlichung des Buchs *Domain-Driven Design: Tackling Complexity in the Heart of Software* geprägt, das in der DDD-Community als »Blue Book« bezeichnet wird.

Zwar besteht das Ziel von Domain-Driven Design darin, die Komplexität zu reduzieren und einen klaren Pfad aufzuzeigen, aber es gibt dabei auch viele tolle Ideen, die ebenso auf weniger komplizierte Projekte angewendet werden können. DDD erinnert uns daran, dass Entwickler und Entwicklerinnen nicht die einzigen am Bau von Software beteiligten Personen sind. Die Domänenexperten oder Fachexperten (engl. Domain Experts), für die die Software gebaut wird, bringen ein entscheidendes Verständnis für die zu lösenden Probleme mit. Wir schaffen während der verschiedenen Stadien eine Partnerschaft, indem wir zunächst »strategisches Design« anwenden, um das Business-Problem – also die Domäne – zu verstehen. Dann teilen wir das Problem in kleinere, lösbare und miteinander verbundene Probleme auf. Die Partnerschaft mit den Domänenexperten hilft uns auch dabei, in der Sprache der Domäne zu kommunizieren, statt die Business-Seite dazu zu zwingen, die technische Sprache der Software erlernen zu müssen.

Das zweite Stadium eines DDD-basierten Projekts ist das »taktische Design«, bei dem wir die Erkenntnisse des strategischen Designs in Softwarearchitektur und -Implementierung umsetzen. Auch hier liefert das DDD wieder Ratschläge und Patterns für das Organisieren dieser Domänen und das Vermeiden zusätzlicher Komplexität. Im taktischen Design geht die Partnerschaft weiter, wenn die Domänenexperten beim Blick auf den von den Softwareteams gebauten Code ihre Domänensprache wiedererkennen.

Seit der Veröffentlichung des »Blue Book« haben nicht nur viele Organisationen von den Ideen profitiert, es hat sich auch eine Gemeinschaft aus erfahrenen DDD-Praktikern gebildet. Und die kollaborative Natur von DDD sorgt dafür, dass diese Gemeinschaft ihre Erfahrungen und Perspektiven gerne weitergibt und Tools hervorbringt, die Teams dabei helfen, diese Ideen anzunehmen und Nutzen aus ihnen zu ziehen. In einer Keynote zur Explore DDD 2019 ermutigte Eric Evans die Gemeinschaft darin, DDD weiterhin voranzubringen – und nicht nur deren Praktiken zu entwickeln, sondern auch Wege zu finden, die Ideen von DDD effektiver zu verbreiten.

Und das bringt mich dazu, warum ich ein so großer Fan von *Einführung in Domain-Driven Design* bin. Ich war von Vlad schon aufgrund seiner Vorträge auf Konferenzen und seiner anderen Texte begeistert. Er hat bei seiner Arbeit an ausgesprochen komplexen Projekten Erfahrungen als DDD-Praktiker gesammelt und teilt dieses Wissen immer sehr gerne. In diesem Buch erzählt er die Geschichte des DDD (nicht die Historie, sondern die Konzepte) auf eine einmalige Art und Weise, und er ermöglicht uns damit, sehr viel darüber zu lernen. Dieses Buch ist für Neueinsteigerinnen und Neueinsteiger gedacht, aber auch ich, die DDD schon lange praktiziert und über DDD schreibt und spricht, habe festgestellt, dass ich durch seine Sichtweise sehr viel gelernt habe. Ich habe auf das Buch in meinem DDD-Fundamentals-Kurs bei Pluralsight schon hingewiesen, bevor es überhaupt veröffentlicht wurde, und habe einige seiner Sichtweisen in Gesprächen mit Kunden weitergegeben.

Der Einstieg in DDD kann verwirrend sein. Wo wir DDD doch einsetzen, um die Komplexität von Projekten zu reduzieren, stellt Vlad DDD konsequenterweise auf eine Art und Weise vor, die die Komplexität des Themas an sich verringert. Und er macht mehr, als nur die Prinzipien von DDD vorzustellen. Im hinteren Teil des Buchs sind ein paar wichtige Praktiken beschrieben, die sich aus DDD entwickelt haben, wie zum Beispiel das EventStorming, der Umgang mit der Weiterentwicklung des Business-Fokus oder der Organisation an sich und deren Einfluss auf die Software, und es wird besprochen, wie DDD und Microservices zusammenpassen und wie Sie beides mit wohlbekannten Software-Patterns integrieren können. Ich denke, dass *Einführung in Domain-Driven Design* ein ausgezeichneter Einstieg für Neulinge sein wird, aber auch erfahrene Praktiker und Praktikerinnen davon sehr profitieren werden.

– Julie Lerman,
Software-Coach, O'Reilly-Autorin
und schon lange überzeugte DDD-Advokatin

Vorwort

Ich erinnere mich noch lebhaft an den Tag, an dem ich meinen ersten Job in der Softwareentwicklung antrat. Ich war gleichzeitig euphorisch und eingeschüchtert. Nachdem ich während meiner Zeit auf dem Gymnasium Software für lokale Firmen zusammengehackt hatte, wollte ich nun unbedingt ein »richtiger Programmierer« werden und Code für eine der größten Outsourcing-Firmen des Landes schreiben.

In meinen ersten Tagen dort zeigten mir meine neuen Kolleginnen und Kollegen die wichtigsten Dinge. Nach dem Einrichten des Firmen-E-Mail-Kontos und dem Vertrautmachen mit dem Zeiterfassungssystem ging es endlich um die interessanten Dinge: die Coding-Richtlinien und -Standards des Unternehmens. Mir wurde gesagt: »Hier schreiben wir immer gut designten Code, und wir verwenden Schichtenarchitektur .« Wir gingen die Definition jeder der drei Schichten durch – Datenzugriffs-, Business-Logik- und Präsentationsschicht – und sprachen dann über die Technologien und Frameworks für die jeweiligen Anforderungen der Schichten. Damals wurden Daten mit dem Microsoft SQL Server 2000 gespeichert, der mithilfe von ADO.NET in die Datenzugriffsschicht integriert wurde. Die Präsentationsschicht setzte wahlweise auf WinForms für Desktopanwendungen oder auf ASP.NET WebForms für das Web. Wir verbrachten recht viel Zeit mit diesen beiden Schichten, und es verwirrte mich, dass die Business-Logik-Schicht kaum Aufmerksamkeit erhielt:

> »Aber was ist mit der Business-Logik-Schicht?«
>
> »Die ist ganz einfach. Da implementierst du die Business-Logik.«
>
> »Aber was ist Business-Logik?«
>
> »Ach, Business-Logik sind all die Schleifen und if-else-Anweisungen, die du brauchst, um die Anforderungen zu erfüllen.«

An diesem Tag begann meine Forschungsreise, auf der ich herausfinden wollte, was genau Business-Logik ist und wie sie eigentlich in gut designtem Code implementiert werden sollte. Es dauerte mehr als drei Jahre, bis ich endlich die Antwort fand.

Sie lag in Eric Evans bahnbrechendem Buch *Domain-Driven Design: Tackling Complexity in the Heart of Software*. Es stellte sich heraus, dass ich nicht falschlag. Business-Logik ist tatsächlich wichtig – sie ist das Herz der Software! Leider dauerte es aber weitere drei Jahre, bis ich die Weisheiten verstand, die Eric mir mitteilte. Das Buch ist sehr fortgeschritten, und die Tatsache, dass Englisch nur meine Drittsprache ist, hat dabei nicht geholfen.

Schließlich fügte sich aber alles zusammen, und ich schloss meinen Frieden mit Domain-Driven Design (DDD). Ich lernte die Prinzipien und Patterns von DDD kennen sowie die Feinheiten des Modellierens und Implementierens der Business-Logik und wie man die Komplexität im Herzen der Software angeht, die ich gerade baute. Trotz der Schwierigkeiten war es das wert. Meine Karriere verlief durch Domain-Driven Design deutlich anders.

Warum ich dieses Buch geschrieben habe

In den letzten zehn Jahren habe ich meinen Kolleginnen und Kollegen bei den unterschiedlichsten Firmen Domain-Driven Design vorgestellt und Kurse online wie offline darüber gehalten. Die Perspektive des Lehrers hat mir nicht nur dabei geholfen, mein Wissen zu vertiefen, sondern auch, die Art und Weise zu optimieren, wie ich die Prinzipien und Patterns von Domain-Driven Design vermittle.

Wie so oft ist Unterrichten noch herausfordernder als Lernen. Ich bin ein großer Fan der Arbeit und der Vorträge von Eliyahu M. Goldratt (*https://de.wikipedia.org/wiki/Eliyahu_M._Goldratt*). Eliyahu hat gerne erzählt, dass selbst die komplexesten Systeme inhärent einfach sind, wenn man sie aus dem richtigen Winkel betrachtet. In all den Jahren, in denen ich DDD lehre, war ich auf der Suche nach einem Modell der Methodik, die die inhärente Einfachheit von Domain-Driven Design aufzeigt.

Dieses Buch ist das Ergebnis meiner Bemühungen. Sein Ziel ist es, Domain-Driven Design zu demokratisieren – es leichter zu verstehen und es besser einsetzen zu können. Ich glaube, dass die DDD-Methodik von unschätzbarem Wert ist, insbesondere wenn Sie moderne Softwaresysteme entwerfen. Dieses Buch wird Ihnen genug Werkzeuge an die Hand geben, um bei Ihrer tagtäglichen Arbeit mit dem Anwenden von Domain-Driven Design beginnen zu können.

Wer dieses Buch lesen sollte

Ich denke, dass das Wissen um Prinzipien und Patterns von Domain-Driven Design für die Softwareentwicklung auf allen Ebenen nützlich ist – beim Einstieg in die Entwicklung, während man besser wird bis hin zur Arbeit auf Leitungsebene. DDD stellt nicht nur Werkzeuge und Techniken zum Modellieren und effektiven Implementieren von Software bereit, es beleuchtet zudem einen häufig übersehenen Aspekt der Softwareentwicklung – den Kontext. Ausgestattet mit dem Wissen über das Business-Problem des Systems, werden Sie beim Wählen einer passenden Lösung viel effektiver sein, einer Lösung, die nicht zu sehr vereinfacht noch zu »overengineert« ist, sondern die Bedürfnisse und Ziele des Business erfüllt.

Domain-Driven Design ist für die Softwarearchitektur sogar noch wichtiger – und insbesondere für angehende Softwarearchitektinnen und -architekten. Seine Tools für strategische Designentscheidungen werden Ihnen dabei helfen, ein großes System in Komponenten zu unterteilen – Services, Microservices oder Subsysteme – und zu designen, wie die Komponenten miteinander interagieren, um ein System zu bilden.

Und schließlich werden wir in diesem Buch darüber sprechen, wie Sie nicht nur Software designen, sondern auch, wie Sie das Design parallel zu Änderungen im Business-Umfeld weiterentwickeln. Dieser wichtige Aspekt der Softwareentwicklung wird Ihnen dabei helfen, das Systemdesign mit der Zeit »in Form« zu halten und zu verhindern, dass es sich in einen Big Ball of Mud verwandelt.

Übersicht über das Buch

Dieses Buch ist in vier Teile unterteilt: strategisches Design, taktisches Design, DDD in der Praxis und die Beziehung zwischen DDD und anderen Methodiken und Patterns. In Teil I stellen wir Werkzeuge und Techniken für Entscheidungen zu umfassenden Designfragen vor. In Teil II konzentrieren wir uns auf den Code – die verschiedenen Wege, die Business-Logik in ein System zu integrieren. Teil III behandelt Techniken und Strategien für das Anwenden von DDD auf reale Projekte. Und in Teil IV geht es ebenfalls um Domain-Driven Design, nun aber im Kontext anderer Methodiken und Patterns.

Dies werden Sie im jeweiligen Kapitel finden:

- Kapitel 1 setzt den Rahmen für ein Softwareentwicklungsprojekt: die Fachdomäne, ihre Ziele und wie die Software sie unterstützen soll.
- Kapitel 2 stellt die Idee einer »Ubiquitous Language« vor: die Praktik von Domain-Driven Design für eine effektive Kommunikation und Wissensvermittlung.
- Kapitel 3 behandelt den Umgang mit der Komplexität von Fachdomänen und das Designen der High-Level-Architektur-Komponenten des Systems: Bounded Contexts.
- Kapitel 4 untersucht die verschiedenen Patterns (Entwurfsmuster) zum Organisieren der Kommunikation und zur Integration der Bounded Contexts.
- In Kapitel 5 beginnt der Einstieg in die Implementierungs-Patterns für die Business-Logik mit zwei Patterns, die für die einfache Business-Logik gedacht sind.
- In Kapitel 6 geht es weiter zu komplexer Business-Logik und dem dazu passenden Domain Model Pattern.

- Kapitel 7 ergänzt die Zeit-Perspektive und es führt einen noch fortgeschritteneren Weg zum Modellieren und Implementieren von Business-Logik ein: das Event-Sourced Domain Model.
- In Kapitel 8 verschiebt sich der Fokus hin zu einer höheren Ebene, und es werden drei Architektur-Patterns zum Strukturieren von Komponenten beschrieben.
- Kapitel 9 stellt die Patterns vor, die zum Orchestrieren der Arbeit der Systemkomponenten erforderlich sind.
- In Kapitel 10 werden die bisher besprochenen Patterns zu einer Handvoll einfacher Faustregeln zusammengeführt, die das Treffen von Designentscheidungen vereinfachen.
- Kapitel 11 schaut sich das Softwaredesign im zeitlichen Verlauf an und beschreibt, wie es sich im Rahmen seiner Lebensspanne verändern und weiterentwickeln sollte.
- Kapitel 12 stellt das EventStorming vor: ein Low-Tech-Workshop für das effektive Teilen von Wissen, den Aufbau eines gemeinsamen Verständnisses und das Designen von Software.
- Kapitel 13 führt die Schwierigkeiten auf, denen Sie sich eventuell gegenübersehen, wenn Sie Domain-Driven Design in bestehende Projekte einführen.
- In Kapitel 14 geht es um die Beziehung zwischen dem Microservices-Architekturstil und Domain-Driven Design: wo die Unterschiede liegen und wo sie sich gegenseitig ergänzen.
- Kapitel 15 schaut sich Patterns und Werkzeuge von Domain-Driven Design im Kontext der Event-Driven Architecture an.
- In Kapitel 16 wechseln wir schließlich noch von operationalen Systemen hin zu analytischen Datenmanagementsystemen und sprechen über das Zusammenspiel von Domain-Driven Design und der Data Mesh Architecture.

Alle diese Kapitel enden mit einer Reihe von Übungsfragen, die Sie beim Lernen unterstützen sollen. Manche der Fragen beziehen sich auf die fiktive Firma »WolfDesk«, um die verschiedenen Aspekte von Domain-Driven Design aufzuzeigen. Bitte lesen Sie sich die folgende Beschreibung von WolfDesk durch und werfen Sie auch gelegentlich erneut einen Blick darauf, wenn Sie relevante Übungsaufgaben beantworten wollen.

Beispieldomäne: WolfDesk

WolfDesk bietet ein Ticket-Management-System für Help Desks als Service an. Muss Ihr Start-up Ihren Kundinnen und Kunden Unterstützung bieten können, ist es in Nullkommanichts möglich, mithilfe von WolfDesk loszulegen.

WolfDesk nutzt ein anderes Bezahlmodell als seine Mitbewerber. Statt einen Betrag pro User zu verlangen, erlaubt es seinen Tenants (dt. Mandanten bzw. Unternehmenskunden, die die Software für den Support ihrer Kunden einsetzen), so viele Tickets wie nötig anzulegen. Die Kosten sind dann abhängig von der Anzahl der Support-Tickets, die pro Berechnungszeitraum geöffnet werden. Es gibt keinen Minimalbetrag, und es gibt automatische Volumenrabatte ab bestimmten Mengen an Tickets pro Monat: 10 % für das Öffnen von mehr als 500 Tickets, 20 % für mehr als 750 Tickets und 30 % für mehr als 1.000 Tickets.

Um zu verhindern, dass die Tenants das Geschäftsmodell missbrauchen, stellt der Algorithmus für den Ticket-Lebenszyklus sicher, dass inaktive Tickets automatisch geschlossen werden, sodass Kunden, die den Service nutzen, dazu angehalten sind, neue Tickets zu öffnen, wenn weitere Hilfe notwendig ist. Zudem implementiert WolfDesk ein Fraud Detection System, das Nachrichten analysiert und Fälle aufdeckt, in denen nicht miteinander in Zusammenhang stehende Themen im selben Ticket diskutiert werden.

Damit die Tenants bei ihrer Support-Arbeit unterstützt werden, hat WolfDesk ein »Support Autopilot«-Feature implementiert. Der Autopilot analysiert neue Tickets und versucht automatisch, eine passende Lösung in der Ticket-Historie zu finden. Die Funktionalität erlaubt es, die Nutzungsdauer der Tickets weiter zu verringern, und die Kunden werden dazu angehalten, neue Tickets für weitere Fragen zu öffnen.

WolfDesk implementiert alle denkbaren Sicherheitsstandards und -maßnahmen, um die User ihrer Tenants zu authentifizieren und zu autorisieren. Zudem können die Tenants ein Single Sign-On (SSO) auf Basis ihrer bestehenden Benutzerverwaltung konfigurieren.

Die Administrationsoberfläche erlaubt den Tenants, die möglichen Werte für die Ticket-Kategorien und eine Liste der Produkte zu konfigurieren.

Um neue Tickets nur während der Arbeitszeiten an die Support Agents des Tenants zu routen, kann man deren Arbeitszeiten in WolfDesk erfassen.

Da WolfDesk seine Services ohne Mindestgebühr anbietet, muss es seine Infrastruktur so optimieren, dass die Kosten beim Anlegen neuer Tenants minimiert werden. Dazu setzt WolfDesk auf Serverless Computing, sodass es seine Rechenressourcen flexibel an die Menge an aktiven Tickets anpassen kann.

In diesem Buch verwendete Konventionen

Die folgenden typografischen Konventionen werden in diesem Buch eingesetzt:

Kursiv
: Kennzeichnet neue Begriffe, URLs, E-Mail-Adressen, Dateinamen und Dateiendungen.

`Nichtproportionalschrift`
: Für Programmlistings, aber auch für Codefragmente in Absätzen, wie zum Beispiel Variablen- oder Funktionsnamen, Datenbanken, Datentypen, Umgebungsvariablen, Anweisungen und Schlüsselwörter.

Dieses Symbol steht für eine allgemeine Anmerkung.

Der Einsatz von Codebeispielen

Zusätzliches Material (Codebeispiele, Übungen und so weiter) finden Sie (auf Englisch) zum Herunterladen auf *https://learning-ddd.com*.

Alle Beispiele in diesem Buch sind in C# implementiert. Im Allgemeinen handelt es sich bei den Codebeispielen in den Kapiteln um Auszüge, die die besprochenen Konzepte aufzeigen sollen.

Natürlich sind die in diesem Buch behandelten Konzepte und Techniken nicht auf C# oder einen objektorientierten Ansatz beschränkt. Alles ist auch für andere Sprachen und andere Programmierparadigmen relevant. Sie dürfen daher gerne die Beispiele aus dem Buch in Ihrer Lieblingssprache implementieren und mir zukommen lassen. Ich werde sie dann auf der Website zum Buch ergänzen.

Haben Sie eine technische Frage oder ein Problem beim Einsatz der Codebeispiele, schreiben Sie bitte eine Mail an *bookquestions@oreilly.com*.

Dieses Buch soll Ihnen bei der Arbeit helfen. Generell können Sie die Codebeispiele in diesem Buch in Ihren Programmen und Ihrer Dokumentation nutzen. Sie müssen uns nicht um Erlaubnis fragen, sofern Sie nicht einen signifikanten Anteil des Codes veröffentlichen. So erfordert zum Beispiel das Schreiben eines Programms, das diverse Codeschnipsel aus diesem Buch nutzt, keine Erlaubnis. Das Verkaufen oder Bereitstellen von Beispielen aus diesem Buch benötigt hingegen eine Erlaubnis. Beantworten Sie eine Frage, indem Sie dieses Buch zitieren und Beispielcode daraus nutzen, benötigen Sie keine Erlaubnis. Übernehmen Sie einen deutlichen Teil des Beispielcodes für Ihre Produktdokumentation, müssen Sie fragen.

Wir freuen uns über eine Quellenangabe, verlangen sie aber nicht unbedingt. Zu einer Quellenangabe gehören normalerweise Titel, Autor, Verlag und ISBN – zum Beispiel: »Learning Domain-Driven Design by Vlad Khononov (O'Reilly). Copyright 2022 Vladislav Khononov, 978-1-098-10013-1.«

Wenn Sie das Gefühl haben, dass Sie die Codebeispiele über die Grenzen des Erlaubten hinaus einsetzen, können Sie uns über *permissions@oreilly.com* erreichen.

Danksagung

Ursprünglich hatte dieses Buch den Titel »What Is Domain-Driven Design?« und wurde 2019 als Report veröffentlicht. *Einführung in Domain-Driven Design* hätte das Licht der Welt nie ohne diesen Report erblickt, und ich bin denjenigen zu großem Dank verpflichtet, die »What Is Domain-Driven Design?« möglich gemacht haben: Chris Guzikowski, Ryan Shaw und Alicia Yound.[1]

Dieses Buch wäre durch den Content Director und Diversity Talent Lead Melissa Duffield ebenso wenig möglich gewesen, da sie für dieses Projekt gekämpft und es realisiert hat. Vielen Dank für all die Hilfe, Melissa!

Jill Leonard war Development Editor, Project Manager und Head Coach für dieses Buch. Ihre Rolle an diesem Buch kann gar nicht hoch genug gelobt werden. Jill – vielen Dank für all die harte Arbeit und deine Hilfe! Ein besonderer Dank dafür, dass du meine Motivation hochgehalten hast, auch als ich mit dem Gedanken spielte, meinen Namen zu ändern und ins Ausland abzutauchen.

Ein großer Dank gebührt dem Produktionsteam, durch die das Buch nicht nur geschrieben, sondern auch gelesen werden konnte: Kristen Brown, Audrey Doyle, Kate Dullea, Robert Romano und Katherine Tozer. Ich möchte hier auch dem gesamten Team von O'Reilly für seine tolle Arbeit danken. Die Arbeit mit euch ist ein Traum!

Vielen Dank an all die Menschen, die ich interviewt und mit denen ich mich beraten habe: Zófia Herendi, Scott Hirleman, Trond Hjorteland, Mark Lisker, Chris Richardson, Vaughn Vernon und Ivan Zakrevsky. Vielen Dank für eure Weisheit und dafür, dass ihr da wart, als ich Hilfe brauchte!

Ein besonderer Dank geht an das Team der Reviewer, die die frühen Entwürfe gelesen und mir dabei geholfen haben, die finale Version zu schaffen: Julie Lerman, Ruth Malan, Diana Montalion, Andrew Padilla, Rodion Promyshlennikov, Viktor Pshenitsyn, Alexei Torunov, Nick Tune, Vasiliy Vasilyuk und Rebecca Wirfs-Brock. Eure Unterstützung, euer Feedback und eure Kritik haben unfassbar viel geholfen. Danke sehr!

Auch möchte ich Kenny Baas-Schwegler, Alberto Brandolini, Eric Evans, Marco Heimeshoff, Paul Rayner, Mathias Verraes und dem Rest der tollen Domain-Driven Design Community danken. Ihr wisst, wer ihr seid. Ihr seid meine Lehrer und Mentorinnen. Vielen Dank, dass ihr euer Wissen per Social Media, Blogs und Konferenzen weitergebt!

Den größten Dank schulde ich meiner lieben Frau Vera, die mich immer bei meinen verrückten Projekten unterstützt und versucht, mich von Dingen fernzuhalten, die mich vom Schreiben abhalten. Ich verspreche, jetzt auch endlich den Keller aufzuräumen. Ganz bestimmt!

1 Bei jeder Erwähnung einer Gruppe von Personen ist die Liste alphabetisch nach Nachnamen sortiert.

Schließlich möchte ich dieses Buch unserer lieben Galina Ivanovna Tyumentseva widmen, die mich in diesem Projekt so sehr unterstützt hat und die leider während des Schreibens des Buchs von uns gegangen ist. Wir werden immer an dich denken.

#AdoptDontShop

Einleitung

Softwareentwicklung ist hart. Um dabei erfolgreich zu sein, müssen wir kontinuierlich Neues lernen – sei es das Ausprobieren neuer Sprachen, das Erforschen neuer Technologien oder das Schritthalten mit neuen, beliebten Frameworks. Aber der schwerste Aspekt Ihres Jobs ist es nicht, jede Woche ein neues JavaScript-Framework zu erlernen, es kann viel herausfordernder sein, neue Fachdomänen zu verstehen.

In unserer Karriere ist es nicht ungewöhnlich, Software für viele verschiedene Fachdomänen zu entwickeln: Finanzsysteme, medizinische Software, Online-Retailer, Marketing und viele andere. Das ist es auch, was unseren Job von vielen anderen Berufen unterscheidet. Menschen, die in anderen Branchen arbeiten, sind oft überrascht, wie viel Lernen bei der Softwareentwicklung erforderlich ist, insbesondere wenn man den Arbeitsplatz wechselt.

Schafft man es nicht, die Fachdomäne zu verstehen, führt das zu einer nicht so optimalen Implementierung der Business-Software. Leider ist das nicht ungewöhnlich. Studien besagen, dass ungefähr 70 % der Softwareprojekte nicht pünktlich fertiggestellt werden, teurer als gedacht sind oder nicht den Anforderungen der Kunden entsprechen. Mit anderen Worten – ein großer Teil der Softwareprojekte ist kein Erfolg. Dieses Problem ist so umfassend und tiefgehend, dass wir sogar einen Begriff dafür haben: die Softwarekrise.

Der Begriff *Softwarekrise* tauchte schon 1968 auf.[1] Man sollte vielleicht annehmen, dass sich die Dinge in den seitdem vergangenen 50 Jahren verbessert hätten. Unzählige Ansätze, Methodiken und Disziplinen wurden geschaffen, um die Softwareentwicklung effektiver zu machen: das Agile Manifest, Extreme Programming, Test-Driven Development, High-Level-Sprachen, DevOps und viele andere. Aber leider hat sich nicht viel getan. Projekte schlagen immer noch ziemlich häufig fehl, und die Softwarekrise ist immer noch da.

1 »Software Engineering«; Bericht zu einer Konferenz, finanziert vom NATO Science Committee, Garmisch, 7.–11. Oktober 1968.

Es wurden viele Studien durchgeführt, um die Gründe für die am häufigsten anzutreffenden Projektfehlschläge zu untersuchen.[2] Auch wenn die Forschung es nicht geschafft hat, eine einzelne Ursache zu finden, geht es in den meisten Fällen um ein gemeinsames Thema: Kommunikation. Kommunikationsprobleme, die Projekte ausbremsen, können sich auf unterschiedliche Art und Weise bemerkbar machen – zum Beispiel durch unklare Anforderungen, nicht eindeutige Projektziele oder eine ineffiziente Koordination der Arbeit zwischen verschiedenen Teams. Auch hier haben wir im Laufe der Jahre versucht, die Inter- und Intra-Team-Kommunikation durch neue Kommunikationsmöglichkeiten, -prozesse und -medien zu verbessern. Leider hat sich die Erfolgsrate unserer Projekte immer noch nicht groß verändert.

Domain-Driven Design (DDD) verspricht, die eigentliche Ursache für fehlschlagende Softwareprojekte anders anzugehen. Effektive Kommunikation ist das zentrale Thema der Werkzeuge und Praktiken von Domain-Driven Design, die Sie in diesem Buch kennenlernen werden. DDD lässt sich in zwei Teile unterteilen: Strategie und Taktik.

Die strategischen Werkzeuge von DDD werden verwendet, um Fachdomänen und Business-Strategien zu analysieren und um ein gemeinsames Verständnis des Business zwischen den verschiedenen Beteiligten zu schaffen. Dieses Wissen über die Fachdomäne nutzen wir zudem, um Designentscheidungen auf hoher Ebene zu treffen – Systeme in Komponenten zu unterteilen und ihre Integrations-Patterns zu definieren.

Die taktischen Tools von Domain-Driven Design widmen sich einem anderen Aspekt der Kommunikationsprobleme. Sie ermöglichen uns, Code so zu schreiben, dass er die Fachdomäne widerspiegelt, ihre Ziele unterstützt und die Sprache des Business spricht.

Sowohl die strategischen wie auch die taktischen Patterns und Praktiken von DDD verbinden Softwaredesign mit seiner Fachdomäne. Daher stammt der Name: (Business) Domain-Driven (Software) Design.

Domain-Driven Design ermöglicht es zwar nicht, das Wissen über neue JavaScript-Bibliotheken wie bei *Matrix* direkt in Ihr Hirn zu pflanzen, aber Sie werden so bei der Softwareentwicklung deutlich effektiver, weil das Verstehen der Fachdomäne einfacher wird und die Designentscheidungen durch die Business-Strategie geleitet werden. Wie Sie in den folgenden Kapiteln lernen werden, wird das Betreuen und Weiterentwickeln des Systems für zukünftige Business-Anforderungen umso besser, je enger die Verbindung zwischen Softwaredesign und Business-Strategie ist – was letztendlich zu erfolgreicheren Softwareprojekten führt.

Beginnen wir unsere Reise durch das Domain-Driven Design, indem wir uns die strategischen Patterns und Praktiken anschauen.

2 Siehe beispielsweise Kaur, Rupinder und Dr. Jyotsna Sengupta (2013), »Software Process Models and Analysis on Failure of Software Development Projects«, *https://arxiv.org/ftp/papers/1306/1306.1068.pdf*. Siehe auch Sudhakar, Goparaju Purna (2012), »A Model of Critical Success Factors for Software Projects«, *Journal of Enterprise Information Management* 25(6), 537–558.

TEIL I
Strategisches Design

Es ist nicht sinnvoll, über die Lösung zu sprechen, bevor wir uns über das Problem einig geworden sind, und ebenso wenig, über die Implementierungsschritte zu sprechen, bevor wir über die Lösung Klarheit haben.

– *Efrat Goldratt-Ashlag*[1]

Die Methodik von Domain-Driven Design (DDD) lässt sich in zwei große Bereiche unterteilen: in das strategische und das taktische Design. Der strategische Aspekt von DDD dreht sich um das Beantworten der Fragen nach dem »Was?« und dem »Warum?« – was für Software wir bauen und warum wir sie bauen. Im taktischen Teil geht es um das »Wie?« – wie jede Komponente implementiert wird.

Beginnen wir unsere Reise mit dem Erforschen von DDD-Patterns und -Prinzipien des strategischen Designs:

- In Kapitel 1 werden Sie lernen, die Business-Strategie eines Unternehmens zu analysieren: Welche Werte bietet es seinen Kundinnen und Kunden, und wie konkurriert es mit anderen Firmen in der Branche? Wir werden kleinere Business-Bausteine ermitteln, deren strategischen Wert herausfinden und analysieren, wie sie die verschiedenen Designentscheidungen für die Software beeinflussen.
- Kapitel 2 stellt die grundlegende Praktik von Domain-Driven Design vor, mit der man die Fachdomäne zu verstehen lernt: die *Ubiquitous Language* (die »allgegenwärtige Sprache«). Sie werden lernen, wie Sie eine Ubiquitous Language kultivieren und wie Sie sie nutzen, um ein gemeinsames Verständnis zwischen allen Projektbeteiligten zu fördern.
- Kapitel 3 dreht sich um ein weiteres zentrales Werkzeug von Domain-Driven Design: das *Bounded Context Pattern*. Sie werden erfahren, warum dieses Tool ausgesprochen wichtig ist, um eine Ubiquitous Language zu kultivieren, und wie Sie es nutzen, um gewonnenes Wissen in ein Modell der Fachdomäne umzuwandeln. Schließlich werden wir Bounded Contexts verwenden, um die größeren Komponenten des Softwaresystems zu designen.

1 Goldratt-Ashlag, E. (2010), »The Layers of Resistance – The Buy-In Process According to TOC«.

- In Kapitel 4 werden Sie die technischen und sozialen Beschränkungen kennenlernen, die Einfluss darauf haben, wie Systemkomponenten integriert werden können. Dazu stelle ich Integrations-Patterns vor, die unterschiedliche Situationen und Beschränkungen angehen. Wir werden darüber sprechen, wie jedes Pattern die Zusammenarbeit zwischen den Teams zur Softwareentwicklung und das Design der Komponenten-APIs beeinflusst.

  Am Ende des Kapitels stellen wir eine *Context Map* vor – eine grafische Darstellung, die die Kommunikation zwischen den Bounded Contexts eines Systems aufzeigt und einen Überblick über die Integrations- und Kollaborationslandschafen des Projekts ermöglicht.

KAPITEL 1

Fachdomänen analysieren

Wenn Sie so sind wie ich, lieben Sie das Schreiben von Code: Sie lösen komplexe Probleme, sorgen für elegante Lösungen und erschaffen ganz neue Welten, indem Sie sorgfältig deren Regeln, Strukturen und Verhaltensweisen formen. Ich glaube, dass es das ist, was Sie am Domain-Driven Design (DDD) interessiert: Sie wollen in Ihrem Handwerk besser werden. In diesem Kapitel geht es allerdings nicht um das Schreiben von Code. Hier werden Sie lernen, wie Firmen funktionieren: warum es sie gibt, welche Ziele sie verfolgen und wie ihre Strategien zum Erreichen dieser Ziele aussehen.

Wenn ich dieses Material in meinen Kursen zum Domain-Driven Design unterrichte, fragen viele Studierende tatsächlich: »Müssen wir das alles wissen? Wir schreiben Software – aber wir führen keine Firma.« Die Antwort auf diese Frage ist ein klares »Ja«. Um eine effektive Lösung zu entwerfen und zu bauen, müssen Sie das Problem verstehen – in unserem Kontext das Softwaresystem, das wir bauen müssen. Um es zu verstehen, müssen Sie den Kontext verstehen, in dem es existiert – die Business-Strategie der Organisation und welchen Wert sie mit dem Bauen der Software schaffen will.

In diesem Kapitel werden Sie Werkzeuge von Domain-Driven Design zum Analysieren der Fachdomäne einer Firma und ihrer Strukturen kennenlernen – ihre Core, Supporting und Generic Subdomains. Dieses Material ist die Grundlage für das Designen von Software. In den restlichen Kapiteln werde ich die verschiedenen Wege vorstellen, auf denen diese Konzepte Einfluss auf das Softwaredesign haben.

Was ist eine Fachdomäne?

Eine Fachdomäne definiert die Hauptaktivitäten einer Firma. Im Allgemeinen ist es der Service, den die Firma ihren Kundinnen und Kunden anbietet, zum Beispiel:

- FedEx bietet eine Kurierzustellung.
- Starbucks ist vor allem für seinen Kaffee bekannt.
- Walmart ist eines der bekanntesten Einzelhandelsunternehmen.

Eine Firma kann in mehreren Fachdomänen tätig sein. So ist Amazon Einzelhändler, bietet aber auch Cloud-Computing-Services. Uber ist eine Rideshare-Firma, die zudem Essen ausliefert und bei der man Fahrräder ausleihen kann.

Es ist wichtig, darauf hinzuweisen, dass Unternehmen ihre Fachdomänen häufig wechseln können. Ein klassisches Beispiel dafür ist Nokia, das im Lauf der Jahre in so unterschiedlichen Branchen wie Holzverarbeitung, Gummiverarbeitung, Telekommunikation und Mobilkommunikation unterwegs war.

Was ist eine Subdomain?

Um die Ziele einer Fachdomäne zu erreichen, muss ein Unternehmen in mehreren *Subdomains* (Unter- oder Teildomänen) agieren. Eine Subdomain ist ein kleinerer Bereich der Business-Aktivitäten. Alle Subdomains einer Firma zusammen bilden ihre Fachdomäne – den Service, den sie ihren Kundinnen und Kunden bietet. Das Implementieren einer einzelnen Subdomain reicht nicht aus, damit ein Unternehmen erfolgreich ist – es ist nur ein Baustein im Gesamtsystem. Die Subdomains müssen miteinander interagieren, um die Ziele der Firma in ihrer Fachdomäne erreichen zu können. So mag Starbucks beispielsweise vor allem für seinen Kaffee bekannt sein, aber für den Aufbau einer erfolgreichen Kaffeehauskette muss man mehr können, als nur zu wissen, wie man großartigen Kaffee macht. Sie müssen auch Räumlichkeiten an guten Standorten kaufen oder mieten, Personal einstellen und sich um die Finanzen kümmern – neben vielem anderen. Keine dieser Subdomains wird allein für ein profitables Unternehmen sorgen. Alle zusammen sind notwendig, damit sich eine Firma in ihrer einen oder ihren mehreren Fachdomänen behaupten kann.

Arten von Subdomains

So wie ein Softwaresystem unterschiedliche Architekturkomponenten zusammenführt – Datenbanken, Frontend-Anwendungen, Backend-Services und so weiter –, stehen Subdomains für unterschiedliche Strategien oder Business-Werte. Das Domain-Driven Design unterscheidet zwischen drei Arten von Subdomains: Core, Generic und Supporting. Schauen wir uns an, wie sie sich aus Sicht einer Firmenstrategie unterscheiden.

Core Subdomains

Eine *Core Subdomain* (zentrale Subdomain) ist das, was eine Firma anders als ihre Konkurrenten macht. Dazu kann das Entwickeln neuer Produkte oder Services gehören, aber auch das Verringern von Kosten durch Optimierung bestehender Prozesse.

Nehmen wir Uber als Beispiel. Zunächst hat die Firma mit dem Ridesharing eine neue Form des Personentransports angeboten. Als die Konkurrenz aufholte, fand

Uber Wege, ihr Kerngeschäft zu optimieren und weiterzuentwickeln – zum Beispiel durch das Verringern von Kosten, indem Fahrgäste zusammengebracht wurden, die in die gleiche Richtung wollten.

Die Core Subdomains beziehen sich auf die Quintessenz von Uber – wie sich die Firma von ihren Mitbewerbern abhebt. Das ist ihre Strategie zum Bereitstellen eines besseren Service für die Kundinnen und Kunden und/oder das Maximieren ihrer Profitabilität. Um einen Wettbewerbsvorteil zu behalten, gehören zu den Core Subdomains Erfindungen, kluges Optimieren, Business-Know-how oder anderes geistiges Eigentum.

Schauen wir uns ein anderes Beispiel – den Ranking-Algorithmus von Google Search an. Aktuell ist die Werbeplattform von Google die Haupteinnahmequelle der Firma. Dabei ist Google Ads keine Subdomain, sondern stattdessen eine eigene Fachdomäne mit eigenen Subdomains, neben der noch der Cloud-Computing-Service (Google Cloud Platform), Produktivitäts- und Kollaborationstools (Google Workspaces) und andere Bereiche stehen, in denen Alphabet – Googles Muttergesellschaft – aktiv ist. Aber was ist nun mit Google Search und seinem Ranking-Algorithmus? Auch wenn die Suchmaschine kein zu bezahlender Dienst ist, agiert sie doch als größte Plattform zum Anzeigen von Google Ads. Die Fähigkeit, ausgesprochen gute Suchergebnisse zu liefern, sorgt für Traffic und ist damit eine wichtige Komponente der Ads-Plattform. Werden nur suboptimale Suchergebnisse geliefert, weil es einen Fehler im Algorithmus gibt oder ein Mittbewerber einen noch besseren Suchservice bietet, wird das die Einnahmen der Werbeplattform beeinträchtigen. Daher ist der Ranking-Algorithmus für Google eine Core Subdomain.

Komplexität Eine Core Subdomain, die sich leicht implementieren lässt, kann nur kurzzeitig für einen Wettbewerbsvorteil sorgen. Daher sind Core Subdomains naturgemäß komplex. Kehren wir nochmals zum Uber-Beispiel zurück: Die Firma hat nicht nur einen neuen Markt durch das Ridesharing geschaffen, es hat auch eine jahrzehntealte monolithische Architektur aufgebrochen – die Taxi-Branche –, indem sie gezielt Technologie eingesetzt hat. Weil Uber ihre Fachdomäne verstanden hat, war es dazu in der Lage, eine zuverlässigere und transparentere Transportmethode zu entwerfen. Es sollte hohe Einstiegshürden für das Core Business eines Unternehmens geben – die Konkurrenz sollte es schwer haben, die Lösung der Firma zu kopieren oder zu imitieren.

Gründe für einen Wettbewerbsvorteil Es ist wichtig, hervorzuheben, dass Core Subdomains nicht unbedingt technisch sein müssen. Nicht alle Business-Probleme lassen sich durch Algorithmen oder auf andere Weise technisch lösen. Der Wettbewerbsvorteil eines Unternehmens kann unterschiedliche Gründe haben.

Stellen Sie sich beispielsweise eine Juwelierin vor, die ihre Produkte online verkauft. Der Onlineshop ist wichtig, aber dabei handelt sich nicht um eine Core Subdomain – das ist das Schmuckdesign. Die Firma kann eine bestehende, fertige Onlineshop-Engine nutzen, aber sie kann nicht das Schmuckdesign outsourcen. Das

Design ist der Grund dafür, dass Kundinnen und Kunden die Produkte der Juwelierin kaufen und die Marke in Erinnerung behalten.

Ein kniffligeres Beispiel: Denken Sie an eine Firma, die sich auf *manuelle* Betrugserkennung spezialisiert hat. Sie trainiert ihre Analysten und Analystinnen darin, fragliche Dokumente durchzugehen und mögliche Betrugsfälle zu kennzeichnen. Sie bauen das Softwaresystem, mit dem die Analysten arbeiten. Ist das eine Core Subdomain? Nein. Die Core Subdomain ist die Arbeit, die von den Mitarbeitenden erledigt wird. Das System, das Sie bauen, hat nichts mit der Betrugserkennung zu tun – es zeigt nur die Dokumente an und erfasst die Kommentare der Mitarbeitenden.

Core Subdomain versus Core Domain

Core Subdomains werden auch als Core Domains bezeichnet. So nutzt Eric Evans beispielsweise im Blue Book »Core Subdomain« und »Core Domain« synonym. Auch wenn der Begriff »Core Domain« häufiger verwendet wird, bevorzuge ich doch aus einer Reihe von Gründen die »Core Subdomain«. Zum einen ist es eine *Subdomain*, und ich möchte vermeiden, sie mit *Fachdomänen* zu verwechseln. Und zum anderen ist es, wie Sie in Kapitel 11 noch lernen werden, nicht unüblich, dass sich Subdomains mit der Zeit weiterentwickeln und ihre Art ändern. So kann sich beispielsweise eine Generic Subdomain zu einer Core Subdomain wandeln. Daher ist es klarer, davon zu sprechen, dass sich eine *Generic* Subdomain in eine *Core* Subdomain weiterentwickelt hat, als dass eine Generic *Subdomain* zu einer Core *Domain* geworden ist.

Generic Subdomains

Generic Subdomains sind Geschäftsaktivitäten, die alle Unternehmen auf die gleiche Art und Weise durchführen. Wie Core Subdomains sind Generic Subdomains im Allgemeinen komplex und nicht einfach zu implementieren. Aber Generic Subdomains liefern der Firma keinen Wettbewerbsvorteil. Es gibt hier keinen Grund für Innovation und Optimierung: Bewährte Implementierungen sind allgemein verfügbar, und alle Unternehmen setzen diese ein.

So müssen beispielsweise die meisten Systeme ihre Anwenderinnen und Anwender authentifizieren und autorisieren. Statt einen eigenen Authentifizierungsmechanismus zu erfinden, ist es viel sinnvoller, eine bestehende Lösung zu verwenden. Diese wird wahrscheinlich zuverlässiger und sicherer sein, weil sie schon von vielen anderen Firmen mit den gleichen Anforderungen getestet wurde.

Schauen wir uns auch nochmals das Beispiel der Juwelierin an, die ihre Produkte online verkauft. Schmuckdesign ist eine Core Subdomain, aber der Onlineshop ist eine Generic Subdomain. Der Einsatz der gleichen Onlineverkaufsplattform – der gleichen generischen Lösung – wie die Wettbewerber hat keinen Einfluss auf den Wettbewerbsvorteil der Juwelierin.

Supporting Subdomains

Wie der Name schon andeutet, unterstützen *Supporting Subdomains* das eigentliche Geschäft der Firma. Aber anders als Core Subdomains bieten Supporting Subdomains keinen Wettbewerbsvorteil.

Denken Sie beispielsweise an eine Onlinewerbeagentur, zu deren Core Subdomains das Abgleichen von Werbung und Besucherinnen und Besuchern, das Optimieren der Effektivität der Werbung und das Minimieren der Kosten für die Werbefläche gehören. Um in diesen Bereichen Erfolg zu haben, muss das Unternehmen sein kreatives Material katalogisieren. Die Art und Weise, wie die Firma ihre physischen kreativen Materialien – wie Banner und Landing Pages – ablegt und indexiert, hat keinen Einfluss auf ihren Profit. Es gibt in diesem Bereich nichts zu erfinden oder zu optimieren. Andererseits ist dieser Kreativkatalog für die Umsetzung der Werbemanagement- und Auslieferungssysteme des Unternehmens unerlässlich. Die Lösung zur Katalogisierung von Inhalten wird damit zu einer Supporting Subdomain des Unternehmens.

Supporting Subdomains unterscheiden sich in der Komplexität ihrer Business-Logik. Sie sind einfach. Ihre Business-Logik besteht vor allem aus Benutzeroberflächen zum Eingeben von Daten und ETL-Operationen (*Extract, Transform, Load*) – also sogenannten CRUD-Schnittstellen (*Create, Read, Update, Delete*). Diese Aktivitäten bieten der Firma keinen Wettbewerbsvorteil und erfordern daher keine hohen Einstiegshürden.

Subdomains vergleichen

Nachdem wir nun die drei Arten von Business Subdomains kennengelernt haben, wollen wir ihre Unterschiede aus verschiedenen Blickwinkeln betrachten und herausfinden, wie sie strategische Entscheidungen beim Softwaredesign beeinflussen.

Wettbewerbsvorteil

Nur Core Subdomains liefern einer Firma einen Wettbewerbsvorteil. Core Subdomains sind die Strategie einer Firma, mit der sie sich von ihren Wettbewerbern unterscheidet.

Generic Subdomains können laut Definition keinen Wettbewerbsvorteil liefern. Es handelt sich um generische Lösungen – die gleichen Lösungen, die auch von anderen Firmen eingesetzt werden.

Supporting Subdomains besitzen niedrige Einstiegshürden und können auch keinen Wettbewerbsvorteil liefern. Normalerweise wird sich eine Firma nicht darum scheren, wenn ein Wettbewerber ihre Supporting Subdomains kopiert – das hat keinen Einfluss auf die Wettbewerbsfähigkeit in der Branche. Ganz im Gegenteil: Aus strategischer Sicht wird das Unternehmen es bevorzugen, wenn seine Supporting Subdomains generische und direkt nutzbare Lösungen sind, weil es so keine eigene Implementierung entwerfen und bauen muss. Sie werden solche Fälle vom

Umwandeln von Supporting Subdomains in Generic Subdomains (und andere mögliche Permutationen) in Kapitel 11 kennenlernen. Eine Fallstudie eines echten Szenarios wird in Anhang A vorgestellt.

Je komplexer die Probleme sind, die eine Firma angehen kann, desto mehr Wert kann sie bieten. Die komplexen Probleme sind nicht darauf beschränkt, Kundinnen und Kunden Services anzubieten. Ein komplexes Problem kann beispielsweise auch sein, das Business besser zu optimieren und effizienter zu gestalten. So ist es auch ein Wettbewerbsvorteil, den gleichen Service zu bieten wie ein Wettbewerber, dabei aber niedrigere operationale Kosten zu haben.

Komplexität

Aus eher technischer Sicht ist es wichtig, die Subdomains eines Unternehmens zu ermitteln, weil die verschiedenen Arten von Subdomains auch unterschiedliche Komplexität besitzen. Beim Designen von Software müssen wir Werkzeuge und Techniken wählen, die zur Komplexität der Business-Anforderungen passen. Daher ist es für das Designen einer stabilen Softwarelösung entscheidend, die Subdomains herauszufinden.

Die Business-Logik von Supporting Subdomains ist einfach. Es handelt sich um simple ETL-Operationen und CRUD-Schnittstellen, und die Business-Logik ist offensichtlich. Häufig geht es nicht über das Validieren von Eingabedaten oder das Umwandeln von Daten zwischen Strukturen hinaus.

Generic Subdomains sind viel komplexer. Es dürfte einen guten Grund geben, warum andere schon Zeit und Aufwand in das Lösen dieser Probleme gesteckt haben. Diese Lösungen sind weder einfach noch trivial. Denken Sie beispielsweise an Verschlüsselungsalgorithmen oder Authentifizierungsmechanismen.

Aus Sicht des verfügbaren Wissens sind Generic Subdomains »bekannte Unbekannte«. Es handelt sich um Dinge, von denen Sie wissen, dass Sie sich damit nicht genauer auskennen. Zudem ist dieses Wissen problemlos verfügbar. Sie können entweder auf branchenweit akzeptierte Best Practices zurückgreifen oder bei Bedarf eine Beraterin oder einen Spezialisten auf diesem Gebiet engagieren, die dabei helfen können, eine eigene Lösung zu entwerfen.

Core Subdomains sind komplex. Sie sollten für Wettbewerber so schwer wie möglich zu kopieren sein – die Profitabilität der Firma hängt davon ab. Darum versuchen Unternehmen aus strategischer Sicht, komplexe Probleme mithilfe ihrer Core Subdomains zu lösen.

Manchmal mag es schwierig sein, zwischen Core und Supporting Subdomain zu unterscheiden. Die Komplexität ist da eine nützliche Richtschnur. Fragen Sie sich, ob die Subdomain zu einem Nebengeschäft umgewandelt werden kann. Würde jemand dafür bezahlen? Wenn das der Fall ist, handelt es sich um eine Core Subdomain. Ähnliches gilt für die Unterscheidung zwischen Supporting und Generic

Subdomains: Wäre es einfacher und günstiger, Ihre eigene Implementierung zusammenzuschrauben, statt eine externe zu integrieren? Wenn ja, handelt es sich um eine Supporting Subdomain.

Aus technischerer Sicht ist es wichtig, die Core Subdomains herauszufinden, deren Komplexität das Softwaredesign beeinflussen wird. Wie schon erwähnt, ist eine Core Subdomain nicht notwendigerweise mit Software verbunden. Eine weitere nützliche Richtschnur für das Ermitteln von softwarebezogenen Core Subdomains ist das Bestimmen der Komplexität der Business-Logik, die Sie modellieren und im Code implementieren müssen. Spiegelt die Business-Logik CRUD-Schnittstellen für die Dateneingabe wider, oder müssen Sie komplexe Algorithmen und Geschäftsprozesse implementieren, die durch komplexe Business-Regeln und Invarianten orchestriert werden? Im ersten Fall ist das ein Zeichen für eine Supporting Subdomain, während der zweite Fall typisch für eine Core Subdomain ist.

Das Diagramm in Abbildung 1-1 zeigt das Verhältnis zwischen den drei Arten von Subdomains anhand der Business-Abgrenzung und der Komplexität der Business-Logik. Die Schnittmenge zwischen Supporting und Generic Subdomains ist ein Graubereich – sie kann beides sein. Gibt es eine generische Lösung für die Funktionalität einer Supporting Subdomain, hängt die Art der Subdomain davon ab, ob es einfacher und/oder günstiger ist, die generische Lösung zu implementieren, statt die Funktionalität komplett selbst zu bauen.

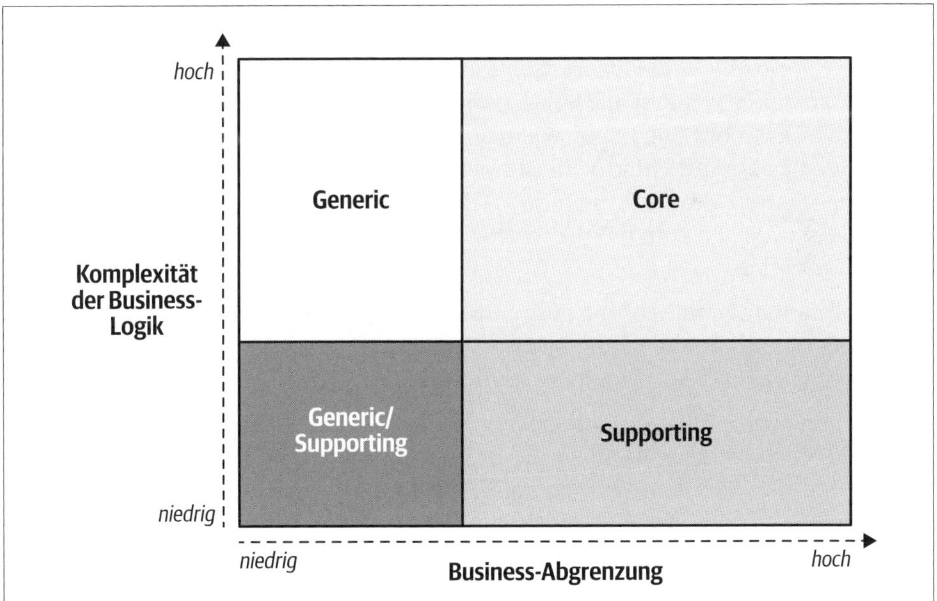

Abbildung 1-1: Die Business-Abgrenzung und die Komplexität der Business-Logik der drei Arten von Subdomains

Volatilität

Wie schon erwähnt, können sich Core Subdomains häufig ändern. Lässt sich ein Problem auf Anhieb lösen, bietet die Lösung vermutlich keinen guten Wettbewerbsvorteil – andere Firmen werden schnell aufholen. Konsequenterweise entwickeln sich Lösungen für Core Subdomains weiter. Es müssen unterschiedliche Implementierungen ausprobiert, verbessert und optimiert werden. Zudem ist die Arbeit an Core Subdomains niemals getan. Firmen erneuern Core Subdomains kontinuierlich und entwickeln sie weiter. Die Änderungen manifestieren sich entweder als neue Features oder als das Optimieren bestehender Funktionalität. In beiden Fällen ist die andauernde Weiterentwicklung der Core Subdomains für eine Firma unabdingbar, um ihren Wettbewerbern voraus zu sein.

Im Gegensatz zu den Core Subdomains ändern sich Supporting Subdomains nicht so häufig. Sie bieten der Firma keinen Wettbewerbsvorteil, und daher liefert die Weiterentwicklung einer Supporting Subdomain nur wenig Business-Wert, wenn man sie mit dem Aufwand, der in eine Core Subdomain investiert wird, vergleicht.

Trotz bestehender Lösungen können sich Generic Subdomains mit der Zeit ändern. Solche Änderungen sind Sicherheits-Patches, Fehlerkorrekturen oder völlig neue Lösungen für die generischen Probleme.

Lösungsstrategien

Core Subdomains ermöglichen der Firma, sich gegen andere Mitspieler in der Branche zu behaupten. Das ist eine geschäftskritische Verantwortung, aber heißt das, dass Supporting und Generic Subdomains nicht wichtig sind? Natürlich nicht. Das Unternehmen braucht alle Subdomains, die in seiner Fachdomäne zusammenarbeiten. Die Subdomains sind wie grundlegende Bausteine: Nehmen Sie einen weg, kann die gesamte Struktur zusammenbrechen. Daher können wir die inhärenten Eigenschaften der verschiedenen Arten von Subdomains nutzen, um Implementationsstrategien zum möglichst effizienten Implementieren jeder Art von Subdomain zu finden.

Core Subdomains müssen in-house implementiert werden. Sie können nicht gekauft oder übernommen werden – das würde die Idee des Wettbewerbsvorteils unterminieren, da die Wettbewerber das Gleiche tun könnten.

Es wäre auch nicht klug, die Implementierung einer Core Subdomain auszulagern. Es handelt sich um eine strategische Investition. Es ist nicht nur riskant, am falschen Ende bei einer Core Subdomain zu sparen, es kann langfristig auch fatale Folgen haben: beispielsweise unwartbare Codebasen, die die Ziele der Firma nicht unterstützen können. Die besten Talente der Organisation sollten an den Core Subdomains arbeiten. Zudem ermöglicht eine In-house-Implementierung der Core Subdomains, schneller Änderungen an der Lösung vorzunehmen, sie weiterzuentwickeln und damit den Wettbewerbsvorteil in kürzerer Zeit auszubauen.

Da davon auszugehen ist, dass sich die Anforderungen von Core Subdomains häufig und regelmäßig ändern, muss die Lösung wartbar und leicht anpassbar sein. Daher ist für Core Subdomains eine Implementierung mit den ausgefeiltesten Entwicklungstechniken erforderlich.

Da Generic Subdomains schwierige, aber schon gelöste Probleme enthalten, ist es kostengünstiger, ein fertiges Produkt zu kaufen oder eine Open-Source-Lösung anzupassen, als Zeit und Aufwand in das In-house-Implementieren einer Generic Subdomain zu stecken.

Der fehlende Wettbewerbsvorteil macht es sinnvoll, das In-house-Implementieren von Supporting Subdomains zu vermeiden. Aber anders als bei Generic Subdomains sind keine fertigen Lösungen verfügbar. Daher hat eine Firma keine andere Wahl, als Supporting Subdomains selbst zu implementieren. Die Einfachheit der Business-Logik und die seltenen Änderungen machen es hier jedoch leicht, günstig zu arbeiten.

Supporting Subdomains erfordern keine ausgefeilten Design-Patterns oder andere fortgeschrittene Entwicklungstechniken. Ein Rapid Application Development Framework reicht aus, um die Business-Logik zu implementieren, ohne unabsichtlich Komplexität zu schaffen.

Aus Mitarbeiterperspektive erfordern Supporting Subdomains keine hoch qualifizierten Techniktalente. Stattdessen bieten sie eine großartige Möglichkeit für kommende Talente, sich zu entwickeln. Heben Sie sich Entwicklerinnen und Entwickler in Ihrem Team, die Erfahrung mit komplexen Herausforderungen haben, für die Core Subdomains auf. Schließlich sei auch noch gesagt, dass die Einfachheit der Business-Logik die Supporting Subdomains zu guten Kandidaten für ein Outsourcing machen.

Tabelle 1-1 fasst die Aspekte zusammen, die die Unterschiede zwischen den Subdomains ausmachen.

Tabelle 1-1: Die Unterschiede zwischen den drei Arten von Subdomains

Art der Subdomain	Wettbewerbsvorteil	Komplexität	Volatilität	Implementierung	Problem
Core	Ja	Hoch	Hoch	In-house	Interessant
Generic	Nein	Hoch	Niedrig	Kaufen/Anpassen	Gelöst
Supporting	Nein	Niedrig	Niedrig	In-house/Outsourcing	Offensichtlich

Grenzen von Subdomains ermitteln

Wie Sie schon sehen können, kann das Ermitteln der Subdomains und ihrer Art dabei helfen, Designentscheidungen beim Bauen von Softwarelösungen zu treffen. In späteren Kapiteln werden Sie noch mehr Wege kennenlernen, wie Sie Subdomains nutzen können, um den Softwaredesignprozess zu optimieren. Aber wie identifizieren wir überhaupt die Subdomains und ihre Grenzen?

Die Subdomains und ihre Art werden durch die Business-Strategie des Unternehmens definiert – dessen Fachdomänen und wie sich das Untenehmen von anderen Firmen im selben Bereich unterscheidet. Bei einem Großteil der Softwareprojekte sind die Subdomains auf die eine oder andere Art und Weise »schon da«. Das heißt natürlich nicht, dass es immer einfach und klar ist, deren Grenzen zu erkennen. Fragen Sie eine CEO nach einer Liste der Subdomains ihrer Firma, werden Sie vermutlich nur große Augen zu sehen bekommen. Dieses Konzept wird den meisten nicht bekannt sein. Daher werden Sie die Analyse der Fachdomäne selbst durchführen müssen, um die beteiligten Subdomains zu erkennen und einzuordnen.

Ein guter Ausgangspunkt sind die Abteilungen und anderen Organisationseinheiten der Firma. So gehören beispielsweise zu einem Online-Retail-Unternehmen unter anderem das Lager, der Kundenservice, die Kommissionierung, das Versenden, die Qualitätssicherung und die Channel-Management-Abteilungen. Das sind allerdings recht grob geschnittene Aktivitätsbereiche. Nehmen Sie beispielsweise die Kundenserviceabteilung. Man kann durchaus annehmen, dass es sich dabei um eine Supporting oder sogar eine Generic Subdomain handelt, da diese Funktion oft an Fremdfirmen ausgelagert wird. Aber reicht uns diese Information wirklich aus, um vernünftige Softwaredesignentscheidungen treffen zu können?

Subdomains destillieren

Grob geschnittene Subdomains sind ein guter Start, aber der Teufel steckt im Detail. Wir müssen sicherstellen, dass uns keine wichtigen Informationen verloren gehen, die sich in den Feinheiten der Business-Funktion verstecken.

Kehren wir zum Beispiel mit der Kundenserviceabteilung zurück. Schauen wir uns deren interne Arbeitsweise an, stellen wir fest, dass eine typische Kundenserviceabteilung aus kleineren Komponenten besteht, wie zum Beispiel einem Help-Desk-System sowie Schichtmanagement und Schichtplanung, Telefonsystem und so weiter. Betrachtet man diese Aktivitäten als einzelne Subdomains, können sie unterschiedliche Arten vertreten – Help Desk und Telefonsystem sind Generic Subdomains, und das Schichtmanagement ist eine Supporting Subdomain, aber eine Firma entwirft eventuell einen eigenen pfiffigen Algorithmus, um Meldungen an Bearbeiter zu routen, die in der Vergangenheit schon ähnliche Fälle erfolgreich lösen konnten. Der Routing-Algorithmus erfordert das Analysieren eintreffender Fälle und das Auffinden von Ähnlichkeiten in vergangenen Fällen – beides sind keine trivialen Aufgaben. Da der Algorithmus dem Unternehmen erlaubt, einen besseren Kundenservice zu bieten als seine Mitbewerber, ist der Routing-Algorithmus eine Core Subdomain. Dieses Beispiel ist in Abbildung 1-2 dargestellt.

Andererseits können wir nicht unendlich tief bohren, um nach immer detaillierteren Zusammenhängen zu suchen. Wo sollten wir da aufhören?

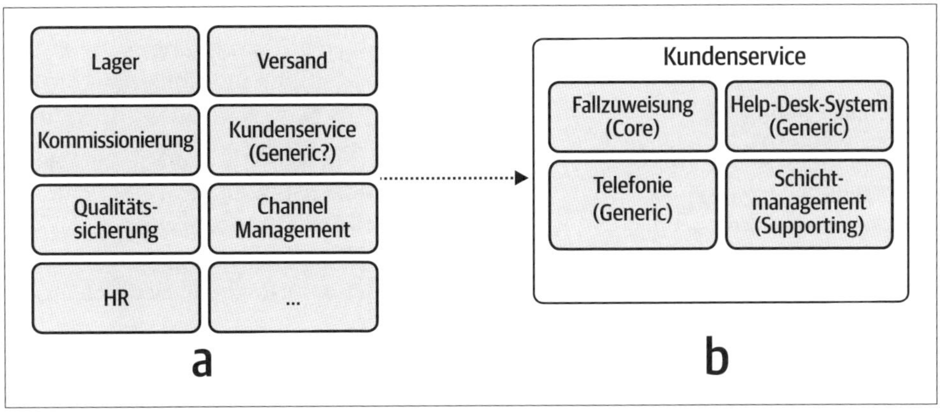

Abbildung 1-2: Die interne Arbeitsweise einer möglichen Generic Subdomain analysieren, um die kleinere Core Subdomain, die Supporting Subdomain und zwei Generic Subdomains zu finden

Subdomains als kohärente Use Cases

Aus technischer Perspektive handelt es sich bei Subdomains um Gruppen zusammengehöriger kohärenter Use Cases. Solche Gruppen von Use Cases beinhalten normalerweise den gleichen Akteur sowie die gleiche Business Entity, und sie bearbeiten alle eng miteinander in Verbindung stehenden Daten.

Schauen Sie sich das Use-Case-Diagramm für ein Gateway zur Kreditkartenzahlung in Abbildung 1-3 an. Die Use Cases sind durch die verwendeten Daten und die beteiligten Akteure eng miteinander verbunden. Daher bilden alle Use Cases zusammen die Credit Card Payment Subdomain.

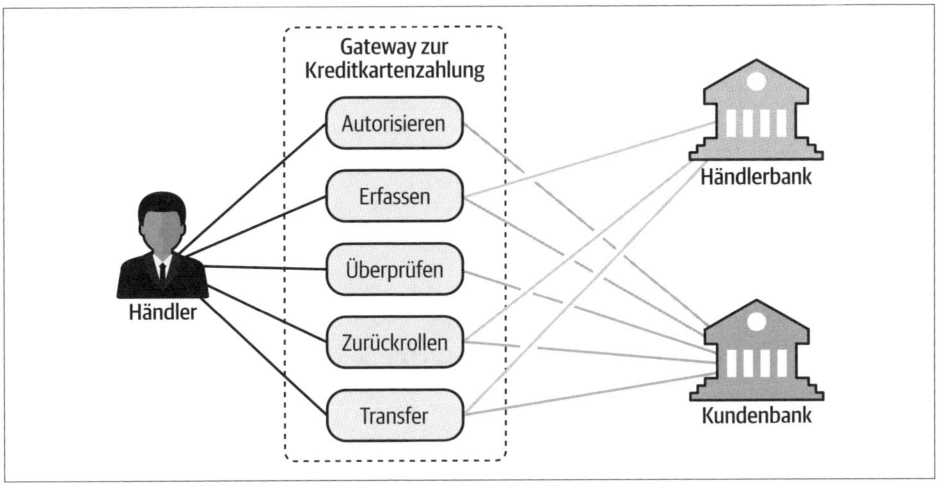

Abbildung 1-3: Use-Case-Diagramm einer Credit Card Payment Subdomain

Sollten Sie immer versuchen, solche scharf definierten Subdomain-Grenzen zu finden? Für Core Subdomains ist das definitiv notwendig. Dies sind die wichtigsten, volatilsten und komplexesten Subdomains. Es ist entscheidend, dass wir sie so gut wie möglich herausdestillieren, da wir so jegliche Generic- und Supporting-Funktionalität davon trennen und uns auf eine viel fokussiertere Funktionalität konzentrieren können.

Das Destillieren kann für Supporting und Generic Subdomains deutlich entspannter geschehen. Wenn ein weiteres Bohren keine neuen Einblicke ermöglicht, die dabei helfen können, Entscheidungen für das Softwaredesign zu treffen, kann das ein guter Moment sein, aufzuhören. Das ist beispielsweise der Fall, wenn alle feiner aufgelösten Subdomains von selben Art sind wie die ursprüngliche Subdomain.

Schauen Sie sich das Beispiel in Abbildung 1-4 an. Ein weiteres Destillieren der Help-Desk-Subdomain ist weniger sinnvoll, da keine strategischen Informationen auftauchen und ein fertiges Tool als Lösung zum Einsatz kommen kann.

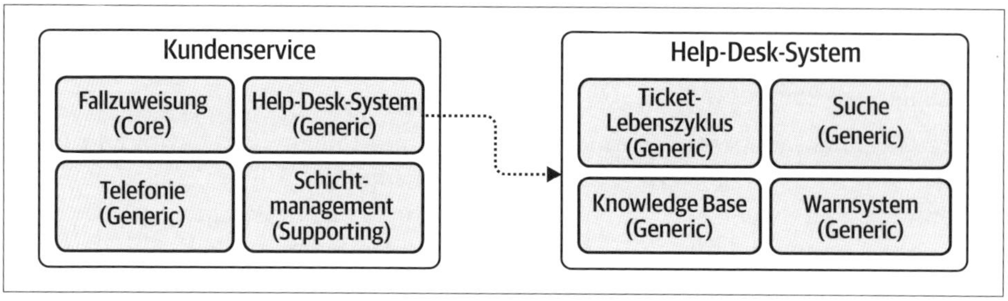

Abbildung 1-4: Destillieren der Help-Desk-System-Subdomain und Aufdecken der inneren Komponenten

Eine weitere wichtige Frage, die beim Identifizieren der Subdomains berücksichtigt werden sollte, ist, ob wir sie alle benötigen.

Fokus auf das Wesentliche

Subdomains sind ein Werkzeug, das den Prozess der Entscheidungsfindung beim Softwaredesign vereinfacht. Alle Organisationen werden sehr wahrscheinlich ein paar Business-Funktionen haben, die für ihren Wettbewerbsvorteil verantwortlich sind, aber nichts mit Software zu tun haben. Die weiter oben angesprochene Juwelierin ist nur ein Beispiel dafür.

Suchen Sie nach Subdomains, ist es wichtig, Business-Funktionen zu ermitteln, die nicht mit Software im Zusammenhang stehen, sie dementsprechend anzuerkennen und sich auf die Business-Aspekte zu fokussieren, die für das Softwaresystem relevant sind, an dem Sie arbeiten.

Beispiele für eine Analyse der Fachdomäne

Schauen wir uns an, wie wir die Idee von Subdomains in der Praxis umsetzen und sie für eine Reihe von strategischen Designentscheidungen nutzen können. Ich werde zwei fiktive Unternehmen beschreiben: Gigmaster und BusVNext. Während Sie das lesen, können Sie als Übung die Fachdomänen der Firmen analysieren. Versuchen Sie, für jedes Unternehmen die drei Arten von Subdomains zu ermitteln. Denken Sie daran, dass ein paar der Business-Anforderungen wie im echten Leben implizit sind.

Disclaimer: Natürlich können wir nicht alle Subdomains herausfinden, die für jede Fachdomäne relevant ist, wenn wir nur eine solch kurze Beschreibung zur Verfügung haben. Es reicht daher aus, wenn Sie die verfügbaren Subdomains erkennen und kategorisieren.

Gigmaster

Gigmaster ist eine Firma, die Konzerttickets verkauft und verschickt. Ihre Mobile App analysiert die Musikbibliothek, Streaming-Accounts und Social-Media-Profile der Benutzer und Benutzerinnen, um Konzerte in der Nähe zu finden, die von Interesse sein könnten.

Die Anwenderinnen und Anwender von Gigmaster achten sehr auf ihre Privatsphäre. Daher sind alle persönlichen Informationen verschlüsselt. Um zudem sicherzustellen, dass peinlichen Informationen auf gar keinen Fall bekannt werden, arbeitet der Empfehlungsalgorithmus der Firma nur mit anonymisierten Daten.

Um die Empfehlungen der App zu verbessern, wurde ein neues Modul implementiert. Es erlaubt, in der App Konzerte zu erfassen, die in der Vergangenheit besucht wurden, auch wenn die Tickets nicht über Gigmaster gekauft wurden.

Fachdomäne und Subdomains

Die Fachdomäne von Gigmaster ist das Verkaufen von Tickets. Das ist der Service, den die Firma ihren Kundinnen und Kunden bietet.

Core Subdomains Der größte Wettbewerbsvorteil von Gigmaster ist ihre Empfehlungs-Engine. Die Firma nimmt zudem die Privatsphäre ihrer Benutzer und Benutzerinnen sehr ernst und arbeitet nur mit anonymisierten Daten. Und schließlich (auch wenn das nicht explizit erwähnt wurde) können wir davon ausgehen, dass die User Experience der Mobile App ebenfalls entscheidend ist. Damit ergeben sich folgende Core Subdomains für Gigmaster:

- Empfehlungs-Engine
- Datenanonymisierung
- Mobile App

Generic Subdomains Wir können die folgenden Generic Subdomains ermitteln:

- Verschlüsselung aller Daten
- Buchhaltung, da die Firma Dinge verkauft

- Abrechnung, da die Kundinnen und Kunden die Tickets bezahlen müssen
- Authentifizierung und Autorisierung zum Identifizieren der Benutzerinnen und Benutzer

Supporting Subdomains Und schließlich finden Sie in der folgenden Liste die Supporting Subdomains. Hier ist die Business-Logik einfach und besteht vor allem aus ETL-Prozessen oder CRUD-Oberflächen:

- Integration von Musik-Streaming-Services
- Integration von sozialen Netzwerken
- Modul für besuchte Konzerte

Designentscheidungen

Nachdem wir nun die beteiligten Subdomains und die Unterschiede zwischen ihren Arten kennen, können wir schon eine Reihe von strategischen Designentscheidungen treffen:

- Die Empfehlungs-Engine, das Anonymisieren der Daten und die Mobile App müssen in-house mit den fortgeschrittensten Entwicklungstools und -techniken implementiert werden. Diese Module werden sich am häufigsten ändern.
- Fertige oder Open-Source-Lösungen sollten für das Verschlüsseln der Daten, die Buchhaltung, die Abrechnung und die Authentifizierung zum Einsatz kommen.
- Das Verknüpfen mit Streaming-Services und sozialen Netzwerken sowie das Modul für die besuchten Konzerte können outgesourct werden.

BusVNext

BusVNext ist ein Unternehmen für den öffentlichen Personentransport. Es will seinen Kundinnen und Kunden Busfahrten bieten, die so komfortabel wie eine Taxifahrt sind. Die Firma unterhält in mehreren Großstädten eigene Busflotten.

Eine Kundin oder ein Kunde von BusVNext kann über die Mobile App eine Fahrt buchen. Zur geplanten Abfahrtszeit wird eine in der Nähe liegende Busroute kurzfristig so angepasst, dass die Person abgeholt werden kann.

Die größte Herausforderung der Firma war das Implementieren des Routing-Algorithmus. Bei der Anforderung handelt es sich um eine Variante des Travelling Salesperson Problem (Problem des Handlungsreisenden, *https://de.wikipedia.org/wiki/Problem_des_Handlungsreisenden*). Die Routing-Logik wird fortlaufend angepasst und optimiert. So zeigen beispielsweise Statistiken, dass der Hauptgrund für stornierte Fahrten die lange Wartezeit auf den Bus ist. Also hat die Firma den Routing-Algorithmus so angepasst, dass er ein schnelles Aufnehmen von Fahrgästen priorisiert, auch wenn das Absetzen dadurch verzögert wird. Um das Routing noch mehr zu optimieren, hat BusVNext auch Daten von Dritten zur Verkehrslage und zu Warnmeldungen integriert.

Von Zeit zu Zeit gibt es bei BusVNext besondere Rabatte, um einerseits neue Kunden zu werben und andererseits die Auslastung zwischen Spitzenzeiten und schwächeren Zeiten anzugleichen.

Fachdomäne und Subdomains

BusVNext bietet seinen Fahrgästen optimierte Busfahrten an. Die Fachdomäne ist der öffentliche Personentransport.

Core Subdomains Der wichtigste Wettbewerbsvorteil von BusVNext ist der Routing-Algorithmus, der sich darin versucht, ein komplexes Problem zu lösen (»Travelling Salesperson«), und dabei verschiedene Business-Ziele priorisiert – zum Beispiel die Wartezeit zu reduzieren, auch wenn das insgesamt für eine längere Fahrzeit sorgt.

Wir haben auch gesehen, dass die Fahrtdaten kontinuierlich analysiert werden, um neue Einblicke in das Verhalten der Kunden zu erhalten. Diese Einblicke ermöglichen der Firma, ihren Profit zu steigern, indem sie den Routing-Algorithmus optimieren. Und schließlich muss die Anwendung von BusVNext für Fahrgäste wie auch Busfahrer und -fahrerinnen einfach zu bedienen sein und eine praktische Benutzeroberfläche besitzen.

Es ist nicht einfach, einen Fuhrpark zu managen. Busse können technische Probleme haben und müssen gewartet werden. Ignoriert man das, kann es zu finanziellen Verlusten und einem niedrigeren Service-Level kommen.

Daher sind das die Core Subdomains von BusVNext:

- Routing
- Analyse
- User Experience der Mobile App
- Fuhrparkmanagement

Generic Subdomains Der Routing-Algorithmus nutzt auch Verkehrsdaten und Meldungen von Fremdfirmen – eine Generic Subdomain. Zudem erhält BusVNext Geld von den Kundinnen und Kunden, daher muss es sich Buchhaltungs- und Abrechnungsfunktionalität implementieren. Die Generic Subdomains von BusVNext sind:

- Verkehrslage
- Buchhaltung
- Abrechnungen
- Autorisierung

Supporting Subdomains Das Modul zum Managen von Promotion- und Rabattaktionen unterstützt das Core Business der Firma. Es handelt sich aber nicht um eine Core Subdomain. Die Benutzeroberfläche besteht mehr oder weniger aus einer einfachen CRUD-Schnittstelle für den Umgang mit aktiven Coupon-Codes. Daher handelt es sich hier um eine typische Supporting Subdomain.

Designentscheidungen

Wir kennen jetzt die beteiligten Subdomains und die Unterschiede zwischen ihren Arten und können schon eine Reihe strategischer Designentscheidungen treffen:

- Routing-Algorithmus, Datenanalyse, Fuhrparkmanagement und Usability der App müssen in-house mithilfe der besten technischen Werkzeuge und Patterns implementiert werden.
- Das Promo-Management-Modul lässt sich outsourcen.
- Das Erkennen von Verkehrsproblemen, das Autorisieren von Benutzern und das Verwalten der Finanzen kann an externe Serviceanbieter übertragen werden.

Wer sind die Domänenexperten?

Nachdem wir nun ein klares Verständnis von Fachdomänen und Subdomains haben, wollen wir uns einen weiteren DDD-Begriff anschauen, der in den folgenden Kapiteln häufig zum Einsatz kommen wird: *Domänenexperten*. Domänenexperten sind Experten und Expertinnen der Materie, die all die Feinheiten des Business kennen, das wir modellieren und in Code implementieren wollen. Mit anderen Worten: Domänenexperten sind Wissensautoritäten in der Fachdomäne der Software.

Die Domänenexperten sind weder die Analysten, die die Anforderungen zusammenstellen, noch die Entwicklerinnen und Entwickler, die das System entwickeln. Domänenexperten repräsentieren das Business. Es handelt sich um Personen, die das Business-Problem als erste erkannt haben und von denen sich das gesamte Fachwissen ableitet. Systemanalysten sowie Entwicklerinnen wandeln deren mentales Modell der Fachdomäne in Softwareanforderungen und Quellcode um.

Als Faustregel kann man sagen, dass Domänenexperten entweder diejenigen sind, die mit Anforderungen kommen, oder die Endanwenderinnen und -anwender, die die Software nutzen. Die Software soll schließlich ihre Probleme lösen.

Das Expertenwissen der Domänenexperten kann im Umfang unterschiedlich sein. Manche Experten besitzen ein detailliertes Verständnis von der Funktion der gesamten Fachdomäne, während andere auf bestimmte Subdomains spezialisiert sind. So wären beispielsweise in einer Agentur für Onlinewerbung die Domänenexperten die Campaign Manager, Media Buyers, Analysts und andere Business Stakeholder.

Zusammenfassung

In diesem Kapitel haben wir uns die Werkzeuge von Domain-Driven Design angeschaut, mit denen wir die Business-Aktivitäten einer Firma verstehen können. Wie Sie gesehen haben, beginnt alles mit der Fachdomäne – dem Bereich, in dem das Business aktiv ist, und dem Service, den es seinen Kundinnen und Kunden anbietet.

Sie haben auch die verschiedenen Bausteine kennengelernt, die notwendig sind, um in einer Fachdomäne erfolgreich zu sein, und die das Unternehmen von seinen Mitbewerbern unterscheidet:

Core Subdomains
: Die interessanten Probleme. Das sind die Aktivitäten, die das Unternehmen anders als ihre Wettbewerber umsetzt und aus denen der Wettbewerbsvorteil gezogen wird.

Generic Subdomains
: Die gelösten Probleme. Das sind die Dinge, die alle Unternehmen auf die gleiche Art und Weise erledigen. Es gibt hier keinen Raum oder Bedarf für Innovationen – statt In-house-Implementierungen zu schaffen, ist es kostengünstiger, auf bestehende Lösungen zurückzugreifen.

Supporting Subdomains
: Die Probleme mit offensichtlichen Lösungen. Das sind die Aktivitäten, die das Unternehmen vermutlich in-house implementieren muss, aber die keinen Wettbewerbsvorteil bringen.

Schließlich haben Sie noch gelernt, dass die Domänenexperten die Business-Experten und -Expertinnen für bestimmte Themen sind. Sie verfügen über detailliertes Wissen über die Fachdomäne des Unternehmens oder eine oder mehrere ihrer Subdomains und sind für den Erfolg eines Projekts entscheidend.

Übungen

1. Welche der Subdomains liefern keinen Wettbewerbsvorteil?
   a. Core
   b. Generic
   c. Supporting
   d. B und C
2. Für welche Subdomain nutzen alle Wettbewerber eventuell die gleichen Lösungen?
   a. Core
   b. Generic

   c. Supporting
   d. Keine davon. Die Firma sollte sich überall von ihren Mitbewerbern unterscheiden.
3. Welche Subdomain wird sich wohl am häufigsten ändern?
   a. Core
   b. Generic
   c. Supporting
   d. Es gibt keinen Unterschied in der Volatilität der verschiedenen Subdomain-Arten.

Denken Sie an die Beschreibung von WolfDesk (siehe Vorwort) – eine Firma, die ein Help-Desk-Ticket-Management-System anbietet:

4. Was ist die Fachdomäne von WolfDesk?
5. Was sind die Core Subdomains von WolfDesk?
6. Was sind die Supporting Subdomains von WolfDesk?
7. Was sind die Generic Subdomains von WolfDesk?

KAPITEL 2
Domänenwissen ermitteln

> Es ist das (Miss-)Verstehen der Entwickler, nicht das Wissen der Domänenexperten, das produktiv geht.
>
> – *Alberto Brandolini*

Im vorherigen Kapitel haben wir damit begonnen, Fachdomänen zu untersuchen. Sie haben gelernt, wie Sie die Fachdomänen oder Aktivitätsbereiche einer Firma ermitteln, und die Strategie analysiert, mit der das Unternehmen im Wettbewerb bestehen kann – also die Grenzen und Tyen der Subdomains herausgefunden.

In diesem Kapitel geht es weiter mit der Analyse der Fachdomäne, allerdings dieses Mal in einer anderen Dimension – der Tiefe. Es konzentriert sich darauf, was innerhalb einer Subdomain geschieht – deren Business-Funktion und -Logik. Sie werden das DDD-Werkzeug für eine effektive Kommunikation und Weitergabe von Wissen kennenlernen – die Ubiquitous Language. Hier werden wir sie verwenden, um die Feinheiten von Fachdomänen zu verstehen. Weiter hinten im Buch werden wir sie noch nutzen, um die Business-Logik in Software zu modellieren und zu implementieren.

Fachliche Probleme

Die Softwaresysteme, die wir bauen, sind Lösungen für fachliche Probleme. In diesem Kontext steht der Begriff »Problem« nicht für ein mathematisches Problem oder ein Rätsel, das Sie einmal lösen und dann fertig sind. Im Kontext von Fachdomänen hat »Problem« eine umfassendere Bedeutung. Ein Business Problem kann eine Herausforderung beim Optimieren von Workflows und Prozessen sein, das Minimieren der Handarbeit, das Managen von Ressourcen, das Unterstützen von Entscheidungen, das Managen von Daten und so weiter.

Fachliche Probleme gibt es sowohl für die Fachdomäne wie auch auf Ebene der Subdomains. Das Ziel einer Firma ist es, ihren Kunden eine Lösung für deren Probleme anzubieten. Beim FedEx-Beispiel in Kapitel 1 müssen die Kundinnen und Kunden Pakete in vorgegebenen Zeitrahmen verschicken, daher optimiert die Firma den Transportprozess.

Subdomains sind kleiner unterteilte Problemdomänen, deren Ziel es ist, Lösungen für bestimmte Business-Aspekte bereitzustellen. Eine Knowledge-Management-Subdomain optimiert den Prozess des Speicherns und Auslesens von Informationen. Eine Abrechnungs-Subdomain optimiert den Prozess des Ausführens von finanziellen Transaktionen. Eine Buchhaltungs-Subdomain kümmert sich um das Kapital des Unternehmens.

Erlernen von Fachwissen

Um eine effektive Softwarelösung zu designen, müssen wir zumindest grundlegendes Wissen über die Fachdomäne besitzen. Wie in Kapitel 1 besprochen, liegt dieses Wissen bei den Domänenexperten: Es ist ihre Aufgabe, sich in Bezug auf die Feinheiten der Fachdomäne zu spezialisieren und umfassend informiert zu sein. Wir sollten auf keinen Fall selbst Business Experts werden – das würden wir auch gar nicht schaffen. Aber es ist entscheidend, die Domänenexperten zu verstehen und die gleichen Begriffe wie sie zu verwenden.

Um effektiv zu sein, muss die Software die Denkweise der Domänenexperten bezüglich des Problems imitieren – ihre mentalen Modelle. Versteht man das Business Problem und die Gründe hinter den Anforderungen nicht, werden unsere Lösungen darauf beschränkt sein, die Business-Anforderungen in Quellcode zu »übersetzen«. Aber was ist, wenn in den Anforderungen ein entscheidender Grenzfall fehlt? Oder ein Business-Konzept nicht beschrieben ist, sodass wir kein Modell implementieren können, das zukünftige Anforderungen unterstützt?

Softwareentwicklung ist laut Alberto Brandolini ein Lernprozess[1] – der lauffähige Code ist nur ein Nebeneffekt. Der Erfolg eines Softwareprojekts hängt von der Effektivität ab, mit der das Wissen zwischen Domänenexperten und Softwareentwicklern beziehungsweise -entwicklerinnen geteilt wird. Wir müssen das Problem verstehen, um es lösen zu können.

Effektive Wissensvermittlung zwischen beiden Seiten erfordert eine effektive Kommunikation. Schauen wir uns die häufigsten Hürden an, die in Softwareprojekten auftauchen.

Kommunikation

Man kann wohl sicher sagen, dass bei so gut wie allen Softwareprojekten eine Zusammenarbeit zwischen den Beteiligten in unterschiedlichen Rollen erforderlich ist: Domänenexperten, Product Owner, Entwicklerinnen und Entwicklern, UI- und UX-Designerinnen und -designern, den Mitarbeitenden in Projektmanagement, Testabteilung, Analyse und vielen anderen mehr. Wie bei jeder gemein-

1 Brandolini, Alberto (o. D.) *Introducing EventStorming* (*https://www.eventstorming.com/book*), Leanpub.

schaftlichen Aktion hängt das Ergebnis davon ab, wie gut alle Personen zusammenarbeiten können. Müssen sich beispielsweise alle Stakeholder darin einig sein, welches Problem zu lösen ist? Wie sieht es mit der gerade entstehenden Lösung aus – kann es unterschiedliche Annahmen über ihre funktionalen und nicht funktionalen Anforderungen geben? Eine Übereinstimmung und Abstimmung zu allen projektbezogenen Themen ist für den Erfolg eines Projekts entscheidend.

Untersuchungen zu Gründen für das Fehlschlagen von Projekten haben gezeigt, dass eine effektive Kommunikation für die Wissensvermittlung und den Erfolg des Projekts sehr wichtig sind.[2] Aber trotz ihrer Wichtigkeit findet man eine gute Kommunikation in Softwareprojekten nur selten. Häufig interagieren Personen aus dem Business und aus der Entwicklung nicht direkt miteinander. Stattdessen wird das Domänenwissen von den Domänenexperten an die Entwickler »nach unten« weitergegeben. Übermittelt wird es von Mediatoren oder »Übersetzern« dazwischen wie System-/Business-Analystinnen, Product Owners und Projektmanager und -managerinnen. Solch ein häufig vorkommender Wissenstransfer ist in Abbildung 2-1 dargestellt.

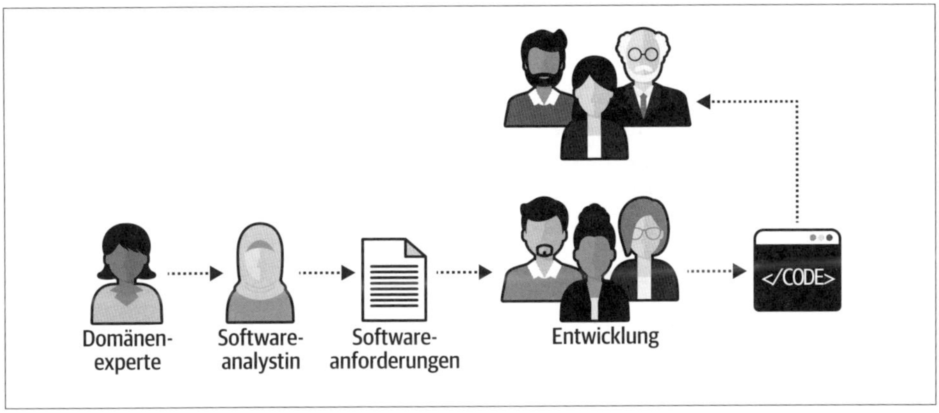

Abbildung 2-1: Verlauf des Wissenstransfers in einem Softwareprojekt

Im Rahmen des klassischen Softwareentwicklungslebenszyklus wird das Domänenwissen in eine entwicklungsfreundlichere Form namens *Analysis Model* »übersetzt«, bei dem es sich um eine Beschreibung der Systemanforderungen und nicht um eine Erklärung des dahinterliegenden Business Model handelt. Die Absicht mag zwar ehrenhaft sein, aber für die Wissensweitergabe ist solch eine Vermittlungsarbeit von großem Nachteil. Bei jeder Übersetzung gehen Informationen verloren – in diesem Fall verschwindet das Domänenwissen auf dem Weg in die Softwareentwicklung, das für das Lösen von fachlichen Problemen von großer Wichtigkeit wäre. Das ist aber nicht die einzige Übersetzung in einem typischen Softwareprojekt. Das Analysis Model wird in das Softwaredesignmodell übersetzt

2 Sudhakar, Goparaju Purna. (2012), »A Model of Critical Success Factors for Software Projects«, *Journal of Enterprise Information Management, 25*(6), 537–558.

(ein Softwaredesigndokument, das selbst dann noch mal in ein Implementierungsmodell oder den Quellcode übersetzt wird). Häufig veralten solche Dokumente aber schnell. Der Quellcode wird genutzt, um das Domänenwissen an Kolleginnen und Kollegen in der Softwareentwicklung zu kommunizieren, die das Projekt später betreuen werden. In Abbildung 2-2 sehen Sie die unterschiedlichen Übersetzungen, die notwendig sind, um Domänenwissen schließlich in Code implementiert zu bekommen.

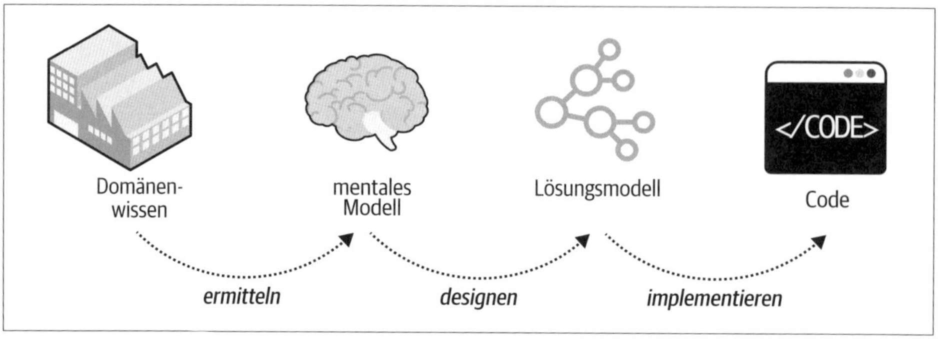

Abbildung 2-2: Übersetzungen des Modells

Solch ein Softwareentwicklungsprozess ist eher eine Art »stille Post«[3]: Die Nachricht – oder das Domänenwissen – wird verändert. Das führt dazu, dass man in der Softwareentwicklung die falsche Lösung implementiert – oder die richtige Lösung, aber für die falschen Probleme. In beiden Fällen ist das Ergebnis das gleiche: ein fehlgeschlagenes Softwareprojekt.

Das Domain-Driven Design schlägt einen besseren Weg vor, um das Wissen von den Domänenexperten in die Softwareentwicklung zu bekommen – durch den Einsatz einer *Ubiquitous Language*.

Was ist eine Ubiquitous Language?

Der Einsatz einer Ubiquitous Language (einer »allgegenwärtigen Sprache«) ist eine der tragenden Säulen von Domain-Driven Design. Die Idee ist einfach und unkompliziert: Müssen Beteiligte effizient miteinander kommunizieren, müssen sie die gleiche Sprache sprechen, statt auf eine Übersetzung angewiesen zu sein.

Diese Idee sagt einem zwar eigentlich schon der gesunde Menschenverstand, aber schon Voltaire hat gesagt: »Gesunder Menschenverstand ist sehr selten.« Der klassische Lebenszyklus bei der Softwareentwicklung beinhaltet folgende Übersetzungen:

3 Bei diesem Spiel sitzt man nebeneinander, die erste Person flüstert der zweiten eine Nachricht ins Ohr, diese gibt sie wiederum an die dritte Person weiter und so fort. Die letzte Person sagt dann laut, was sie gehört hat, und die erste Person vergleicht das mit dem, was sie gesagt hat. Auch wenn das Ziel ist, die gleiche Nachricht zu verbreiten, wird diese meist verändert, und die letzte Person empfängt eine Nachricht, die sich deutlich von der ursprünglichen unterscheidet.

- Domänenwissen in Analysis Model
- Analysis Model in Anforderungen
- Anforderungen in Systemdesign
- Systemdesign in Quellcode

Statt das Domänenwissen immer wieder zu übersetzen, ist es beim Domain-Driven Design das Ziel, eine einzelne Sprache zum Beschreiben der Fachdomäne zu pflegen – die Ubiquitous Language.

Alle am Projekt beteiligten Stakeholder – Product Owner, Domänenexperten sowie alle in der Softwareentwicklung und im UI/UX-Design – sollten die Ubiquitous Language verwenden, wenn sie die Fachdomäne beschreiben. Und noch wichtiger: Die Domänenexperten dürfen kein Problem damit haben, die Ubiquitous Language zu verwenden, wenn sie über die Fachdomäne diskutieren – diese Sprache wird sowohl die Fachdomäne als auch die mentalen Modelle der Domänenexperten repräsentieren.

Nur durch das kontinuierliche Verwenden der Ubiquitous Language und ihrer Begriffe kann ein gemeinsames Verständnis zwischen allen am Projekt Beteiligten kultiviert werden.

Sprache der Domänenexperten

Es ist wichtig, darauf hinzuweisen, dass die Ubiquitous Language die Sprache der Domänenexperten – die »Business-Sprache« – ist. Als solche sollte sie nur aus Begriffen bestehen, die mit der Fachdomäne in Verbindung stehen. Es ist kein technischer Jargon! Es ist nicht Ihr Ziel, Experten für die Fachdomäne etwas von Singletons oder Abstract Factory zu erzählen. Die Ubiquitous Language versucht, das Verständnis der Fachdomäne und die mentalen Modelle der Domänenexperten in Begriffe zu packen, die sich leicht verstehen lassen.

Szenarien

Nehmen wir an, wir arbeiteten an einem System zum Managen von Werbekampagnen. Schauen Sie sich die folgenden Aussagen an:

- Eine Werbekampagne kann verschiedene kreative Materialien anzeigen.
- Eine Kampagne kann nur veröffentlicht werden, wenn mindestens eine ihrer Platzierungen aktiv ist.
- Verkaufsprovisionen werden abgerechnet, nachdem Transaktionen bestätigt wurden.

Alle diese Aussagen sind in der Sprache der Domänenexperten formuliert. Sie reflektieren also die Sichtweise der Domänenexperten auf die Business Domain.

Andererseits sind die folgenden Aussagen rein technisch und passen damit nicht zur Idee der Ubiquitous Language:

- Das Werbe-iFrame zeigt eine HTML-Datei an.
- Eine Kampagne kann nur veröffentlicht werden, wenn sie mindestens einen zugehörigen Datensatz in der Tabelle `active-placements` besitzt.
- Verkaufsprovisionen basieren auf zusammengehörigen Datensätzen aus den Tabellen `transactions` und `approved-sales`.

Dieser zweite Satz an Aussagen ist rein technisch und wird für Domänenexperten nicht verständlich sein. Stellen Sie sich vor, Entwicklerinnen und Entwickler sind nur mit dieser technischen, lösungsorientierten Sicht auf die Fachdomäne vertraut. Dann könnten sie die Business-Logik oder deren Arbeitsweise nicht vollständig verstehen, sodass ihre Fähigkeit beschränkt bleibt, eine effektive Lösung zu modellieren und zu implementieren.

Konsistenz

Die Ubiquitous Language muss präzise und konsistent sein. Sie sollte die Notwendigkeit von Annahmen eliminieren und die Logik der Business Domain explizit machen.

Da Mehrdeutigkeiten die Kommunikation behindern, sollte jeder Begriff in der Ubiquitous Language genau eine Bedeutung haben. Schauen wir uns ein paar Beispiele für unklare Terminologien an und wie sie verbessert werden können.

Mehrdeutige Begriffe

Nehmen wir an, der Begriff *Policy* hätte in einer Fachdomäne mehrere Bedeutungen. Es kann sich um eine rechtliche Regel oder einen Versicherungsvertrag handeln. Die genaue Bedeutung lässt sich nur in der Interaktion zwischen zwei Personen abhängig vom Kontext ermitteln. Software kommt mit Mehrdeutigkeiten aber nicht sehr gut klar, und es kann mühsam und herausfordernd sein, die *Policy* komplett in Code zu modellieren.

Ubiquitous Language fordert eine einzelne Bedeutung für jeden Begriff, daher sollte *Policy* explizit mit den beiden Begriffen *rechtliche Regel* und *Versicherungsvertrag* modelliert werden.

Synonyme Begriffe

Zwei Begriffe können in Ubiquitous Language nicht synonym verwendet werden. So nutzen beispielsweise viele Systeme den Begriff *User*. Aber eine sorgfältige Untersuchung der Sprache der Domänenexperten mag zeigen, dass *User* und andere Begriffe gleichwertig zum Einsatz kommen, beispielsweise *User*, *Besucher*, *Administrator*, *Account* und so weiter.

Synonyme Begriffe scheinen auf den ersten Blick harmlos zu sein. Aber meist stehen sie doch für unterschiedliche Konzepte. In diesem Beispiel beziehen sich sowohl *Besucher* wie auch *Account* technisch auf System-User – aber in den meisten Systemen stehen unregistrierte und registrierte User für unterschiedliche Rollen mit unterschiedlichem Verhalten. So werden beispielsweise die »Besucher«-Daten vor allem zu Analysezwecken verwendet, während »Accounts« tatsächlich das System und seine Funktionalität verwenden.

Man sollte möglichst jeden Begriff explizit in seinem spezifischen Kontext einsetzen. Versteht man die Unterschiede der genutzten Begriffe, kann man einfachere und klarere Modelle und Implementierungen der Entities der Fachdomäne bauen.

Modell der Fachdomäne

Betrachten wir nun die Ubiquitous Language aus einer anderen Perspektive – der Modellierung.

Was ist ein Modell?

> Ein Modell ist eine vereinfachte Repräsentation eines Gegenstands oder Phänomens, das bewusst bestimmte Aspekte hervorhebt, während es andere ignoriert. Also Abstraktion mit einer bestimmten Verwendung im Hinterkopf.
>
> – *Rebecca Wirfs-Brock*

Ein Modell ist keine Kopie der Realität, sondern ein von Menschen gemachtes Konstrukt, das uns dabei hilft, reale Systeme zu verstehen.

Ein kanonisches Beispiel eines Modells ist eine Karte. Jede Karte ist ein Modell – Straßenkarten, Geländekarten, Weltkarten, U-Bahn-Karten und andere (siehe Abbildung 2-3).

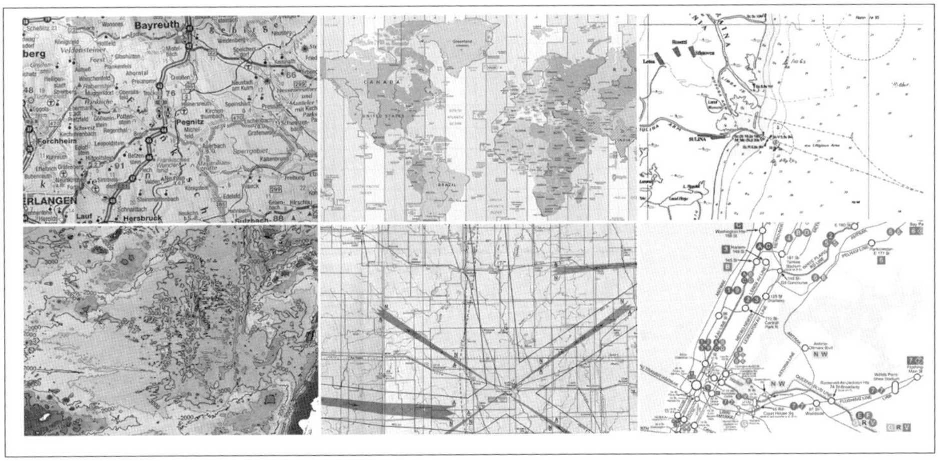

Abbildung 2-3: Verschieden Kartentypen zeigen unterschiedliche Modelle der Erde: Straßen, Zeitzonen, nautische Navigation, Gelände, aeronautische Navigation und U-Bahn-Routen.

Keine dieser Karten zeigt alle Details unseres Planeten. Stattdessen enthält jede Karte gerade genug Daten, um ihren bestimmten Zweck zu erfüllen – das Problem, das sie lösen soll.

Effektives Modellieren

Alle Modelle haben einen Zweck, und ein effektives Modell besitzt nur die Details, die es zum Erfüllen seines Zwecks benötigt. So werden Sie beispielsweise auf einer Weltkarte keine U-Bahn-Haltestellen finden. Andererseits können Sie einen U-Bahn-Plan nicht verwenden, um Abstände zu schätzen. Jede Karte enthält nur die Information, die sie bereitstellen soll.

Dieser Punkt soll nochmals hervorgehoben werden: Ein nützliches Modell ist keine Kopie der realen Welt. Stattdessen soll ein Modell ein Problem lösen und gerade genug Informationen zu diesem Zweck bereitstellen. Oder wie der Statistiker George Box es ausdrückt: »Alle Modelle sind falsch, aber manche sind nützlich.«

Im Prinzip ist ein Modell eine Abstraktion. Die Idee der Abstraktion erlaubt uns den Umgang mit Komplexität, indem wir unnötige Details wegnehmen und nur das behalten, was zum Lösen des aktuellen Problems erforderlich ist. Eine ineffektive Abstraktion entfernt hingegen notwendige Informationen oder erzeugt Störungen, indem sie unnötige Dinge belässt. Edsger W. Dijkstra schreibt in seinem Artikel »The Humble Programmer«[4], dass der Zweck einer Abstraktion nicht ist, vage zu sein, sondern eine neue semantische Ebene zu schaffen, in der man *absolut präzise sein kann*.

Die Fachdomäne modellieren

Beim Kultivieren einer Ubiquitous Language bauen wir im Endeffekt ein Modell der Fachdomäne auf. Das Modell soll die mentalen Modelle der Domänenexperten erfassen – ihre Überlegungen dazu, wie ein Unternehmen funktioniert, um dessen Geschäftsfunktionen zu implementieren. Das Modell muss die zugehörigen Business Entities und deren Verhalten, Ursache-und-Wirkung-Beziehungen sowie Invarianten widerspiegeln.

Die Ubiquitous Language, die wir verwenden, soll nicht jedes mögliche Detail der Domain abdecken. Das wäre ähnlich, als würde man jeden Stakeholder zu einem Domänenexperte machen. Stattdessen soll das Modell gerade genug Aspekte der Fachdomäne enthalten, um das geforderte System implementieren zu können – also das spezifische Problem anzugehen, das die Software lösen soll. In den folgenden Kapiteln werden Sie sehen, wie die Ubiquitous Language Design- und Implementierungsentscheidungen auf unterer Ebene steuern kann.

Eine effektive Kommunikation zwischen den Entwicklungsteams und den Domänenexperten ist von entscheidender Bedeutung. Die Wichtigkeit dieser Kommuni-

4 Edsger W. Dijkstra, »The Humble Programmer« (*https://oreil.ly/LXd4W*).

kation wächst mit der Komplexität der Fachdomäne. Je komplexer sie ist, desto schwerer ist es, ihre Business-Logik als Code zu implementieren. Selbst ein leichtes Missverständnis bei einer komplizierten Fachdomäne oder ihren zugrunde liegenden Prinzipien wird unvermeidlich zu einer Implementierung führen, die ernsthafte Fehler enthalten wird. Der einzig zuverlässige Weg, zu prüfen, ob man eine Fachdomäne verstanden hat, ist die Kommunikation mit den Domänenexperten in der Sprache, die sie verstehen – der Sprache der Domänenexperten, der Sprache des Business.

Kontinuierliche Arbeit

Für das Formulieren einer Ubiquitous Language ist Interaktion mit den »Eigentümern« erforderlich – den Domänenexperten. Nur Interaktionen mit echten Domänenexperten können Ungenauigkeiten, falsche Annahmen oder ein insgesamt falsches Verständnis der Fachdomäne aufdecken.

Alle Stakeholder sollten dauerhaft die Ubiquitous Language in der gesamten projektbezogenen Kommunikation verwenden, um das Wissen über die Fachdomäne zu verbreiten und ein gemeinsames Verständnis zu fördern. Die Sprache sollte mithilfe des Projekts kontinuierlich gefördert werden: Anforderungen, Tests, Dokumentation und sogar der Quellcode selbst sollten diese Sprache verwenden.

Am wichtigsten ist es, dass das Kultivieren einer Ubiquitous Language ein fortlaufender Prozess ist. Die gemeinsame Sprache sollte kontinuierlich überprüft und weiterentwickelt werden. Der tagtägliche Einsatz der Sprache wird mit der Zeit tiefere Einblicke in die Fachdomäne ermöglichen. Geschieht so ein Durchbruch, muss sich die Ubiquitous Language weiterentwickeln, um mit dem neu erworbenen Domänenwissen Schritt halten zu können.

Werkzeuge

Es gibt Werkzeuge und Techniken, mit denen sich der Prozess des Erfassens und Managens einer Ubiquitous Language beschleunigen lässt.

So kann beispielsweise ein Wiki als *Glossar* verwendet werden, um die Ubiquitous Language zu erfassen und zu dokumentieren. Solch ein Glossar verbessert den Onboarding-Prozess für neue Teammitglieder, da es als zentraler Ort für Informationen zur Terminologie der Fachdomäne dient.

Es ist wichtig, das Betreuen des Glossars zu einer Gemeinschaftsaufgabe zu machen. Ändert sich eine Ubiquitous Language, sollten alle Teammitglieder dazu ermuntert werden, sich an der Aktualisierung des Glossars zu beteiligen. Das widerspricht einem zentralen Ansatz, bei dem nur die Führungsebene der Teams oder Architektinnen und Architekten für das Glossar verantwortlich sind.

Trotz der offensichtlichen Vorteile eines Glossars für die projektbezogene Terminologie gibt es auch eine inhärente Einschränkung. Glossare funktionieren am besten für »Substantive«: Namen von Entitäten, Prozessen, Rollen und so weiter. Auch wenn Nomen wichtig sind, ist das Erfassen des Verhaltens ebenfalls wichtig. Das Verhalten ist nicht nur eine Liste mit Verben, die mit Nomen verbunden sind. Es ist die eigentlich Business-Logik mit ihren Regeln, Annahmen und Invarianten. Solche Konzepte lassen sich in einem Glossar viel schwerer dokumentieren. Daher werden Glossare am besten zusammen mit anderen Werkzeugen eingesetzt, die besser für das Erfassen des Verhaltens geeignet sind – zum Beispiel *Use Cases* oder *Gherkin-Tests*.

Automatisierte Tests, die in der Sprache Gherkin geschrieben wurden (*https://oreil.ly/WJw3C* beziehungsweise *https://de.wikipedia.org/wiki/Cucumber_(Software)*), sind nicht nur großartige Werkzeuge zum Erfassen der Ubiquitous Language, sie dienen zudem auch noch als zusätzliches Tool, um den Graben zwischen Domänenexperten und der Softwareentwicklung zu überwinden. Domänenexperten können die Tests lesen und das vom System erwartete Verhalten überprüfen.[5] Schauen Sie sich beispielsweise den folgenden Test an, der in Gherkin geschrieben ist:

```
# language: de

Szenario: Agents über neuen Support-Fall informieren
    Angenommen, Vincent Jules reicht einen neuen Fall ein mit:
    """
    Ich brauche Hilfe beim Konfigurieren von AWS Infinidash
    """
    Wenn das Ticket Mr. Wolf zugewiesen wird
    Dann bekommt der Agent eine Benachrichtigung über das neue Ticket
```

Manchmal kann es knifflig sein, eine auf Gherkin basierende Testsuite zu managen, insbesondere in frühen Stadien eines Projekts. Aber für komplexe Fachdomänen lohnt es sich auf jeden Fall.

Es gibt sogar Tools zur statischen Codeanalyse, die die Verwendung von Begriffen aus einer Ubiquitous Language überprüfen können, beispielsweise NDepend.

Diese Werkzeuge sind zwar nützlich, aber viel wichtiger ist der Einsatz der Ubiquitous Language in der täglichen Kommunikation. Verwenden Sie die Tools, um das Managen der Ubiquitous Language zu unterstützen, aber erwarten Sie nicht, dass die Dokumentation den tatsächlichen Einsatz ersetzt. Wie das Agile Manifest (*https://agilemanifesto.org/iso/de/manifesto.html*) sagt: »Individuen und Interaktionen mehr als Prozesse und Werkzeuge.«

Herausforderungen

In der Theorie klingt das Kultivieren einer Ubiquitous Language wie ein einfacher und gradliniger Prozess. In der Praxis ist das aber nicht so. Der einzige zuverlässige

5 Aber fallen Sie bitte nicht darauf rein, zu glauben, dass Domain Experts Gherkin-Tests schreiben werden.

Weg, Domänenwissen zu erlangen, ist der Austausch mit Domänenexperten. Sehr oft wird das wichtigste Wissen gar nicht erwähnt. Es ist nicht dokumentiert oder kodifiziert und besteht lediglich in den Köpfen der Domänenexperten. Sie kommen nur daran, indem Sie Fragen stellen.

Wenn Sie mit dieser Praktik Erfahrungen gesammelt haben, werden Sie feststellen, dass zu diesem Prozess häufig nicht nur das Aufdecken von Wissen gehört, das schon vorhanden ist, sondern auch das parallele Erstellen des Modells gemeinsam mit Domänenexperten. Es mag Mehrdeutigkeiten und sogar blinde Flecken im Verständnis der Domänenexperten von der Fachdomäne geben – beispielsweise indem nur »Happy Path«-Szenarien definiert werden, aber keine Randfälle vorkommen, die die akzeptierten Annahmen auf die Probe stellen könnten. Zudem stolpern Sie eventuell über Konzepte in der Business Domain, denen explizite Definitionen fehlen. Stellen Sie Fragen über die Natur der Fachdomäne, werden solche impliziten Konflikte und blinden Flecken oft deutlich. Das gilt besonders für Core Subdomains. In solchen Fällen beruht der Lernprozess auf Gegenseitigkeit – Sie helfen den Domänenexperten, ihr eigenes Feld besser zu verstehen.

Führt man Domain-Driven-Design-Praktiken in ein bestehendes Projekt ein, werden Sie feststellen, dass es schon eine vorhandene Sprache für das Beschreiben der Business Domain gibt und dass die Stakeholder diese verwenden. Aber da diese Sprache nicht durch DDD-Prinzipien geleitet wurde, wird sie nicht notwendigerweise die Fachdomäne effektiv widerspiegeln. So werden vielleicht technische Begriffe wie die Namen von Datenbanktabellen genutzt. Es ist nicht einfach, eine Sprache zu ändern, die in einer Organisation schon verwendet wird. In solch einer Situation braucht man vor allem Geduld. Sie müssen sicherstellen, dass die korrekte Sprache dort verwendet wird, wo sie sich leicht steuern lässt – in der Dokumentation und im Quellcode.

Und schließlich noch zu der Frage über die Ubiquitous Language, die mir häufig auf Konferenzen gestellt wird: Welche Sprache sollten wir verwenden, wenn sich die Firma nicht in einem englischsprachigen Land befindet? Mein Ratschlag ist, zumindest englische Nomen zu nutzen, um die Entitäten der Fachdomäne zu benennen. Das wird die Verwendung der gleichen Begriffe im Code sehr vereinfachen.

Zusammenfassung

Effektive Kommunikation und Weitergabe von Wissen sind für ein erfolgreiches Softwareprojekt von entscheidender Bedeutung. Die Menschen in der Softwareentwicklung müssen die Fachdomäne verstehen, um eine Softwarelösung entwerfen und bauen zu können.

Die Ubiquitous Language von Domain-Driven Design ist ein effektives Werkzeug, um den »Wissensgraben« zwischen Domänenexperten und Softwareentwicklung überbrücken zu können. Sie unterstützt die Kommunikation und den Wissenstransfer, indem sie eine gemeinsame Sprache kultiviert, die im Projekt von allen

Stakeholdern genutzt werden kann – in Unterhaltungen, in der Dokumentation, bei Tests, in Diagrammen, im Quellcode und so weiter.

Um eine effektive Kommunikation sicherzustellen, muss die Ubiquitous Language Mehrdeutigkeiten und implizite Annahmen ausräumen. Alle Begriffe einer Sprache müssen konsistent sein – keine mehrdeutigen Begriffe und keine Synonyme.

Das Kultivieren einer Ubiquitous Language ist ein fortlaufender Prozess. Wenn sich das Projekt weiterentwickelt, wird mehr Domänenwissen zutage kommen. Es ist wichtig, dass sich solche neuen Erkenntnisse in der Ubiquitous Language widerspiegeln.

Werkzeuge wie auf Wikis basierende Glossare und Gherkin-Tests können den Prozess des Dokumentierens und Pflegens einer Ubiquitous Language gut unterstützen. Aber die wichtigste Voraussetzung für eine effektive Ubiquitous Language ist ihre Verwendung: Die Sprache muss in der gesamten projektbezogenen Kommunikation konsistent eingesetzt werden.

Übungen

1. Wer sollte zu der Definition einer Ubiquitous Language beitragen können?
    a. Domänenexperten
    b. Softwareentwicklerinnen und -entwickler
    c. Endanwenderinnen und -anwender
    d. alle Stakeholder des Projekts
2. Wo sollte eine Ubiquitous Language verwendet werden?
    a. in Gesprächen
    b. in der Dokumentation
    c. im Code
    d. in allen drei Bereichen
3. Schauen Sie sich nochmals die Beschreibung der fiktiven Firma WolfDesk im Vorwort an. Welche Begriffe der Fachdomäne können Sie darin finden?
4. Denken Sie an ein Softwareprojekt, an dem Sie aktuell arbeiten oder mit dem Sie in der Vergangenheit zu tun hatten:
    a. Versuchen Sie, Konzepte der Fachdomäne zu finden, die Sie in Gesprächen mit Domänenexperten nutzen könnten.
    b. Versuchen Sie, Beispiele für inkonsistente Begriffe zu finden, also entweder Konzepte der Fachdomäne, die verschiedene Bedeutungen besitzen, oder identische Konzepte, die durch unterschiedliche Begriffe repräsentiert werden.
    c. Hatten Sie schon mit Problemen bei der Softwareentwicklung zu tun, die aus einer schlechten Kommunikation entstanden sind?

5. Angenommen, Sie arbeiten in einem Projekt und stellen fest, dass Domänenexperten aus anderen Organisationseinheiten den gleichen Begriff – zum Beispiel *Policy* – für das Beschreiben von Konzepten nutzen, die nichts mit der Fachdomäne zu tun haben.

   Die Ubiquitous Language, die sich hieraus ergibt, basiert zwar auf den mentalen Modellen der Domänenexperten, erfüllt aber nicht die Anforderung, dass ein Begriff nur eine einzige Bedeutung hat.

   Bevor Sie mit dem nächsten Kapitel fortfahren – wie würden Sie solch ein Problem angehen?

KAPITEL 3

Die Komplexität einer Domain im Griff behalten

Wie Sie im vorherigen Kapitel gesehen haben, ist es für den Erfolg eines Projekts von entscheidender Bedeutung, dass Sie eine Ubiquitous Language aufbauen, die Sie für die Kommunikation zwischen allen Beteiligten nutzen können – von der Softwareentwicklung bis zu den Domänenexperten. Die Sprache sollte die mentalen Modelle der Domänenexperten zu den inneren Abläufen und den zugrunde liegenden Prinzipien der Fachdomäne widerspiegeln.

Da es unser Ziel ist, die Ubiquitous Language zu nutzen, um Entscheidungen rund um das Softwaredesign zu unterstützen, muss die Sprache klar und konsistent sein. Sie sollte frei von Mehrdeutigkeiten, impliziten Annahmen und belanglosen Details sein. Aber auf Firmenebene können die mentalen Modelle der Domänenexperten selbst inkonsistent sein. Verschiedene Domänenexperten können unterschiedliche Modelle derselben Fachdomäne nutzen. Schauen wir uns ein Beispiel an.

Inkonsistente Modelle

Kehren wir zurück zu dem Beispiel einer Telemarketing-Firma aus Kapitel 2. Die Marketingabteilung des Unternehmens sorgt durch Onlinewerbung für Leads. Die Sales-Abteilung ist dann dafür verantwortlich, die potenziellen Kunden dazu zu bringen, die Produkte oder Services der Firma zu kaufen. Diesen Ablauf zeigt Abbildung 3-1.

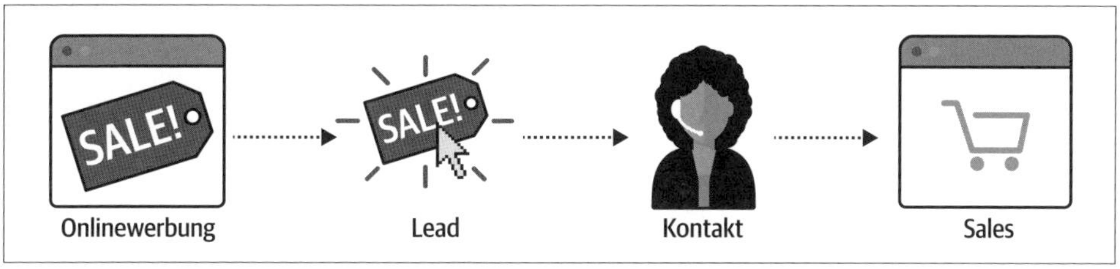

Abbildung 3-1: Beispiel der Fachdomäne einer Telemarketing-Firma

Schauen wir uns die Sprache der Domänenexperten an, machen wir eine interessante Beobachtung. Der Begriff *Lead* hat für die Marketing- und für die Sales-Abteilung unterschiedliche Bedeutungen:

Marketingabteilung
: Für die Marketingabteilung ist ein Lead der Hinweis darauf, dass jemand an einem ihrer Produkte interessiert ist. Das Ereignis, die Kontaktdaten des potenziellen Kunden zu erhalten, wird als Lead bezeichnet.

Sales-Abteilung
: Im Kontext der Sales-Abteilung ist ein Lead eine viel komplexere Entität. Sie steht für den gesamten Lebenszyklus des Verkaufsprozesses. Also ist es nicht mehr ein reines Ereignis, sondern ein länger laufender Prozess.

Wie formulieren wir eine Ubiquitous Language für diese Telemarketing-Firma?

Einerseits wissen wir, dass die Ubiquitous Language konsistent sein muss – jeder Begriff sollte nur eine Bedeutung haben. Andererseits muss die Ubiquitous Language auch die mentalen Modelle der Domänenexperten widerspiegeln. In diesem Fall ist das mentale Modell des *Lead* zwischen den Domänenexperten der Sales- und der Marketingabteilung inkonsistent.

Diese Mehrdeutigkeit ist bei einer direkten Kommunikation zwischen zwei Menschen gar nicht so schlimm. Unterhaltungen zwischen Personen aus verschiedenen Abteilungen können zwar etwas schwieriger werden, aber Menschen fällt es nicht so schwer, sich die exakte Bedeutung des Inhalts zu erschließen.

Weitaus schwieriger ist es aber, solch ein divergentes Modell der Fachdomäne in Software umzusetzen. Quellcode kommt mit Mehrdeutigkeiten nicht sehr gut klar. Wollen wir das kompliziertere Modell der Sales-Abteilung für das Marketing nutzen, würde das für zusätzliche unnötige Komplexität sorgen – viel mehr Details und Verhalten, als das Marketingteam für das Optimieren von Werbekampagnen brauchen. Würden wir hingegen versuchen, das Modell für Sales an der Sichtweise des Marketings auszurichten, würde es nicht zu den Anforderungen der Sales-Subdomain passen, weil es zu einfach wäre für das Managen und Optimieren des Verkaufsprozesses. Im ersten Fall hätten wir eine zu weit gefasste, im zweiten Fall eine zu wenig entwickelte Lösung.

Wie kommen wir nun aus dieser Zwickmühle heraus?

Die klassische Lösung für dieses Problem ist, ein einzelnes Modell zu entwerfen, das für alle Arten von Problemen genutzt werden kann. Solche Modelle führen zu umfangreichen *Entity Relationship Diagrams* (ERDs), die ganze Bürowände bedecken. Ist Abbildung 3-2 ein effektives Modell?

Wie das Sprichwort sagt: »Von allem etwas, aber nichts richtig.« Solche Modelle sollen alles abdecken, sind aber letztendlich nirgendwo effektiv. Egal was Sie tun – Sie sehen sich immer einer Komplexität gegenüber: die Komplexität, überflüssige Details auszufiltern, die Komplexität, das zu finden, was Sie brauchen, und vor allem die Komplexität, die Daten in einem konsistenten Zustand zu halten.

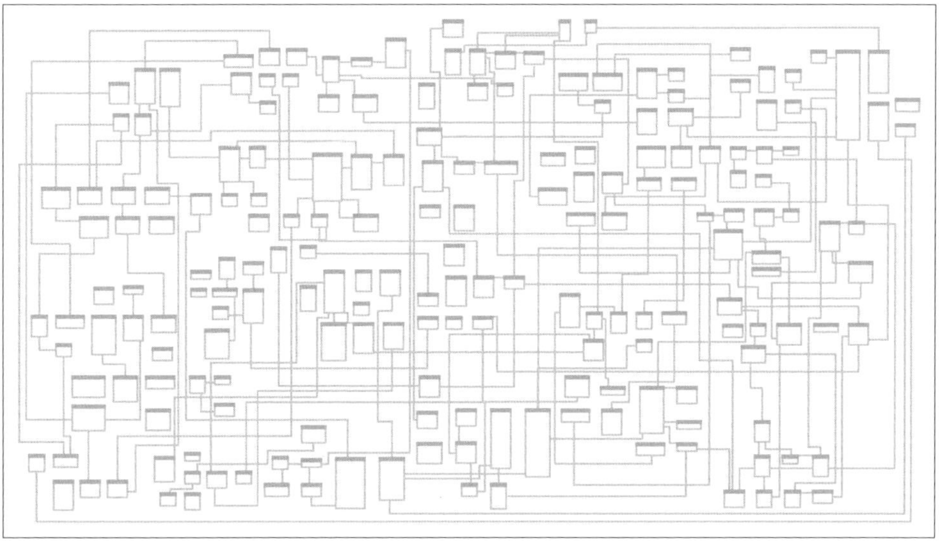

Abbildung 3-2: Unternehmensweites Entity Relationship Diagram

Eine andere Lösung bestünde darin, den problematischen Begriff mit einer Definition des Kontexts zu ergänzen: »Marketing-Lead« und »Sales-Lead«. Das würde ein Implementieren der beiden Modelle in Code ermöglichen. Aber dieser Ansatz hat zwei große Nachteile. Erstens sorgt er für kognitive Last. Wann sollte welches Modell verwendet werden? Je ähnlicher sich die Implementierungen der miteinander im Konflikt stehenden Modelle sind, desto leichter macht man einen Fehler. Und zweitens würde die Implementierung des Modells nicht mit der Ubiquitous Language übereinstimmen. Niemand würde die Präfixe in Unterhaltungen verwenden. Menschen brauchen diese zusätzliche Information nicht – sie können sich auf den Kontext des Gesprächs verlassen.

Wenden wir uns dem Pattern im Domain-Driven Design zu, mit dem solche Szenarien angegangen werden – dem Bounded Context Pattern.

Was ist ein Bounded Context?

Die Lösung im Domain-Driven Design ist trivial: Teilen Sie die Ubiquitous Language in mehrere kleinere Sprachen auf und weisen Sie jede davon dem expliziten Kontext zu, in dem sie angewendet werden kann – ihrem *Bounded Context* (dem gebundenen oder begrenzten Kontext).

Im vorherigen Beispiel können wir zwei Bounded Contexts erkennen: Marketing und Sales. Der Begriff *Lead* existiert in beiden Kontexten, wie in Abbildung 3-3 zu sehen ist. Solange er in jedem Bounded Context nur eine einzige Bedeutung besitzt, ist auch jede feingranulare Ubiquitous Language konsistent und orientiert sich an den mentalen Modellen der Domänenexperten.

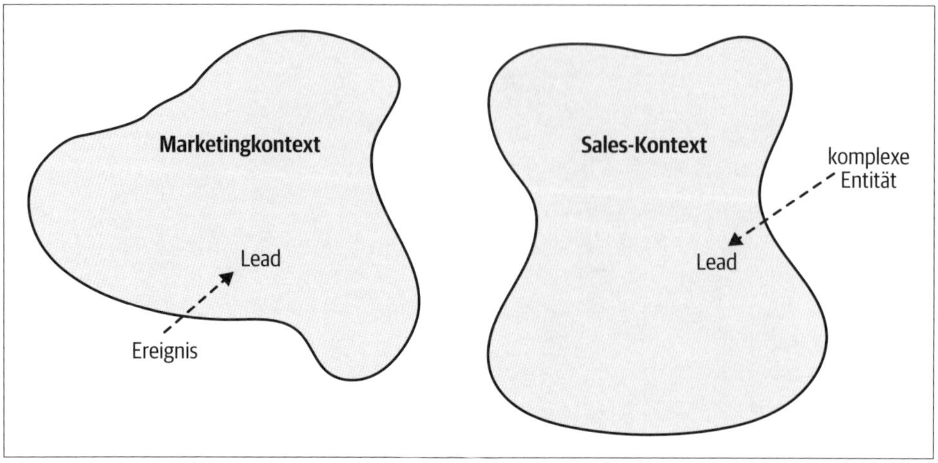

Abbildung 3-3: Inkonsistenzen in der Ubiquitous Language angehen, indem man sie in Bounded Contexts aufteilt

In gewissem Maße sind Terminologiekonflikte und implizite Kontexte ein inhärenter Teil jedes Unternehmens mit einer gewissen Größe. Mit dem Bounded Context Pattern werden die Kontexte als expliziter und integraler Teil der Fachdomäne modelliert.

Modellgrenzen

Wie schon im vorherigen Kapitel besprochen, ist ein Modell keine Kopie der Realität, sondern ein Konstrukt, das uns dabei hilft, ein komplexes System besser zu verstehen. Das Problem, das es lösen soll, ist ein inhärenter Teil eines Modells – sein Zweck. Ein Modell kann nicht ohne eine Begrenzung existieren – es wird sich sonst immer weiter ausbreiten, bis es eine Kopie der realen Welt sein würde. Das macht das Definieren der Grenzen eines Modells – seine Bounded Contexts – zu einem intrinsischen Teil des Modellierungsprozesses.

Kehren wir zu dem Beispiel zurück, Karten als Modelle zu betrachten. Wir haben gesehen, dass jede Karte ihren spezifischen Kontext besitzt – Luftraum, Meer, Boden, U-Bahn und so weiter. Eine Karte ist nur im Rahmen ihres spezifischen Zwecks nützlich.

So wie eine U-Bahn-Karte für die nautische Navigation nutzlos ist, kann eine Ubiquitous Language in einem Bounded Context für den Rahmen eines anderen Bounded Context vollkommen irrelevant sein. Bounded Contexts definieren die Anwendbarkeit einer Ubiquitous Language und des durch sie repräsentierten Modells. Sie erlauben das Definieren unterschiedlicher Modelle für unterschiedliche Problemdomänen. Mit anderen Worten: Bounded Contexts sind die Konsistenzgrenzen von Ubiquitous Languages. Die Terminologie, Prinzipien und Business-Regeln einer Sprache sind nur innerhalb ihres Bounded Context konsistent.

Verbesserte Ubiquitous Language

Bounded Contexts ermöglichen uns, die Definition einer Ubiquitous Language zu vervollständigen. Eine Ubiquitous Language ist nicht dahin gehend »ubiquitär«, dass sie in der gesamten Organisation »allgegenwärtig« eingesetzt und angewendet werden sollte. Eine Ubiquitous Language ist also nicht universell.

Stattdessen ist eine Ubiquitous Language nur innerhalb der Grenzen ihres Bounded Context ubiquitär. Die Sprache ist darauf fokussiert, nur das Modell zu beschreiben, das durch den Bounded Context umschlossen wird. Da ein Modell ohne ein Problem, das es lösen soll, nicht existieren kann, lässt sich eine Ubiquitous Language nicht ohne einen expliziten Kontext ihrer Anwendbarkeit definieren oder einsetzen.

Gültigkeitsbereich eines Bounded Context

Das Beispiel zu Beginn dieses Kapitels hat eine inhärente Grenze der Fachdomäne aufgezeigt. Verschiedene Domänenexperten nutzten miteinander in Konflikt stehende mentale Modelle der gleichen Business Entity. Um die Fachdomäne zu modellieren, mussten wir das Modell aufteilen und einen strikten Anwendbarkeitskontext für jedes feingranulare Modell definieren – dessen Bounded Context.

Die Konsistenz der Ubiquitous Language hilft nur dabei, die äußersten Grenzen dieser Sprache zu definieren. Sie kann nicht größer sein, weil es dort dann inkonsistente Modelle und Begriffe geben wird. Aber wir können die Modelle trotzdem weiter in kleinere Bounded Contexts unterteilen, wie in Abbildung 3-4 gezeigt.

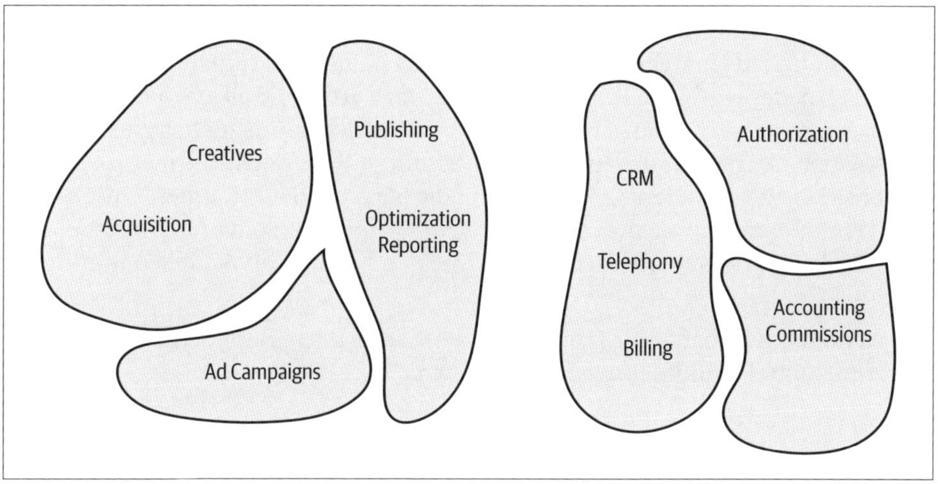

Abbildung 3-4: Kleinere Bounded Contexts

Das Definieren des Gültigkeitsbereichs einer Ubiquitous Language – ihres Bounded Context – ist eine strategische Designentscheidung. Grenzen können weit sein und den inhärenten Kontexten der Fachdomäne folgen, oder eng und die Fachdomäne weiter in kleinere Problemdomänen unterteilen.

Die Größe eines Bounded Context selbst ist kein entscheidender Faktor. Modelle müssen nicht notwendigerweise groß oder klein sein. Sie müssen nützlich sein. Je weiter gefasst die Grenze der Ubiquitous Language ist, desto schwerer ist es, die Sprache konsistent zu halten. Es kann hilfreich sein, eine große Ubiquitous Language in kleinere, besser handhabbare Problemdomänen zu unterteilen, aber es kann auch nach hinten losgehen. Je kleiner sie sind, desto mehr Integrations-Overhead bringt das Design mit sich.

Daher sollte die Entscheidung für die Größe Ihrer Bounded Contexts von der spezifischen Problemdomäne abhängen. Manchmal wird der Einsatz einer weiten Grenze klarer sein, während es in einer anderen Situation sinnvoller sein mag, sie weiter zu unterteilen.

Zu den Gründen, kleiner geschnittene Bounded Contexts aus einem größeren zu extrahieren, gehört das Schaffen neuer Entwicklungsteams oder der Umgang mit nicht funktionalen Anforderungen des Systems – wenn Sie zum Beispiel die Entwicklungslebenszyklen mancher der Komponenten, die ursprünglich in einem einzelnen Bounded Context untergebracht waren, voneinander trennen müssen. Ein weiterer häufig vorkommender Grund ist die Möglichkeit, eine Funktionalität unabhängig vom Rest des Bounded Context skalieren zu können.

Sorgen Sie daher dafür, dass Ihre Modelle nützlich bleiben, und stimmen Sie die Größen der Bounded Contexts auf Ihre Business-Anforderungen und organisatorischen Gegebenheiten ab. Achten Sie darauf, eine kohärente Funktionalität nicht in mehrere Bounded Contexts zu unterteilen. Das behindert das unabhängige Weiterentwickeln jedes einzelnen Kontexts. Stattdessen werden die gleichen Business-Anforderungen und -Änderungen simultan alle Bounded Contexts betreffen und ein gleichzeitiges Ausliefern der Änderungen erfordern. Um solch eine ineffiziente Dekomposition zu verhindern, greifen Sie auf die Faustregel aus Kapitel 1 zurück, mit der Sie Subdomains finden: Suchen Sie nach Gruppen kohärenter Use Cases, die mit den gleichen Daten arbeiten, und vermeiden Sie hier ein Aufteilen in mehrere Bounded Contexts.

Wir werden das fortlaufende Optimieren der Grenzen von Bounded Contexts noch weiter in Kapitel 8 und Kapitel 10 besprechen.

Bounded Contexts versus Subdomains

In Kapitel 2 haben wir gesehen, dass eine Fachdomäne aus mehreren Subdomains besteht. In diesem Kapitel haben wir uns bisher mit der Idee beschäftigt, eine Fachdomäne in eine Reihe von kleineren Problemdomänen oder Bounded Contexts zu unterteilen. Auf den ersten Blick scheinen die beiden Methoden zum Aufteilen von Fachdomänen redundant zu sein. Aber das ist nicht der Fall. Schauen wir uns an, warum wir beide Abgrenzungen benötigen.

Subdomains

Um die Business-Strategie einer Firma zu verstehen, müssen wir ihre Fachdomäne analysieren. Nach der Methode von Domain-Driven Design gehört es zur Analysephase, die verschiedenen Subdomains (Core, Supporting und Generic) zu ermitteln. So funktioniert die Organisation, und so plant sie ihre Wettbewerbsstrategie.

Wie Sie in Kapitel 1 gelernt haben, setzt sich eine Subdomain aus einer Gruppe von miteinander in Verbindung stehenden Use Cases zusammen. Die Use Cases werden durch die Fachdomäne und die Systemanforderungen definiert. In der Softwareentwicklung definieren wir nicht die Anforderungen – das ist die Aufgabe des Business. Stattdessen analysieren wir die Fachdomäne, um die Subdomains zu ermitteln.

Bounded Contexts

Bounded Contexts wiederum werden designt. Die Wahl der Modellgrenzen ist eine strategische Designentscheidung. Wir legen fest, wie die Fachdomäne in kleinere, besser handhabbare Problemdomänen unterteilt wird.

Die Verbindung zwischen Subdomains und Bounded Contexts

Theoretisch könnte ein einzelnes Modell die gesamte Fachdomäne umfassen (das wäre aber impraktikabel). Diese Strategie könnte für ein kleines System funktionieren, wie es Abbildung 3-5 zeigt.

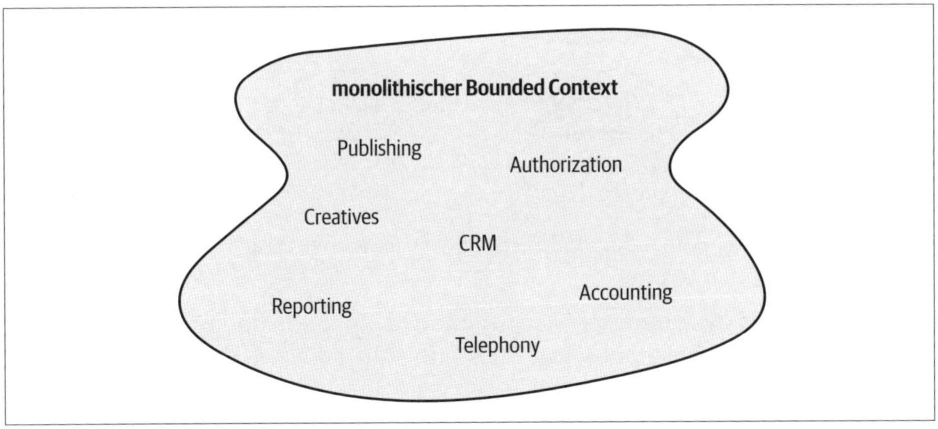

Abbildung 3-5: Monolithischer Bounded Context

Tauchen miteinander in Konflikt stehende Modelle auf, können wir uns an den mentalen Modellen der Domänenexperten orientieren und das System in Bounded Contexts unterteilen, wie in Abbildung 3-6 zu sehen ist.

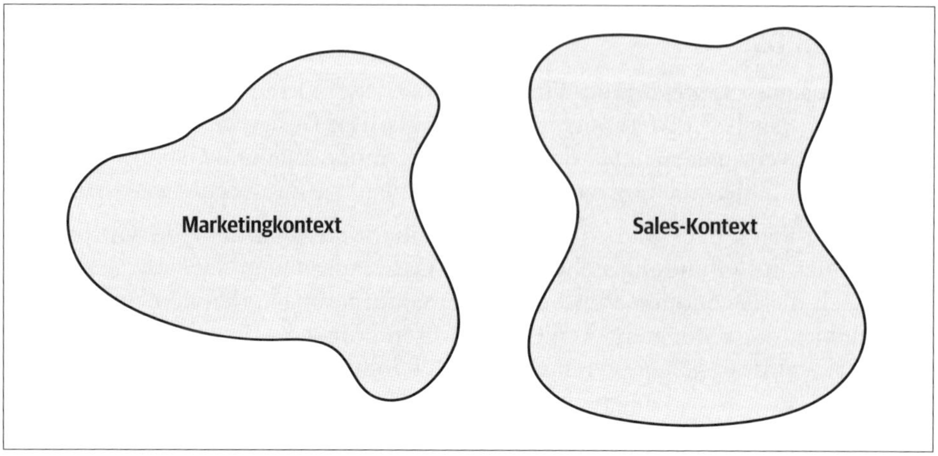

Abbildung 3-6: Bounded Contexts werden durch die Konsistenz der Ubiquitous Language definiert.

Sind die Modelle immer noch groß und nur schwer zu betreuen, können wir sie in noch kleinere Bounded Contexts unterteilen – zum Beispiel durch einen Bounded Context für jede Subdomain (siehe Abbildung 3-7).

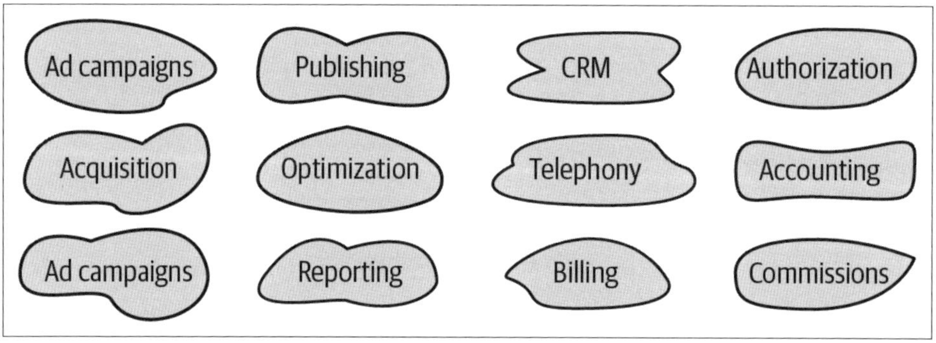

Abbildung 3-7: Bounded Contexts, die auf die Grenzen der Subdomains abgestimmt sind

Das Ganze ist aber auf jeden Fall eine Designentscheidung. Wir designen diese Grenzen als Teil der Lösung.

Eine Eins-zu-eins-Beziehung zwischen Bounded Contexts und Subdomains ist in manchen Szenarien ausgesprochen vernünftig. In anderen können aber andere Aufteilungsstrategien passender sein.

Sie müssen sich bewusst machen, dass Subdomains ermittelt und Bounded Contexts designt werden.[1] Die Subdomains werden durch die Business-Strategie definiert. Aber wir können die Softwarelösung und ihre Bounded Contexts so entwerfen, dass wir den spezifischen Kontext und die Beschränkungen des Projekts berücksichtigen.

Schließlich haben Sie in Kapitel 1 gelernt, dass ein Modell dazu gedacht ist, ein spezifisches Problem zu lösen. In manchen Fällen kann es von Vorteil sein, mehrere Modelle des gleichen Konzepts parallel einzusetzen, um verschiedene Probleme zu lösen. Beschränken Sie das Design auf Eins-zu-eins-Beziehungen zwischen Bounded Contexts, würden Sie diese Flexibilität verlieren und uns dazu zwingen, ein einzelnes Modell einer Subdomain in ihrem Bounded Context einzusetzen.

Grenzen

Ruth Malan schrieb, dass es beim Architekturdesign inhärent um Grenzen geht:

> Architekturdesign ist Systemdesign. Systemdesign ist kontextabhängiges Design – es geht inhärent um Grenzen (was ist drin, was draußen, was umfasst es, was bewegt sich dazwischen?) und um Kompromisse. Es formt das, was draußen ist, genauso wie das, was drinnen ist.[2]

Das Bounded Context Pattern ist das Werkzeug von Domain-Driven Design zum Definieren von physischen und Zuständigkeitsgrenzen.

Physische Grenzen

Bounded Contexts dienen nicht nur als Modellgrenzen, sondern auch als physische Grenzen der Systeme, auf denen sie implementiert werden. Jeder Bounded Context sollte als einzelner Service oder einzelnes Projekt implementiert werden – also unabhängig von anderen Bounded Contexts implementiert, weiterentwickelt und versioniert werden.

Klare physische Grenzen zwischen den Bounded Contexts ermöglichen uns, jeden Bounded Context mit dem Technologie-Stack zu implementieren, der am besten dafür geeignet ist.

Wie weiter oben besprochen, kann ein Bounded Context mehrere Subdomains enthalten. In solch einem Fall ist der Bounded Context eine physische Grenze, während jede seiner Subdomains eine logische Grenze bedeutet. Logische Grenzen haben in den verschiedenen Programmiersprachen auch verschiedene Namen: Namensräume, Module oder Pakete.

1 Es gibt dabei eine erwähnenswerte Ausnahme. Abhängig von der Organisation, in der Sie arbeiten, haben Sie vielleicht zwei Rollen und sind sowohl für die Software- als auch für die Business-Entwicklung zuständig. Dann haben Sie die Möglichkeit, auf Softwaredesign (Bounded Contexts) und Business-Strategie (Subdomains) einzuwirken. Daher konzentrieren wir uns hier im Rahmen unserer Diskussion nur auf die Softwareentwicklung.

2 Bredemeyer Consulting, »What Is Software Architecture«, *https://www.bredemeyer.com/who.htm*, gelesen am 22. September 2021.

Zuständigkeitsgrenzen

Studien zeigen, dass gute Zäune für gute Nachbarschaft sorgen. In Softwareprojekten können wir die Modellgrenzen – Bounded Contexts – für eine friedliche Koexistenz von Teams nutzen. Das Aufteilen von Arbeit zwischen Teams ist eine weitere strategische Entscheidung, die mithilfe des Bounded Context Pattern umgesetzt werden kann.

Ein Bounded Context sollte von nur einem Team implementiert, weiterentwickelt und gewartet werden. Es können nicht zwei Teams am gleichen Bounded Context arbeiten. Diese Aufteilung eliminiert implizite Annahmen, die Teams eventuell über die Modelle anderer treffen. Stattdessen müssen sie Kommunikationsprotokolle für das Integrieren ihrer Modelle und Systeme explizit definieren.

Es ist wichtig, darauf hinzuweisen, dass die Beziehung zwischen Teams und Bounded Contexts unidirektional ist: Ein Bounded Context sollte von nur einem Team betreut werden. Aber ein einzelnes Team kann für mehrere Bounded Contexts zuständig sein, wie in Abbildung 3-8 gezeigt.

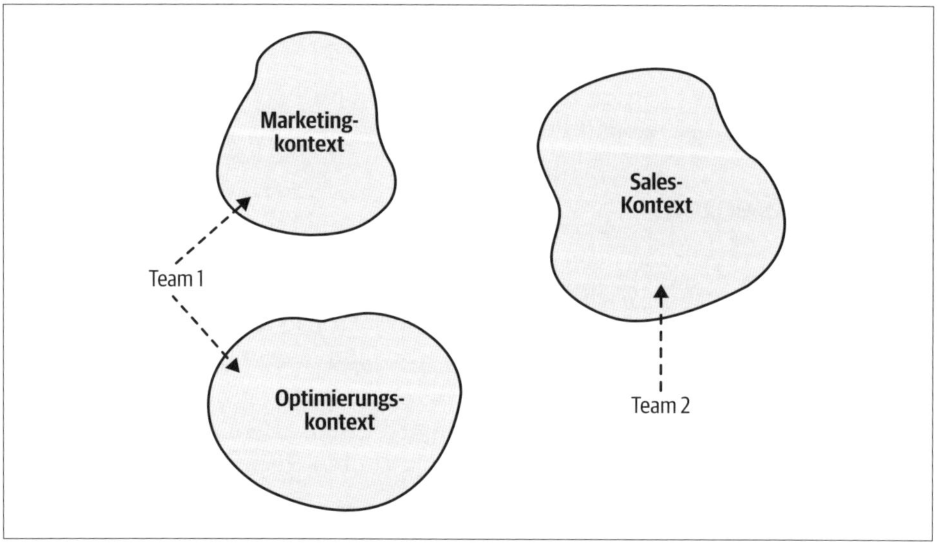

Abbildung 3-8: Team 1 arbeitet an den Bounded Contexts für Marketing und Optimization, während Team 2 am Bounded Context für Sales arbeitet.

Bounded Contexts in der Realität

In einem meiner Kurse zum Domain-Driven Design stellte ein Teilnehmer einmal fest: »Sie haben gesagt, dass es bei DDD um das Ineinklangbringen des Softwaredesigns mit den Fachdomänen geht. Aber wo sind die Bounded Contexts in der Realität? In Fachdomänen gibt es keine Bounded Contexts.«

Es stimmt – Bounded Contexts sind nicht so offensichtlich wie Fachdomänen oder Subdomains, aber es gibt sie genau so, wie es die mentalen Modelle der Domänenexperten gibt. Sie müssen nur bewusst darauf achten, wie Domänenexperten über die verschiedenen Business Entities und die zugehörigen Prozesse nachdenken.

Ich möchte dieses Kapitel damit schließen, dass es nicht nur Bounded Contexts gibt, wenn wir Fachdomänen in Software modellieren, sondern dass die Idee, unterschiedliche Modelle in unterschiedlichen Kontexten zu verwenden, in der Realität ganz allgemein verbreitet ist.

Semantic Domains

Man kann sagen, dass die Bounded Contexts von Domain-Driven Design auf der lexikografischen Idee der Semantic Domains (*https://oreil.ly/ugv75*) basieren. Eine *Semantic Domain* ist als Bedeutungsbereich und die dafür verwendeten Wörter definiert. So haben beispielsweise die Wörter *Monitor*, *Port* und *Prozessor* in den Semantic Domains der Software- und der Hardwareentwicklung unterschiedliche Bedeutungen.

Ein recht spezielles Beispiel für unterschiedliche Semantic Domains ist die Bedeutung des Worts *Tomate*.

Laut botanischer Definition ist eine Frucht der Weg für eine Pflanze, ihre Samen zu verteilen. Eine Frucht sollte an der Blüte der Pflanze wachsen und mindestens einen Samen enthalten. Gemüse ist andererseits der allgemeine Begriff für alle anderen essbaren Teile einer Pflanze: Wurzeln, Stamm und Blätter. Laut dieser Definition *ist die Tomate eine Frucht*.

Diese Definition ist aber im Kontext der Kulinarik nicht sehr nützlich. Dort werden Früchte und Gemüse anhand ihrer Geschmacksprofile definiert. Eine Frucht hat eine weiche Textur, ist entweder süß oder sauer und kann roh genossen werden, während Gemüse eine festere Textur besitzt, langweiliger schmeckt und oft gekocht werden muss. Laut dieser Definition *ist die Tomate ein Gemüse*.

Im *Bounded Context der Botanik* ist die Tomate also eine Frucht, während sie im *Bounded Context der Kulinarik* ein Gemüse ist. Damit sind wir aber noch nicht am Ende.

Im Jahr 1883 führten die USA ein Steuer von 10 % auf importiertes Gemüse, nicht aber auf Früchte ein. Die botanische Definition der Tomate als Frucht erlaubte das Importieren von Tomaten in die USA, ohne eine Steuer zahlen zu müssen. Um dieses Schlupfloch zu schließen, entschied der United States Supreme Court im Jahr 1893, dass die Tomate ein Gemüse sei. Daher ist die Tomate im *Bounded Context der Besteuerung* ein Gemüse.

Und mein Freund Romeu Moura sagt, dass die Tomate im *Bounded Context von Theatervorführungen* ein Feedback-Mechanismus sei.

Wissenschaft

Der Historiker Yuval Noah Harari schreibt: »Die Wissenschaft ist sich im Allgemeinen darin einig, dass keine Theorie zu 100 % korrekt ist. Daher ist die eigentliche Wissensprüfung nicht die Wahrheit, sondern die Nützlichkeit.« Mit anderen Worten: Keine wissenschaftliche Theorie ist in allen Fällen korrekt. Unterschiedliche Theorien sind in unterschiedlichen Kontexten nützlich.

Diese Idee lässt sich anhand der unterschiedlichen Modelle der Gravitation zeigen, die von Sir Isaac Newton und Albert Einstein vorgestellt wurden. Nach Newtons Bewegungsgesetzen sind Raum und Zeit absolut. Sie bilden die Bühne, auf der die Bewegung von Objekten stattfindet. In Einsteins Relativitätstheorie sind Raum und Zeit nicht mehr länger absolut, sondern sie unterscheiden sich je nach Beobachter.

Auch wenn diese zwei Modelle widersprüchlich gesehen werden können, sind beide in ihren passenden (gebundenen) Kontexten nützlich.

Einen Kühlschrank kaufen

Schauen wir uns abschließend noch ein bodenständigeres Beispiel von realen Bounded Contexts an. Was sehen Sie in Abbildung 3-9?

Abbildung 3-9: Ein Stück Pappe

Ist das nur ein Stück Pappe? Nein, es ist ein Modell. Ein Modell für den Kühlschrank Siemens KG86NAI31L. Suchen Sie im Internet danach, wird Ihnen auffallen, dass die Pappe nun wirklich nicht wie dieser Kühlschrank aussieht. Sie hat keine Tür, und selbst die Farbe ist anders.

Das mag zwar stimmen, ist aber nicht entscheidend. Wie wir besprochen haben, soll ein Modell eine Entität aus der Realität nicht kopieren. Stattdessen sollte es einen Zweck haben – ein Problem darstellen, das es lösen soll. Daher ist die korrekte Frage bezüglich der Pappe, bei welchem Problem dieses Modell hilft.

In unserer Wohnung haben wir keine normale Tür zur Küche. Die Pappe wurde so zurechtgeschnitten, dass sie die Breite und Tiefe des Kühlschranks besitzt. Das zu lösende Problem: Es soll geprüft werden, ob der Kühlschrank durch die Küchentür passt (siehe Abbildung 3-10).

Abbildung 3-10: Das Pappmodell im Durchgang zur Küche

Obwohl die Pappe auch nicht annähernd wie der Kühlschrank aussieht, hat sie sich als außerordentlich nützlich erwiesen, als wir entscheiden mussten, ob wir dieses Modell kaufen oder auf ein kleineres zurückgreifen. Es hätte sicherlich viel Spaß gemacht, ein 3-D-Modell des Kühlschranks zu bauen. Aber hätte es das Problem effizienter gelöst als die Pappe? Nein. Wenn die Pappe passt, würde auch das 3-D-Modell passen und umgekehrt. Auf die Softwareentwicklung bezogen, würde das Bauen des 3-D-Modells einem massiven Overengineering entsprechen.

Aber was ist mit der Höhe des Kühlschranks? Was, wenn die Grundfläche zwar passen würde, der Kühlschrank aber zu hoch für die Tür wäre? Würde das den Zusammenbau eines 3-D-Modells rechtfertigen? Nein. Das Problem ließe sich viel schneller und einfacher mit einem einfachen Maßband lösen, mit dem man die Höhe der Tür misst. Was ist das Messen mit einem Maßband in diesem Fall? Ein anderes einfaches Modell.

Also haben wir nun zwei Modelle desselben Kühlschranks. Das Verwenden von zwei Modellen, die jeweils für ihre spezifische Aufgabe optimiert sind, spiegelt den DDD-Ansatz zum Modellieren von Fachdomänen wider. Jedes Modell hat seinen exakt definierten Bounded Context: Die Pappe stellt sicher, dass die Grundfläche des Kühlschranks durch die Küchentür passt, die Messung mit dem Maßband prüft, dass der Kühlschrank nicht zu hoch ist. *Ein Modell sollte überflüssige Informationen weglassen, die für die aktuelle Aufgabe nicht relevant sind.* Zudem ist es nicht nötig, ein komplexes Modell für alle Probleme zu konstruieren, wenn mehrere, viel einfachere Modelle das jeweilige Problem effektiv lösen können.

Ein paar Tage, nachdem ich diese Story auf Twitter gepostet hatte (*https://oreil.ly/rqnEy*), erhielt ich einen Reply, in dem stand, dass ich statt einer Pappe auch ein Smartphone mit LIDAR-Scanner und einer Augmented-Reality-(AR-)App hätte nutzen können. Schauen wir uns diesen Vorschlag aus Sicht von Domain-Driven Design an.

Der Autor des Kommentars sagt, dass dies ein Problem ist, das andere schon gelöst haben, und dass die Lösung fertig einsetzbar zur Verfügung steht. Unnötig, darauf hinzuweisen, dass sowohl die Scanning-Technologie wie auch die AR-Anwendung komplex sind. Im DDD-Jargon macht das das Problem (prüfen, ob der Kühlschrank durch die Küchentür passt) zu einer Generic Subdomain.

Zusammenfassung

Immer dann, wenn wir über einen inhärenten Konflikt in den mentalen Modellen der Domänenexperten stolpern, müssen wir die Ubiquitous Language in mehrere Bounded Contexts aufteilen. Eine Ubiquitous Language sollte innerhalb des Gültigkeitsbereichs ihres Bounded Context konsistent sein. Aber über Bounded Contexts hinweg können die gleichen Begriffe durchaus unterschiedliche Bedeutungen haben.

Während Subdomains »gefunden« werden, werden Bounded Contexts designt. Das Aufteilen der Domäne in Bounded Contexts ist eine strategische Designentscheidung.

Ein Bounded Context und seine Ubiquitous Language können von einem Team implementiert und gewartet werden. Es können keine zwei Teams am gleichen Bounded Context arbeiten. Aber ein Team kann für mehrere Bounded Contexts verantwortlich sein.

Bounded Contexts unterteilen ein System in physische Komponenten – Services, Subsysteme und so weiter. Der Lebenszyklus jedes Bounded Context ist vom Rest entkoppelt. Jeder Bounded Context kann sich unabhängig vom Rest des Systems weiterentwickeln. Aber die Bounded Contexts müssen zusammenarbeiten, um ein System zu schaffen. Manche der Änderungen werden unvermeidlich andere Bounded Contexts beeinflussen. Im nächsten Kapitel werden wir über die verschiedenen Patterns für die Integration der Bounded Contexts sprechen, die genutzt werden können, um die Kontexte vor kaskadierenden Änderungen zu schützen.

Übungen

1. Worin besteht der Unterschied zwischen Subdomains und Bounded Contexts?
    a. Subdomains sind designt, Bounded Contexts werden erkannt.
    b. Bounded Contexts sind designt, Subdomains werden erkannt.
    c. Bounded Contexts und Subdomains sind im Grunde das Gleiche.
    d. Keine der drei Antworten ist richtig.
2. Ein Bounded Context ist eine Grenze für:
    a. ein Modell
    b. einen Lebenszyklus
    c. eine Zuständigkeit
    d. alles drei
3. Welche der folgenden Aussagen ist bezüglich der Größe eines Bounded Context korrekt?
    a. Je kleiner der Bounded Context, desto flexibler ist das System.
    b. Bounded Contexts sollten immer mit den Grenzen von Subdomains abgestimmt sein.
    c. Je größer der Bounded Context ist, desto besser.
    d. Es kommt darauf an.
4. Welche der folgenden Aussagen ist bezüglich der Zuständigkeit von Teams für Bounded Contexts korrekt?
    a. Mehrere Teams können am selben Bounded Context arbeiten.
    b. Ein einzelnes Team kann für mehrere Bounded Contexts zuständig sein.
    c. Ein Bounded Context kann nur von genau einem Team betreut werden.
    d. B und C sind korrekt.
5. Schauen Sie sich das WolfDesk-Beispiel im Vorwort an und versuchen Sie, Funktionalitäten des Systems zu erkennen, für die eventuell unterschiedliche Modelle eines Support-Tickets erforderlich sein könnten.
6. Versuchen Sie, neben den Beispielen aus diesem Kapitel selbst Beispiele für reale Bounded Contexts zu finden.

KAPITEL 4

Bounded Contexts integrieren

Das Bounded Context Pattern schützt nicht nur die Konsistenz einer Ubiquitous Language, es ermöglicht auch ein Modellieren. Sie können kein Modell bauen, ohne seinen Zweck festzulegen – seine Grenze. Die Grenze unterteilt die Zuständigkeit von Sprachen. Eine Sprache in einem Bounded Context kann die Fachdomäne modellieren, um ein bestimmtes Problem zu lösen. Ein anderer Bounded Context kann die gleiche Business Entity repräsentieren, sie aber so modellieren, dass sie ein anderes Problem löst.

Zudem können sich Modelle in verschiedenen Bounded Contexts unabhängig voneinander weiterentwickeln. Allerdings sind Bounded Contexts nicht völlig unabhängig von anderen Bounded Contexts. So wie ein System nicht aus völlig unabhängigen Komponenten zusammengestellt werden kann – die Komponenten müssen miteinander interagieren, um die Gesamtziele des Systems zu erreichen –, gilt dies auch für die Implementierungen in Bounded Contexts. Sie können sich zwar unabhängig weiterentwickeln, müssen sich jedoch gegenseitig berücksichtigen. Daher wird es immer Berührungspunkte zwischen Bounded Contexts geben. Diese nennen sich *Contracts* oder *Verträge*.

Der Bedarf nach Contracts entsteht aus Unterschieden in den Modellen und Sprachen der Bounded Contexts. Da jeder Contract mehr als eine Partei betrifft, muss er definiert und koordiniert werden. Zudem nutzen zwei Bounded Contexts per definitionem auch unterschiedliche Ubiquitous Languages. Welche Sprache soll für die Integration genutzt werden? Diese Aspekte müssen untersucht und vom Design der Lösung berücksichtigt werden.

In diesem Kapitel werden Sie Domain-Driven Design Patterns für das Definieren von Beziehungen und die Zusammenarbeit der Bounded Contexts kennenlernen. Diese Patterns werden durch die Art der Zusammenarbeit zwischen Teams geprägt, die an Bounded Contexts arbeiten. Wir werden die Patterns in drei Gruppen unterteilen, die jeweils eine Form von Teamzusammenarbeit repräsentieren: Cooperation, Customer/Supplier und Separate Ways.

Kooperation

Kooperations-Patterns kommen für Bounded Contexts zum Einsatz, die von Teams mit einer gut aufgesetzten Kommunikation implementiert werden.

Im einfachsten Fall handelt es sich um Bounded Contexts, die vom selben Team implementiert werden. Das gilt auch für Teams mit Zielen, bei denen der Erfolg des einen Teams vom Erfolg des anderen abhängt – und umgekehrt. Hier ist das Hauptkriterium ebenfalls die Qualität der Kommunikation und der Zusammenarbeit der Teams.

Schauen wir uns zwei DDD-Patterns an, die für kooperierende Teams geeignet sind – das Partnership Pattern und das Shared Kernel Pattern.

Partnership

Im Partnership-Modell wird die Integration der Bounded Contexts ad hoc koordiniert. Ein Team kann ein zweites Team über eine Änderung an der API informieren, und das zweite Team wird kooperieren und sich anpassen – ohne Drama und Konflikte (siehe Abbildung 4-1).

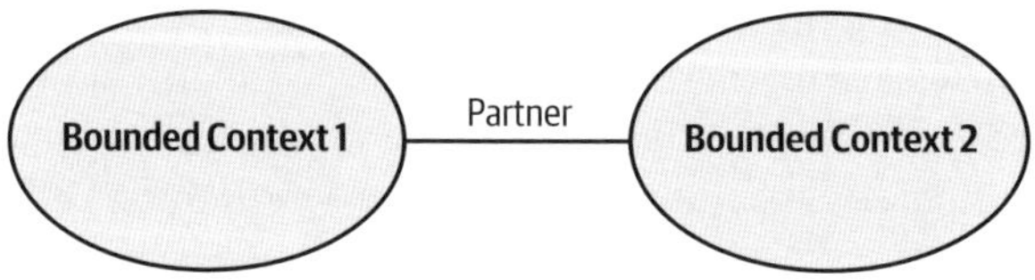

Abbildung 4-1: Das Partnership-Modell

Die Koordination der Integration geschieht hier in beide Richtungen. Kein Team diktiert die Sprache, die für das Definieren der Verträge genutzt wird. Die Teams können Unterschiede herausarbeiten und sich für die passendste Lösung entscheiden. Zudem arbeiten beide Seiten zusammen, wenn sich Probleme bei der Integration zeigen. Kein Team ist daran interessiert, das andere zu blockieren.

Etablierte Praktiken bei der Zusammenarbeit, viel Engagement und eine häufige Abstimmung zwischen den Teams sind erforderlich, um auf diese Art und Weise eine erfolgreiche Integration zu ermöglichen. Aus technischer Sicht ist eine Continuous Integration der Änderungen notwendig, die von beiden Teams umgesetzt werden, um die Integrations-Feedback-Schleife weiter zu minimieren.

Dieses Pattern funktioniert bei geografisch verteilten Teams eventuell nicht so gut, da es dann Probleme bei der Abstimmung und in der Kommunikation geben kann.

Shared Kernel

Obwohl es sich bei Bounded Contexts um Modellgrenzen handelt, kann es Fälle geben, in denen das gleiche Modell einer Subdomain oder ein Teil davon in mehreren Bounded Contexts implementiert wird. Dann muss unbedingt darauf geachtet werden, dass das gemeinsam genutzte Modell nach den Bedürfnissen aller beteiligten Bounded Contexts entworfen wird. Zudem muss das gemeinsame Modell konsistent sein in allen Bounded Contexts, die es verwenden.

Stellen Sie sich als Beispiel ein Enterprise-System vor, das ein handgeschneidertes Modell für das Verwalten der Nutzungsberechtigungen verwendet. Alle Benutzer und Benutzerinnen besitzen Berechtigungen, die entweder direkt zugewiesen oder von einer der Organisationseinheiten, zu denen sie gehören, geerbt wurden. Zudem kann jeder Bounded Context das Autorisierungsmodell anpassen, und die Änderungen jedes Bounded Context müssen sich auch auf alle anderen Bounded Contexts auswirken, die das Modell nutzen (siehe Abbildung 4-2).

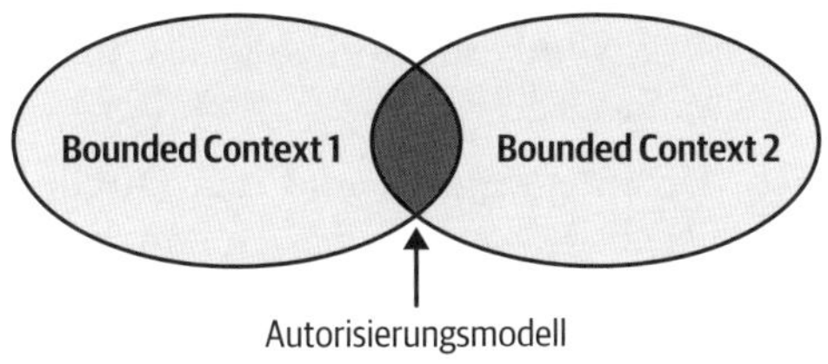

Abbildung 4-2: Shared Kernel

Shared Scope

Das überlappende Modell verbindet die Lebenszyklen der beteiligten Bounded Contexts. Eine Änderung am gemeinsamen Modell hat eine direkte Auswirkung auf alle Bounded Contexts. Um daher die kaskadierenden Effekte von Änderungen möglichst klein zu halten, sollte das überlappende Modell begrenzt sein und nur die Teile nach außen geben, die von beiden Bounded Contexts implementiert werden müssen. Idealerweise besteht der Shared Kernel nur aus Integrationsverträgen und Datenstrukturen, die dazu gedacht sind, über die Grenzen der Bounded Contexts hinaus weitergegeben zu werden.

Implementierung

Der Shared Kernel wird so implementiert, dass sich jede Änderung an seinem Quellcode direkt in allen Bounded Contexts widerspiegelt, die ihn einsetzen.

Nutzt die Organisation ein Mono-Repository als Vorgehensweise, können das dieselben Quelldateien sein, die von mehreren Bounded Contexts referenziert werden. Ist ein gemeinsames Repository nicht möglich, kann der Shared Kernel in ein eigenes Projekt extrahiert und in den Bounded Contexts als verlinkte Bibliothek referenziert werden. Auf jeden Fall muss jede Änderung am Shared Kernel Integrationstests für alle betroffenen Bounded Contexts auslösen.

Die Continuous Integration von Änderungen ist erforderlich, weil der Shared Kernel zu mehreren Bounded Contexts gehört. Gibt man Änderungen am Shared Kernel nicht an alle beteiligten Bounded Contexts weiter, führt das zu Inkonsistenzen in einem Modell: Bounded Contexts bauen eventuell auf veralteten Implementierungen des Shared Kernel auf, was zu kaputten Daten und/oder Laufzeitproblemen führen kann.

Wann ein Shared Kernel eingesetzt werden sollte

Das übergeordnete Anwendungskriterium für das Shared Kernel Pattern sind die Kosten für ein Duplizieren im Vergleich zu den Kosten für das Koordinieren. Da das Pattern eine starke Abhängigkeit zwischen den beteiligten Bounded Contexts schafft, sollte es nur dann angewendet werden, wenn die Kosten für ein Duplizieren höher sind als die Kosten für das Koordinieren – mit anderen Worten nur dann, wenn für das Integrieren von Änderungen am gemeinsamen Modell von beiden Bounded Contexts mehr Aufwand erforderlich ist als für das Koordinieren der Änderungen in der gemeinsamen Codebasis.

Der Unterschied zwischen den Integrations- und den Duplikationskosten hängt von der Volatilität des Modells ab. Je häufiger es sich ändert, desto größer werden die Integrationskosten sein. Daher wird der Shared Kernel meist für die Subdomains angewendet, die sich am häufigsten ändern – die Core Subdomains.

Auf eine gewisse Weise steht das Shared Kernel Pattern den Prinzipien der Bounded Contexts entgegen, die im vorigen Kapitel vorgestellt wurden. Wenn die beteiligten Bounded Contexts nicht vom selben Team implementiert werden, widerspricht ein Shared Kernel dem Prinzip, dass ein einzelnes Team für einen Bounded Context verantwortlich ist. Das überlappende Modell – der Shared Kernel – wird letztlich von mehreren Teams entwickelt.

Das ist der Grund dafür, dass der Einsatz eines Shared Kernel gut begründet sein muss. Er ist eine pragmatische Ausnahme, die sorgfältig durchdacht gehört. Ein häufiger Anwendungsfall für das Implementieren eines Shared Kernel liegt dann vor, wenn Hürden bei der Kommunikation oder der Zusammenarbeit das Implementieren des Partnership Pattern verhindern – zum Beispiel wegen geografischer Entfernungen oder aufgrund der Organisationspolitik. Das Implementieren einer eng verbundenen Funktionalität ohne eine saubere Koordination wird zu Integrationsproblemen, desynchronisierten Modellen und Diskussionen über die Designqualität der beteiligten Modelle führen. Indem Sie den Scope des Shared Kernel minimieren, steuern Sie auch den Scope der daraus folgenden kaskadierenden Änderungen. Lösen Sie für jede Änderung Integrationstests aus, ist das eine Möglichkeit, um sicherzustellen, dass Sie Integrationsprobleme frühzeitig erkennen.

Ein weiteres häufiges Einsatzgebiet für das Anwenden des Shared Kernel Pattern – wenn auch ein temporäres – ist das schrittweise Modernisieren eines Altsystems. In so einem Szenario kann die gemeinsame Codebasis eine pragmatische Zwischenlösung für das schrittweise Aufteilen des Systems in Bounded Contexts sein.

Schließlich kann ein Shared Kernel auch noch hilfreich sein, wenn Bounded Contexts zu integrieren sind, die vom selben Team verantwortet und implementiert werden. In solch einem Fall kann eine Ad-hoc-Integration der Bounded Contexts – eine Partnership – die Kontextgrenzen mit der Zeit »aufweichen« lassen. Ein Shared Kernel kann hier dazu dienen, die Integrationsverträge der Bounded Contexts explizit zu definieren.

Customer/Supplier

Die zweite Gruppe an Kollaborations-Patterns, die wir uns anschauen werden, ist die der Customer/Supplier-Patterns. Wie in Abbildung 4-3 zu sehen, stellt einer der Bounded Contexts – der Supplier – seinen Customern einen Service bereit. Der Service-Provider ist »upstream«, der Customer oder Consumer ist »downstream«.

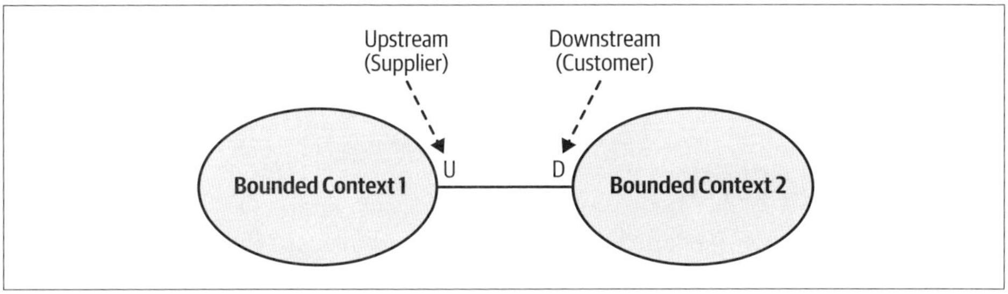

Abbildung 4-3: Customer-Supplier-Beziehung

Anders als bei der Zusammenarbeit können beide Teams (Upstream- und Downstream-Team) unabhängig voneinander erfolgreich sein. Konsequenterweise haben wir in den meisten Fällen ein Machtgefälle: Entweder das Upstream- oder das Downstream-Team kann den Integrationsvertrag diktieren.

Dieser Abschnitt wird drei Patterns behandeln, die solche Machtunterschiede angehen: das Conformist, das Anticorruption Layer und das Open-Host Service Pattern.

Conformist

In manchen Fällen liegt die Macht eher beim Upstream-Team, das keine großen Ambitionen zeigt, die Bedürfnisse ihrer Clients zu erfüllen. Stattdessen stellt es nur den Integrationsvertrag bereit, der anhand ihres eigenen Modells definiert wurde – friss oder stirb. Solch ein Machtungleichgewicht kann bei einer Integration mit Service-Providern entstehen, die nicht zur Organisation gehören, aber auch einfach durch Organisationspolitik.

Kommt das Downstream-Team mit dem Modell des Upstream-Teams klar, wird die Beziehung der Bounded Contexts als *Conformist* bezeichnet. Der Downstream orientiert sich am Bounded-Context-Modell des Upstreams, so wie es in Abbildung 4-4 dargestellt wird.

Abbildung 4-4: Conformist-Beziehung

Die Entscheidung des Downstream-Teams, einen Teil ihrer Autonomie aufzugeben, lässt sich unterschiedlich begründen. So kann es sich beispielsweise bei dem Contract des Upstream-Teams um einen Branchenstandard handeln, der auf einem verbreiteten Modell beruht, oder er ist für die Anforderungen des Downstream-Teams schlicht ausreichend.

Das nächste Pattern ist für Fälle gedacht, in denen ein Consumer das Modell des Suppliers nicht akzeptieren will.

Anticorruption Layer

Wie beim Conformist Pattern liegen die Machtverhältnisse bei dieser Beziehung weiterhin eher beim Upstream-Service. Aber hier ist der Bounded Context im Downstream nicht dazu bereit, zu kuschen. Stattdessen kann er das Modell des Bounded Context des Upstreams in ein Modell übersetzen, das auf seine eigenen Bedürfnisse abgestimmt ist. Dazu nutzt er einen Anticorruption Layer, wie dies in Abbildung 4-5 gezeigt wird.

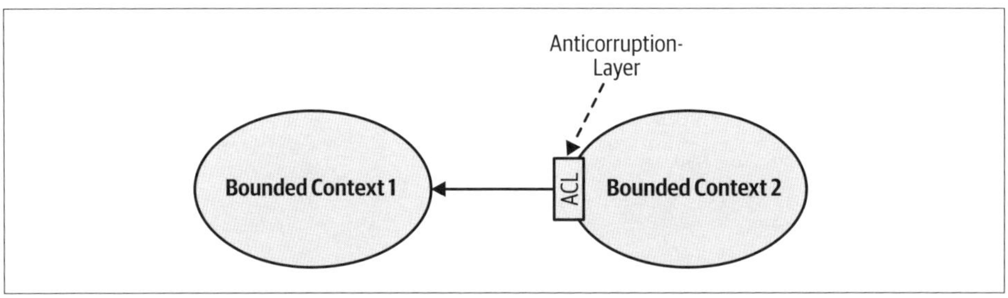

Abbildung 4-5: Integration über einen Anticorruption Layer

Das Anticorruption Layer Pattern ist für Situationen geeignet, in denen der Aufwand, sich an das Supplier-Modell anzupassen, nicht erwünscht oder nicht lohnenswert ist, zum Beispiel:

Wenn der Bounded Context im Downstream eine Core Subdomain enthält
: Ein Modell für eine Core Subdomain erfordert zusätzliche Aufmerksamkeit, und ein Anpassen an das Supplier-Modell könnte das Modellieren der Problemdomäne beeinträchtigen.

Wenn das Upstream-Modell für die Anforderungen des Consumers ineffizient oder unpraktisch ist
: Muss sich ein Bounded Context an ein Durcheinander anpassen, besteht die Gefahr, dass er selbst zu einem Durcheinander wird. Das geschieht oft bei der Integration mit Altsystemen.

Wenn sich der Vertrag des Suppliers häufig ändert
: Der Consumer möchte sein Modell vor häufigen Änderungen schützen. Mit einem Anticorruption Layer betreffen die Änderungen im Supplier-Modell oft nur den Übersetzungsmechanismus.

Aus Modellsicht isoliert die Übersetzung des Supplier-Modells den Downstream-Consumer von Fremdkonzepten, die für seinen Bounded Context nicht relevant sind. Daher vereinfacht sie die Ubiquitous Language und das Modell des Consumers.

In Kapitel 9 werden wir die verschiedenen Möglichkeiten zum Implementieren eines Anticorruption Layer unter die Lupe nehmen.

Open-Host Service

Dieses Pattern ist für Situationen geeignet, in denen die Macht eher beim Consumer liegt. Der Supplier ist daran interessiert, seine Consumer zu schützen und den bestmöglichen Service zu bieten.

Um die Consumer vor Änderungen in ihrem Implementierungsmodell zu schützen, entkoppelt der Upstream-Supplier das Implementierungsmodell von der öffentlichen Schnittstelle. Dieses Entkoppeln erlaubt dem Supplier, die Implementierung und die öffentlichen Modelle unterschiedlich schnell weiterzuentwickeln, so wie in Abbildung 4-6 gezeigt.

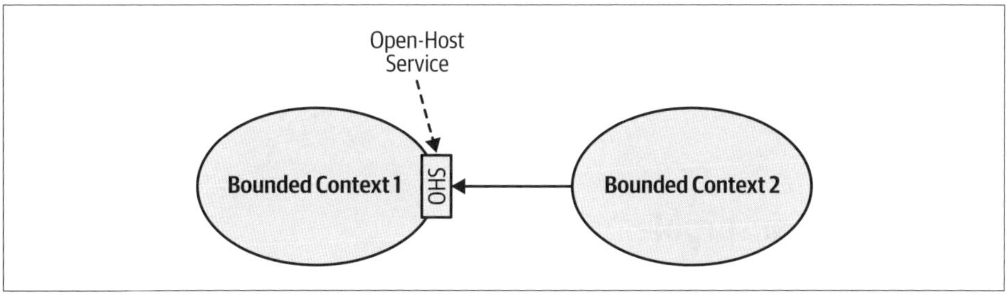

Abbildung 4-6: Integration über einen Open-Host Service

Die öffentliche Schnittstelle des Suppliers ist nicht dazu gedacht, seine Ubiquitous Language abzubilden. Stattdessen soll sie ein Protokoll bieten, das für die Consumer praktisch ist und das in einer integrationsorientierten Sprache ausgedrückt wird. Daher wird das öffentliche Protokoll als *Published Language* bezeichnet.

Auf gewisse Art und Weise ist das Open-Host Service Pattern das Gegenteil vom Anticorruption Layer Pattern: Statt des Consumers implementiert der Supplier die Übersetzung seines internen Modells.

Das Entkoppeln von Implementierungs- und Integrationsmodellen des Bounded Context erlaubt dem Upstream Bounded Context, seine Implementierung weiterzuentwickeln, ohne die Downstream Contexts zu beeinträchtigen. Natürlich ist das nur dann möglich, wenn das veränderte Implementierungsmodell in die Published Language übersetzt werden kann, das die Consumer schon verwenden.

Zudem ermöglicht das Entkoppeln des Integrationsmodells dem Upstream Bounded Context, parallel mehrere Versionen der Published Language anzubieten, sodass die Consumer nach und nach auf die neue Version migrieren können (siehe Abbildung 4-7).

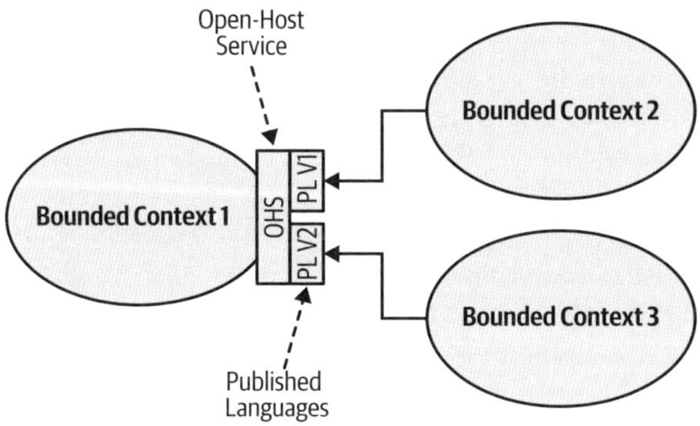

Abbildung 4-7: Ein Open-Host Service bietet mehrere Versionen der Published Language an.

Separate Ways

Die letzte Möglichkeit zur Zusammenarbeit ist, nicht zusammenzuarbeiten. Dieses Pattern kann sich aus unterschiedlichen Gründen ergeben, wenn die Teams nicht zusammenarbeiten können oder wollen. Ein paar der Gründe wollen wir uns hier anschauen.

Kommunikationsprobleme

Ein häufiger Grund für das Vermeiden einer Zusammenarbeit sind Kommunikationsprobleme aufgrund der Größe oder einer internen Politik der Organisation. Ist es für Teams schwierig, zusammenzuarbeiten und sich auf bestimmte Aspekte zu einigen, kann es kostengünstiger sein, getrennte Wege zu gehen und Funktionalität in mehreren Bounded Contexts doppelt vorzuhalten.

Generic Subdomains

Mehrfach vorkommende Subdomains können auch ein Grund für Teams sein, getrennte Wege zu gehen. Ist die fragliche Subdomain generisch und lässt sich die generische Lösung leicht integrieren, kann es kostengünstiger sein, sie lokal in jedem Bounded Context zu integrieren. Ein Beispiel ist ein Logging-Framework – es wäre wenig sinnvoll, dass einer der Bounded Contexts es als Service anbietet. Die zusätzliche Komplexität, solch eine Lösung zu integrieren, würde die Vorteile zunichtemachen, die durch ein Vermeiden des Verdoppelns entstehen. Ein Duplizieren der Funktionalität wäre weniger teuer als eine Zusammenarbeit.

Modellunterschiede

Unterschiede in den Modellen der Bounded Contexts können ebenfalls ein Grund dafür sein, getrennt unterwegs zu sein. Die Modelle können so verschieden sein, dass eine Conformist-Beziehung unmöglich wird und das Implementieren eines Anticorruption Layer teurer wäre als ein Verdoppeln der Funktionalität. Auch in solch einem Fall ist es für die Teams günstiger, getrennte Wege zu gehen.

Das Separate Ways Pattern sollte beim Integrieren von Core Subdomains vermieden werden. Ein Verdoppeln der Implementierung solcher Subdomains würde der Firmenstrategie widersprechen, sie so effektiv und optimiert wie möglich zu implementieren.

Context Map

Nach dem Analysieren der Integrations-Patterns zwischen den Bounded Contexts eines Systems können wir sie auf einer Context Map eintragen (siehe Abbildung 4-8).

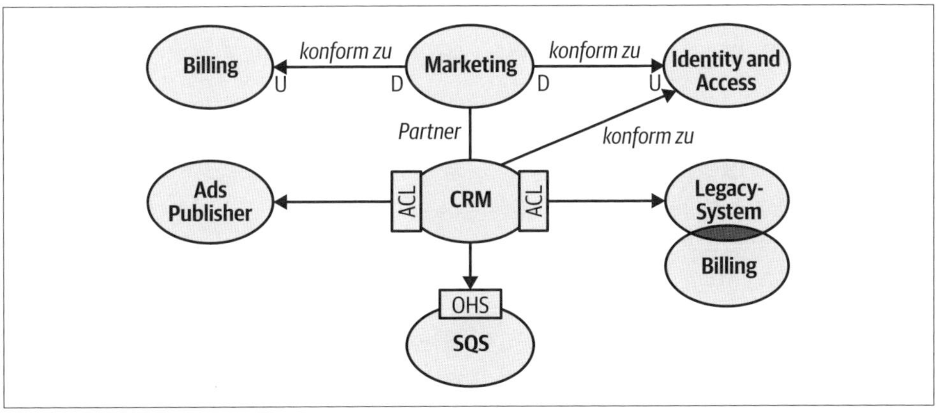

Abbildung 4-8: Context Map

Die Context Map ist eine visuelle Repräsentation der Bounded Contexts eines Systems und ihrer Integration zwischen ihnen. Damit erhalten Sie wertvolle strategische Einblicke auf mehreren Ebenen:

High-Level-Design
: Eine Context Map liefert einen Überblick über die Systemkomponenten und die sie implementierenden Modelle.

Kommunikations-Patterns
: Eine Context Map zeigt die Kommunikations-Patterns zwischen Teams – zum Beispiel welche Teams zusammenarbeiten und welche eher weniger »enge« Integrations-Patterns bevorzugen, wie beispielsweise die Anticorruption Layer oder Separate Ways Pattern.

Organisationsprobleme
: Eine Context Map kann Probleme in der Organisation aufzeigen. Was heißt es beispielsweise, wenn sich die Downstream-Consumer eines bestimmten Upstream-Teams alle dazu entscheiden, einen Anticorruption Layer zu implementieren, oder wenn sich alle Implementierungen des Separate Ways Pattern rund um dasselbe Team ballen?

Wartung

Idealerweise sollte eine Context Map von Anfang an in einem Projekt genutzt und immer aktuell gehalten werden, um Ergänzungen durch neue Bounded Contexts und Änderungen an bestehenden widerzuspiegeln.

Da die Context Map potenziell Informationen enthält, die von mehreren Teams stammen, ist es am besten, ihre Wartung als gemeinsame Aufgabe zu definieren – jedes Team ist dafür verantwortlich, ihre eigene Integration mit anderen Bounded Contexts aktuell zu halten.

Eine Context Map kann als Code gemanagt und gewartet werden, wenn zum Beispiel ein Tool wie Context Mapper (*https://contextmapper.org*) zum Einsatz kommt.

Einschränkungen

Es ist wichtig, darauf hinzuweisen, dass es schwierig sein kann, eine Context Map zu zeichnen. Enthält ein Bounded Context eines Systems mehrere Subdomains, können auch mehrere Integrations-Patterns ins Spiel kommen. So sehen Sie beispielsweise in Abbildung 4-9 zwei Bounded Contexts mit ihren zwei Integrations-Patterns: Partnership und Anticorruption Layer.

Und auch wenn Bounded Contexts auf eine einzelne Subdomain beschränkt sind, kann es trotzdem mehrere Integrations-Patterns geben – beispielsweise wenn die Module der Subdomain unterschiedliche Integrationsstrategien erfordern.

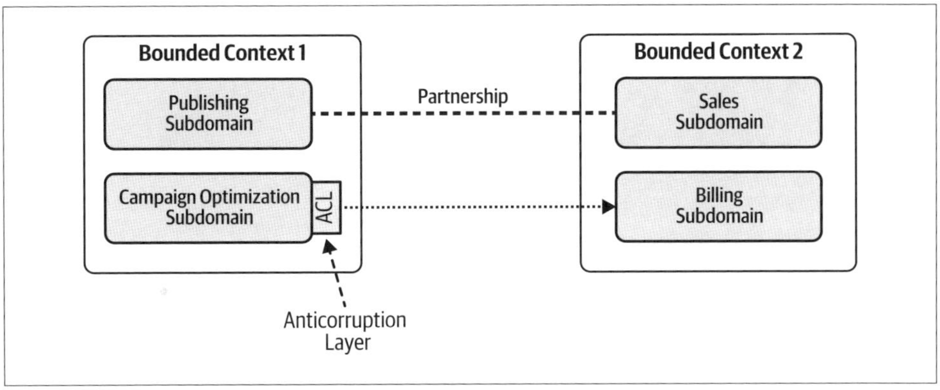

Abbildung 4-9: Komplizierte Context Map

Zusammenfassung

Bounded Contexts existieren nicht für sich allein, sie müssen mit anderen interagieren. Die folgenden Patterns definieren unterschiedliche Vorgehensweisen der Interaktion zwischen Bounded Contexts:

Partnership
: Bounded Contexts integrieren ad hoc.

Shared Kernel
: Zwei oder mehr Bounded Contexts werden integriert, indem sie ein begrenztes überlappendes Modell gemeinsam verwenden, das allen beteiligten Bounded Contexts gehört.

Conformist
: Der Consumer passt sich an das Modell des Service-Providers an.

Anticorruption Layer
: Der Consumer übersetzt das Modell des Service-Providers in ein Modell, das seinen eigenen Anforderungen entspricht.

Open-Host Service
: Der Service-Provider implementiert eine Published Language – ein Modell, das auf die Anforderungen der Consumer optimiert ist.

Separate Ways
: Es ist weniger aufwendig, bestimmte Funktionalität doppelt vorzuhalten, als zusammenzuarbeiten und sich in beide Richtungen zu integrieren.

Die Integration zwischen Bounded Contexts kann als Context Map dargestellt werden. Damit erhalten Sie Einblicke in das High-Level-Design des Systems, die Kommunikations-Patterns und die Organisationsprobleme.

Nachdem Sie nun die Werkzeuge und Techniken von Domain-Driven Design zum Analysieren und Modellieren von Fachdomänen kennengelernt haben, wollen wir unsere Perspektive weg von der Strategie und hin zur Taktik verschieben. In Teil II werden Sie verschiedene Wege zum Implementieren von Domain-Logik, zum Organisieren der High-Level-Architektur und zum Koordinieren der Systemkomponenten vorgestellt bekommen.

Übungen

1. Welches Integrations-Pattern sollte nie für eine Core Subdomain genutzt werden?
   a. Shared Kernel
   b. Open-Host Service
   c. Anticorruption Layer
   d. Separate Ways
2. Welche Downstream-Subdomain wird am ehesten einen Anticorruption Layer implementieren?
   a. Core Subdomain
   b. Supporting Subdomain
   c. Generic Subdomain
   d. B und C
3. Welche Upstream-Subdomain wird am ehesten einen Open-Host Service implementieren?
   a. Core Subdomain
   b. Supporting Subdomain
   c. Generic Subdomain
   d. A und B
4. Welches Integrations-Pattern verletzt auf gewisse Art und Weise die Zuständigkeitsgrenzen von Bounded Contexts?
   a. Partnership
   b. Shared Kernel
   c. Separate Ways
   d. Ein Integrations-Pattern sollte niemals die Zuständigkeitsgrenzen von Bounded Contexts verletzen.

TEIL II

Taktisches Design

In Teil I haben wir das »Was« und das »Warum« von Software behandelt: Sie haben gelernt, Fachdomänen zu analysieren, Subdomains und ihren strategischen Wert zu identifizieren und das Wissen von Fachdomänen in das Design von Bounded Contexts zu übertragen – Softwarekomponenten, die verschiedene Modelle der Fachdomäne implementieren.

In diesem Teil des Buchs werden wir nun von der Strategie zur Taktik wechseln – dem »Wie« des Softwaredesigns:

- In den Kapiteln 5 bis 7 werden Sie Patterns zum Implementieren der Business-Logik kennenlernen, mit denen es möglich ist, den Code die Ubiquitous Language seines Bounded Context sprechen zu lassen.
- In Kapitel 8 erforschen wir die unterschiedlichen Möglichkeiten, die Architektur eines Bounded Context zu organisieren: die Schichtenarchitektur, Ports & Adapters und das CQRS Pattern. Sie werden die Essenz jedes Architektur-Pattern kennenlernen und erfahren, wann welches Pattern genutzt werden sollte.
- Kapitel 9 kümmert sich um technische Aspekte und Implementierungsstrategien für das Orchestrieren der Interaktionen zwischen den Komponenten eines Systems. Sie werden Patterns kennenlernen, die das Implementieren von Integrations-Patterns für Bounded Contexts unterstützen, Sie werden erfahren, wie Sie ein zuverlässiges Verbreiten von Messages implementieren, und ich werde Ihnen Patterns zum Definieren komplexer, komponentenübergreifender Workflows zeigen.

KAPITEL 5

Einfache Business-Logik implementieren

Business-Logik ist der wichtigste Teil von Software. Sie ist der Hauptgrund dafür, dass die Software überhaupt implementiert wird. Die Benutzeroberfläche eines Systems kann schick und die Datenbank unfassbar schnell und skalierbar sein. Ist die Software aber für das Business nicht nützlich, ist sie nicht mehr als eine teure Technologiedemo.

Wie wir in Kapitel 2 gesehen haben, werden nicht alle Business Subdomains auf gleiche Weise erstellt. Unterschiedliche Subdomains haben unterschiedliche strategische Bedeutungen und unterschiedliche Komplexität. In diesem Kapitel beginnt unsere Reise durch die verschiedenen Möglichkeiten, Business-Logik-Code zu modellieren und zu implementieren. Wir beginnen mit zwei Patterns, die für eher einfache Business-Logik passend sind: Transaction Script und Active Record.

Transaction Script

> Organisieren Sie Business-Logik mithilfe von Prozeduren, bei denen jede nur eine einzelne Anfrage durch die Präsentationsschicht erhält.
>
> – *Martin Fowler*[1]

Die öffentliche Schnittstelle eines Systems lässt sich als Sammlung von Business-Transaktionen betrachten, die Consumer ausführen können (siehe Abbildung 5-1). Diese Transaktionen können die vom System verwalteten Informationen auslesen, sie verändern – oder auch beides. Das Pattern organisiert die Business-Logik des Systems anhand von Prozeduren, von denen jede eine Operation implementiert, die von den Consumern des Systems über dessen öffentliche Schnittstelle ausgeführt wird. So werden die öffentlichen Operationen des Systems letztendlich als Kapselungsgrenzen verwendet.

1 Fowler, M. (2002), *Patterns of Enterprise Application Architecture*, Boston: Addison-Wesley.

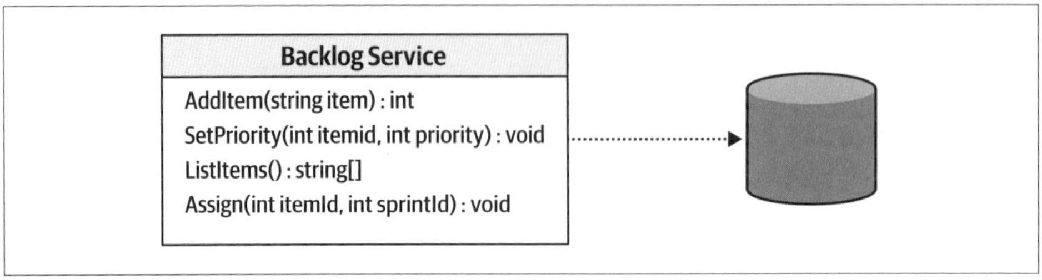

Abbildung 5-1: Schnittstelle des Transaction Script

Implementierung

Jede Prozedur wird als einfaches und unkompliziertes prozedurales Skript implementiert. Es kann eine dünne Abstraktionsschicht zur Integration mit Storage-Mechanismen verwenden, aber es steht ihm auch frei, direkt auf die Datenbank zuzugreifen.

Die einzige Anforderung, die Prozeduren erfüllen müssen, ist ihr transaktionales Verhalten. *Jede Operation sollte entweder erfolgreich sein oder komplett scheitern, aber niemals zu einem ungültigen Status führen.* Selbst wenn die Ausführung eines transaktionalen Skripts im unglücklichsten Moment scheitert, sollte das System konsistent bleiben – entweder indem es alle bis zum Fehler vorgenommenen Änderungen zurückrollt oder indem es kompensierende Aktivitäten ausführt. Das transaktionale Verhalten spiegelt sich im Namen des Pattern wider: Transaction Script.

Hier ein Beispiel für ein transaktionales Skript, das Batches mit JSON-Dateien in XML-Dateien umwandelt:

```
DB.StartTransaction();

var job = DB.LoadNextJob();
var json = LoadFile(job.Source);
var xml = ConvertJsonToXml(json);
WriteFile(job.Destination, xml.ToString();
DB.MarkJobAsCompleted(job);

DB.Commit()
```

So einfach ist es nicht!

Wenn ich das Transaction Script Pattern in meinen Kursen zum Domain-Driven Design vorstelle, gehen oft die Augenbrauen nach oben, und irgendwer fragt sogar: »Verschwenden wir damit nicht unsere Zeit? Sollten wir nicht die fortgeschritteneren Patterns und Techniken kennenlernen?«

Nun, die Sache ist die: Das Transaction Script Pattern ist eine *Grundlage* für die komplexeren Patterns zum Implementieren von Business-Logik, die Sie in den folgenden Kapiteln kennenlernen werden. Zudem ist es trotz seiner offensichtlichen

Einfachheit das Pattern, das am leichtesten falsch angewendet werden kann. Eine erstaunliche Zahl an Problemen in Produktivumgebungen, an deren Debugging und Korrektur ich auf die eine oder andere Art und Weise beteiligt war, ließ sich auf eine falsche Implementierung des transaktionalen Verhaltens der Business-Logik eines Systems zurückführen.

Schauen wir uns drei häufig vorkommende reale Beispiele für kaputte Daten an, die aus einem nicht korrekt umgesetzten Transaktionsskript entspringen.

Fehlendes transaktionales Verhalten

Ein triviales Beispiel für ein fehlerhaftes Implementieren des transaktionalen Verhaltens ist, mehrere Updates ohne eine sie umschließende Transaktion auszuführen. Schauen Sie sich die folgende Methode an, die einen Datensatz in der `Users`-Tabelle aktualisiert und einen weiteren Datensatz in die Tabelle `VisitsLog` einträgt:

```
01 public class LogVisit
02 {
03     ...
04
05     public void Execute(Guid userId, DataTime visitedOn)
06     {
07         _db.Execute("UPDATE Users SET last_visit=@p1 WHERE user_id=@p2",
08             visitedOn, userId);
09         _db.Execute(@"INSERT INTO VisitsLog(user_id, visit_date)
10                       VALUES(@p1, @p2)", userId, visitedOn);
11     }
12 }
```

Gibt es ein Problem, nachdem der Datensatz in der `Users`-Tabelle aktualisiert wurde (Zeile 7), aber bevor der Log-Datensatz angefügt werden konnte (Zeile 9), wird das System in einem inkonsistenten Zustand zurückbleiben. Die `Users`-Tabelle wird aktualisiert sein, aber der zugehörige Datensatz in der `VisitsLog`-Tabelle fehlt. Das kann an einer Netzwerkstörung liegen, an einem Datenbank-Time-out oder an einem Deadlock – sogar ein Crash des Servers, der den Prozess ausführt, ist möglich.

Beheben lässt sich das Ganze durch eine saubere Transaktion, die beide Datenänderungen umschließt:

```
public class LogVisit
{
    ...

    public void Execute(Guid userId, DataTime visitedOn)
    {
        try
        {
            _db.StartTransaction();

            _db.Execute(@"UPDATE Users SET last_visit=@p1
                     WHERE user_id=@p2",
                     visitedOn, userId);
```

```
                _db.Execute(@"INSERT INTO VisitsLog(user_id, visit_date)
                         VALUES(@p1, @p2)",
                         userId, visitedOn);

                _db.Commit();
            } catch {
                _db.Rollback();
                throw;
            }
        }
    }
```

Die Korrektur lässt sich leicht implementieren, weil die Datenbank mehrere Datensätze umfassende Transaktionen nativ unterstützt. Es wird komplizierter, wenn Sie mehrere Updates in einer Datenbank ausführen müssen, die keine Multirecord-Transaktionen anbietet, oder wenn Sie mit mehreren Storage-Mechanismen arbeiten, die sich unmöglich in einer verteilten Transaktion zusammenfassen lassen. Schauen wir uns ein Beispiel für den zweiten Fall an.

Verteilte Transaktionen

In modernen verteilten Systemen ist es üblich, Änderungen an den Daten in einer Datenbank vorzunehmen und dann andere Komponenten des Systems über diese Änderungen zu informieren, indem man Nachrichten über einen Message Bus veröffentlicht. Stellen Sie sich vor, dass Sie im vorherigen Beispiel einen Besuch nicht in einer Tabelle erfassen, sondern auf einem Message Bus mitteilen:

```
01 public class LogVisit
02 {
03     ...
04
05     public void Execute(Guid userId, DataTime visitedOn)
06     {
07         _db.Execute("UPDATE Users SET last_visit=@p1 WHERE user_id=@p2",
08                     visitedOn,userId);
09         _messageBus.Publish("VISITS_TOPIC",
10                             new { UserId = userId, VisitDate = visitedOn });
11     }
12 }
```

Wie im Beispiel zuvor wird jeder Ausfall nach Zeile 7 und vor Zeile 9 den Status des Systems inkonsistent zurücklassen. Die Tabelle `Users` wird aktualisiert sein, die anderen Komponenten werden aber nicht benachrichtigt, weil das Veröffentlichen auf dem Message Bus nicht funktioniert hat.

Leider ist es nicht so einfach wie eben, dieses Problem zu beheben. Verteilte Transaktionen, die mehrere Storage-Mechanismen umfassen, sind komplex, skalieren schlecht, führen gerne zu Fehlern und werden daher im Allgemeinen vermieden. In Kapitel 8 werden Sie erfahren, wie Sie das CQRS-Architektur-Pattern einsetzen können, um mehrere Storage-Mechanismen einsetzen zu können. Zudem wird in

Kapitel 9 das Outbox Pattern vorgestellt, das ein zuverlässiges Veröffentlichen von Nachrichten nach dem Committen von Änderungen in einer anderen Datenbank ermöglicht.

Schauen wir uns ein schwierigeres Beispiel einer ungeeigneten Implementierung eines transaktionalen Verhaltens an.

Implizit verteilte Transaktionen

Dies ist eine trügerisch einfache Methode:

```
public class LogVisit
{
    ...

    public void Execute(Guid userId)
    {
        _db.Execute("UPDATE Users SET visits=visits+1 WHERE user_id=@p1",
                    userId);
    }
}
```

Statt wie im vorherigen Beispiel das Datum des letzten Besuchs zu erfassen, nutzt diese Methode einen Besuchszähler für jeden User. Ein Aufruf der Methode erhöht den entsprechenden Zählerwert um 1. Die Methode aktualisiert nur einen Zähler in einer Tabelle in einer Datenbank. Und trotzdem handelt es sich um eine verteilte Transaktion, die potenziell zu einem inkonsistenten Status führen kann.

Eine verteilte Transaktion ist sie deshalb, weil die Methode Informationen an die Datenbanken und den externen Prozess, der die Methode aufgerufen hat, kommuniziert (siehe Abbildung 5-2).

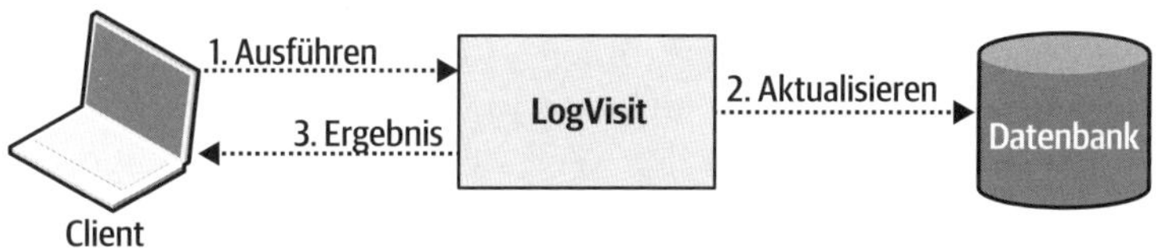

Abbildung 5-2: Die Operation »LogVisit« aktualisiert die Daten und benachrichtigt den aufrufenden Code über Erfolg oder Misserfolg.

Auch wenn die Methode `Execute` vom Typ `void` ist – also keine Daten zurückgibt –, kommuniziert sie trotzdem, ob die Operation erfolgreich war oder nicht: Schlug sie fehl, erhält man beim Aufruf eine Exception. Was ist, wenn die Methode erfolgreich war, die Kommunikation des Ergebnisses aber fehlschlug? Zum Beispiel:

- Wenn `LogVisit` ein Teil eines REST-Service ist und es einen Netzwerkausfall gibt?

- Wenn sowohl `LogVisit` wie auch der aufrufende Code im gleichen Prozess laufen, dieser aber abbricht, bevor der aufrufende Code das erfolgreiche Ausführen von `LogVisit` erfassen konnte?

In beiden Fällen wird der aufrufende Code einen Fehler annehmen und versuchen, `LogVisit` erneut aufzurufen. Ein wiederholtes Aufrufen der `LogVisit`-Logik wird aber zu einem falschen Hochsetzen des Zählers führen. Statt um 1 wird er um 2 erhöht werden. Wie in den beiden Beispielen zuvor schafft es der Code nicht, das Transaction Script Pattern korrekt zu implementieren, was unabsichtlich zu einem ungültigen Systemstatus führt.

Auch hier gibt es keine einfache Korrektur für dieses Problem. Es hängt alles von der Fachdomäne und ihren Anforderungen ab. In diesem spezifischen Beispiel ist es unter anderem möglich, ein transaktionales Verhalten sicherzustellen, indem die Operation *idempotent* wird – sie soll also auch bei wiederholtem Aufruf zum gleichen Ergebnis führen.

Wir können die Consumer beispielsweise bitten, den Wert des Zählers mitzugeben. Dazu werden diese erst den aktuellen Wert auslesen, ihn dann lokal erhöhen und den aktualisierten Wert als Parameter mitgeben müssen. Auch wenn die Operation mehrfach ausgeführt wird, ändert sich damit nicht das Endergebnis:

```
public class LogVisit
{
    ...

    public void Execute(Guid userId, long visits)
    {
        _db.Execute("UPDATE Users SET visits = @p1 WHERE user_id=@p2",
                    visits, userId);
    }
}
```

Eine andere Möglichkeit, solch ein Problem anzugehen, ist der Einsatz einer optimistischen Steuerung der Nebenläufigkeit: Vor dem Aufruf der Operation `LogVisit` hat der aufrufende Code den aktuellen Wert des Zählers gelesen und ihn als Parameter an `LogVisit` übergeben. `LogVisit` wird den Wert des Zählers nur dann erhöhen, wenn er gleich dem zuvor gelesenen Wert ist:

```
public class LogVisit
{
...

    public void Execute(Guid userId, long expectedVisits)
      {
        _db.Execute(@"UPDATE Users SET visits=visits+1
                       WHERE user_id=@p1 and visits = @p2",
                       userId, visits);
    }
}
```

Ein mehrfaches Ausführen von `LogVisit` mit den gleichen Eingabeparametern ändert die Daten nicht, weil dann die Bedingung `WHERE ... visits = @prm2` nicht mehr erfüllt ist.

Wann man ein Transaction Script verwendet

Das Transaction Script Pattern passt gut zu den einfachsten Problemdomänen, bei denen die Business-Logik aus einfachen prozeduralen Operationen besteht. So extrahiert beispielsweise in Extract/Transform/Load-(ETL-)Operationen jede Operation Daten aus einer Quelle, wendet darauf Transformationslogik an, um sie in eine andere Form zu bringen, und lädt dann die Ergebnisse in den Ziel-Store. Dieser Prozess ist in Abbildung 5-3 dargestellt.

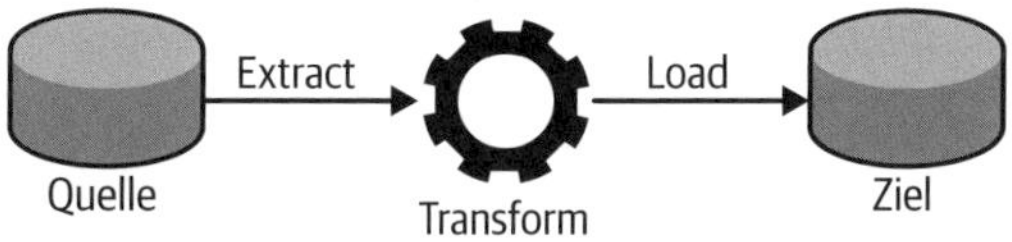

Abbildung 5-3: Datenfluss bei Extract/Transform/Load

Das Transaction Script Pattern passt sehr gut zu Supporting Subdomains, bei denen die Business-Logik per definitionem einfach ist. Es kann auch als Adapter für die Integration externer Systeme dienen – zum Beispiel für Generic Subdomains oder als Teil eines Anticorruption Layer (mehr dazu in Kapitel 9).

Der Hauptvorteil des Transaction Script Pattern ist seine Einfachheit. Es bringt nur minimale Abstraktion mit und minimiert den Overhead in Bezug auf Laufzeitperformance wie auch für das Verstehen der Business-Logik. Aber diese Einfachheit ist gleichzeitig der Nachteil des Pattern. Je komplexer die Business-Logik wird, desto eher geschieht es, dass sie über Transaktionen hinweg dupliziert wird, was zu inkonsistentem Verhalten führen kann – wenn der doppelte Code nicht mehr identisch ist. Daher sollten Transaktionsskripte niemals für Core Subdomains genutzt werden, da dieses Pattern nicht gut für die hohe Komplexität der Business-Logik einer Core Subdomain geeignet ist.

Diese Einfachheit hat Transaktionsskripten einen zweifelhaften Ruf eingebracht. Manchmal wird das Pattern sogar als Antipattern behandelt. Denn sobald komplexe Business-Logik als Transaktionsskript implementiert wird, wird sie sich eher früher als später in einen nicht mehr wartbaren Big Ball of Mud verwandeln. Es sei aber angemerkt, dass das Transaction Script Pattern trotz seiner Einfachheit in der Softwareentwicklung allgegenwärtig ist. Alle Patterns zum Implementieren von Business-Logik, die wir in diesem und den folgenden Kapiteln noch behandeln werden, basieren auf die eine oder andere Art und Weise auf dem Transaction Script Pattern.

Active Record

> Ein Objekt, das eine Zeile in einer Datenbanktabelle oder Datenbank-View verpackt, kapselt den Datenbankzugriff und ergänzt diese Daten um Domain-Logik.
>
> – *Martin Fowler*[2]

Wie das Transaction Script Pattern unterstützt Active Record Fälle, in denen die Business-Logik einfach ist. Hier arbeitet die Logik aber eventuell auf komplexeren Datenstrukturen. So haben wir vielleicht keine flachen Datensätze, sondern kompliziertere Objektbäume und Hierarchien, wie in Abbildung 5-4 dargestellt.

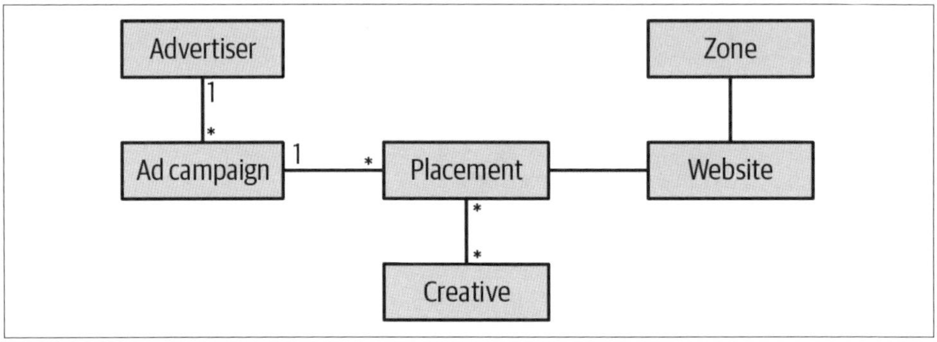

Abbildung 5-4: Ein komplizierteres Datenmodell mit 1:n- und n:m-Beziehungen

Ein Arbeiten auf solchen Datenstrukturen mithilfe eines einfachen Transaktionsskripts würde zu viel wiederkehrendem Code führen. Das Abbilden der Daten auf eine Repräsentation im Speicher würde ebenfalls überall dupliziert werden.

Implementierung

Konsequenterweise nutzt dieses Pattern dedizierte Objekte, die als Active Records bezeichnet werden, um komplizierte Datenstrukturen darzustellen. Abgesehen von der Datenstruktur implementieren diese Objekte zudem Datenzugriffsmethoden zum Erstellen, Lesen, Aktualisieren und Löschen von Datensätzen – sogenannte CRUD-Operationen (*Create, Read, Update, Delete*). Daher sind die Active-Record-Objekte mit einem objektrelationalen Mapper (ORM) oder einem anderen Datenzugriffs-Framework verbunden. Der Name des Pattern leitet sich von der Tatsache ab, dass jede Datenstruktur »aktiv« ist – sie also Datenzugriffslogik implementiert.

Wie im vorherigen Pattern ist die Business-Logik des Systems in einem Transaktionsskript organisiert. Der Unterschied zwischen den beiden Patterns liegt darin, dass in diesem Fall die Datenbank nicht direkt angesprochen wird, sondern das Transaktionsskript Active-Record-Objekte bearbeitet. Ist es fertig, muss die Operation als atomare Transaktion entweder vollständig oder gar nicht umgesetzt sein:

2 Fowler, M. (2002), *Patterns of Enterprise Application Architecture*, Boston: Addison-Wesley.

```
public class CreateUser
{
    ...

    public void Execute(userDetails)
    {
        try
        {
            _db.StartTransaction();

            var user = new User();
            user.Name = userDetails.Name;
            user.Email = userDetails.Email;
            user.Save();

            _db.Commit();
        } catch {
            _db.Rollback();
            throw;
        }
    }
}
```

Das Ziel des Pattern ist, die Komplexität des Abbildens der In-Memory-Objekte auf das Datenbankschema zu kapseln. Neben der Zuständigkeit für das Persistieren kann das Active-Record-Objekt auch Business-Logik enthalten – zum Beispiel Werte überprüfen, die den Feldern zugewiesen werden, oder sogar Business-bezogene Prozeduren implementieren, die die Daten eines Objekts verändern. Das besondere Feature eines Active-Record-Objekts ist daher, Datenstrukturen und Verhalten (Business-Logik) zu trennen. Normalerweise haben die Felder eines Active Record öffentliche Getter und Setter, sodass externe Prozeduren den Status verändern können.

Wann sollte Active Record genutzt werden?

Weil ein Active Record im Prinzip ein Transaktionsskript ist, das den Zugriff auf Datenbanken optimiert, kann dieses Pattern nur recht einfache Business-Logik unterstützen – zum Beispiel CRUD-Operationen – und dabei vielleicht noch die Benutzereingaben überprüfen.

Dementsprechend passt das Active Record Pattern wie das Transaction Script Pattern eher zu Supporting Subdomains, zum Integrieren externer Lösungen für Generic Subdomains oder zu Aufgaben beim Transformieren im Modell. Der Unterschied zwischen den Patterns liegt darin, dass sich Active Record um die Komplexität beim Abbilden komplizierter Datenstrukturen auf ein Datenbankschema kümmert.

Das Active Record Pattern ist auch als *Anemic Domain Model Antipattern* bekannt – also als nicht sauber designtes Domain Model. Ich mag die eher negativ konnotierten Begriffe *Anemic* und *Antipattern* hier nicht. Das Pattern ist ein Werkzeug.

Wie jedes Werkzeug kann es Probleme lösen, aber potenziell mehr Schaden als Nutzen anrichten, wenn es im falschen Kontext zum Einsatz kommt. Es ist nichts falsch daran, Active Records zu verwenden, wenn die Business-Logik einfach ist. Zudem wird das Verwenden eines ausgefeilteren Pattern für das Implementieren einfacher Business-Logik ebenfalls schädlich sein, wenn dadurch ungewollt mehr Komplexität ins Spiel kommt. Im nächsten Kapitel werden Sie erfahren, was ein Domain Model ist und wie es sich vom Active Record Pattern unterscheidet.

> Es sei darauf hingewiesen, dass sich *Active Record* hier auf das Design-Pattern und nicht auf das Active Record Framework bezieht. Der Name des Pattern wurde durch Martin Fowler in *Patterns of Enterprise Application Architecture* geprägt. Das Framework entstand später als eine Möglichkeit, das Pattern zu implementieren. Hier im Buch reden wir über das Design-Pattern und die dahinterstehenden Konzepte, nicht über eine spezifische Implementierung.

Seien Sie pragmatisch

Auch wenn Business-Daten wichtig sind und der Code, den wir designen und bauen, deren Integrität schützen sollte, gibt es Fälle, in denen ein pragmatischer Ansatz wünschenswerter ist.

Insbesondere bei sehr großen Datenmengen kann es sein, dass man die Garantien für konsistente Daten etwas lockert. Überprüfen Sie, ob es wirklich ein Show Stopper für das Business ist, wenn ein Datensatz in einer Million Datensätze korrupt ist, und ob er die Performance und Profitabilität des Business wirklich beeinträchtigt. Nehmen wir beispielsweise an, dass Sie ein System bauen, das jeden Tag Milliarden von Ereignissen von IoT-Devices erfasst. Ist es schlimm, wenn 0,001 % dieser Ereignisse doppelt auftauchen oder verloren gehen?

Wie immer gibt es keine universelle Regel. Es hängt alles von der Fachdomäne ab, in der Sie zu tun haben. Es ist okay, Dinge wo immer möglich zu vereinfachen – denken Sie nur daran, die Risiken und Auswirkungen auf das Business auch zu bewerten.

Zusammenfassung

In diesem Kapitel haben wir zwei Patterns für das Implementieren von Business-Logik behandelt:

Transaction Script
: Dieses Pattern organisiert die Operationen des Systems als einfache und gradlinige prozedurale Skripte. Die Prozeduren stellen sicher, dass jede Operation transaktional ist – entweder ist sie erfolgreich, oder sie schlägt fehl. Das Transaction Script Pattern passt zu Supporting Subdomains, bei denen die Business-Logik aus einfachen ETL-ähnlichen Operationen besteht.

Active Record

Ist die Business-Logik einfach, arbeitet aber mit komplizierteren Datenstrukturen, können Sie diese Datenstrukturen als Active Records implementieren. Ein Active-Record-Objekt ist eine Datenstruktur, die Methoden zum einfachen CRUD-Datenzugriff anbietet.

Diese beiden Patterns sind in Fällen mit eher einfacher Business-Logik einsetzbar. Im nächsten Kapitel werden wir uns komplexerer Business-Logik zuwenden und darüber reden, wie man die Komplexität mit dem Domain Model Pattern angehen kann.

Übungen

1. Welches der folgenden Patterns sollte zum Implementieren der Business-Logik einer Core Subdomain genutzt werden?
   a. Transaction Script
   b. Active Record
   c. Keines dieser Patterns kann zum Implementieren einer Core Subdomain zum Einsatz kommen.
   d. Beide können zum Implementieren einer Core Subdomain genutzt werden.
2. Schauen Sie sich den folgenden Code an:

```
public void CreateTicket(TicketData data)
{
    var agent = FindLeastBusyAgent();

    agent.ActiveTickets = agent.ActiveTickets + 1;
    agent.Save();

    var ticket = new Ticket();
    ticket.Id = Guid.New();
    ticket.Data = data;
    ticket.AssignedAgent = agent;
    ticket.Save();

    _alerts.Send(agent, "Sie haben ein neues Ticket!");
}
```

   Angenommen, es gäbe keinen Transaktionsmechanismus auf höherer Ebene – welche potenziellen Probleme können Sie hier für die Datenkonsistenz erkennen?
   a. Beim Empfangen eines neuen Tickets kann der Zähler für aktive Tickets um mehr als 1 wachsen.
   b. Der Zähler für aktive Tickets kann um 1 erhöht werden, aber der Agent erhält keine neuen Tickets zugewiesen.

c. Ein Agent kann ein neues Ticket erhalten, wird darüber aber nicht informiert.

d. Alle drei Probleme können auftauchen.

3. Im vorherigen Code gibt es mindestens einen möglichen Grenzfall, der den Status des Systems korrumpieren kann. Finden Sie ihn?
4. Zurück zum WolfDesk-Beispiel aus dem Vorwort dieses Buchs – welche Teile des Systems ließen sich möglicherweise als Transaction Script oder als Active Record implementieren?

KAPITEL 6

Komplexe Business-Logik angehen

Im vorherigen Kapitel ging es um zwei Patterns für recht einfache Business-Logik: Transaction Script und Active Record. Dieses Kapitel geht weiter auf das Implementieren von Business-Logik mit einem Pattern ein, das eher für kompliziertere Business-Logik geeignet ist – das Domain Model Pattern.

Geschichte

So wie die Patterns Transaction Script und Active Record wurde auch das Domain Model Pattern erstmals von Martin Fowler in seinem Buch *Patterns of Enterprise Application Architecture* vorgestellt. Er schloss seine Beschreibung des Pattern mit dem Satz ab: »Eric Evans schreibt gerade ein Buch über das Bauen von Domain Models.« Dieses Buch ist Evans grundlegendes *Domain-Driven Design: Tackling Complexity in the Heart of Software*.

Evans stellt in seinem Buch eine Reihe von Patterns vor, die dafür gedacht sind, den Code eng mit dem zugrunde liegenden Modell der Fachdomäne zu verbinden: Aggregate, Value Object, Repository und andere. Diese Patterns nehmen den Faden dort auf, wo Fowler mit seinem Buch endete, und sie bilden einen Satz effektiver Werkzeuge zum Implementieren des Domain Model Pattern.

Die von Evans eingeführten Patterns werden oftmals als *taktisches Domain-Driven Design* bezeichnet. Um Verwirrung zu vermeiden, weil man denken könnte, dass zum Implementieren von Domain-Driven Design diese Patterns für die Business-Logik unbedingt erforderlich sind, bevorzuge ich die ursprüngliche Terminologie von Fowler. Das Pattern ist »Domain Model«, und die Aggregates und Value Objects sind dessen Bausteine.

Domain Model

Das Domain Model Pattern ist für Situationen gedacht, in denen die Business-Logik komplexer wird. Statt mit CRUD-Schnittstellen haben wir es hier mit komplizierten Zustandsübergängen, Business-Regeln und Invarianten zu tun – Regeln, die jederzeit erfüllt sein müssen.

Nehmen wir an, wir würden ein Help-Desk-System implementieren. Schauen Sie sich den folgenden Ausschnitt aus den Anforderungen an, die die Logik beschreiben, mit der der Lebenszyklus von Support-Tickets gesteuert wird:

- Kundinnen und Kunden öffnen Support-Tickets, in denen Probleme beschrieben werden, denen sie sich gegenübersehen.
- Sowohl Kundin und Kunde wie auch der Support-Agent fügen Nachrichten an, und die gesamte Korrespondenz wird im Support-Ticket erfasst.
- Ein Agent sollte eine Lösung innerhalb einer vorgegebenen Zeit anbieten (SLA), die auf der Priorität des Tickets basiert.
- Reagiert der Agent nicht innerhalb der SLA, kann der Kunde oder die Kundin das Ticket an den Manager oder die Managerin eskalieren.
- Durch eine Eskalation wird die maximal verfügbare Zeit für den Agenten um 33 % verringert.
- Öffnet der Agent ein eskaliertes Ticket nicht innerhalb von 50 % der Reaktionszeitgrenze, wird es automatisch einem anderen Agenten zugewiesen.
- Tickets werden automatisch geschlossen, wenn der Kunde oder die Kundin nicht innerhalb von sieben Tagen auf Fragen des Agenten reagieren.
- Eskalierte Tickets können nicht automatisch oder vom Agenten geschlossen werden – nur der Kunde, die Kundin oder die Managerin beziehungsweise der Manager können es schließen.
- Ein Kunde oder eine Kundin können ein geschlossenes Ticket nur dann wieder öffnen, wenn es in den letzten sieben Tagen geschlossen wurde.

Diese Anforderungen bilden ein enges Netz aus Abhängigkeiten zwischen den verschiedenen Regeln, die alle die Logik des Lebenszyklus von Support-Tickets betreffen. Das ist kein CRUD-Eingabebildschirm, wie es im vorherigen Kapitel der Fall war. Versuchen wir, diese Logik mit Active-Record-Objekten zu implementieren, kann es leicht geschehen, sie doppelt zu implementieren und den Systemstatus zu korrumpieren, indem wir manche der Business-Regeln falsch implementieren.

Implementierung

Ein Domain Model ist ein Objektmodell der Domäne, das sowohl das Verhalten wie auch die Daten enthält.[1] Die taktischen Patterns des DDD – Aggregates, Value Objects, Domain Events und Domain Services – sind die Bausteine solch eines Objektmodells.[2]

1 Fowler, M. (2002), *Patterns of Enterprise Application Architecture*, Boston: Addison-Wesley.

2 Alle Codebeispiele in diesem Kapitel nutzen eine objektorientierte Programmiersprache. Aber die besprochenen Konzepte sind nicht auf OOP beschränkt und gelten auch für das funktionale Programmierparadigma.

Alle diese Patterns haben ein gemeinsames Motiv: Sie setzen die Business-Logik an erste Stelle. Schauen wir uns an, wie das Domain Model die verschiedenen Designaspekte angeht.

Komplexität

Die Business-Logik der Domäne ist schon alleine komplex, daher sollten die zum Modellieren genutzten Objekte nicht auch noch unabsichtlich für weitere Komplexität sorgen. Das Modell sollte frei von Infrastruktur- oder Technologieaspekten sein, wie zum Beispiel dem Implementieren von Aufrufen der Datenbank oder anderer externer Komponenten des Systems. Aufgrund dieser Einschränkung müssen die Modellobjekte *Plain Old Objects* sein, also solche, die Business-Logik implementieren, ohne Infrastrukturkomponenten oder Frameworks aufzurufen beziehungsweise zu verwenden.[3]

Ubiquitous Language

Indem wir die Business-Logik gegenüber technischen Aspekten hervorheben, wird es für die Objekte des Domain Model einfacher, den Begriffen der Ubiquitous Language des Bounded Context zu folgen. Mit anderen Worten: Das Pattern erlaubt dem Code, die Ubiquitous Language zu »sprechen« und den mentalen Modellen der Domänenexperten zu folgen.

Bausteine

Schauen wir uns die zentralen Bausteine beziehungsweise die taktischen Patterns des Domain Model an, die von DDD angeboten werden: Value Object, Aggregates und Domain Services.

Value Object

Ein Value Object ist ein Objekt, das sich durch die Kombination seiner Werte identifizieren lässt. Schauen Sie sich beispielsweise ein `Color`-Objekt an:

```
class Color
{
    int _red;
    int _green;
    int _blue;
}
```

Die Kombination der Werte der drei Felder `_red`, `_green` und `_blue` definiert eine Farbe. Ändern wir den Wert eines der Felder, erhalten wir eine neue Farbe. Keine zwei Farben können die gleichen Werte haben. Zudem müssen zwei Instanzen der gleichen Farbe immer die gleichen Werte besitzen. Daher ist kein explizites Identifikationsfeld erforderlich, um Farben zu identifizieren.

3 POCOs in .NET, POJOs in Java, POPOs in Python und so weiter.

Das Feld `color-id` in Abbildung 6-1 ist nicht nur redundant, sondern schafft auch noch Angriffsfläche für Fehler. Sie könnten zwei Zeilen mit den gleichen Werten für `red`, `green` und `blue` anlegen, aber ein Vergleich der Werte von `color-id` würde nicht widerspiegeln, dass es sich um die gleiche Farbe handelt.

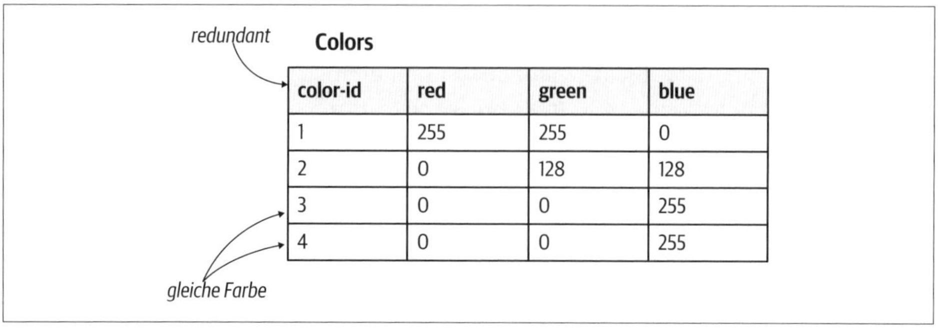

color-id	red	green	blue
1	255	255	0
2	0	128	128
3	0	0	255
4	0	0	255

Abbildung 6-1: Das redundante Feld color-id ermöglicht es, zwei Zeilen mit den gleichen Werten zu haben.

Ubiquitous Language Baut man nur auf die primitiven Datentypen der Standardbibliothek der Sprache – etwa Strings, Integers oder Dictionaries –, um Konzepte der Fachdomäne zu repräsentieren, wird dies als Primitive Obsession[4] Code Smell bezeichnet. Schauen Sie sich beispielsweise folgende Klasse an:

```
class Person
{
    private int    _id;
    private string _firstName;
    private string _lastName;
    private string _landlinePhone;
    private string _mobilePhone;
    private string _email;
    private int    _heightMetric;
    private string _countryCode;

    public Person(...) {...}
}

static void Main(string[] args)
{
    var dave = new Person(
        id: 30217,
        firstName: "Dave",
        lastName: "Ancelovici",
        landlinePhone: "023745001",
        mobilePhone: "0873712503",
        email: "dave@learning-ddd.com",
```

4 »Primitive Obsession«, o. D., abgerufen am 13. Juni 2021 von *https://wiki.c2.com/?PrimitiveObsession*.

```
        heightMetric: 180,
        countryCode: "BG");
}
```

In dieser Implementierung der Klasse Person sind die meisten Werte vom Typ String und werden aufgrund von Konventionen zugewiesen. So sollte es sich beispielsweise bei dem Wert für landlinePhone um eine gültige Festnetznummer handeln, und countryCode sollte ein gültiger Ländercode bestehend aus zwei Großbuchstaben sein. Natürlich kann das System nicht darauf vertrauen, dass der Benutzer oder die Benutzerin immer korrekte Werte liefert, daher muss die Klasse alle Eingabefelder validieren.

Dieser Ansatz enthält mehrere Designrisiken. Zum einen wird die Validierungslogik mehrfach notwendig sein. Zum anderen ist es schwer, sicherzustellen, dass die Validierungslogik aufgerufen wird, bevor die Werte verwendet werden. Und in Zukunft wird es noch schwieriger werden, wenn die Codebasis durch andere Mitarbeitende weiterentwickelt wird.

Schauen Sie sich hingegen das folgende alternative Design desselben Objekts an, das dieses Mal Value Objects einsetzt:

```
class Person {
    private PersonId     _id;
    private Name         _name;
    private PhoneNumber  _landline;
    private PhoneNumber  _mobile;
    private EmailAddress _email;
    private Height       _height;
    private CountryCode  _country;

    public Person(...) { ... }
}

static void Main(string[] args)
{
    var dave = new Person(
        id:       new PersonId(30217),
        name:     new Name("Dave", "Ancelovici"),
        landline: PhoneNumber.Parse("023745001"),
        mobile:   PhoneNumber.Parse("0873712503"),
        email:    Email.Parse("dave@learning-ddd.com"),
        height:   Height.FromMetric(180),
        country:  CountryCode.Parse("BG"));
}
```

Zunächst fällt die größere Klarheit auf. Nehmen wir zum Beispiel die Variable country. Es ist nicht notwendig, sie »countryCode« zu nennen, um damit klarzumachen, dass sie nur einen Code und beispielsweise keinen vollständigen Landesnamen enthält. Das Value Object macht die Intention klar und ermöglicht einen kürzeren Variablennamen.

Dazu ist es nicht mehr notwendig, die Werte zu validieren, bevor sie zugewiesen werden, da die Validierungslogik nun in den Value Objects selbst sitzt. Aber das

Verhalten von Value Objects ist nicht auf eine reine Validierung beschränkt. Sie können dann auftrumpfen, wenn sie die Business-Logik zentralisieren, die die Werte verändert. Die kohäsive Logik wird an einer Stelle implementiert und lässt sich einfach testen. Was noch wichtiger ist: Value Objects drücken die Konzepte der Fachdomäne aus – sie lassen den Code die Ubiquitous Language sprechen.

Schauen wir uns an, wie sich das Typsystem wertvoll und intuitiv einsetzen lässt, wenn es die Konzepte von Höhe, Telefonnummern und Farben als Value Objects umsetzt.

Verglichen mit einem Integer-basierten Wert macht das Value Object `Height` die Intention klar und entkoppelt den Messwert von einer spezifischen Einheit. So lässt sich das Value Object `Height` sowohl mit metrischen wie auch mit nicht metrischen Einheiten initialisieren, es kann einfach von einer Einheit in eine andere umgewandelt werden, eine String-Darstellung erzeugen und Werte mit unterschiedlichen Einheiten vergleichen:

```
var heightMetric = Height.Metric(180);
var heightImperial = Height.Imperial(5, 3);

var string1 = heightMetric.ToString();              // "180cm"
var string2 = heightImperial.ToString();            // "5 feet 3 inches"
var string3 = heightMetric.ToImperial().ToString(); // "5 feet 11 inches"

var firstIsHigher = heightMetric > heightImperial;  // true
```

Das Value Object `PhoneNumber` kann die Logik zum Parsen eines String-Werts, zum Validieren und zum Extrahieren einzelner Attribute der Telefonnummer kapseln – zum Beispiel das Land und den Typ der Telefonnummer (Festnetz oder mobil):

```
var phone = PhoneNumber.Parse("+359877123503");
var country = phone.Country;                        // "BG"
var phoneType = phone.PhoneType;                    // "MOBILE"
var isValid = PhoneNumber.IsValid("+972120266680"); // false
```

Das folgende Beispiel zeigt, wie mächtig ein Value Object sein kann, wenn es die gesamte Business-Logik zum Bearbeiten der Daten und zum Erstellen neuer Instanzen des Value Object kapselt:

```
var red = Color.FromRGB(255, 0, 0);
var green = Color.Green;
var yellow = red.MixWith(green);
var yellowString = yellow.ToString();                // "#FFFF00"
```

Wie Sie in den vorherigen Beispielen sehen können, fällt durch Value Objects der Bedarf für Konventionen weg – beispielsweise sich merken zu müssen, dass dieser String eine E-Mail, der andere aber eine Telefonnummer ist – zudem wird dadurch das Objektmodell weniger fehlerbehaftet und ist eher intuitiv.

Implementierung Da eine Änderung an einem der Felder eines Value Object zu einem anderen Wert führt, werden Value Objects als immutable Objects implementiert. Eine Änderung an einem der Felder des Value Object erzeugt schon konzeptionell einen anderen Wert – eine andere Instanz eines Value Object. Führt daher eine Aktion zu einem neuen Wert (wie im folgenden Fall mit der Methode `MixWith`), wird nicht die ursprüngliche Instanz verändert, sondern eine neue instanziiert und zurückgegeben:

```
public class Color
{
    public readonly byte Red;
    public readonly byte Green;
    public readonly byte Blue;

    public Color(byte r, byte g, byte b)
    {
        this.Red = r;
        this.Green = g;
        this.Blue = b;
    }

    public Color MixWith(Color other)
    {
        return new Color(
            r: (byte) Math.Min(this.Red + other.Red, 255),
            g: (byte) Math.Min(this.Green + other.Green, 255),
            b: (byte) Math.Min(this.Blue + other.Blue, 255)
        );
    }

    ...
}
```

Da die Gleichheit von Value Objects auf ihren Werten und nicht auf einem `id`-Feld oder einer Referenz basiert, ist es wichtig, die Gleichheitsprüfungen zu überschreiben und sauber zu implementieren, zum Beispiel in C#:[5]

```
public class Color
{
    ...

    public override bool Equals(object obj)
    {
        var other = obj as Color;
        return other != null &&
            this.Red == other.Red &&
            this.Green == other.Green &&
            this.Blue == other.Blue;
    }

    public static bool operator == (Color lhs, Color rhs)
    {
        if (Object.ReferenceEquals(lhs, null)) {
            return Object.ReferenceEquals(rhs, null);
        }
```

5 In C# 9.0 implementiert der neue Typ `record` eine wertebasierte Gleichheit und erübrigt damit ein Überschreiben des Gleichheitsoperators.

```
            return lhs.Equals(rhs);
        }

        public static bool operator != (Color lhs, Color rhs)
        {
            return !(lhs == rhs);
        }

        public override int GetHashCode()
        {
            return ToString().GetHashCode();
        }

        ...
    }
```

Auch wenn der Einsatz eines `String` aus der Standardbibliothek für domänenspezifische Werte der Idee von Value Objects widerspricht, ist der String-Typ in .NET, Java und anderen Sprachen als genau solch ein Objekt implementiert. Strings sind immutable, da alle Operationen zu neuen Instanzen führen. Zudem kapselt der String-Typ ein umfassendes Verhalten, das neue Instanzen erzeugt, indem die Werte von einem oder mehreren Strings verändert werden: trimmen, mehrere Strings verbinden, Zeichen ersetzen, Substrings ermitteln und andere Methoden.

Wann Value Objects eingesetzt werden sollten Die einfache Antwort: wann immer möglich. Value Objects machen den Code nicht nur ausdrucksstärker und kapseln Business-Logik, die sonst verteilt vorliegen würde, das Pattern macht den Code auch noch sicherer. Da Value Objects immutable sind, ist ihr Verhalten frei von Nebeneffekten und threadsicher.

Aus Sicht einer Fachdomäne besteht eine nützliche Faustregel darin, Value Objects für die Elemente der Domäne zu verwenden, die Eigenschaften anderer Objekte beschreiben. Das gilt insbesondere für Eigenschaften von Entities, die im nächsten Abschnitt behandelt werden. Die weiter oben gezeigten Beispiele haben Value Objects genutzt, um die Eigenschaften einer Person einschließlich ID, Namen, Telefonnummern, E-Mail-Adresse und so weiter zu beschreiben. Andere Beispiele für den Einsatz von Value Objects sind Status, Passwörter und weitere Konzepte, die spezifisch für Fachdomänen sind, sich über ihre Werte identifizieren lassen und daher kein explizites Identifikationsfeld benötigen. Besonders wichtig sind Value Objects, wenn Sie Geld oder andere monetäre Werte modellieren. Verlassen Sie sich auf primitive Typen, um Geld zu repräsentieren, verpassen Sie nicht nur die Möglichkeit, sämtliche zugehörige Business-Logik an einer Stelle zu kapseln, oft führt das auch noch zu gefährlichen Bugs, wie zum Beispiel Rundungsfehlern und anderen Problemen mit der Genauigkeit.

Entities

Eine *Entity* ist das Gegenteil eines Value Object. Es erfordert ein explizites Identifikationsfeld, um zwischen den verschiedenen Instanzen der Entität unterscheiden zu können. Ein triviales Beispiel für eine Entity ist eine Person. Schauen Sie sich die folgende Klasse an:

```
class Person
{
    public Name Name { get; set; }

    public Person(Name name)
    {
        this.Name = name;
    }
}
```

Die Klasse enthält nur ein Feld `name` (ein Value Object). Dieses Design ist aber nicht optimal, weil unterschiedliche Personen Namensvetter sein und genau den gleichen Namen haben können. Das macht sie aber natürlich nicht zur selben Person. Also ist ein Identifikationsfeld erforderlich, um Personen korrekt identifizieren zu können:

```
class Person
{
    public readonly PersonId Id;
    public Name Name { get; set; }

    public Person(PersonId id, Name name)
    {
        this.Id = id;
        this.Name = name;
    }
}
```

In diesem Code haben wir das Identifikationsfeld `Id` vom Typ `PersonId` eingeführt. `PersonId` ist ein Value Object und kann alle zugrunde liegenden Datentypen einsetzen, die zu den Anforderungen der Fachdomäne passen. So kann es sich bei der `Id` beispielsweise um eine GUID, eine Nummer, einen String oder einen domänenspezifischen Wert wie zum Beispiel eine Sozialversicherungsnummer handeln.

Die zentrale Anforderung für das Identifikationsfeld ist, dass es für jede Instanz der Entity eindeutig sein sollte – in unserem Fall für jede Person (siehe Abbildung 6-2). Zudem sollte der Wert eines Identifikationsfelds einer Entity (abgesehen von sehr seltenen Ausnahmen) während ihres gesamten Lebenszyklus immutable bleiben. Das bringt uns zum zweiten konzeptionellen Unterschied zwischen Value Objects und Entities.

Anders als Value Objects sind Entities nicht immutable, und es wird auch davon ausgegangen, dass sie sich ändern. Ein weiterer Unterschied zwischen Entities und Value Objects besteht darin, dass Value Objects die Eigenschaften einer Entity beschreiben. Weiter oben in diesem Kapitel haben Sie ein Beispiel für die Entity `Person` gesehen, die zwei Value Objects zum Beschreiben jeder Instanz besaß – `PersonId` und `Name`.

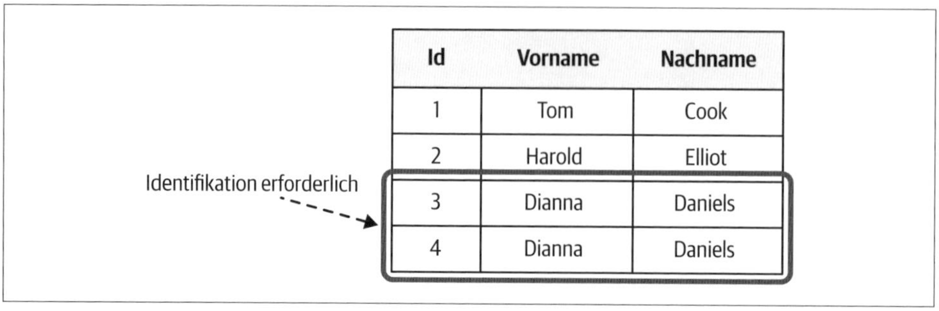

Abbildung 6-2: Einführen eines expliziten Identifikationsfelds, sodass unterschiedliche Instanzen des Objekts unterschieden werden können, auch wenn die Werte aller anderen Felder gleich sind

Entities sind grundlegende Bausteine jeder Fachdomäne. Aber vielleicht ist Ihnen aufgefallen, dass ich sie nicht weiter oben im Kapitel in die Liste der Bausteine des Domain Model aufgenommen habe. Das ist kein Fehler. Ich habe »Entity« weggelassen, weil wir Entities nicht eigenständig implementieren, sondern nur im Kontext des Aggregate Pattern.

Aggregates

Ein *Aggregate* ist eine Entity: Es erfordert ein explizites Identifikationsfeld, und man muss davon ausgehen, dass sich sein Status über den Lebenszyklus einer Instanz verändert. Aber es ist viel mehr als nur eine Entity. Ziel des Pattern ist es, die Konsistenz der Daten sicherzustellen. Da sich die Daten eines Aggregate verändern können, ergeben sich daraus Folgerungen und Herausforderungen, deren sich das Pattern annehmen muss, um seinen Status jederzeit konsistent zu halten.

Konsistenz sicherstellen Da der Status eines Aggregate veränderbar ist, ergibt sich so eine Reihe von Möglichkeiten, die Daten zu korrumpieren. Um ihre Konsistenz sicherzustellen, zieht das Aggregate Pattern eine klare Grenze zwischen dem Aggregate und der Welt außerhalb: Das Aggregate ist eine Consistency Enforcement Boundary. Die Logik des Aggregate muss alle eingehenden Modifikationen überprüfen und dafür sorgen, dass die Änderungen nicht seinen Business-Regeln widersprechen.

Aus Implementierungssicht wird die Konsistenz sichergestellt, indem nur die Business-Logik des Aggregate seinen Status verändern darf. Alle Prozesse oder Objekte, die außerhalb des Aggregate liegen, dürfen auf seinen Status lediglich lesend zugreifen. Er lässt sich nur verändern, indem die entsprechenden Methoden der öffentlichen Schnittstelle des Aggregate aufgerufen werden.

Die den Status verändernden Methoden, die als öffentliche Schnittstelle eines Aggregate bereitgestellt werden, bezeichnet man oft als *Commands* oder *Befehle*. Ein Command lässt sich auf zwei Arten implementieren. Zum einen wird es als einfache öffentliche Methode des Aggregate-Objekts implementiert:

```
public class Ticket
{
    ...

    public void AddMessage(UserId from, string body)
    {
        var message = new Message(from, body);
        _messages.Append(message);
    }

    ...
}
```

Alternativ kann ein Command auch als Parameter Object (*https://oreil.ly/4hNtn*) repräsentiert werden, das alle Eingabewerte für das Ausführen des Befehls enthält:

```
public class Ticket
{
    ...

    public void Execute(AddMessage cmd)
    {
        var message = new Message(cmd.from, cmd.body);
        _messages.Append(message);
    }

    ...
}
```

Es ist eine Geschmacksfrage, wie Commands im Code eines Aggregate umgesetzt werden. Ich bevorzuge den expliziteren Weg, Command-Strukturen zu definieren und sie polymorph an die relevante `Execute`-Methode zu übergeben.

Eine öffentliche Schnittstelle eines Aggregate ist dafür verantwortlich, die Eingabewerte zu validieren und das Umsetzen aller relevanten Business-Regeln und Invarianten sicherzustellen. Diese strikte Grenze sorgt auch dafür, dass die gesamte Business-Logik, die mit dem Aggregate verbunden ist, an einer Stelle implementiert wird – im Aggregate selbst.

Dadurch wird die Anwendungsschicht[6], die die Operationen auf Aggregates orchestriert, eher einfach:[7] Sie muss nur den aktuellen Status des Aggregate laden, die erforderliche Aktion ausführen, den veränderten Status persistieren und das Ergebnis des Ganzen an den aufrufenden Code zurückgeben:

6 Auch bekannt als Service Layer – der Teil des Systems, der öffentliche API-Aktivitäten an das Domain Model weitergibt.

7 Die Operationen des Application Layer implementieren letztlich das Transaction Script Pattern. Es muss die Operation als atomare Transaktion orchestrieren. Die Änderungen am gesamten Aggregate sind entweder vollständig erfolgreich, oder sie schlagen vollständig fehl, aber es gibt niemals einen nur teilweise aktualisierten Status.

```
01 public ExecutionResult Escalate(TicketId id, EscalationReason reason)
02 {
03     try
04     {
05         var ticket = _ticketRepository.Load(id);
06         var cmd = new Escalate(reason);
07         ticket.Execute(cmd);
08         _ticketRepository.Save(ticket);
09         return ExecutionResult.Success();
10     }
11     catch (ConcurrencyException ex)
12     {
13         return ExecutionResult.Error(ex);
14     }
15 }
```

Achten Sie auf den Concurrency-Check im Code (Zeile 11). Er ist notwendig, um die Konsistenz des Status eines Aggregate sicherzustellen.[8] Aktualisieren mehrere Prozesse parallel das gleiche Aggregate, müssen wir die späteren Transaktionen daran hindern, blind die Änderungen zu überschreiben, die von der erste Transaktion vorgenommen wurden. In solch einem Fall muss der zweite Prozess darüber informiert werden, dass der Status, auf den er seine Entscheidungen gestützt hat, nicht mehr aktuell ist und er seine Operation wiederholen muss.

Die Datenbank, die für das Speichern der Aggregates genutzt wird, muss daher ein Concurrency-Management unterstützen. In seiner einfachsten Form sollte ein Aggregate ein Versionsfeld enthalten, das nach jedem Update hochgezählt wird:

```
class Ticket
{
    TicketId _id;
    int      _version;

    ...
}
```

Beim Committen einer Änderung in die Datenbank müssen wir sicherstellen, dass die überschriebene Version der entspricht, die ursprünglich gelesen wurde, zum Beispiel in SQL:

```
01 UPDATE tickets
02 SET ticket_status = @new_status,
03 agg_version = agg_version + 1
04 WHERE ticket_id=@id and agg_version=@expected_version;
```

Diese SQL-Anweisung wendet Änderungen des Status der Aggregates-Instanz an (Zeile 2), aber nur dann, wenn die aktuelle Version gleich der ist, die vor dem Anwenden der Änderungen auf den Aggregates-Status gelesen wurde (Zeile 4).

8 Denken Sie daran, dass es sich bei der Anwendungsschicht um eine Reihe von Transaktionsskripten handelt und dass das Concurrency-Management wie in Kapitel 5 besprochen sehr wichtig ist, um konkurrierende Updates davon abzuhalten, die Daten des Systems zu korrumpieren.

Natürlich kann ein Concurrency-Management auch außerhalb einer relationalen Datenbank implementiert werden. Zudem sind Dokumentdatenbanken oft eher für die Arbeit mit Aggregates geeignet. Aber es ist auf jeden Fall entscheidend, dass die Datenbank für das Speichern der Daten eines Aggregats ein Concurrency-Management unterstützt.

Transaktionsgrenze Da der Status eines Aggregate nur von seiner eigenen Business-Logik verändert werden kann, dient ein Aggregate auch als transaktionale Grenze. Alle Änderungen am Status des Aggregate sollten transaktional als eine atomare Operation committet werden. Wird der Status eines Aggregate verändert, werden entweder alle Änderungen committet oder keine.

Zudem kann keine Systemoperation von einer Transaktion über mehrere Aggregates hinweg ausgehen. Eine Änderung am Status eines Aggregate kann nur einzeln committet werden – ein Aggregate pro Datenbanktransaktion.

Die eine Aggregate-Instanz pro Transaktion zwingt uns dazu, die Grenzen eines Aggregate sorgfältig zu designen und sicherzustellen, dass das Design auf die Invarianten und Regeln der Fachdomäne eingeht. Muss man Änderungen in mehreren Aggregates committen, deutet das auf eine falsche Transaktionsgrenze und damit falsche Aggregate-Grenzen hin.

Das scheint eine Modellierungseinschränkung zu sein. Was sollen wir tun, wenn wir mehrere Objekte in derselben Transaktion verändern müssen? Schauen wir uns das Pattern für solche Situationen an.

Hierarchie von Entities Wie schon weiter oben im Kapitel besprochen, nutzen wir Entities nicht als unabhängiges Pattern, sondern nur als Teil eines Aggregate. Betrachten wir den grundlegenden Unterschied zwischen Entities und Aggregates und warum Entities ein Baustein eines Aggregate und nicht des gesamten Domain Model sind.

Es gibt Business-Szenarien, in denen sich mehrere Objekte eine transaktionale Grenze teilen sollten – zum Beispiel wenn beide gleichzeitig verändert werden oder die Business-Regeln des einen Objekts vom Status eines anderen Objekts abhängen.

DDD schreibt vor, dass das Design eines Systems von seiner Fachdomäne gesteuert werden sollte. Aggregates sind dabei keine Ausnahme. Um Änderungen an mehreren Objekten zu unterstützen, die in einer atomaren Transaktion angewandt werden müssen, weist das Aggregate Pattern eine Hierarchie von Entities auf, die alle transaktionale Konsistenz gemeinsam haben, wie dies in Abbildung 6-3 dargestellt wird.

Die Hierarchie enthält sowohl Entities wie auch Value Objects, und alle gehören gemeinsam zum gleichen Aggregate, wenn sie durch die Business-Logik der Domain miteinander verbunden sind.

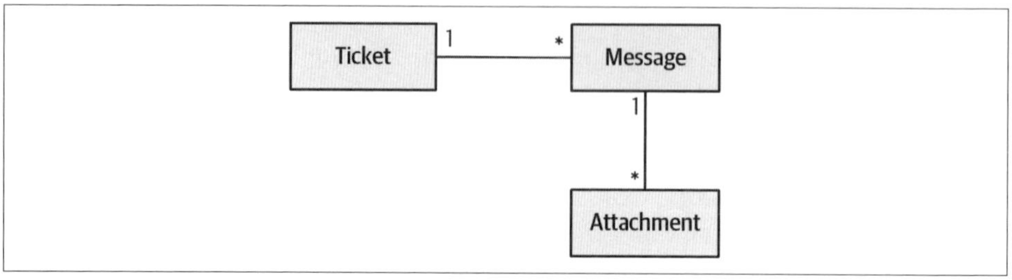

Abbildung 6-3: Aggregate als eine Hierarchie von Entities

Darum trägt das Pattern den Namen »Aggregate«: Es aggregiert Business Entities und Value Objects, die zur gleichen Transaktionsgrenze gehören.

Das folgende Codebeispiel zeigt eine Business-Regel, die mehrere Entities umfasst, die innerhalb der Aggregate-Grenze liegen: »Wenn ein Agent ein eskaliertes Ticket nicht innerhalb von 50 % der Reaktionszeit öffnet, wird es automatisch an jemand anderen weitergeleitet.«

```
01 public class Ticket
02 {
03     ...
04     List<Message> _messages;
05     ...
06
07     public void Execute(EvaluateAutomaticActions cmd)
08     {
09         if (this.IsEscalated && this.RemainingTimePercentage < 0.5 &&
10             GetUnreadMessagesCount(for: AssignedAgent) > 0)
11         {
12             _agent = AssignNewAgent();
13         }
14     }
15
16     public int GetUnreadMessagesCount(UserId id)
17     {
18         return _messages.Where(x => x.To == id && !x.WasRead).Count();
19     }
20
21     ...
22 }
```

Die Methode prüft die Werte des Tickets, um herauszufinden, ob es eskaliert ist und ob die verbleibende Verarbeitungszeit unter der definierten Grenze von 50 % liegt (Zeile 9). Zudem kontrolliert sie, ob der Agent ungeöffnete Tickets besitzt (Zeile 10). Sind alle Bedingungen erfüllt, wird versucht, das Ticket einem neuen Agenten zuzuweisen.

Das Aggregate stellt sicher, dass alle Bedingungen gegen sehr konsistente Daten geprüft werden. Die Konsistenz bleibt auch bestehen, nachdem die Prüfungen abgeschlossen sind, weil sichergestellt wird, dass alle Änderungen an den Daten des Aggregate als eine atomare Transaktion vorgenommen werden.

Andere Aggregates referenzieren Da alle Objekte in einem Aggregate die gleiche transaktionale Grenze teilen, kann es zu Performance- und Skalierungsproblemen kommen, wenn ein Aggregate zu groß wird.

Die Konsistenz der Daten kann eine praktische Richtschnur sein, wenn man die Grenzen eines Aggregate designt. Nur die Informationen, die für die Business-Logik des Aggregate auf jeden Fall konsistent sein müssen, sollten Teil des Aggregate sein. Alle Informationen, für die es reicht, dass sie erst am Ende wieder konsistent sein müssen, sollten sich außerhalb der Grenze des Aggregate befinden – zum Beispiel als Teil eines anderen Aggregate (siehe Abbildung 6-4).

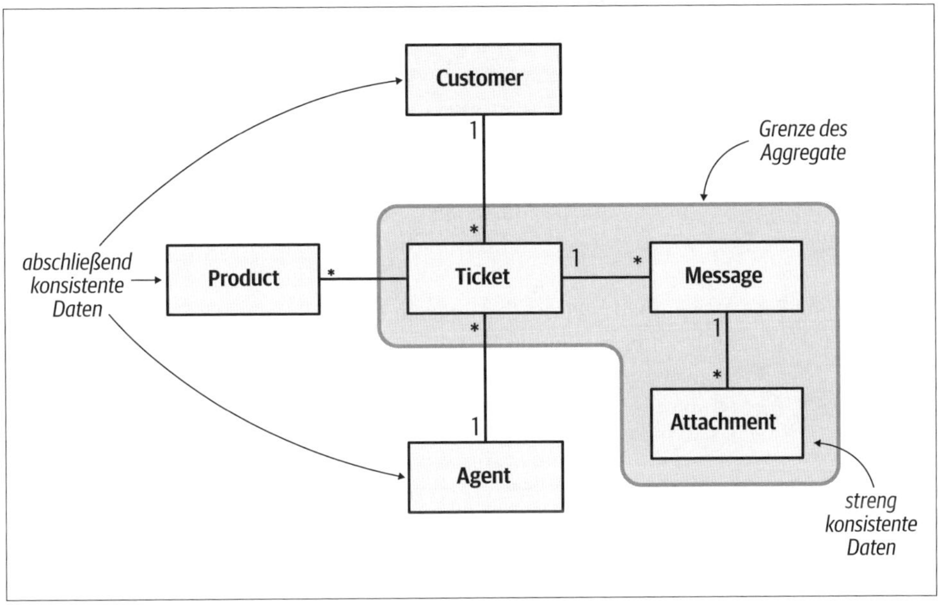

Abbildung 6-4: Aggregate als Konsistenzgrenze

Faustregel ist, die Aggregates so klein wie möglich zu halten und nur die Objekte mit aufzunehmen, die sich für die Business-Logik des Aggregate in einem streng konsistenten Status befinden müssen:

```
public class Ticket
{
    private UserId          _customer;
    private List<ProductId> _products;
    private UserId          _assignedAgent;
    private List<Message>   _messages;

    ...
}
```

In diesem Beispiel referenziert das Aggregate `Ticket` eine Collection aus Messages, die zur Begrenzung des Aggregate gehören. Andererseits gehören die Kunden, die

Collection mit Produkten, die für das Ticket relevant sind, und der zugewiesene Agent nicht zum Aggregate, weshalb sie nur über ihre ID referenziert werden.

Externe Aggregates sollten über ihre ID referenziert werden, um deutlich zu machen, dass diese Objekte nicht zur Begrenzung des Aggregate gehören, und um sicherzustellen, dass jedes Aggregate seine eigene Transaktionsgrenze besitzt.

Um zu entscheiden, ob eine Entity zu einem Aggregate gehört oder nicht, schauen Sie sich an, ob das Aggregate Business-Logik enthält, die zu einem ungültigen Systemstatus führen kann, wenn sie auf erst abschließend konsistenten Daten arbeitet. Schauen wir uns dazu nochmals das vorherige Beispiel an, in dem ein Ticket neu zugewiesen wird, wenn der aktuelle Agent die neuen Nachrichten nicht innerhalb von 50 % der Reaktionszeit gelesen hat. Was würde passieren, wenn die Information über gelesene und ungelesene Nachrichten nur abschließend konsistent wäre? Mit anderen Worten: Wäre es in Ordnung, Lesebestätigungen erst nach einer bestimmten Verzögerung zu bekommen? Dann können Sie davon ausgehen, dass eine beträchtliche Zahl von Tickets unnötigerweise neu zugewiesen werden würden. Und das würde natürlich den Status des Systems durcheinanderbringen. Daher gehören die Daten in den Nachrichten in die Grenze des Aggregate.

Der Aggregate Root Wir haben weiter oben gesehen, dass der Status eines Aggregate nur durch das Ausführen eines seiner Commands verändert werden kann. Da ein Aggregate eine Hierarchie von Entities repräsentiert, sollte nur eine von ihnen als öffentliche Schnittstelle des Aggregate agieren – der Aggregate Root (siehe Abbildung 6-5).

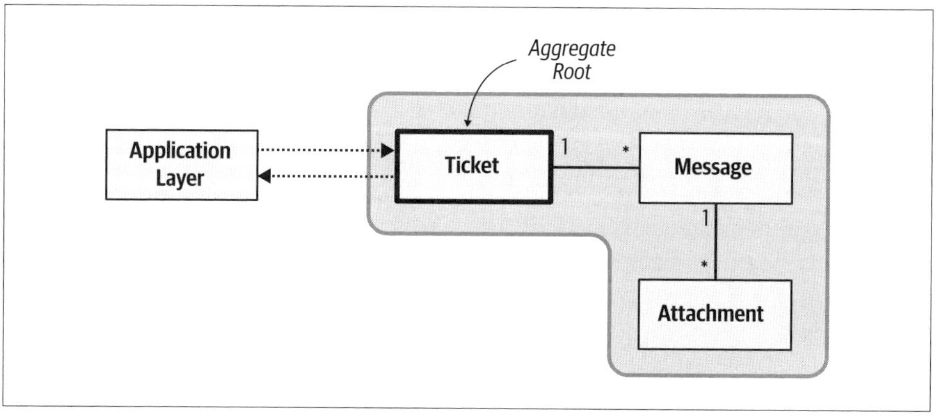

Abbildung 6-5: Aggregate Root

Schauen Sie sich den folgenden Ausschnitt aus dem Aggregate `Ticket` an:

```
public class Ticket
{
    ...
```

```
    List<Message> _messages;
    ...

    public void Execute(AcknowledgeMessage cmd)
    {
        var message = _messages.Where(x => x.Id == cmd.id).First();
        message.WasRead = true;
    }
    ...
}
```

In diesem Beispiel stellt das Aggregate ein Command zur Verfügung, mit dem man eine bestimmte Nachricht als gelesen markieren kann. Auch wenn die Operation eine Instanz der Entity `Message` verändert, ist sie nur über dessen Aggregate Root `Ticket` erreichbar.

Neben der öffentlichen Schnittstelle des Aggregate Root gibt es einen anderen Mechanismus, mit dem die Außenwelt mit Aggregates kommunizieren kann: Domain Events.

Domain Events Ein Domain Event ist eine Nachricht, die ein signifikantes Ereignis beschreibt, das in der Fachdomäne aufgetreten ist, zum Beispiel:

- Ticket zugewiesen
- Ticket eskaliert
- Nachricht erhalten

Da Domain Events etwas beschreiben, was schon passiert ist, sollten ihre Namen in der Vergangenheitsform formuliert werden.

Das Ziel von Domain Events ist, zu beschreiben, was in der Fachdomäne geschehen ist, und alle Daten mitzuliefern, die für dieses Ereignis erforderlich sind. So kommuniziert beispielsweise das folgende Domain Event, dass das angegebene Ticket eskaliert wurde, wann das geschah und welchen Grund es dafür gab:

```
{
    "ticket-id": "c9d286ff-3bca-4f57-94d4-4d4e490867d1",
    "event-id": 146,
    "event-type": "ticket-escalated",
    "escalation-reason": "missed-sla",
    "escalation-time": 1628970815
}
```

Wie fast überall in der Softwareentwicklung sind die Namen entscheidend. Achten Sie darauf, dass die Namen von Domain Events genau das widerspiegeln, was in der Fachdomäne geschehen ist.

Domain Events sind Teil der öffentlichen Schnittstelle eines Aggregate. Ein Aggregate veröffentlicht seine Domain Events. Andere Prozesse, Aggregates oder sogar externe Systeme können sich dafür registrieren und als Reaktion auf die Domain Events ihre eigene Logik ausführen (siehe Abbildung 6-6).

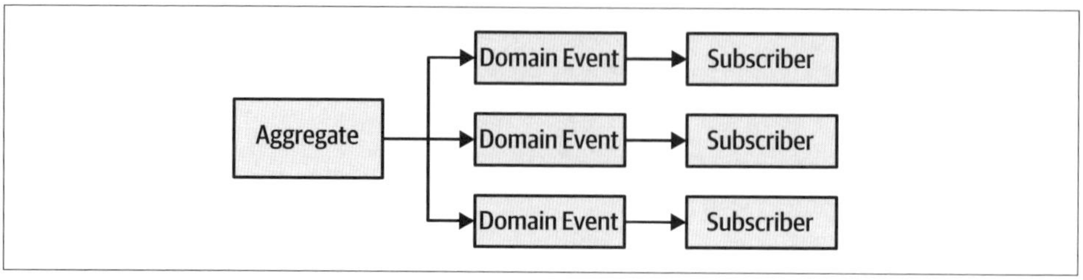

Abbildung 6-6: Ablauf beim Veröffentlichen von Domain Events

Der folgende Ausschnitt aus dem Aggregate `Ticket` zeigt das Instanziieren eines neuen Domain Event (Zeile 12) und das Einfügen in die Collection mit den Domain Events der Tickets (Zeile 13):

```
01 public class Ticket
02 {
03     ...
04     private List<DomainEvent> _domainEvents;
05     ...
06
07     public void Execute(RequestEscalation cmd)
08     {
09         if (!this.IsEscalated && this.RemainingTimePercentage <= 0)
10         {
11             this.IsEscalated = true;
12             var escalatedEvent = new TicketEscalated(_id, cmd.Reason);
13             _domainEvents.Append(escalatedEvent);
14         }
15     }
16
17     ...
18 }
```

In Kapitel 9 werden wir darüber sprechen, wie Domain Events zuverlässig an die interessierten Subscriber übermittelt werden können.

Ubiquitous Language Schließlich sollten Aggregates auch die Ubiquitous Language widerspiegeln. Die verwendeten Begriffe für den Namen des Aggregate, für dessen Data Member, seine Aktionen und seine Domain Events sollten alle in der Ubiquitous Language des Bounded Context formuliert sein. Laut Eric Evans muss der Code auf der gleichen Sprache basieren, die von Entwicklerinnen und Entwicklern genutzt wird, wenn sie untereinander und mit Domänenexperten sprechen. Das ist besonders beim Implementieren komplexer Business-Logik wichtig.

Schauen wir uns nun noch den dritten und abschließenden Baustein eines Domain Model an.

Domain Services

Früher oder später werden es Sie mit Business-Logik zu tun bekommen, die entweder zu keinem Aggregate oder Value Object gehört oder die für mehrere Aggregates relevant zu sein scheint. In solchen Fällen schlägt das Domain-Driven Design vor, die Logik als einen *Domain Service* zu implementieren.

Ein *Domain Service* ist ein zustandsloses Objekt, das die Business-Logik implementiert. Im Großteil der Fälle orchestriert eine solche Logik Aufrufe an diverse Komponenten des Systems, um Berechnungen oder Analysen durchzuführen.

Kehren wir wieder zum Beispiel des Ticket-Aggregate zurück. Sie erinnern sich: Der zugewiesene Agent hat einen begrenzten Zeitrahmen, in dem eine Lösung für den Kunden oder die Kundin bereitzustellen ist. Der Zeitrahmen hängt nicht nur von den Daten des Tickets ab (seiner Priorität und seinem Eskalationsstatus), sondern auch von den Abteilungsrichtlinien bezüglich der SLAs für jede Priorität und den Schichtplänen ab – wir können nicht erwarten, dass Agenten außerhalb ihrer Arbeitszeit antworten.

Die Logik zum Berechnen dieses Zeitrahmens erfordert Informationen aus mehreren Quellen: Ticket, Abteilung des Agenten und Schichtpläne. Das macht sie zu einem idealen Kandidaten für das Implementieren als Domain Service:

```
public class ResponseTimeFrameCalculationService
{
    ...

    public ResponseTimeframe CalculateAgentResponseDeadline(UserId agentId,
        Priority priority, bool escalated, DateTime startTime)
    {
        var policy = _departmentRepository.GetDepartmentPolicy(agentId);
        var maxProcTime = policy.GetMaxResponseTimeFor(priority);

        if (escalated) {
            maxProcTime = maxProcTime * policy.EscalationFactor;
        }

        var shifts = _departmentRepository.GetUpcomingShifts(agentId,
            startTime, startTime.Add(policy.MaxAgentResponseTime));

        return CalculateTargetTime(maxProcTime, shifts);
    }

    ...
}
```

Domain Services machen es leicht, die Arbeit an mehreren Aggregates zu koordinieren. Aber es ist wichtig, jederzeit die Einschränkung im Hinterkopf zu haben, dass immer nur eine Instanz eines Aggregate in einer Datenbanktransaktion verändert werden darf. Domain Services sind kein Schlupfloch für diese Beschränkung. Die Regel von einer Instanz pro Transaktion gilt auch hier. Stattdessen sind Domain Services vor allem dafür geeignet, Berechnungslogik zu implementieren, für die Daten aus mehreren Quellen *gelesen* werden müssen.

Es ist außerdem wichtig, darauf hinzuweisen, dass Domain Services nichts mit Microservices, serviceorientierter Architektur oder so gut wie allem anderen mit dem Begriff *Service* in der Softwareentwicklung zu tun haben. Es handelt sich einfach um ein zustandsloses Objekt, mit dem Business-Logik gehostet werden kann.

Komplexität managen

Wie in der Einführung zu diesem Kapitel erwähnt, wurden die Aggregate und Value Object Patterns eingeführt, um die Komplexität beim Implementieren von Business-Logik in den Griff zu bekommen. Schauen wir uns die Gründe dafür an.

In seinem Buch *The Choice* umreißt Management-Guru Eliyahu M. Goldratt knapp, aber eindringlich den Begriff der Systemkomplexität. Ihm zufolge sind wir beim Diskutieren über die Komplexität eines Systems daran interessiert, die Steuerungsschwierigkeiten zu bewerten und das Systemverhalten vorherzusagen. Diese zwei Aspekte werden durch die Freiheitsgrade des Systems widergespiegelt.

Ein Freiheitsgrad des Systems sind die Datenpunkte, die erforderlich sind, um seinen Status zu beschreiben. Schauen Sie sich die folgenden beiden Klassen an:

```
public class ClassA
{
    public int A { get; set; }
    public int B { get; set; }
    public int C { get; set; }
    public int D { get; set; }
    public int E { get; set; }
}

public class ClassB
{
    private int _a, _d;

    public int A
    {
        get => _a;
        set {
            _a = value;
            B = value / 2;
            C = value / 3;
        }
    }

    public int B { get; private set; }

    public int C { get; private set; }

    public int D
    {
        get => _d;
        set {
            _d = value;
            E = value * 2
        }
```

```
        }

        public int E { get; private set; }
    }
```

Auf den ersten Blick scheint ClassB viel komplexer als ClassA zu sein. Beide haben gleich viele Variablen, aber in ClassB werden zusätzliche Berechnungen implementiert. Ist sie also komplexer als ClassA?

Analysieren wir beide Klassen aus Sicht der Freiheitsgrade. Wie viele Datenelemente benötigen Sie, um den Status von ClassA zu beschreiben? Die Antwort ist fünf – ihre fünf Variablen. Damit hat ClassA fünf Freiheitsgrade.

Wie viele Datenelemente benötigen Sie, um den Status von ClassB zu beschreiben? Schauen Sie sich die Zuweisungslogik für die Eigenschaften A und D an, wird Ihnen auffallen, dass die Werte von B, C und E Funktionen der Werte von A und D sind. Wissen Sie, was A und D sind, können Sie die Werte für den Rest der Variablen ableiten. Sie benötigen also nur zwei Werte, um den Status zu beschreiben.

Zurück zur ursprünglichen Frage: Welche Klasse ist in Bezug auf Steuerung und Vorhersage des Verhaltens schwieriger? Die Antwort ist die Klasse mit mehr Freiheitsgraden, also ClassA. Die in ClassB eingeführten Invarianten verringern ihre Komplexität. Das ist das, was sowohl das Aggregate wie auch das Value Object Pattern tun – sie kapseln Invarianten und verringern damit die Komplexität.

Die Business-Logik, die mit dem Status eines Value Object zu tun hat, liegt in dessen Grenzen. Das Gleiche gilt für Aggregates. Ein Aggregate kann nur durch seine eigenen Methoden geändert werden. Seine Business-Logik kapselt und schützt Business-Invarianten und verringert damit die Freiheitsgrade.

Da das Domain Model Pattern nur für Subdomains mit komplexer Business-Logik angewendet wird, kann man davon ausgehen, dass es sich dabei um Core Subdomains handelt – den Kern der Software.

Zusammenfassung

Das Domain Model Pattern ist für Situationen mit komplexer Business-Logik gedacht. Es besteht aus drei zentralen Bausteinen:

Value Objects
: Konzepte der Fachdomäne, die ausschließlich über ihre Werte identifiziert werden können und für die kein explizites ID-Feld erforderlich ist. Da eine Änderung an einem der Felder semantisch zu einem neuen Wert führt, sind Value Objects immutable.

  Value Objects modellieren nicht nur Daten, sondern auch Verhalten – Methoden verändern die Werte und initialisieren damit neue Value Objects.

Aggregates
: Eine Hierarchie von Entities, die eine gemeinsame Transaktionsgrenze haben. Alle Daten innerhalb der Grenzen eines Aggregate müssen streng konsistent sein, um die Business-Logik zu implementieren.

  Der Status des Aggregate und seine internen Objekte lassen sich nur über seine öffentliche Schnittstelle verändern, indem man die Commands des Aggregate ausführt. Auf die Datenfelder können externe Komponenten nur lesend zugreifen, um sicherzustellen, dass sich die gesamte Business-Logik für das Aggregate innerhalb seiner Grenzen befindet.

  Das Aggregate agiert als Transaktionsgrenze. Alle Daten – einschließlich aller internen Objekte – müssen als eine atomare Transaktion in die Datenbank committet werden.

  Ein Aggregate kann mit externen Entities über das Veröffentlichen von Domain Events kommunizieren – also Nachrichten, die wichtige Business-Ereignisse im Lebenszyklus des Aggregate beschreiben. Andere Komponenten können sich für diese Events registrieren und sie nutzen, um selbst Business-Logik auszuführen.

Domain Services
: Ein zustandsloses Objekt, das Business-Logik enthält, die nicht direkt zu einem der Aggregates oder Value Objects des Domain Model passt.

Die Bausteine des Domain Model gehen die Komplexität der Business-Logik an, indem sie sie in den Grenzen von Value Objects und Aggregates kapseln. Dadurch, dass der Status der Objekte nicht von außen verändert werden kann, wird sichergestellt, dass die gesamte relevante Business-Logik innerhalb der Grenzen von Aggregates und Value Objects implementiert wird und nicht erneut in der Anwendungsschicht vorkommt.

Im nächsten Kapitel werden Sie einen fortgeschrittenen Weg kennenlernen, um das Domain Model Pattern zu implementieren – indem die zeitliche Dimension ein inhärenter Teil des Modells wird.

Übungen

1. Welche der folgenden Aussagen ist wahr?
   a. Value Objects können nur Daten enthalten.
   b. Value Objects können nur Verhalten enthalten.
   c. Value Objects sind immutable.
   d. Der Status eines Value Object kann sich ändern.

2. Was ist die allgemeine Richtschnur für das Design einer Grenze eines Aggregate?
   a. Ein Aggregate kann nur eine Entity enthalten, da nur eine Instanz eines Aggregate in einer einzelnen Datenbanktransaktion genutzt werden darf.
   b. Aggregates sollten so klein wie möglich designt werden, solange die Anforderungen an die Datenkonsistenz der Fachdomäne erfüllt werden.
   c. Ein Aggregate repräsentiert eine Hierarchie von Entities. Um daher die Konsistenz der Systemdaten zu maximieren, sollten Aggregates so umfangreich wie möglich designt werden.
   d. Es kommt darauf an: Für manche Fachdomänen sind kleine Aggregates am besten, in anderen Fällen ist es effizienter, mit Aggregates zu arbeiten, die so groß wie möglich sind.
3. Warum kann nur eine Instanz eines Aggregate in einer Transaktion committet werden?
   a. Um sicherzustellen, dass das Modell unter hoher Last funktioniert.
   b. Um saubere transaktionale Grenzen sicherzustellen.
   c. Es gibt solche eine Anforderung nicht – es hängt von der Fachdomäne ab.
   d. Um eine Arbeit mit Datenbanken möglich zu machen, die keine Multirecord-Transaktionen unterstützen, wie zum Beispiel Key/Value oder Document Stores.
4. Welche der folgenden Aussagen beschreibt die Beziehung zwischen den Bausteinen eines Domain Model am besten?
   a. Value Objects beschreiben die Eigenschaften von Entities.
   b. Value Objects können Domain Events auslösen.
   c. Ein Aggregate enthält eine oder mehrere Entities.
   d. A und C
5. Welche der folgenden Aussagen stimmt bezüglich der Unterschiede zwischen Active Records und Aggregates?
   a. Active Records enthalten nur Daten, während Aggregates auch Verhalten beinhalten.
   b. Ein Aggregate kapselt seine gesamte Business-Logik, während sich die Business-Logik zum Bearbeiten eines Active Record außerhalb seiner Grenzen befinden kann.
   c. Aggregates enthalten nur Daten, während Active Records sowohl Daten wie auch Verhalten besitzen.
   d. Ein Aggregate enthält einen Satz an Active Records.

KAPITEL 7

Die zeitliche Dimension modellieren

Im vorherigen Kapitel haben Sie das Domain Model Pattern kennengelernt – seine Bausteine, seinen Zweck und den Anwendungskontext. Das Event-Sourced Domain Model Pattern basiert auf der gleichen Prämisse wie das Domain Model Pattern. Auch hier ist die Business-Logik komplex und gehört zu einer Core Subdomain. Zudem nutzt es die gleichen taktischen Patterns wie das Domain Model: Value Objects, Aggregates und Domain Events.

Der Unterschied zwischen diesen Implementierungs-Patterns liegt in der Art und Weise, wie der Status der Aggregates persistiert wird. Das Event-Sourced Domain Model nutzt das Event Sourcing Pattern, um die Zustände der Aggregates zu managen: Statt den Status eines Aggregate zu persistieren, erzeugt das Modell Domain Events, die jede Änderung beschreiben, und nutzt diese als Source of Truth für die Daten des Aggregate.

Dieses Kapitel führt zuerst die Idee des Event Sourcing ein. Dann beschreibt es, wie Event Sourcing mit dem Domain Model Pattern kombiniert werden kann, um ein Event Sourcing Domain Model zu erschaffen.

Event Sourcing

> Zeige mir deine Flussdiagramme, aber verhülle deine Tabellen, und ich werde auf ewig im Dunkeln tappen. Zeige mir aber deine Tabellen und ich werde deine Flussdiagramme normalerweise gar nicht brauchen, denn ich weiß, wie sie aussehen.
>
> – *Fred Brooks*[1]

Nutzen wir Fred Brooks Argumentation, um das Event Sourcing Pattern zu definieren und zu verstehen, wie es sich vom klassischen Modellieren und Persistieren von Daten unterscheidet. Werfen Sie einen Blick auf Tabelle 7-1 und überlegen Sie sich, was Sie aus diesen Daten über das System schließen können.

1 Brooks, F. P. Jr. (2003), *Vom Mythos des Mann-Monats: Essays über Software-Engineering*, Bonn, mitp.

Tabelle 7-1: Statusbasiertes Modell

lead-id	first-name	last-name	status	phone-number	followup-on	created-on	updated-on
1	Sean	Callahan	CONVERTED	555-1246		2019-01-31T 10:02:40.32Z	2019-01-31T 10:02:40.32Z
2	Sarah	Estrada	CLOSED	555-4395		2019-03-29T 22:01:41.44Z	2019-03-29T 22:01:41.44Z
3	Stephanie	Brown	CLOSED	555-1176		2019-04-15T 23:08:45.59Z	2019-04-15T 23:08:45.59Z
4	Sami	Calhoun	CLOSED	555-1850		2019-04-25T 05:42:17.07Z	2019-04-25T 05:42:17.07Z
5	William	Smith	CONVERTED	555-3013		2019-05-14T 04:43:57.51Z	2019-05-14T 04:43:57.51Z
6	Sabri	Chan	NEW_LEAD	555-2900		2019-06-19T 15:01:49.68Z	2019-06-19T 15:01:49.68Z
7	Samantha	Espinosa	NEW_LEAD	555-8861		2019-07-17T 13:09:59.32Z	2019-07-17T 13:09:59.32Z
8	Hani	Cronin	CLOSED	555-3018		2019-10-09T 11:40:17.13Z	2019-10-09T 11:40:17.13Z
9	Sian	Espinoza	FOLLOWUP_SET	555-6461	2019-12-04T 01:49:08.05Z	2019-12-04T 01:49:08.05Z	2019-12-04T 01:49:08.05Z
10	Sophia	Escamilla	CLOSED	555-4090		2019-12-06T 09:12:32.56Z	2019-12-06T 09:12:32.56Z
11	William	White	FOLLOWUP_SET	555-1187	2020-01-23T 00:33:13.88Z	2020-01-23T 00:33:13.88Z	2020-01-23T 00:33:13.88Z
12	Casey	Davis	CONVERTED	555-8101		2020-05-20T 09:52:55.95Z	2020-05-27T 12:38:44.12Z
13	Walter	Connor	NEW_LEAD	555-4753		2020-04-20T 06:52:55.95Z	2020-04-20T 06:52:55.95Z
14	Sophie	Garcia	CONVERTED	555-1284		2020-05-06T 18:47:04.70Z	2020-05-06T 18:47:04.70Z
15	Sally	Evans	PAYMENT_FAILED	555-3230		2020-06-04T 14:51:06.15Z	2020-06-04T 14:51:06.15Z
16	Scott	Chatman	NEW_LEAD	555-6953		2020-06-09T 09:07:05.23Z	2020-06-09T 09:07:05.23Z
17	Stephen	Pinkman	CONVERTED	555-2326		2020-07-20T 00:56:59.94Z	2020-07-20T 00:56:59.94Z
18	Sara	Elliott	PENDING_PAYMENT	555-2620		2020-08-12T 17:39:43.25Z	2020-08-12T 17:39:43.25Z
19	Sadie	Edwards	FOLLOWUP_SET	555-8163	2020-10-22T 12:40:03.98Z	2020-10-22T 12:40:03.98Z	2020-10-22T 12:40:03.98Z
20	William	Smith	PENDING_PAYMENT	555-9273		2020-11-13T 08:14:07.17Z	2020-11-13T 08:14:07.17Z

Es ist offensichtlich, dass die Tabelle genutzt wird, um mögliche Kunden und Kundinnen oder Leads in einem Telemarketing-System zu verwalten. Für jeden Lead können Sie ID, Vor- und Nachname, Erstellungs- und Änderungsdatum, Telefonnummer und aktuellen Status des Lead sehen.

Indem wir die diversen Status untersuchen, können wir zudem annehmen, wie der Bearbeitungszyklus aussieht, den jeder potenzielle Kunde oder jede Kundin durchläuft:

- Der Verkaufsvorgang beginnt mit dem Lead im Status `NEW_LEAD`.
- Ein Verkaufsanruf kann damit enden, dass die Person am Angebot nicht interessiert ist (der Lead ist `CLOSED`), ein Folgeanruf eingeplant ist (`FOLLOWUP_SET`) oder dass das Angebot angenommen wird (`PENDING_PAYMENT`).
- Ist die Bezahlung erfolgreich vorgenommen worden, wird der Lead in einen Kunden mit dem Status `CONVERTED` umgewandelt. Die Bezahlung kann aber auch fehlschlagen – `PAYMENT_FAILED`.

Das sind ziemlich viele Informationen, die wir nur durch das Analysieren des Tabellenschemas und der darin gespeicherten Daten herausfinden. Wir können sogar vermuten, welche Ubiquitous Language beim Modellieren der Daten zum Einsatz kam. Aber welche Informationen erhalten wir nicht aus dieser Tabelle?

Die Tabellendaten dokumentieren die aktuellen Status der Leads, es fehlt aber die Geschichte dazu, wie jeder Lead zu seinem aktuellen Status kam. Wir wissen nicht, wie viele Anrufe erforderlich waren, bevor ein Lead `CONVERTED` wurde. Kam es direkt zu einem Verkauf, oder war es ein längerer Weg? Ist es basierend auf vergangenen Daten sinnvoll, eine Person nach mehreren Follow-ups nochmals zu kontaktieren, oder ist es effizienter, den Lead zu schließen und sich vielversprechenderen Kunden zuzuwenden? Diese Informationen finden sich hier nicht. Wir kennen nur den aktuellen Status des Lead.

Diese Fragen spiegeln Business-Aspekte wider, die für das Optimieren des Verkaufsprozesses entscheidend sind. Aus Business-Perspektive ist es wichtig, die Daten zu analysieren und den Prozess aufgrund der Erfahrung zu optimieren. Eine der Möglichkeiten, die fehlenden Informationen zu ermitteln, ist der Einsatz des Event Sourcing.

Das Event Sourcing Pattern bringt die zeitliche Dimension in das Datenmodell. Statt das Schema den aktuellen Status der Aggregates widerspiegeln zu lassen, persistiert ein auf Event Sourcing basierendes System jede Änderung im Lebenszyklus eines Aggregate.

Schauen Sie sich den `CONVERTED`-Kunden aus Zeile 12 von Tabelle 7-1 an. Der folgende Code zeigt, wie die Daten der Person in einem Event-Sourced System repräsentiert würden:

```
{
    "lead-id": 12,
    "event-id": 0,
```

```
        "event-type": "lead-initialized",
        "first-name": "Casey",
        "last-name": "David",
        "phone-number": "555-2951",
        "timestamp": "2020-05-20T09:52:55.95Z"
    },
    {
        "lead-id": 12,
        "event-id": 1,
        "event-type": "contacted",
        "timestamp": "2020-05-20T12:32:08.24Z"
    },
    {
        "lead-id": 12,
        "event-id": 2,
        "event-type": "followup-set",
        "followup-on": "2020-05-27T12:00:00.00Z",
        "timestamp": "2020-05-20T12:32:08.24Z"
    },
    {
        "lead-id": 12,
        "event-id": 3,
        "event-type": "contact-details-updated",
        "first-name": "Casey",
        "last-name": "Davis",
        "phone-number": "555-8101",
        "timestamp": "2020-05-20T12:32:08.24Z"
    },
    {
        "lead-id": 12,
        "event-id": 4,
        "event-type": "contacted",
        "timestamp": "2020-05-27T12:02:12.51Z"
    },
    {
        "lead-id": 12,
        "event-id": 5,
        "event-type": "order-submitted",
        "payment-deadline": "2020-05-30T12:02:12.51Z",
        "timestamp": "2020-05-27T12:02:12.51Z"
    },
    {
        "lead-id": 12,
        "event-id": 6,
        "event-type": "payment-confirmed",
        "status": "converted",
        "timestamp": "2020-05-27T12:38:44.12Z"
    }
```

Die Events im Code erzählen die Geschichte des Kunden. Der Lead wurde im System angelegt (Event 0) und von einer Verkaufsmitarbeiterin zwei Stunden später kontaktiert (Event 1). Während des Gesprächs wurde vereinbart, dass die Verkäuferin eine Woche später wieder anrufen sollte (Event 2), aber unter einer anderen Telefonnummer (Event 3). Die Verkäuferin hat zudem einen Tippfehler im Nachnamen korrigiert (Event 3). Der Lead wurde zur vereinbarten Zeit kontaktiert (Event 4), und eine Bestellung wurde getätigt (Event 5). Die Bestellung sollte innerhalb von drei Tagen bezahlt werden, aber das Geld ging schon eine halbe Stunde später ein (Event 6), und der Lead wurde in einen neuen Kunden umgewandelt.

Wie wir schon gesehen haben, lässt sich der Status des Kunden problemlos aus diesen Domain Events ermitteln. Wir müssen dazu nur sequenziell einfache Transformationslogik auf jedes Event anwenden:

```
public class LeadSearchModelProjection
{
    public long LeadId { get; private set; }
    public HashSet<string> FirstNames { get; private set; }
    public HashSet<string> LastNames { get; private set; }
    public HashSet<PhoneNumber> PhoneNumbers { get; private set; }
    public int Version { get; private set; }

    public void Apply(LeadInitialized @event)
    {
        LeadId = @event.LeadId;
        FirstNames = new HashSet<string>();
        LastNames = new HashSet<string>();
        PhoneNumbers = new HashSet<PhoneNumber>();
        FirstNames.Add(@event.FirstName);
        LastNames.Add(@event.LastName);
        PhoneNumbers.Add(@event.PhoneNumber);
        Version = 0;
    }

    public void Apply(ContactDetailsChanged @event)
    {
        FirstNames.Add(@event.FirstName);
        LastNames.Add(@event.LastName);
        PhoneNumbers.Add(@event.PhoneNumber);
        Version += 1;
    }

    public void Apply(Contacted @event)
    {
        Version += 1;
    }

    public void Apply(FollowupSet @event)
    {
        Version += 1;
    }

    public void Apply(OrderSubmitted @event)
    {
        Version += 1;
    }

    public void Apply(PaymentConfirmed @event)
    {
        Version += 1;
    }
}
```

Wir iterieren über die Events eines Aggregate und verfüttern sie Schritt für Schritt an die passenden Overrides der Methode `Apply`, sodass wir genau die Statusrepräsentation erhalten, die in Tabelle 7-1 modelliert ist.

Achten Sie auf das Feld `Version`. Es wird jedes Mal nach dem Anwenden eines Events hochgezählt. Sein Wert steht für die Gesamtzahl an Änderungen, die an der Business Entity vorgenommen wurden. Stellen Sie sich zudem vor, wir würden nur eine Untermenge der Events anwenden. Dann könnten wir »durch die Zeit reisen«: Wir könnten den Status der Entity zu jedem Zeitpunkt ihres Lebenszyklus projizieren, indem wir nur die relevanten Events anwenden. Bräuchten wir beispielsweise den Status der Entity in Version 5, würden wir nur die ersten fünf Events verwenden.

Und schließlich sind wir auch nicht darauf beschränkt, nur eine einzelne Statusrepräsentation zu projizieren! Schauen Sie sich dazu die folgenden Szenarien an.

Suche

Sie müssen eine Suche implementieren. Aber da die Kontaktinformationen eines Lead aktualisiert werden können – Vorname, Nachname und Telefonnummer –, sind sich Sales Agents der Änderungen durch Kolleginnen und Kollegen eventuell nicht bewusst und wollen Leads anhand ihrer Kontaktinformationen finden, einschließlich der historischen Daten. Wir können die historischen Informationen problemlos projizieren:

```
public class LeadSearchModelProjection
{
    public long LeadId { get; private set; }
    public HashSet<string> FirstNames { get; private set; }
    public HashSet<string> LastNames { get; private set; }
    public HashSet<PhoneNumber> PhoneNumbers { get; private set; }
    public int Version { get; private set; }

    public void Apply(LeadInitialized @event)
    {
        LeadId = @event.LeadId;
        FirstNames = new HashSet<string>();
        LastNames = new HashSet<string>();
        PhoneNumbers = new HashSet<PhoneNumber>();

        FirstNames.Add(@event.FirstName);
        LastNames.Add(@event.LastName);
        PhoneNumbers.Add(@event.PhoneNumber);

        Version = 0;
    }

    public void Apply(ContactDetailsChanged @event)
    {
        FirstNames.Add(@event.FirstName);
        LastNames.Add(@event.LastName);
```

```
        PhoneNumbers.Add(@event.PhoneNumber);

        Version += 1;
    }

    public void Apply(Contacted @event)
    {
    Version += 1;
    }

    public void Apply(FollowupSet @event)
    {
    Version += 1;
    }

    public void Apply(OrderSubmitted @event)
    {
    Version += 1;
    }

    public void Apply(PaymentConfirmed @event)
    {
    Version += 1;
    }
}
```

Die Projektionslogik nutzt die Events `LeadInitialized` und `ContactDetailsChanged`, um die entsprechenden Sets mit den persönlichen Details des Lead zu füllen. Andere Events werden ignoriert, da sie nicht den spezifischen Status des Modells beeinflussen.

Wenden wir diese Projektionslogik auf die Events für Casey Davis aus dem obigen Beispiel an, erhalten wir den folgenden Status:

```
LeadId: 12
FirstNames: ['Casey']
LastNames: ['David', 'Davis']
PhoneNumbers: ['555-2951', '555-8101']
Version: 6
```

Analyse

Ihre Abteilung für Business Intelligence bittet Sie darum, eine analysefreundlichere Repräsentation der Lead-Daten bereitzustellen. Für Ihre aktuellen Untersuchungen wollen Sie die Anzahl an Follow-up-Calls herausfinden, die für die verschiedenen Leads eingeplant wurden. Später wollen Sie die Daten für Converted und Closed Leads filtern und das Modell nutzen, um den Verkaufsprozess zu optimieren. Projizieren wir die Daten, nach denen sie fragen:

```
public class AnalysisModelProjection
{
    public long LeadId { get; private set; }
    public int Followups { get; private set; }
    public LeadStatus Status { get; private set; }
```

```
        public int Version { get; private set; }

        public void Apply(LeadInitialized @event)
        {
            LeadId = @event.LeadId;
            Followups = 0;
            Status = LeadStatus.NEW_LEAD;
            Version = 0;
        }

        public void Apply(Contacted @event)
        {
            Version += 1;
        }

        public void Apply(FollowupSet @event)
        {
            Status = LeadStatus.FOLLOWUP_SET;
            Followups += 1;
            Version += 1;
        }

        public void Apply(ContactDetailsChanged @event)
        {
            Version += 1;
        }

        public void Apply(OrderSubmitted @event)
        {
            Status = LeadStatus.PENDING_PAYMENT;
            Version += 1;
        }

        public void Apply(PaymentConfirmed @event)
        {
            Status = LeadStatus.CONVERTED;
            Version += 1;
        }
    }
```

Diese Logik nutzt einen Zähler für die Menge an Follow-up-Events in den Events des Lead. Würden wir diese Projektion auf das Beispiel mit den Aggregate-Events anwenden, erhielten wir folgenden Status:

```
LeadId: 12
Followups: 1
Status: Converted
Version: 6
```

Die im vorherigen Beispielprojekt implementierte Logik projiziert die suchoptimierten und analyseoptimierten Modelle im Speicher. Aber um die erforderliche Funktionalität tatsächlich zu implementieren, müssen wir die projizierten Modelle in einer Datenbank persistieren. In Kapitel 8 werden Sie ein Pattern kennenlernen, das uns dies erlaubt: Command-Query Responsibility Segregation (CQRS).

Source of Truth

Damit das Event Sourcing Pattern funktioniert, sollten alle Änderungen am Status eines Objekts als Events repräsentiert und persistiert werden. Die Events werden dann die Source of Truth des Systems (daher der Name des Pattern). Diesen Prozess stellt Abbildung 7-1 dar.

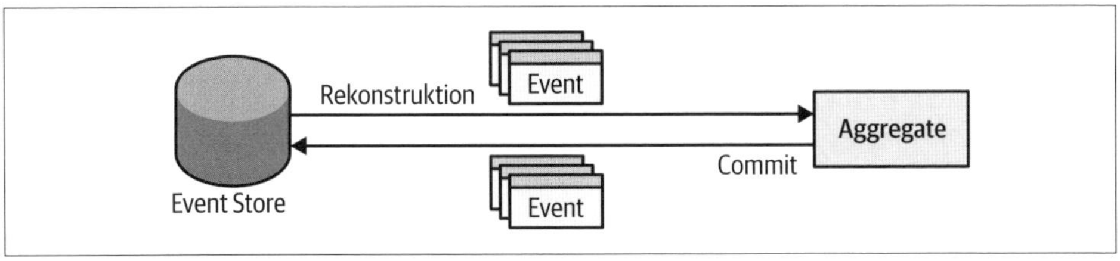

Abbildung 7-1: Event-Sourced Aggregate

Die Datenbank, in der die Events des Systems gespeichert werden, ist der einzige streng konsistente Storage – die Source of Truth des Systems. Der übliche Name für die Datenbank, die zum Persistieren von Events genutzt wird, ist *Event Store*.

Event Store

Der Event Store sollte kein Verändern oder Löschen der Events erlauben,[2] da es ein Append-only-Storage ist. Um das Implementieren des Event Sourcing Pattern zu unterstützen, muss der Event Store mindestens die Funktionalität anbieten, alle Events zu einer bestimmten Business Entity einzusammeln und sie bei sich abzulegen, zum Beispiel:

```
interface IEventStore
{
    IEnumerable<Event> Fetch(Guid instanceId);
    void Append(Guid instanceId, Event[] newEvents, int expectedVersion);
}
```

Das Argument `expectedVersion` in der Methode `Append` ist erforderlich, um ein optimistisches Concurrency-Management zu implementieren. Fügen Sie neue Events ein, geben Sie auch die Version der Entity an, auf der Sie Ihre Entscheidungen basieren lassen. Ist diese veraltet – wurden also neue Events nach der erwarteten Version hinzugefügt –, sollte der Event Store eine Concurrency Exception werfen.

In den meisten Systemen sind zusätzliche Endpoints erforderlich, um das CQRS Pattern zu implementieren, das wir im nächsten Kapitel besprechen werden.

2 Außer in Ausnahmefällen, wie zum Beispiel bei einer Datenmigration.

> Das Event Sourcing Pattern ist letztendlich nicht besonders neu. Die Finanzbranche nutzt Events zum Repräsentieren von Änderungen im Hauptbuch. Ein Hauptbuch ist ein Append-only-Log, das Transaktionen dokumentiert. Ein aktueller Status (zum Beispiel ein Kontostand) lässt sich immer durch das »Projizieren« der Datensätze des Hauptbuchs ermitteln.

Event-Sourced Domain Model

Das ursprüngliche Domain Model nutzt eine Statusrepräsentation seiner Aggregates und gibt ausgewählte Domain Events aus. Das Event-Sourced Domain Model nutzt ausschließlich Domain Events zum Modellieren des Lebenszyklus der Aggregates. Alle Änderungen am Status eines Aggregate müssen als Domain Events ausgedrückt werden.

Jede Operation auf einem Event-Sourced Aggregate folgt diesem Ablauf:

- Die Domain Events des Aggregate laden.
- Eine Statusrepräsentation rekonstruieren – die Events in eine Statusrepräsentation projizieren, die für Business-Entscheidungen genutzt werden kann.
- Das Command des Aggregate ausführen, um die Business-Logik umzusetzen und damit letztendlich neue Domain Events zu produzieren.
- Die neuen Domain Events im Event Store committen.

Kehren wir zum Beispiel mit dem `Ticket`-Aggregate aus Kapitel 6 zurück und überlegen wir uns, wie wir dies als Event-Sourced Aggregate implementieren könnten.

Der Anwendungsservice folgt dem oben beschriebenen Skript: Er lädt die relevanten Events für das Ticket, rekonstruiert die Aggregate-Instanz, ruft das relevante Command auf und persistiert Änderungen in der Datenbank:

```
public class TicketAPI
{
    private ITicketsRepository _ticketsRepository;
    ...

    public void RequestEscalation(TicketId id, EscalationReason reason)
    {
        var events = _ticketsRepository.LoadEvents(id);
        var ticket = new Ticket(events);
        var originalVersion = ticket.Version;
        var cmd = new RequestEscalation(reason);
        ticket.Execute(cmd);
        _ticketsRepository.CommitChanges(ticket, originalVersion);
    }

    ...
}
```

Die Logik zum Rekonstruieren des `Ticket`-Aggregate im Konstruktor (Zeilen 27 bis 31) instanziiert eine Instanz der Statusprojektor-Klasse `TicketState` und ruft deren Methode `AppendEvent` für jedes Event des Tickets auf:

```
18 public class Ticket
19 {
20     ...
21     private List<DomainEvent> _domainEvents = new List<DomainEvent>();
22     private TicketState _state;
23     ...
24
25     public Ticket(IEnumerable<IDomainEvents> events)
26     {
27         _state = new TicketState();
28         foreach (var e in events)
29         {
30             AppendEvent(e);
31         }
32     }
```

`AppendEvent` übergibt die eintreffenden Events an die Projektionslogik von `TicketState` und erzeugt damit die Repräsentation des aktuellen Ticket-Status im Speicher:

```
33     private void AppendEvent(IDomainEvent @event)
34     {
35         _domainEvents.Append(@event);
36         // Richtige Version von "Apply" dynamisch aufrufen.
37         ((dynamic)state).Apply((dynamic)@event);
38     }
```

Anders als bei der Implementierung im vorherigen Kapitel setzt die Methode `RequestEscalation` des Event-Sourced Aggregate nicht explizit das Flag `IsEscalated` auf true. Stattdessen instanziiert sie das entsprechende Event und übergibt es an die Methode `AppendEvent` (Zeilen 43 und 44):

```
39     public void Execute(RequestEscalation cmd)
40     {
41         if (!_state.IsEscalated && _state.RemainingTimePercentage <= 0)
42         {
43             var escalatedEvent = new TicketEscalated(_id, cmd.Reason);
44             AppendEvent(escalatedEvent);
45         }
46     }
47
48     ...
49 }
```

Alle Events, die der Events-Collection des Aggregate hinzugefügt wurden, werden an die Statusprojektionslogik in der Klasse `TicketState` übergeben, in der die entsprechenden Feldwerte aus den Event-Daten angepasst werden:

```
50 public class TicketState
51 {
52     public TicketId Id { get; private set; }
```

```
    public int Version { get; private set; }
    public bool IsEscalated { get; private set; }
    ...
    public void Apply(TicketInitialized @event)
    {
        Id = @event.Id;
        Version = 0;
        IsEscalated = false;
        ....
    }

    public void Apply(TicketEscalated @event)
    {
        IsEscalated = true;
        Version += 1;
    }

    ...
}
```

Schauen wir uns nun ein paar der Vorteile an, die wir durch den Einsatz des Event Sourcing beim Implementieren komplexer Business-Logik erhalten.

Warum »Event-Sourced Domain Model«?

Ich habe das Gefühl, erklären zu müssen, warum ich den Begriff *Event-Sourced Domain Model* nutze und nicht einfach *Event Sourcing* verwende. Der Einsatz von Events zum Repräsentieren von Statusübergängen – das Event Sourcing Pattern – ist ohne oder mit den Bausteinen des Domain Model möglich. Daher bevorzuge ich den längeren Begriff, um explizit auszudrücken, dass wir Änderungen im Lebenszyklus der Aggregates des Domain Model per Event Sourcing repräsentieren.

Vorteile

Verglichen mit dem eher klassischen Modell, in dem die aktuellen Status der Aggregates in einer Datenbank persistiert werden, erfordert das Event-Sourced Domain Model mehr Aufwand beim Modellieren der Aggregates. Aber dieser Ansatz bietet signifikante Vorteile, aufgrund deren man das Pattern in einer Reihe von Szenarien in Betracht ziehen sollte:

Zeitreisen

So wie die Domain Events genutzt werden können, um den aktuellen Status eines Aggregate zu rekonstruieren, lassen sich mit ihnen auch alle vergangenen Status des Aggregate wiederherstellen. Mit anderen Worten: Sie können immer alle vergangenen Status eines Aggregate rekonstruieren.

Das wird häufig genutzt, um das Systemverhalten zu analysieren, die Entscheidungen des Systems unter die Lupe zu nehmen und die Business-Logik zu optimieren.

Ein weiterer gebräuchlicher Anwendungsfall für das Rekonstruieren vergangener Status ist das retroaktive Debugging: Sie können das Aggregate in den Status zurückversetzen, in dem es sich befand, als ein Fehler auftrat.

Tiefe Einblicke
: In Teil I dieses Buchs haben wir gesehen, dass es für das Business aus strategischen Gründen wichtig ist, die Core Subdomains zu optimieren. Das Event Sourcing liefert tiefe Einblicke in den Status und das Verhalten des Systems. Wie Sie weiter oben gelernt haben, bietet das Event Sourcing ein flexibles Modell, das es ermöglicht, die Events in verschiedene Statusrepräsentationen umzuwandeln – Sie können jederzeit neue Projektionen hinzufügen, die mithilfe der bestehenden Event-Daten zusätzliche Einblicke ermöglichen.

Audit-Log
: Die persistierten Domain Events repräsentieren ein streng konsistentes Audit-Log für alles, was mit den Status der Aggregates geschehen ist. Manche Fachdomänen sind gesetzlich dazu verpflichtet, solche Audit-Logs zu implementieren, und das Event Sourcing bietet das direkt an.

  Dieses Modell ist besonders praktisch für Systeme, die Geld oder monetäre Transaktionen verwalten. Es erlaubt uns, die Entscheidungen des Systems und den Geldfluss zwischen Konten leicht nachvollziehen zu können.

Eine fortgeschrittene optimistische Steuerung der Nebenläufigkeit
: Das klassische optimistische Concurrency-Modell wirft eine Exception, wenn die gelesenen Daten veraltet sind – überschrieben durch einen anderen Prozess –, während sie geschrieben werden sollen.

  Mit Event Sourcing können wir tiefere Einblicke erhalten und herausfinden, was zwischen dem Lesen der bestehenden Events und dem Schreiben der neuen geschehen ist. Sie können die genauen Ereignisse abfragen, die konkurrierend an den Event Store angefügt wurden, und domänengetrieben eine Business-Entscheidung darüber treffen, ob diese neuen Events mit der geplanten Operation kollidieren oder ob die zusätzlichen Events irrelevant sind und man problemlos weitermachen kann.

Nachteile

Es scheint ja so auszusehen, als ob das Event-Sourced Domain Model das ultimative Pattern für das Implementieren von Business-Logik ist und es daher so oft wie möglich zum Einsatz kommen sollte. Natürlich würde das dem Prinzip widersprechen, die Bedürfnisse der Fachdomäne für die Designentscheidungen zu berücksichtigen. Schauen wir uns daher ein paar der Herausforderungen an, die dieses Pattern mit sich bringt:

Lernkurve
: Der offensichtliche Nachteil dieses Pattern ist sein großer Unterschied zu den klassischen Techniken beim Managen von Daten. Für eine erfolgreiche Imple-

mentierung des Pattern muss das Team trainiert werden, und es braucht Zeit, sich damit vertraut zu machen. Sofern das Team nicht schon Erfahrungen mit dem Implementieren Event-basierter Systeme hat, muss die Lernkurve mit in Betracht gezogen werden.

Weiterentwicklung des Modells
: Es kann schwierig sein, ein Event-Sourced Model weiterzuentwickeln. Die strenge Definition des Event Sourcing besagt, dass Events immutable sind. Aber was passiert, wenn Sie das Event-Schema anpassen müssen? Der Prozess ist nicht so einfach wie das Ändern eines Tabellenschemas. Tatsächlich gibt es nur allein zu diesem Thema ein ganzes Buch: *Versioning in an Event Sourced System* von Greg Young (*https://leanpub.com/esversioning*).

Komplexität der Architektur
: Durch das Implementieren von Event Sources kommt eine ganze Menge zusätzlicher »beweglicher Teile« mit in die Architektur, sodass das Gesamtdesign komplizierter wird. Diesem Thema widme ich mich detaillierter im nächsten Kapitel, wenn es um die CQRS-Architektur geht.

Alle diese Herausforderungen werden noch akuter, wenn die aktuelle Aufgabe den Einsatz dieses Pattern nicht rechtfertigt und sie stattdessen durch ein einfacheres Design angegangen werden könnte. In Kapitel 10 werden Sie ein paar einfache Faustregeln kennenlernen, die Ihnen dabei helfen werden, zu entscheiden, welche Patterns Sie zum Implementieren der Business-Logik verwenden sollten.

Häufige Fragen

Wenn Entwicklerinnen und Entwickler das Event Sourcing Pattern kennenlernen, stellen sie oft eine Reihe von ähnlichen Fragen, die ich daher an dieser Stelle beantworten möchte.

Performance

Das Rekonstruieren eines Aggregate-Status aus den Events wird einen negativen Effekt auf die Systemperformance haben. Mit weiteren Events wird sie langsamer werden. Wie soll das Ganze denn überhaupt funktionieren?
: Das Projizieren von Events in eine Statusrepräsentation erfordert natürlich Rechenleistung, die auch noch wächst, wenn mehr und mehr Events für ein Aggregate hinzukommen.

: Es ist wichtig, den Einfluss einer Projektion auf die Performance zu messen – den Effekt, mit Hunderten oder Tausenden von Events zu arbeiten. Die Ergebnisse sollten mit der erwarteten Lebensspanne eines Aggregate verglichen werden – der Anzahl der zu erwartenden Events, die während einer durchschnittlichen Lebensspanne aufgezeichnet werden.

In den meisten Systemen wird der Einfluss auf die Performance erst bei über 10.000 Events pro Aggregate zu merken sein. In einem Großteil der Systeme wird die durchschnittliche Lebensspanne eines Aggregate aber nicht über 100 Events hinausgehen.

In den wenigen Fällen, in denen das Projizieren von Status zu einem Performanceproblem wird, kann auf ein anderes Pattern zurückgegriffen werden – den Snapshot. Dieses Pattern (siehe Abbildung 7-2) implementiert die folgenden Schritte:

- Ein Prozess iteriert kontinuierlich über neue Events im Event Store, erzeugt entsprechende Projektionen und legt sie in einem Cache ab.
- Es ist eine Projektion im Speicher erforderlich, um eine Aktion auf dem Aggregate auszuführen. In diesem Fall:
    - Der Prozess holt sich die aktuelle Statusprojektion aus dem Cache.
    - Der Prozess holt sich die Events, die nach der Snapshot-Version eingetroffen sind, aus dem Event Store.
    - Die zusätzlichen Events werden im Speicher auf den Snapshot angewendet.

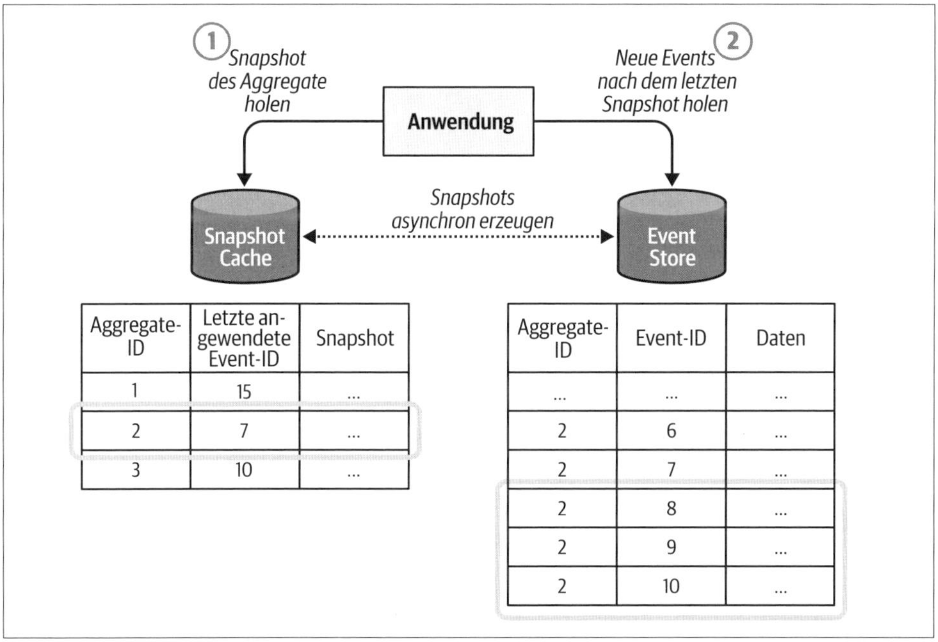

Abbildung 7-2: Snapshot von den Events eines Aggregate erstellen

Ich möchte aber darauf hinweisen, dass es sich beim Snapshot Pattern um eine Optimierung handelt, die auch eine Rechtfertigung braucht. Nutzen die Aggregates in Ihrem System nicht über 10.000 Events, sorgt das Implementieren des Snapshot Pattern nur für unerwünschte Komplexität. Bevor Sie also loslegen und das Snapshot Pattern implementieren, empfehle ich Ihnen, einen Schritt zurückzutreten und die Grenzen des Aggregate genauer zu betrachten.

Dieses Modell sorgt für enorme Datenmengen. Skaliert das? Das Event-Sourced Model skaliert gut.

Da alle Aggregate-bezogenen Operationen im Kontext eines einzelnen Aggregate ausgeführt werden, kann der Event Store anhand der Aggregate-IDs geshardet werden – alle Events, die zu einer Instanz eines Aggregate gehören, sollten in einem einzelnen Shard liegen (siehe Abbildung 7-3).

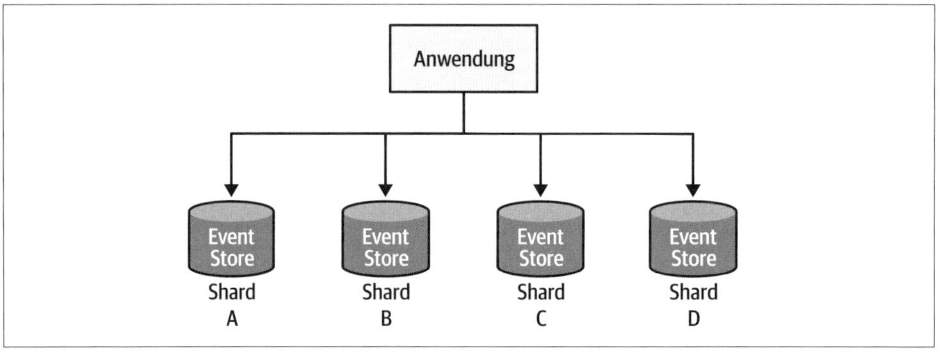

Abbildung 7-3: Sharding des Event Store

Daten löschen

Der Event Store ist eine Append-only-Datenbank.Aber was passiert, wenn ich Daten real löschen muss, zum Beispiel um DSGVO-konform zu bleiben?[3]

Das lässt sich mit dem Forgettable Payload Pattern erreichen: Alle kritischen Informationen sind in den Events verschlüsselt abgelegt. Der Entschlüsselungs-Key wird in einem externen Key/Value Store abgelegt – dem Key Storage. Der Schlüssel ist die ID eines bestimmten Aggregate, der Wert ist der Entschlüsselungs-Key. Müssen die kritischen Daten gelöscht werden, wird der Entschlüsselungs-Key aus dem Key Storage gelöscht. So sind die entsprechenden Informationen in den Events nicht mehr länger lesbar.

Warum kann ich nicht einfach ...?

Warum kann ich nicht einfach Logs in eine Textdatei schreiben und diese als Audit-Log verwenden?

Sie schaffen eine weitere mögliche Fehlerquelle, wenn Sie sowohl in eine operationale Datenbank wie auch in eine Log-Datei schreiben. Denn letztendlich handelt es sich um Transaktionen für zwei Storage-Mechanismen – die Daten-

3 Datenschutz-Grundverordnung (o. D.), abgerufen im Januar 2022, Wikipedia (*https://de.wikipedia.org/wiki/Datenschutz-Grundverordnung*).

bank und die Datei. Schlägt die erste fehl, muss die zweite zurückgerollt werden. Schlägt beispielsweise eine Datenbanktransaktion fehl, kümmert sich niemand darum, die vorherigen Log-Einträge zu löschen. Daher sind solche Logs nicht konsistent, sondern irgendwann inkonsistent.

Warum kann ich nicht einfach weiterhin mit einem statusbasierten Modell arbeiten, aber in der gleichen Datenbanktransaktion Logs in eine Log-Tabelle einfügen?

Aus Sicht der Infrastruktur schafft dieser Ansatz eine konsistente Synchronisation zwischen dem Status und den Log-Datensätzen. Aber es handelt sich trotzdem um eine mögliche Fehlerquelle. Was passiert zum Beispiel, wenn man in Zukunft vergisst, bei der Arbeit an der Codebasis einen passenden Log-Datensatz anzufügen?

Wird zudem die statusbasierte Repräsentation als Source of Truth genutzt, wird das zusätzliche Schema der Log-Tabelle normalerweise schnell chaotisch. Es gibt keine Möglichkeit, sicherzustellen, dass alle erforderlichen Informationen geschrieben werden und dass sie im korrekten Format vorliegen.

Warum kann ich nicht einfach weiter mit einem statusbasierten Modell arbeiten, aber einen Datenbank-Trigger hinzufügen, der einen Snapshot des Datensatzes erzeugt und ihn in eine dedizierte »History«-Tabelle kopiert?

Dieser Ansatz umgeht den Nachteil des vorherigen Vorgehens: Es sind keine expliziten manuellen Aufrufe nötig, um Datensätze in die Log-Tabelle einzutragen. Aber die sich so ergebende History-Tabelle enthält nicht mehr als die nackten Tatsachen – also welche Felder sich geändert haben. Es fehlt der Business-Kontext: Warum haben sich die Felder geändert? Das Fehlen des »Warum« beschränkt die Fähigkeit, zusätzliche Modelle zu projizieren, drastisch.

Zusammenfassung

In diesem Kapitel wurden das Event Sourcing Pattern und seine Anwendung auf das Modellieren der zeitlichen Dimension in den Aggregates des Domain Model beschrieben.

In einem Event-Sourced Domain Model werden alle Änderungen am Status eines Events als Folge von Domain Events ausgedrückt. Das ist ein anderes Vorgehen als bei klassischeren Ansätzen, in denen eine Statusänderung nur einen Datensatz in den Datenbanken aktualisiert. Die sich ergebenden Domain Events können genutzt werden, um den aktuellen Status des Aggregate zu projizieren. Zudem erhalten wir mit dem Event-basierten Modell die Flexibilität, die Events in verschiedene Repräsentationsmodelle zu projizieren, die jeweils für eine spezifische Aufgabe optimiert sind.

Dieses Pattern passt zu Situationen, in denen es wichtig ist, tiefe Einblicke in die Daten des Systems erhalten zu können – sei es für Analyse und Optimierung oder weil ein Audit-Log aus rechtlichen Gründen erforderlich ist.

Mit diesem Kapitel sind unsere Untersuchungen der verschiedenen Möglichkeiten zum Modellieren und Implementieren von Business-Logik abgeschlossen. Im nächsten Kapitel werden wir unsere Aufmerksamkeit den Patterns zuwenden, die auf einer höheren Ebene agieren – den Architektur-Patterns.

Übungen

1. Welche der folgenden Aussagen ist bezüglich der Beziehung zwischen Domain Events und Value Objects korrekt?
   a. Domain Events nutzen Value Objects, um zu beschreiben, was in der Fachdomäne passiert ist.
   b. Beim Implementieren eines Event-Sourced Domain Model sollten Value Objects in Event-Sourced Aggregates refaktoriert werden.
   c. Value Objects sind für das Domain Model Pattern relevant und werden im Event-Sourced Domain Model durch Domain Events ersetzt.
   d. Alle Aussagen sind falsch.
2. Welche der folgenden Aussagen stimmt bezüglich der Möglichkeiten, den Status aus einer Folge von Events zu projizieren?
   a. Aus den Events eines Aggregate kann eine einzige Statusrepräsentation projiziert werden.
   b. Es können mehrere Statusrepräsentationen projiziert werden, aber die Domain Events müssen so modelliert werden, dass sie auch mehrere Projektionen unterstützen.
   c. Mehrere Statusrepräsentationen können projiziert werden, und Sie können in Zukunft auch weitere Projektionen hinzufügen.
   d. Alle Aussagen sind falsch.
3. Welche der folgenden Aussagen ist bezüglich des Unterschieds zwischen statusbasierten und Event-Sourced Aggregates korrekt?
   a. Ein Event-Sourced Aggregate kann Domain Events erzeugen, während ein statusbasiertes Aggregate keine Domain Events produzieren kann.
   b. Beide Varianten des Aggregate Pattern erzeugen Domain Events, aber nur Event-Sourced Aggregates nutzen Domain Events als Source of Truth.
   c. Event-Sourced Aggregates stellen sicher, dass Domain Events für jeden Statusübergang erzeugt werden.
   d. B und C sind korrekt.
4. Schauen Sie sich nochmals die Firma WolfDesk aus dem Vorwort an. Welche Funktionalität des Systems ließe sich sinnvoll als Event-Sourced Domain Model implementieren?

KAPITEL 8

Architektur-Patterns

Die bisher in diesem Buch besprochenen taktischen Patterns haben unterschiedliche Wege vorgestellt, wie Business-Logik modelliert und implementiert werden kann. In diesem Kapitel werden wir uns taktische Designentscheidungen in einem umfassenderen Kontext anschauen: verschiedene Möglichkeiten, Interaktionen und Abhängigkeiten zwischen den Komponenten eines Systems zu orchestrieren.

Business-Logik versus Architektur-Patterns

Business-Logik ist der wichtigste Teil der Software, aber sie ist nicht der einzige Teil eines Softwaresystems. Um funktionale und nicht funktionale Anforderungen zu implementieren, muss die Codebasis mehr abdecken. Sie muss mit Benutzerinnen und Benutzern interagieren, um Eingaben aufzunehmen und Ausgaben zu liefern, und sie muss verschiedene Storage-Mechanismen einsetzen, um Status zu persistieren sowie externe Systeme und Informationsanbieter zu integrieren.

Die diversen Aufgaben, um die sich eine Codebasis kümmern muss, können leicht dafür sorgen, dass die Business-Logik zu sehr auf die verschiedenen Komponenten verteilt wird: Ein Teil der Logik wird in der Benutzeroberfläche oder der Datenbank implementiert, oder taucht mehrfach in unterschiedlichen Komponenten auf. Kümmert man sich beim Implementieren nicht um eine strikte Organisation, wird es schwer, die Codebasis später anzupassen. Muss sich die Business-Logik ändern, ist eventuell nicht klar, welche Teile der Codebasis von der Änderung betroffen sind. Die Anpassung hat möglicherweise unerwartete Auswirkungen auf Elemente des Systems, die damit scheinbar nicht in Verbindung stehen. Umgekehrt kann es einfach sein, Code zu übersehen, der geändert werden muss. All diese Probleme erhöhen die Wartungskosten für die Codebasis deutlich.

Architektur-Patterns führen Organisationsprinzipien für die verschiedenen Aspekte einer Codebasis ein und sorgen für klare Grenzen dazwischen: wie die Business-Logik mit Ein- und Ausgaben des Systems und anderen Infrastrukturkomponenten verbunden ist. Das hat Einfluss darauf, wie diese Komponenten miteinander interagieren, welches Wissen sie teilen und wie sich die Komponenten aufeinander beziehen.

Die Wahl des richtigen Wegs zum Organisieren der Codebasis oder des richtigen Architektur-Pattern ist kurzfristig entscheidend für eine gute Unterstützung beim Implementieren der Business-Logik und erleichtert langfristig die Wartung. Schauen wir uns drei vorherrschende Patterns für die Anwendungsarchitektur und deren Anwendungsfälle an: Schichtenarchitektur, Ports & Adapters sowie CQRS.

Schichtenarchitektur

Schichtenarchitektur (Layered Architecture) ist eines der am häufigsten eingesetzten Architektur-Patterns. Es organisiert die Codebasis in horizontalen Schichten, wobei sich jede Schicht um einen der folgenden technischen Aspekte kümmert: Interaktion mit den Konsumenten, Implementieren der Business-Logik und Persistieren der Daten. Abbildung 8-1 verdeutlicht das.

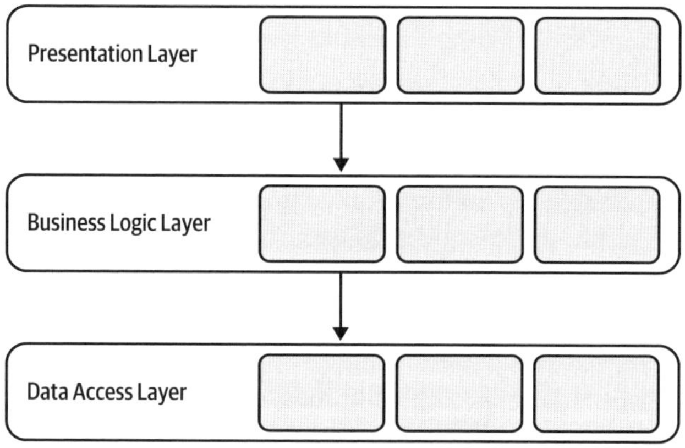

Abbildung 8-1: Schichtenarchitektur

In seiner klassischen Form besteht die Schichtenarchitektur aus drei Schichten: dem *Presentation Layer* (PL, Präsentationsschicht), dem *Business Logic Layer* (BLL, Business-Logik-Schicht) und dem *Data Access Layer* (DAL, Datenzugriffsschicht).

Presentation Layer

Der Presentation Layer (siehe Abbildung 8-2) implementiert die Benutzeroberfläche des Programms für die Interaktion mit den Konsumentinnen und Konsumenten. In der ursprünglichen Form des Pattern ist das eine grafische Schnittstelle, wie zum Beispiel eine Weboberfläche oder eine Desktopanwendung.

In modernen Systemen hat der Presentation Layer hingegen eine umfassendere Bedeutung: Er enthält alle Möglichkeiten, das Verhalten eines Programms auszulösen – sowohl synchron wie auch asynchron, beispielsweise:

- grafische Benutzeroberfläche (*Graphical User Interface*, GUI)
- Befehlszeilenschnittstelle (*Command-Line Interface*, CLI)
- API für die programmgesteuerte Integration mit anderen Systemen
- Subskribieren auf Events in einem Message Broker
- Message-Themen für das Veröffentlichen ausgehender Events

All das sind für das System Möglichkeiten, Requests aus der externen Umgebung zu erhalten und das Ergebnis zu kommunizieren. Streng genommen ist der Presentation Layer die öffentliche Schnittstelle des Programms.

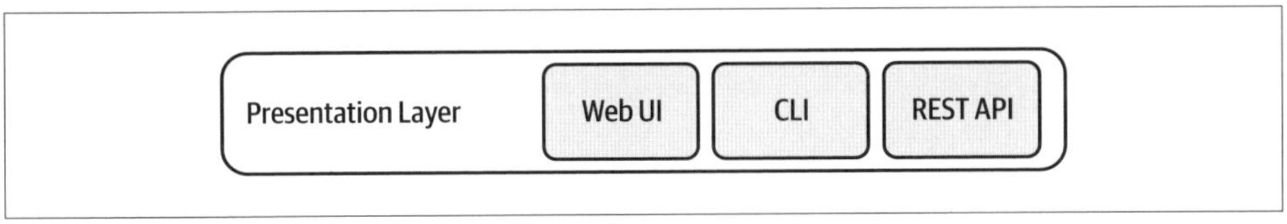

Abbildung 8-2: Presentation Layer

Business Logic Layer

Wie der Name schon andeutet, ist diese Schicht für das Implementieren und Kapseln der Business-Logik des Programms zuständig. Hier werden die Business-Entscheidungen implementiert. Eric Evans sagt, dass diese Schicht das Herz der Software ist.[1]

In dieser Schicht werden die Business-Logik-Patterns implementiert, die in den Kapiteln 5 bis 7 beschrieben werden – zum Beispiel Active Records oder ein Domain Model (siehe Abbildung 8-3).

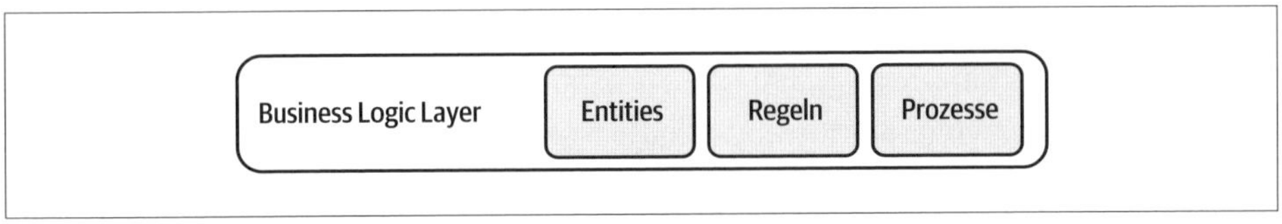

Abbildung 8-3: Business Logic Layer

1 Evans, E. (2003), *Domain-Driven Design: Tackling Complexity in the Heart of Software*, Boston, Addison-Wesley.

Data Access Layer

Der Data Access Layer ermöglicht den Zugriff auf Persistenzmechanismen. In der ursprünglichen Form bezog sich das auf die Datenbank des Systems. Aber wie beim Presentation Layer ist sein Zuständigkeitsbereich in modernen Systemen gewachsen.

Erstens ist es seit dem Ausbruch der NoSQL-Revolution üblich, dass ein System mit mehreren Datenbanken arbeitet. So kann beispielsweise ein Document Store als operationale Datenbank agieren, ein Search Index für dynamische Queries genutzt werden und eine In-Memory-Datenbank für performanceoptimierte Operationen zum Einsatz kommen.

Zweitens sind klassische Datenbanken nicht das einzige Medium zum Speichern von Informationen. So kann beispielsweise Cloud-basierter Object Storage[2] zum Speichern der Dateien des Systems genutzt werden, oder ein Message Bus wird verwendet, um die Kommunikation zwischen den verschiedenen Funktionen des Programms zu orchestrieren.[3]

Und schließlich enthält diese Schicht auch noch die Integration mit den diversen externen Informationsanbietern, die erforderlich sind, um die Funktionalität des Programms zu implementieren: APIs von externen Systemen oder Managed Services von Cloud-Anbietern, zum Beispiel Übersetzungsdiensten, Aktiendaten oder Audiotranskriptionen (siehe Abbildung 8-4).

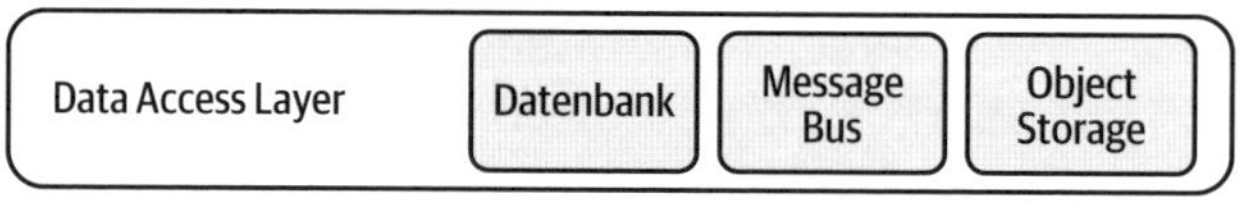

Abbildung 8-4: Data Access Layer

Kommunikation zwischen den Schichten

Die Schichten sind in ein Top-down-Kommunikationsmodell integriert – jede Schicht kann nur eine Abhängigkeit zur Schicht darunter besitzen (siehe Abbildung 8-5). Das erzwingt ein Entkoppeln der Implementierungsaspekte und verringert das Wissen, das zwischen den Schichten geteilt wird. In Abbildung 8-5 bezieht sich der Presentation Layer nur auf den Business Logic Layer. Er hat keinerlei Kenntnisse über die Designentscheidungen, die im Data Access Layer getroffen wurden.

2 Wie zum Beispiel AWS S3 oder Google Cloud Storage.

3 In diesem Kontext wird der Message Bus für die internen Anforderungen des Systems verwendet. Stellt man ihn öffentlich bereit, würde er zum Presentation Layer gehören.

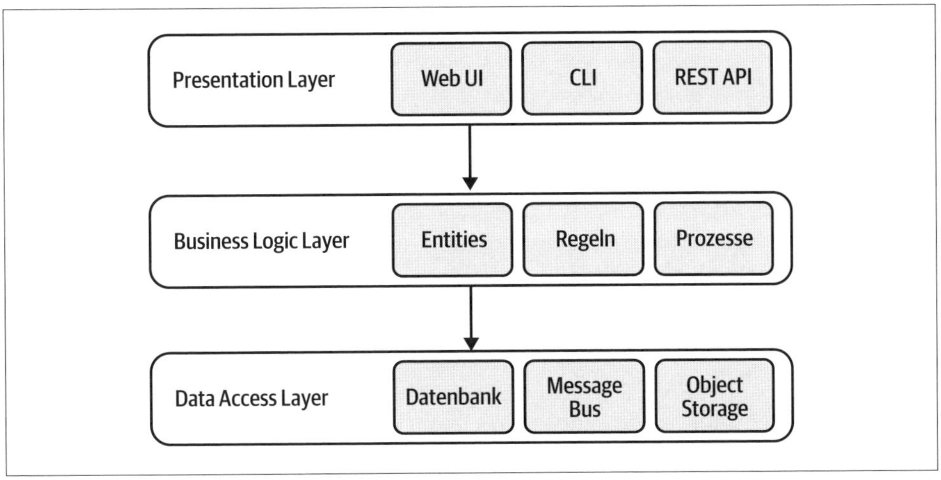

Abbildung 8-5: Schichtenarchitektur

Variation

Häufig wird das Layered Architecture Pattern durch eine zusätzliche Schicht erweitert – den Service Layer.

Service Layer

> Definiert die Grenze einer Anwendung durch eine Schicht mit Services, die verfügbare Operationen anbietet und die Reaktion der Anwendung auf jede Operation koordiniert.
>
> – *Patterns of Enterprise Application Architecture*[4]

Der Service Layer agiert als Zwischenschicht zwischen dem Presentation Layer und dem Business Logic Layer der Anwendung. Schauen Sie sich folgenden Code an:

```
namespace MvcApplication.Controllers
{
    public class UserController: Controller
    {
        ...

        [AcceptVerbs(HttpVerbs.Post)]
        public ActionResult Create(ContactDetails contactDetails)
        {
            OperationResult result = null;

            try
            {
                _db.StartTransaction();

                var user = new User();
```

4 Fowler, M. (2002), *Patterns of Enterprise Application Architecture*, Boston: Addison-Wesley.

```
                user.SetContactDetails(contactDetails)
                user.Save();

                _db.Commit();
                result = OperationResult.Success;
            } catch (Exception ex) {
                _db.Rollback();
                result = OperationResult.Exception(ex);
            }

            return View(result);
        }
    }
}
```

In diesem Beispiel gehört der MVC-Controller zum Presentation Layer. Er stellt einen Endpoint bereit, der einen neuen User erzeugt. Der Endpoint nutzt das Active-Record-Objekt `User`, um eine neue Instanz anzulegen und sie zu sichern. Zudem orchestriert er eine Datenbanktransaktion, um sicherzustellen, dass im Fall eines Fehlers eine saubere Response zurückkommt.

Um den Presentation Layer noch mehr von der zugrunde liegenden Business-Logik zu entkoppeln, kann solche Orchestrierungslogik in einen Service Layer verschoben werden (siehe Abbildung 8-6).

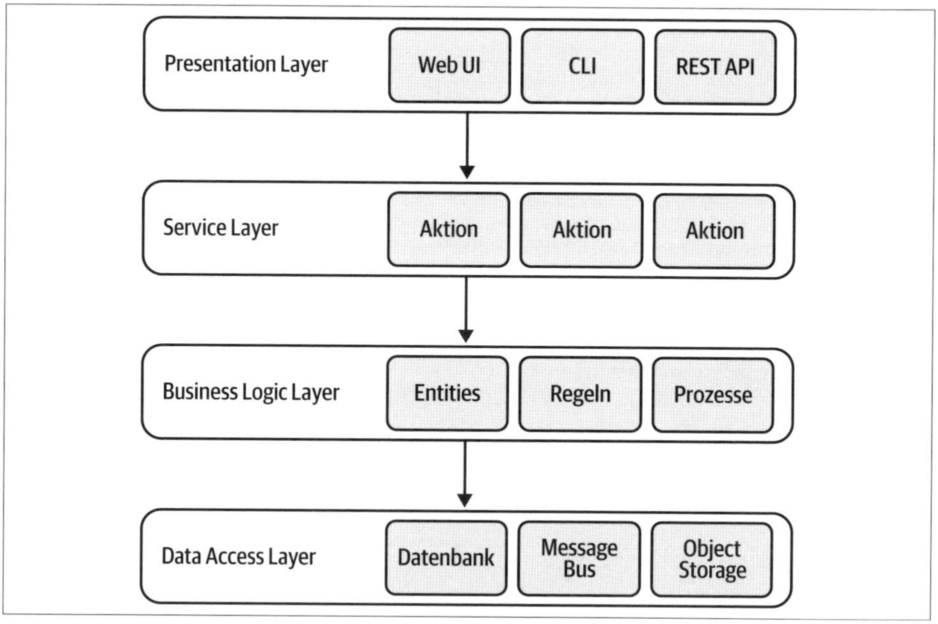

Abbildung 8-6: Service Layer

Es ist wichtig, darauf hinzuweisen, dass es sich beim Service Layer im Kontext der Architektur-Patterns um eine logische Grenze handelt. Es ist kein physischer Service.

Der Service Layer agiert als Facade für den Business Logic Layer: Er stellt eine Schnittstelle bereit, die mit den Methoden der öffentlichen Schnittstelle korrespondiert und die erforderliche Orchestrierung der darunterliegenden Schichten kapselt, zum Beispiel:

```
interface CampaignManagementService
{
  OperationResult CreateCampaign(CampaignDetails details);
  OperationResult Publish(CampaignId id, PublishingSchedule schedule);
  OperationResult Deactivate(CampaignId id);
  OperationResult AddDisplayLocation(CampaignId id, DisplayLocation newLocation);

  ...
}
```

Alle diese Methoden entsprechen denen der öffentlichen Schnittstelle des Systems. Aber ihnen fehlen die präsentationsbezogenen Implementierungsdetails. Der Presentation Layer ist dann nur noch dafür zuständig, die erforderlichen Eingaben für den Service Layer abzufragen und dessen Ergebnisse zurückzugeben.

Refaktorieren wir das obige Beispiel und extrahieren wir die Orchestrierungslogik in einen Service Layer:

```
namespace ServiceLayer
{
    public class UserService
    {
        ...

        public OperationResult Create(ContactDetails contactDetails)
        {
            OperationResult result = null;

            try
            {
                _db.StartTransaction();

                var user = new User();
                user.SetContactDetails(contactDetails)
                user.Save();

                _db.Commit();
                result = OperationResult.Success;
            } catch (Exception ex) {
                _db.Rollback();
                result = OperationResult.Exception(ex);
            }

            return result;
        }

        ...
    }
}
```

```
namespace MvcApplication.Controllers
{
    public class UserController: Controller
    {
        ...

        [AcceptVerbs(HttpVerbs.Post)]
        public ActionResult Create(ContactDetails contactDetails)
        {
            var result = _userService.Create(contactDetails);
            return View(result);
        }
    }
}
```

Ein expliziter Service Layer hat eine Reihe von Vorteilen:

- Wir können den gleichen Service Layer nutzen, um mehrere öffentliche Schnittstellen zu bedienen – zum Beispiel ein GUI und eine API. So ist keine doppelte Orchestrierungslogik erforderlich.
- Die Modularität verbessert sich, indem alle zusammengehörigen Methoden an einem Ort versammelt sind.
- Presentation und Business Logic Layer werden weiter entkoppelt.
- Die Business-Funktionalität lässt sich einfacher testen.

Ein Service Layer ist allerdings nicht immer notwendig. Wird die Business-Logik beispielsweise als Transaktionsskript implementiert, handelt es sich dabei im Grunde um einen Service Layer, da es schon eine Reihe von Methoden anbietet, die die öffentliche Schnittstelle des Systems bilden. In solch einem Fall würde die API des Service Layer nur die öffentliche Schnittstelle des Transaktionsskripts wiederholen, ohne irgendwelche Komplexität zu kapseln oder zu abstrahieren. Daher reicht dann entweder ein Service Layer oder ein Business Logic Layer aus.

Andererseits ist der Service Layer erforderlich, wenn das Business-Logik-Pattern eine externe Orchestrierung erfordert, wie dies beim Active Record Pattern der Fall ist. Dann implementiert der Service Layer das Transaction Script Pattern, während sich die Active Records, auf denen es agiert, im Business Logic Layer befinden.

Terminologie

Anderswo werden Sie sich eventuell anderen Begriffen für die Layered Architecture gegenübersehen:

- Presentation Layer = User Interface Layer
- Service Layer = Application Layer
- Business Logic Layer = Domain Layer = Model Layer
- Data Access Layer = Infrastructure Layer

Um Verwirrung zu vermeiden, stelle ich die Patterns in der Originalterminologie vor. Ich persönlich bevorzuge allerdings »User Interface Layer« und »Infrastructure Layer«, da diese Begriffe die Zuständigkeiten moderner Systeme und der Application Layer besser widerspiegeln, um ein Durcheinander mit den physischen Grenzen von Services zu vermeiden.

Wann Schichtenarchitektur genutzt werden sollte

Die Abhängigkeiten zwischen dem Business Logic Layer und dem Data Access Layer sorgen dafür, dass dieses Architektur-Pattern gut für Systeme geeignet ist, bei denen die Business-Logik mithilfe des Transaction Script oder des Active Record Pattern implementiert ist.

Es ist allerdings schwierig, damit ein Domain Model zu implementieren. In einem Domain Model sollten die Business Entities (Aggregates und Value Objects) keine Abhängigkeit besitzen und kein Wissen über die darunterliegende Infrastruktur haben. Die Top-down-Abhängigkeiten bei der Schichtenarchitektur sorgen aber dafür, dass man sich ziemlich verbiegen muss, um diese Anforderung zu erfüllen. Es ist möglich, ein Domain Model in einer Schichtenarchitektur zu implementieren, aber das im nächsten Abschnitt besprochene Pattern passt dafür viel besser.

Optional: Layer versus Tier

Die Schichtenarchitektur wird oft mit der N-Tier Architecture verwechselt und umgekehrt. Trotz der Ähnlichkeiten zwischen den beiden Patterns sind Layer und Tier konzeptionell unterschiedlich: Ein Layer ist eine logische Grenze, während es sich bei einem Tier um eine physische Grenze handelt. Alle Layer in der Schichtenarchitektur sind durch den gleichen Lebenszyklus miteinander verbunden: Sie werden als eine einzelne Einheit implementiert, weiterentwickeln und deployt. Ein Tier ist dagegen ein unabhängig deploybarer Service oder Server oder ein ebensolches System. Schauen Sie sich beispielsweise das N-Tier-System in Abbildung 8-7 an.

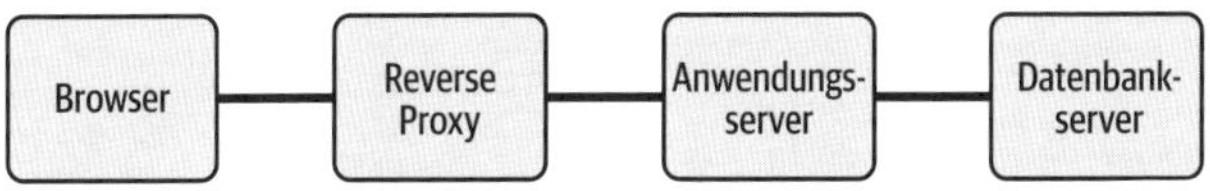

Abbildung 8-7: N-Tier-System

Sie sehen hier die Integration der physischen Services in einem webbasierten System. Der Consumer nutzt einen Browser, der auf einem Desktopcomputer oder auf einem mobilen Endgerät laufen kann. Der Browser interagiert mit einem Reverse Proxy, der die Requests an die eigentliche Webanwendung weiterleitet. Die Webanwendung läuft auf einem Webserver und kommuniziert mit einem Datenbankserver. Alle diese Komponenten können eventuell auf demselben physischen Server laufen – wie zum Beispiel als Container –, oder sie sind auf mehrere Server verteilt. Aber da jede Komponente unabhängig vom Rest deployt und gemanagt werden kann, sind sie Tier und keine Layer.

Layer sind dagegen logische Grenzen innerhalb der Webanwendung.

Ports & Adapters

Die Ports & Adapters Architecture widmet sich den Nachteilen der Schichtenarchitektur und passt besser zum Implementieren komplexerer Business-Logik. Interessanterweise sind sich beide Patterns sehr ähnlich. »Refaktorieren« wir die Schichtenarchitektur zu einer Ports & Adapters Architecture.

Terminologie

Im Prinzip sind sowohl der Presentation Layer wie auch der Data Access Layer mit externen Komponenten integriert: Datenbanken, externen Services und UI-Frameworks. Diese technischen Implementierungsdetails spiegeln nicht die Business-Logik des Systems wider, daher wollen wir die gesamten Infrastrukturaspekte in einem einzelnen »Infrastructure Layer« bündeln (siehe Abbildung 8-8).

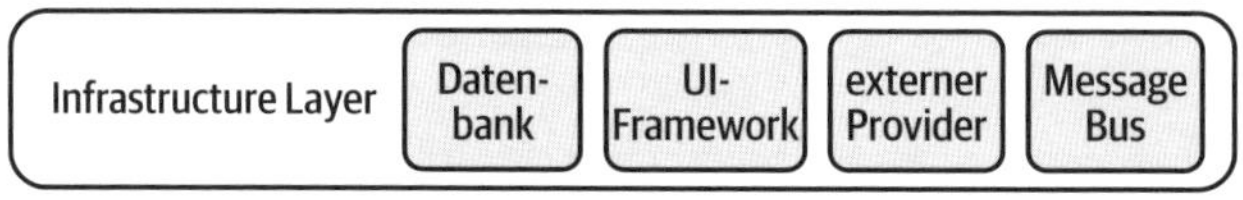

Abbildung 8-8: Presentation und Data Access Layer, kombiniert in einem Infrastructure Layer

Dependency Inversion Principle

Das *Dependency Inversion Principle* (DIP) besagt, dass High-Level-Module, die die Business-Logik implementieren, nicht von Low-Level-Modulen abhängen sollen. Aber genau das passiert in der klassischen Schichtenarchitektur. Der Business Logic Layer hängt vom Infrastructure Layer ab. Um das DIP zu erfüllen, wollen wir die Beziehung umkehren (siehe Abbildung 8-9).

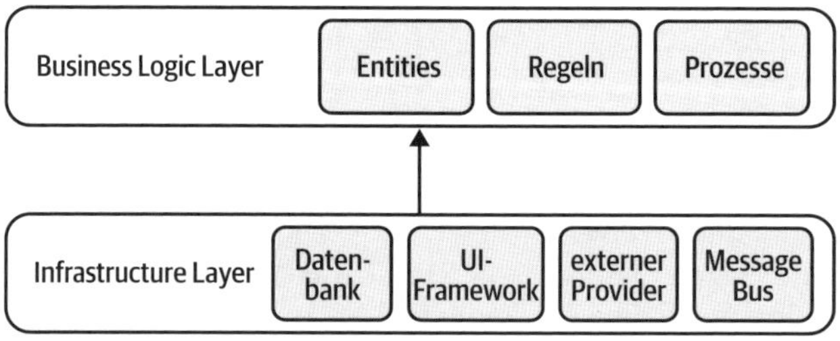

Abbildung 8-9: Umgekehrte Abhängigkeiten

Statt zwischen den Technologieaspekten eingeklemmt zu sein, übernimmt der Business Logic Layer nun die zentrale Rolle. Er hängt nicht mehr von irgendeiner Infrastrukturkomponente des Systems ab.

Fügen wir nun schließlich noch einen Application Layer[5] als Facade für die öffentliche Schnittstelle des Systems hinzu. Wie der Service Layer in der Schichtenarchitektur beschreibt er alle Operationen, die vom System bereitgestellt werden, und orchestriert die Business-Logik, um diese auszuführen. Die sich daraus ergebende Architektur ist in Abbildung 8-10 dargestellt.

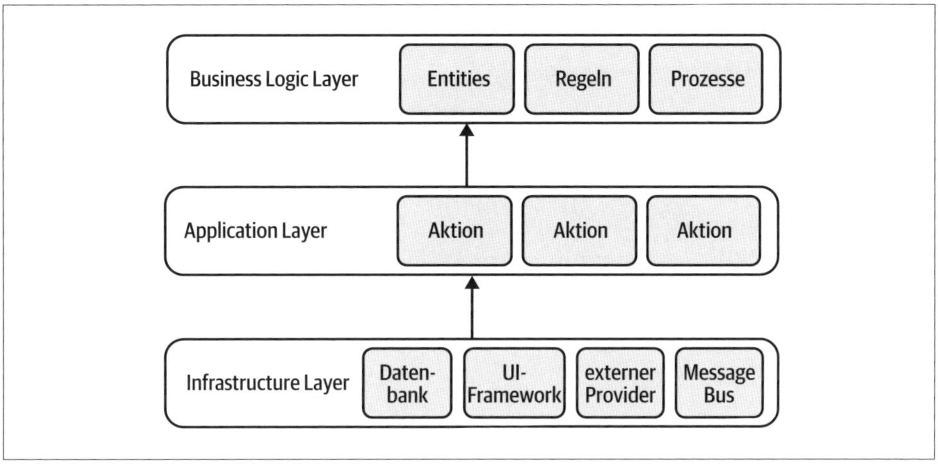

Abbildung 8-10: Klassische Schichten der Ports & Adapters Architecture

Die in Abbildung 8-10 dargestellt Architektur ist das Ports & Adapters Architecture Pattern. Die Business-Logik hängt von keiner der zugrunde liegenden Schichten ab, so wie es für das Implementieren der Domain Model und Event-Sourced Domain Model Patterns erforderlich wäre.

Warum wird das Pattern nun als Ports & Adapters bezeichnet? Um diese Frage zu beantworten, wollen wir uns anschauen, wie die Infrastrukturkomponenten mit der Business-Logik integriert sind.

Integration von Infrastrukturkomponenten

Das zentrale Ziel der Ports & Adapters Architecture ist das Entkoppeln der Business-Logik des Systems von seinen Infrastrukturkomponenten.

Statt die Infrastrukturkomponenten direkt zu referenzieren und aufzurufen, definiert der Business Logic Layer *Ports*, die vom Infrastructure Layer implementiert werden müssen. Der Infrastructure Layer implementiert *Adapters* – konkrete Implementierungen der Schnittstellen der Ports für das Umsetzen in unterschiedlichen Technologien (siehe Abbildung 8-11).

5 Da wir uns nicht im Kontext der Schichtenarchitektur befinden, nehme ich mir die Freiheit, den Begriff *Application Layer* statt *Service Layer* zu verwenden, da dieser den Zweck besser beschreibt.

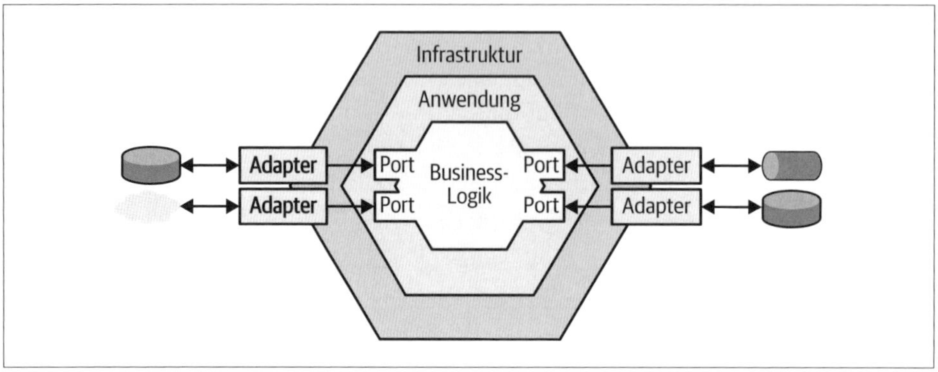

Abbildung 8-11: Ports & Adapters Architecture

Die abstrakten Ports werden im Infrastructure Layer in konkrete Adapter aufgelöst – entweder per Dependency Injection oder per Bootstrapping.

Dies sind beispielsweise eine mögliche Portdefinition und ein konkreter Adapter für einen Message Bus:

```
namespace App.BusinessLogicLayer
{
    public interface IMessaging
    {
        void Publish(Message payload);
        void Subscribe(Message type, Action callback);
    }
}

namespace App.Infrastructure.Adapters
{
    public class SQSBus: IMessaging { ... }
}
```

Varianten

Die Ports & Adapters Architecture ist auch als hexagonale Architektur, Zwiebel-Architektur oder Clean Architecture bekannt. Alle diese Patterns basieren auf den gleichen Designprinzipien, sie haben die gleichen Komponenten und die gleichen Beziehungen untereinander. Aber wie bei der Schichtenarchitektur können sich die Begrifflichkeiten unterscheiden:

- Application Layer = Service Layer = Use Case Layer
- Business Logic Layer = Domain Layer = Core Layer

Trotzdem können diese Patterns irrtümlicherweise als konzeptionell verschieden angesehen werden. Das ist ein weiteres Beispiel für die Wichtigkeit einer Ubiquitous Language.

Wann man Ports & Adapters verwendet

Das Entkoppeln der Business-Logik von allen technologischen Aspekten macht die Ports & Adapters Architecture zu einer perfekten Lösung für Business-Logik, die mit dem Domain Model Pattern implementiert wird.

Command-Query Responsibility Segregation

Das *Command-Query Responsibility Segregation Pattern* (CQRS) basiert auf den gleichen Organisationsprinzipien für Business-Logik und Infrastrukturaspekte wie Ports & Adapters. Es unterscheidet sich aber in der Art und Weise, wie die Daten des Systems verwaltet werden. Dieses Pattern ermöglicht eine Repräsentation der Systemdaten in mehreren Persistenzmodellen.

Schauen wir uns an, warum wir solch eine Lösung brauchen könnten und wie sie implementiert wird.

Polyglot Modeling

In vielen Fällen kann es schwierig – wenn nicht unmöglich – sein, ein einziges Modell der Fachdomäne des Systems zu nutzen, um alle Anforderungen des Systems abzudecken. So benötigen beispielsweise, wie in Kapitel 7 besprochen, *Online Transaction Processing* (OLTP) und *Online Analytical Processing* (OLAP) eventuell unterschiedliche Repräsentationen der Systemdaten.

Ein weiterer Grund für das Arbeiten mit mehreren Modellen kann mit der Idee der polyglotten Persistenz zu tun haben. Es gibt keine perfekte Datenbank. Oder wie Greg Young sagt:[6] Alle Datenbanken haben Probleme, jede an einer anderen Stelle – oft müssen wir die Anforderungen für Skalierbarkeit, Konsistenz oder die unterstützten Abfragemethoden gegeneinander abwägen. Eine Alternative zum Finden der perfekten Datenbank ist das Polyglot Persistance Model – es kommen mehrere Datenbanken zum Einsatz, um die verschiedenen datenbezogenen Anforderungen zu erfüllen. So nutzt vielleicht ein einzelnes System einen Document Store als operationale Datenbank, einen Column Store für Analytics/Reporting und eine Search Engine für das Implementieren robuster Suchmöglichkeiten.

Schließlich steht das CQRS Pattern auch noch in einer engen Verbindung mit dem Event Sourcing. Ursprünglich wurde CQRS definiert, um die begrenzten Abfragemöglichkeiten eines Event-Sourced Model anzugehen – es ist nur möglich, gleichzeitig Events einer einzelnen Aggregate-Instanz abzufragen. Das CQRS Pattern bietet die Möglichkeit, projizierte Modelle in physischen Datenbanken zu materialisieren, die dann für flexible Abfragemöglichkeiten zum Einsatz kommen können.

6 Polyglot Data by Greg Young (o. D.), abgerufen am 14. Juni 2021 von YouTube (*https://oreil.ly/3CdMw*).

In diesem Kapitel werde ich aber CQRS vom Event Sourcing »entkoppeln«. Ich möchte zeigen, dass CQRS auch dann nützlich ist, wenn die Business-Logik mit einem der anderen Patterns zum Implementieren umgesetzt wurde.

Schauen wir uns an, wie wir mit CQRS mehrere Storage-Mechanismen verwenden können, um unterschiedliche Modelle der Systemdaten zu repräsentieren.

Implementierung

Wie der Name schon sagt, trennt das Pattern die Zuständigkeiten der Systemmodelle. Es gibt zwei Arten von Modellen – das Command Execution Model und die Read Models.

Command Execution Model

CQRS nutzt ein eigenes Modell zum Ausführen von Operationen, die den Systemstatus verändern (System Commands). Dieses Modell wird genutzt, um die Business-Logik zu implementieren, Regeln zu überprüfen und Invarianten sicherzustellen.

Das Command Execution Model ist zudem das einzige Modell, das streng konsistente Daten repräsentiert – die Source of Truth des Systems. Es sollte möglich sein, den streng konsistenten Status einer Business Entity zu lesen und optimistische Concurrency-Unterstützung beim Aktualisieren zu erhalten.

Read Models (Projektionen)

Das System kann so viele Modelle wie erforderlich definieren, um Daten für die Benutzerinnen und Benutzer zu präsentieren oder anderen Systemen Informationen zu übermitteln.

Ein Read Model ist eine vorgecachte Projektion. Es kann in einer dauerhaften Datenbank, einer einfachen Datei oder im Speicher aufbewahrt werden. Eine saubere Implementierung von CQRS ermöglicht das Löschen aller Daten einer Projektion und das erneute Generieren. So lässt sich auch das System durch zusätzliche Projektionen erweitern – zum Beispiel durch Modelle, an die man zu Beginn noch gar nicht denken konnte.

Read Models sind schließlich auch noch read-only. Keine der Operationen des Systems kann die Daten der Read Models direkt verändern.

Read Models projizieren

Damit Read Models funktionieren, muss das System Änderungen aus dem Command Execution Model an alle seine Read Models weitergeben. Dieses Konzept ist in Abbildung 8-12 dargestellt.

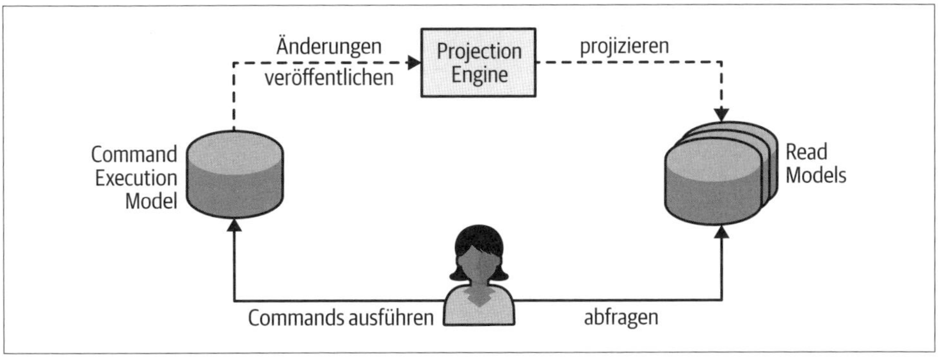

Abbildung 8-12: CQRS Architecture

Die Projektion von Read Models entspricht der Idee einer materialisierten View in relationalen Datenbanken: Immer dann, wenn Quelltabellen aktualisiert werden, müssen sich die Änderungen auch in den vorgecachten Views widerspiegeln.

Schauen wir uns als Nächstes zwei Möglichkeiten an, Projektionen zu generieren: synchron und asynchron.

Synchrone Projektionen

Synchrone Projektionen holen Änderungen an den OLTP-Daten über das Catch-Up Subscription Model:

- Die Projection Engine fragt die OLTP-Datenbank nach hinzugefügten oder aktualisierten Datensätzen seit dem letzten verarbeiteten Checkpoint.
- Die Projection Engine nutzt die aktualisierten Daten, um die Read Models des Systems neu zu erzeugen oder zu aktualisieren.
- Die Projection Engine merkt sich den Checkpoint des letzten verarbeiteten Datensatzes. Dieser Wert wird bei der nächsten Iteration verwendet, um Datensätze zu erhalten, die seit dem letzten verarbeiteten Datensatz hinzugefügt oder aktualisiert wurden.

Diesen Prozess stellt Abbildung 8-13 und als Ablaufdiagramm Abbildung 8-14 dar.

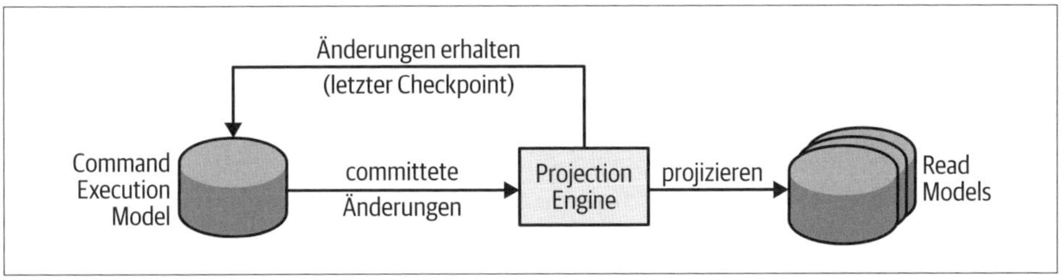

Abbildung 8-13: Synchrones Projection Model

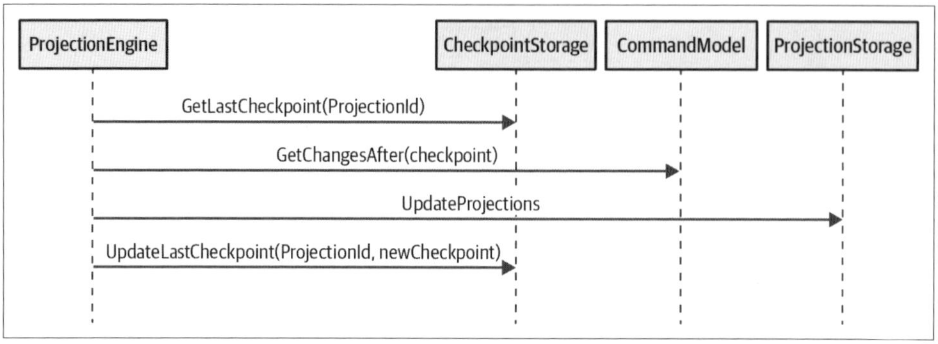

Abbildung 8-14: Synchrone Projektion von Read Models über eine Catch-Up Subscription

Damit die Catch-Up Subscription funktioniert, muss das Command Execution Model Checkpoints für alle angefügten oder aktualisierten Datensätze verwalten. Der Storage-Mechanismus sollte zudem das Abfragen von Datensätzen abhängig von ihrem Checkpoint unterstützen.

Der Checkpoint kann mithilfe der Datenbank-Features implementiert werden. So lässt sich beispielsweise die Spalte `rowversion` des SQL Server verwenden, um beim Einfügen oder Aktualisieren einer Zeile eindeutige, aufsteigende Zahlen zu erzeugen (siehe Abbildung 8-15). In Datenbanken ohne solch eine Funktionalität kann eine eigene Lösung implementiert werden, die einen Wert hochzählt und an jeden geänderten Datensatz anfügt. Es ist wichtig, sicherzustellen, dass die Checkpoint-basierte Abfrage konsistente Ergebnisse zurückgibt. Hat der letzte gelieferte Datensatz einen Checkpoint-Wert von 10, sollten bei der nächsten Ausführung keine neuen Requests einen Wert niedriger als 10 haben. Ansonsten werden diese Datensätze von der Projection Engine verworfen, was zu inkonsistenten Modellen führt.

Id	First Name	Last Name	Checkpoint
1	Tom	Cook	0x0000000000001792
2	Harold	Elliot	0x0000000000001793
3	Dianna	Daniels	0x0000000000001796
4	Dianna	Daniels	0x0000000000001795

Abbildung 8-15: Automatisch gefüllte Checkpoint-Spalte in einer relationalen Datenbank

Die synchrone Projektionsmethode macht es leicht, neue Projektionen hinzuzufügen und bestehende von Grund auf neu aufzubauen. Im zweiten Fall müssen Sie den Checkpoint nur auf 0 zurücksetzen – die Projection Engine wird die Datensätze durchlaufen und die Projektionen komplett neu erzeugen.

Asynchrone Projektionen

Beim asynchronen Projektionsszenario veröffentlicht das Command Execution Model alle committeten Änderungen über einen Message Bus. Die Projection Engines des Systems können sich für die veröffentlichten Messages registrieren und sie nutzen, um die Read Models zu aktualisieren (siehe Abbildung 8-16).

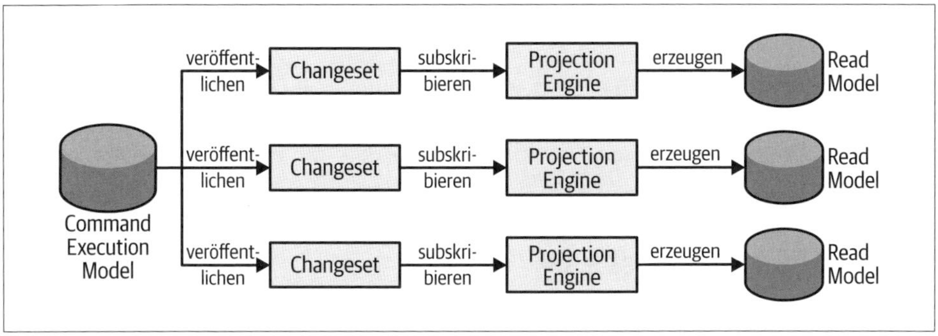

Abbildung 8-16: Asynchrone Projektion von Read Models

Herausforderungen

Trotz der offensichtlichen Vorteile der asynchronen Projektionsmethode beim Skalieren und bei der Performance handelt man sich damit viele der Herausforderungen des verteilten Computings ein. Werden die Nachrichten nicht in der richtigen Reihenfolge oder doppelt verarbeitet, werden die Read Models mit inkonsistenten Daten versorgt.

Diese Methode macht es außerdem schwerer, neue Projektionen hinzuzufügen oder bestehende neu aufzubauen.

Aus diesen Gründen ist es sinnvoll, immer synchrone Projektionen zu implementieren und optional eine zusätzliche asynchrone Projektion daraufzusetzen.

Model Segregation

In der CQRS-Architektur ist die Zuständigkeit der Systemmodelle anhand ihres Typs unterteilt. Ein Command kann nur auf dem streng konsistenten Command Execution Model arbeiten. Eine Abfrage kann den persistierten Status des Systems nicht direkt ändern – weder über die Read Models noch über das Command Execution Model.

Ein häufiger Fehler bei CQRS-basierten Systemen ist, dass ein Command nur Daten verändert und Daten zum Anzeigen nur über ein Read Model gelesen werden können. Mit anderen Worten: Das Command, das die Methoden ausführt, sollte nie Daten zurückgeben. Das ist falsch. Dieses Vorgehen sorgt für unnötige Komplexität und führt zu einer schlechten User Experience.

Ein Command sollte den aufrufenden Code immer wissen lassen, ob es erfolgreich war oder fehlgeschlagen ist. Daher *kann ein Command – und sollte auch in vielen Fällen – Daten zurückgeben*, beispielsweise wenn die Benutzeroberfläche des Systems die Änderungen aus dem Command widerspiegeln muss. Das erleichtert den Benutzerinnen und Benutzern nicht nur die Arbeit mit dem System, weil sie so direkt Feedback für ihre Aktionen erhalten, die zurückgegebenen Werte können auch im Workflow weiter verwendet werden und verhindern so unnötige Daten-Roundtrips.

Die einzige Beschränkung ist hier, dass die zurückgegebenen Daten aus dem streng konsistenten Modell stammen sollten – dem Command Execution Model –, da wir nicht davon ausgehen können, dass die Projektionen, die nur abschließend konsistent sind, direkt aktualisiert werden.

Wann CQRS verwendet wird

Das CQRS Pattern kann für Anwendungen nützlich sein, die in mehreren Modellen mit den gleichen Daten arbeiten müssen, die möglicherweise auch noch in unterschiedlichen Arten von Datenbanken gespeichert sind. Aus operationaler Sicht unterstützt das Pattern die zentralen Werte von Domain-Driven Design bezüglich der Arbeit mit dem effektivsten verfügbaren Modell und dem kontinuierlichen Verbessern des Modells der Fachdomäne. Aus infrastruktureller Sicht ermöglicht CQRS das Ausnutzen der Stärken der verschiedenen Arten von Datenbanken – zum Beispiel den Einsatz einer relationalen Datenbank zum Speichern des Command Execution Model, eines Search Index für eine Volltextsuche und vorgerenderter Dateien für das schnelle Auslesen von Daten, wobei alle Storage-Mechanismen zuverlässig synchronisiert werden.

Zudem passt CQRS sehr gut zu Event-Sourced Domain Models. Das Event-Sourced Model hindert Abfragen daran, Datensätze basierend auf dem Status der Aggregates auszulesen, aber mit CQRS können Sie dieses Problem umgehen, indem Sie die Status in abfragbare Datenbanken projizieren.

Scope

Die behandelten Patterns – Schichtenarchitektur, Ports & Adapters und CQRS – sollten nicht als systemweite Organisationsprinzipien behandelt werden. Es handelt sich nicht einmal zwingend um High-Level-Architektur-Patterns für einen ganzen Bounded Context.

Stellen Sie sich einen Bounded Context mit mehreren Subdomains vor, wie er in Abbildung 8-17 dargestellt ist. Die Subdomains können von unterschiedlicher Art sein: Core, Supporting oder Generic. Selbst Subdomains der gleichen Art haben eventuell unterschiedliche Business-Logik- und Architektur-Patterns (das ist Thema von Kapitel 10). Erzwingen Sie eine einzige, festgelegte, kontextweite Architektur, wird dies unvermeidlich zu unnötiger Komplexität führen.

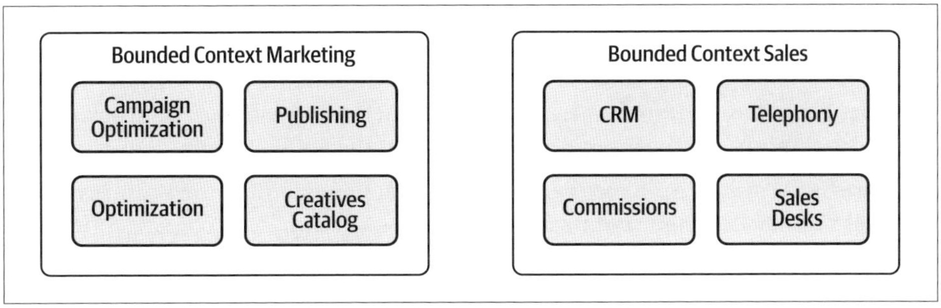

Abbildung 8-17: Bounded Contexts mit mehreren Subdomains

Unser Ziel ist es, Designentscheidungen von den tatsächlichen Bedürfnissen und Business-Strategien steuern zu lassen. Neben den Schichten, die das System horizontal unterteilen, können wir eine zusätzliche vertikale Unterteilung einführen. Es ist entscheidend, logische Grenzen für Module zu definieren, die verschiedene Business Subdomains kapseln, und für jedes davon die passenden Werkzeuge zu verwenden, wie das in Abbildung 8-18 demonstriert wird.

Passende vertikale Grenzen machen einen monolithischen zu einem modularen Bounded Context und helfen dabei, ihn nicht zu einem Big Ball of Mud verkommen zu lassen. Wie wir in Kapitel 11 besprechen werden, können diese logischen Grenzen später zu physischen Grenzen feiner unterteilter Bounded Contexts refaktoriert werden.

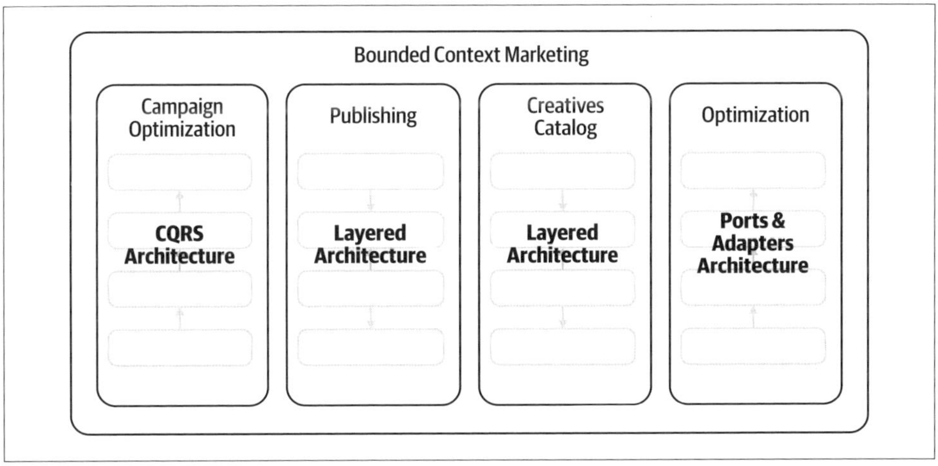

Abbildung 8-18: Architektur-Slices

Zusammenfassung

Die Schichtenarchitektur unterteilt die Codebasis anhand ihrer technologischen Aspekte. Da dieses Pattern die Business-Logik mit der Implementierung des Datenzugriffs verknüpft, passt es sehr gut zu Systemen, die auf Active Records basieren.

Die Ports & Adapters Architecture kehrt die Beziehungen um – die Business-Logik befindet sich im Zentrum und ist von allen infrastrukturellen Abhängigkeiten entkoppelt. Dieses Pattern eignet sich gut für Business-Logik, die mit dem Domain Model Pattern implementiert wird.

Das CQRS Pattern repräsentiert die Daten in mehreren Modellen. Auch wenn es für Systeme obligatorisch ist, die auf dem Event-Sourced Domain Model basieren, kann es ebenso in anderen Systemen zum Einsatz kommen, die eine Möglichkeit brauchen, mit mehreren Persistenzmodellen zu arbeiten.

Die im nächsten Kapitel behandelten Patterns gehen architektonische Aspekte aus einer anderen Perspektive an: wie man zuverlässige Interaktion zwischen den verschiedenen Komponenten eines Systems implementiert.

Übungen

1. Welches der besprochenen Architektur-Patterns kann für Business-Logik genutzt werden, die mit dem Active Record Pattern implementiert wird?
   a. Schichtenarchitektur
   b. Ports & Adapters
   c. CQRS
   d. A und C
2. Welches der besprochenen Architektur-Patterns entkoppelt die Business-Logik von Infrastrukturaspekten?
   a. Schichtenarchitektur
   b. Ports & Adapters
   c. CQRS
   d. B und C
3. Angenommen, Sie implementierten das Ports & Adapters Pattern und müssen einen Message Bus integrieren, der vom Cloud-Provider gemanagt wird. In welcher Schicht sollte die Integration implementiert werden?
   a. Business Logic Layer
   b. Application Layer
   c. Infrastructure Layer
   d. beliebiger Layer

4. Welche der folgenden Aussagen ist in Bezug auf das CQRS Pattern korrekt?
   a. Asynchrone Projektionen lassen sich leichter skalieren.
   b. Es können entweder synchrone oder asynchrone Projektionen zum Einsatz kommen, aber nicht beide gleichzeitig.
   c. Ein Command darf keine Informationen an den aufrufenden Code zurückgeben. Der Code sollte immer die Read Models nutzen, um die Ergebnisse der ausgeführten Aktionen zu erhalten.
   d. Ein Command kann Informationen zurückgeben, solange sie aus einem streng konsistenten Modell stammen.
   e. A und D sind korrekt.
5. Das CQRS Pattern erlaubt das Repräsentieren der gleichen Business-Objekte in mehreren Persistenzmodellen, sodass mit mehreren Modellen im gleichen Bounded Context gearbeitet werden kann. Widerspricht das der Idee des Bounded Context als Modellgrenze?

KAPITEL 9

Kommunikations-Patterns

In den Kapiteln 5 bis 8 wurden taktische Design-Patterns vorgestellt, die die verschiedenen Wege zum Implementieren der Komponenten eines Systems definieren. Wie wird die Business-Logik modelliert, und wie werden die Interna eines Bounded Context architektonisch organisiert? In diesem Kapitel werden wir die Grenzen einer einzelnen Komponente verlassen und Patterns zum Organisieren des Kommunikationsflusses zwischen den Elementen eines Systems besprechen.

Die vorgestellten Patterns kümmern sich um die Kommunikation zwischen Bounded Contexts, sie gehen die Beschränkungen an, die durch die Designprinzipien von Aggregates entstehen, und sie orchestrieren Business-Prozesse, die mehrere Systemkomponenten betreffen.

Model Translation

Ein Bounded Context ist die Grenze eines Modells – eine Ubiquitous Language. Wie Sie in Kapitel 3 gelernt haben, gibt es verschiedene Patterns zum Designen der Kommunikation zwischen unterschiedlichen Bounded Contexts. Stellen Sie sich vor, die Teams, die zwei Bounded Contexts implementieren, kommunizieren effektiv und mit dem Willen gut zusammenzuarbeiten. In diesem Fall können die Bounded Contexts im Rahmen einer Partnerschaft integriert werden: Die Protokolle lassen sich ad hoc koordinieren, und jegliche Integrationsprobleme können effektiv durch eine Kommunikation zwischen den Teams gelöst werden. Eine andere kooperationsgetriebene Integrationsmethode ist der *Shared Kernel* – beispielsweise das Extrahieren der Integrationsverträge der Bounded Contexts in ein gemeinsames Repository.

In einer Customer-Supplier-Beziehung neigt sich die Machtbalance entweder zum Upstream (Supplier) oder zum Downstream (Consumer) Bounded Context. Angenommen, der Downstream Bounded Context kann sich nicht an das Modell des Upstream Bounded Context anpassen. In diesem Fall ist eine ausgefeiltere technische Lösung erforderlich, die die Kommunikation ermöglicht, indem sie die Modelle der Bounded Contexts übersetzt.

Dieses Übersetzen kann auf einer oder manchmal auch auf beiden Seiten geschehen: Der Downstream Bounded Context kann das Modell des Upstream Bounded Context mithilfe eines *Anticorruption Layer* (ACL) an seine Bedürfnisse anpassen, während der Upstream Bounded Context als *Open-Host Service* (OHS) agieren und seine Consumer vor Änderungen an seinem Implementierungsmodell schützen kann, indem er eine integrationsspezifische Published Language nutzt. Da die Übersetzungslogik für den Anticorruption Layer und den Open-Host Service ähnlich ist, behandelt dieses Kapitel die Implementierungsmöglichkeiten, ohne zwischen den Patterns zu unterscheiden, und erwähnt die Unterschiede nur in Ausnahmefällen.

Die Übersetzungslogik des Modells kann entweder zustandslos oder zustandsbehaftet sein. Die *Stateless Translation*(die zustandslose Übersetzung) passiert spontan, wenn eingehende (OHS) oder ausgehende (ACL) Requests ausgelöst werden, während zur *Stateful Translation*(zur zustandsbehafteten Übersetzung) eine kompliziertere Übersetzungslogik gehört, für die eine Datenbank erforderlich ist. Schauen wir uns Design-Patterns für das Implementieren beider Arten von Model Translations an.

Stateless Model Translation

Bei der Stateless Model Translation implementiert der Bounded Context, der für die Übersetzung zuständig ist (OHS bei Upstream, ACL bei Downstream) das Proxy Design Pattern (*https://de.wikipedia.org/wiki/Stellvertreter_(Entwurfsmuster)*), um sich in die eintreffenden und ausgehenden Requests zu schalten und das Quellmodell auf das Zielmodell des Bounded Context abzubilden. Das ist in Abbildung 9-1 dargestellt.

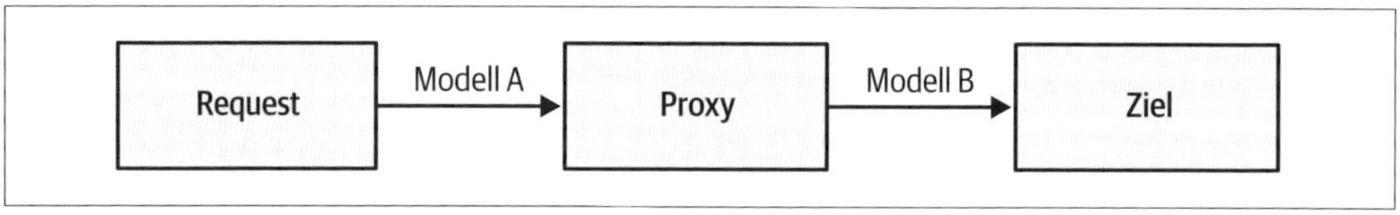

Abbildung 9-1: Model Translation durch einen Proxy

Die Implementierung des Proxy hängt davon ab, ob die Bounded Contexts synchron oder asynchron kommunizieren.

Synchron

Der typische Weg, um Modelle zu übersetzen, die in einer synchronen Kommunikation zum Einsatz kommen, ist das Einbetten der Umwandlungslogik in die Codebasis des Bounded Context (siehe Abbildung 9-2). Bei einem Open-Host Service geschieht das Übersetzen in die Published Language beim Verarbeiten der eintreffenden Requests, in einem Anticorruption Layer beim Aufruf des Upstream Bounded Context.

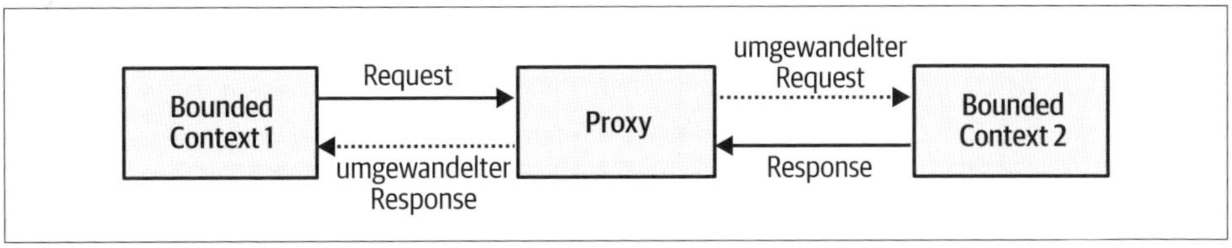

Abbildung 9-2: Synchrone Kommunikation

In manchen Fällen kann es kostengünstiger und praktischer sein, die Übersetzungslogik in eine externe Komponente zu stecken, wie zum Beispiel über ein API Gateway Pattern. Die API-Gateway-Komponente kann eine auf Open Source basierende Lösung wie Kong oder KrakenD sein, oder es handelt sich um einen Managed Service des Cloud-Providers, wie zum Beispiel AWS API Gateway, Google Apigee oder Azure API Management.

Bei Bounded Contexts, die das Open-Host Pattern implementieren, ist das API Gateway für das Umwandeln des internen Modells in die integrationsoptimierte Published Language verantwortlich. Zudem kann ein explizites API Gateway das Managen und Bedienen mehrerer Versionen der API des Bounded Context vereinfachen, wie dies in Abbildung 9-3 zu sehen ist.

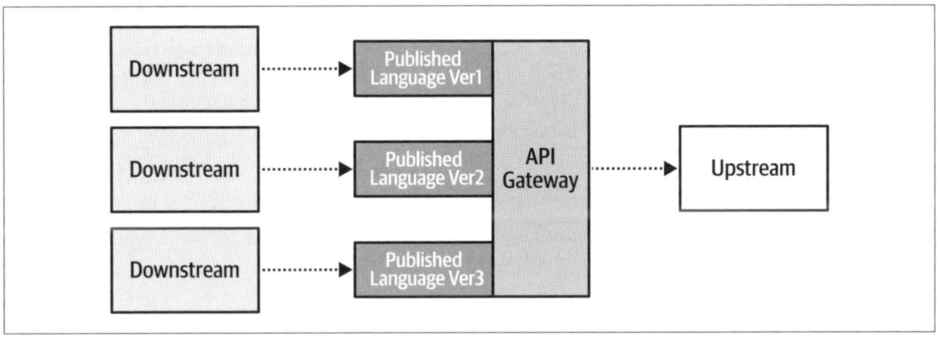

Abbildung 9-3: Verschiedene Versionen der Published Language bereitstellen

Anticorruption Layer, die mithilfe eines API Gateway implementiert wurden, können von mehreren Downstream Bounded Contexts konsumiert werden. In solchen Fällen agiert der Anticorruption Layer als integrationsspezifischer Bounded Context (siehe Abbildung 9-4).

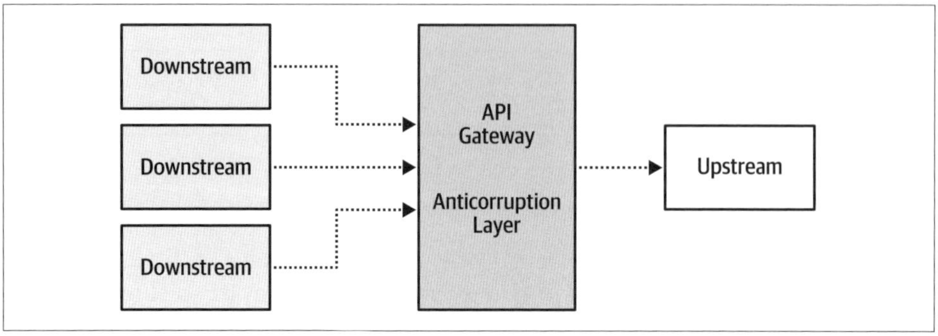

Abbildung 9-4: Gemeinsamer Anticorruption Layer

Solche Bounded Contexts, die vor allem für das Umwandeln von Modellen für eine einfachere Verwendung durch andere Komponenten verantwortlich sind, werden oft als *Interchange Contexts* bezeichnet.

Asynchron

Um Modelle zu übersetzen, die in asynchroner Kommunikation zum Einsatz kommen, können Sie einen *Message Proxy* implementieren – eine Zwischenkomponente, die sich auf Messages einschreibt, die vom Quell-Bounded-Context kommen. Der Proxy wendet dann die erforderlichen Modellumwandlungen an und leitet die sich so ergebende Nachricht an den Ziel-Subscriber weiter (siehe Abbildung 9-5).

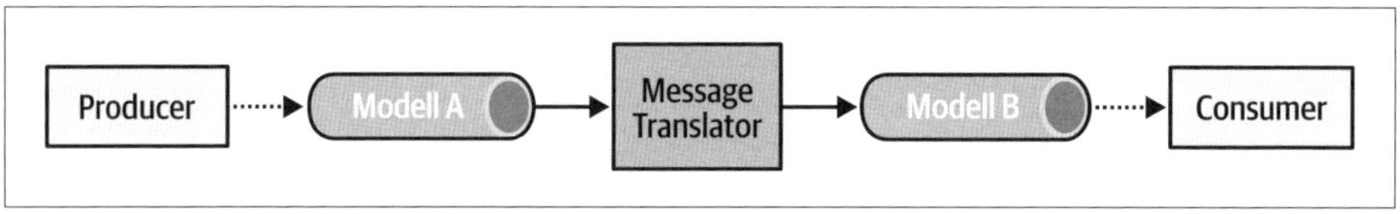

Abbildung 9-5: Modelle bei asynchroner Kommunikation übersetzen

Neben dem Übersetzen des Nachrichtenmodells kann die Zwischenkomponente auch das Rauschen beim Bounded Context der Zielkomponente verringern, indem irrelevante Messages ausgefiltert werden.

Eine asynchrone Model Translation ist vor allem für das Implementieren eines Open-Host Service wichtig. Ein häufiger Fehler beim Designen und Bereitstellen einer Published Language für die Modellobjekte ist es, Domain Events so zu veröffentlichen, wie sie sind, und damit das Implementierungsmodell des Bounded Context nach außen zu zeigen. Eine asynchrone Übersetzung kann genutzt werden, um in die Domain Events einzugreifen und sie in eine Published Language umzuwandeln, sodass die Kapselung der Implementierungsdetails des Bounded Context verbessert wird (siehe Abbildung 9-6).

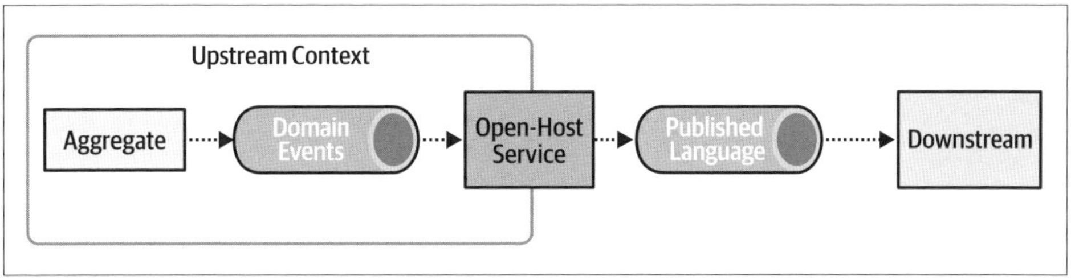

Abbildung 9-6: Domain Events in einer Published Language

Zudem ermöglicht ein Übersetzen von Nachrichten in die Published Language, zwischen privaten Events, die für die internen Erfordernisse des Bounded Context gebraucht werden, und öffentlichen Events für die Integration mit anderen Bounded Contexts unterscheiden zu können. Wir werden auf Private/Public Events nochmals ausführlicher in Kapitel 15 eingehen, wenn es um die Beziehung zwischen Domain-Driven Design und Event-Driven Architecture geht.

Stateful Model Translation

Bei aufwendigeren Modellumwandlungen – zum Beispiel wenn der Übersetzungsmechanismus die Quelldaten aggregieren oder Daten aus mehreren Quellen in einem einzelnen Modell vereinheitlichen muss – kann eine zustandsbehaftete Übersetzung erforderlich sein. Schauen wir uns die verschiedenen Anwendungsfälle genauer an.

Eintreffende Daten aggregieren

Nehmen wir an, ein Bounded Context ist daran interessiert, eintreffende Requests zu aggregieren und sie in Batches zu verarbeiten, um die Performance zu optimieren. Dann kann eine Aggregation sowohl für synchrone wie auch für asynchrone Requests erforderlich sein (siehe Abbildung 9-7).

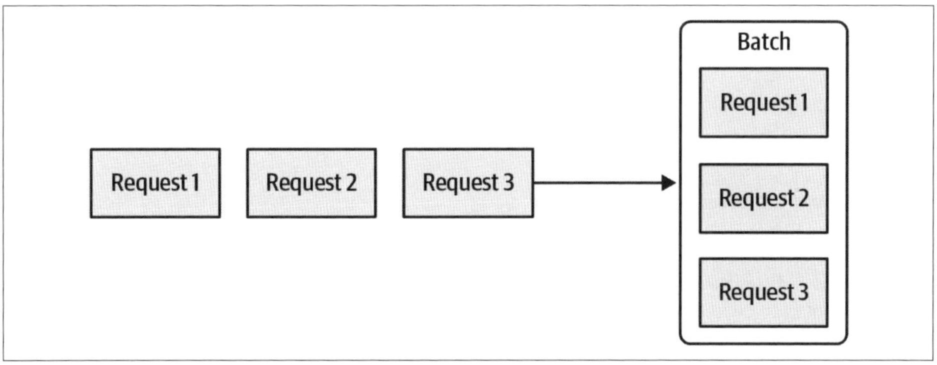

Abbildung 9-7: Requests in Batches verarbeiten

Ein weiterer häufiger Anwendungsfall für das Aggregieren von Quelldaten ist das Kombinieren mehrerer spezifischer Nachrichten zu einer einzelnen Nachricht, die die zusammengeführten Daten enthält (siehe Abbildung 9-8).

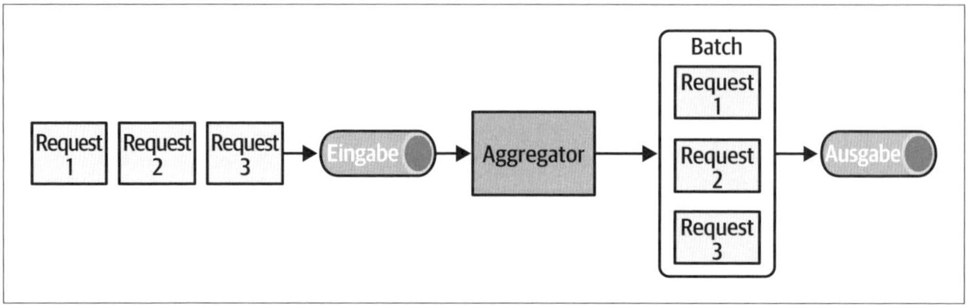

Abbildung 9-8: Eintreffende Events vereinheitlichen

Modelltransformationen, die eintreffende Daten aggregieren, können nicht mithilfe eines API Gateway implementiert werden und erfordern daher eine ausgefeiltere zustandsbehaftete Verarbeitung. Um die eintreffenden Daten zu verfolgen und korrekt zu verarbeiten, benötigt die Übersetzungslogik ihren eigenen persistenten Storage (siehe Abbildung 9-9).

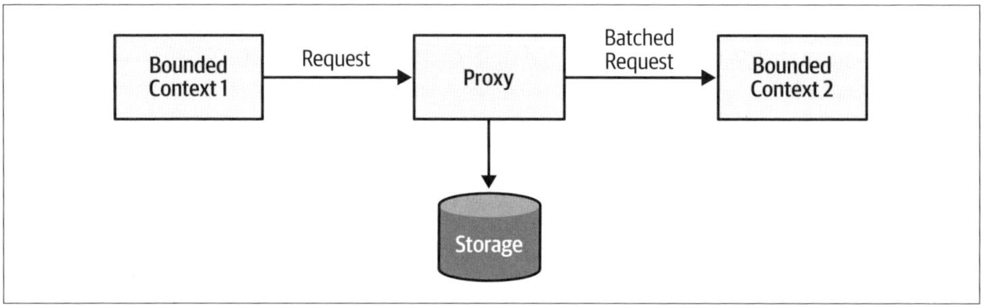

Abbildung 9-9: Zustandsbehaftete Modelltransformation

In manchen Situationen können Sie es vermeiden, eine eigene Lösung für ein zustandsbehaftetes Übersetzen zu implementieren, indem Sie fertige Produkte verwenden – zum Beispiel eine Stream-Process-Plattform (Kafka, AWS Kinesis und so weiter) oder eine Batching-Lösung (Apache NiFi, AWS Glue, Spark und andere).

Mehrere Quellen zusammenführen

Ein Bounded Context muss eventuell Daten-Aggregates aus mehreren Quellen verarbeiten, die dann auch von anderen Bounded Contexts stammen. Ein typisches Beispiel dafür ist das Backend-for-Frontend Pattern,[1] in dem die Benutzeroberfläche Daten von mehreren Services kombinieren muss.

1 Richardson, C. (2019), *Microservice Patterns: With Examples in Java*, New York: Manning Publications.

Ein weiteres Beispiel ist ein Bounded Context, der Daten aus mehreren anderen Kontexten verarbeiten und komplexe Business-Logik darauf anwenden muss. In diesem Fall kann es hilfreich sein, die Integration und die Schwierigkeiten bei der Business-Logik zu trennen, indem der Bounded Context mit einem Anticorruption Layer versehen wird, der die Daten aus allen anderen Bounded Contexts aggregiert (siehe Abbildung 9-10).

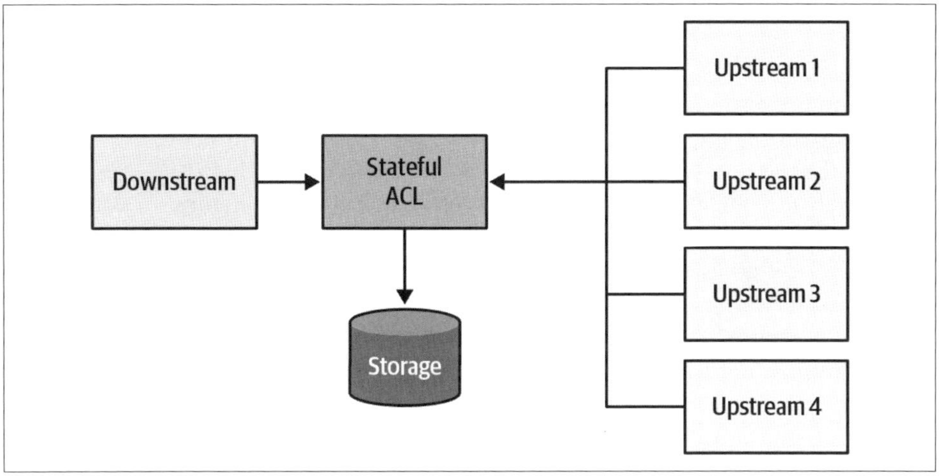

Abbildung 9-10: Das Integrationsmodell mithilfe des Anticorruption Layer Pattern vereinfachen

Aggregates integrieren

In Kapitel 6 haben wir darüber gesprochen, dass eine der Möglichkeiten zum Kommunizieren von Aggregates mit dem Rest des Systems das Veröffentlichen von Domain Events ist. Externe Komponenten können sich für diese Domain Events registrieren und beim Erhalt ihre Logik ausführen. Aber wie werden Domain Events auf einem Message Bus veröffentlicht?

Bevor wir uns die Lösung anschauen, wollen wir uns mit ein paar häufig vorkommenden Fehlern und ihren Folgen befassen, die beim Event-Publishing-Prozess gemacht werden. Schauen Sie sich diesen Code an:

```
public class Campaign
{
    ...
    List<DomainEvent> _events;
    IMessageBus _messageBus;
    ...

    public void Deactivate(string reason)
    {
        for (l in _locations.Values())
        {
```

```
12             l.Deactivate();
13         }
14
15         IsActive = false;
16
17         var newEvent = new CampaignDeactivated(_id, reason);
18         _events.Append(newEvent);
19         _messageBus.Publish(newEvent);
20     }
21 }
```

In Zeile 17 wird ein neues Event instanziiert. In den folgenden zwei Zeilen wird es an die interne Liste des Aggregate für Domain Events angehängt (Zeile 18) und dann auf dem Message Bus veröffentlicht (Zeile 19). Diese Implementierung zum Veröffentlichen von Domain Events ist einfach, aber falsch. Es ist aus zwei Gründen verkehrt, das Domain Event direkt aus dem Aggregate heraus zu veröffentlichen. Zum einen wird das Event dispatcht, bevor der neue Status des Aggregate in die Datenbank committet wird. Ein Subscriber erhält eventuell die Benachrichtigung, dass die Kampagne deaktiviert wurde, aber der Status der Kampagne stimmt damit noch nicht überein. Zum anderen kann es sein, dass die Datenbanktransaktion aufgrund einer Race-Bedingung, wegen einer folgenden Aggregate-Logik oder einfach durch ein technisches Problem in der Datenbank fehlschlägt. Auch wenn die Datenbanktransaktion zurückgerollt wird, ist das Event schon veröffentlicht und an die Subscriber verteilt, und es gibt keine Möglichkeit mehr, das rückgängig zu machen.

Versuchen wir etwas anderes:

```
public class ManagementAPI
{
    ...
    private readonly IMessageBus _messageBus;
    private readonly ICampaignRepository _repository;
    ...
    public ExecutionResult DeactivateCampaign(CampaignId id, string reason)
    {
        try
        {
            var campaign = repository.Load(id);
            campaign.Deactivate(reason);
            _repository.CommitChanges(campaign);

            var events = campaign.GetUnpublishedEvents();
            for (IDomainEvent e in events)
            {
                _messageBus.publish(e);
            }
            campaign.ClearUnpublishedEvents();
        }
        catch(Exception ex)
        {
            ...
```

```
25          }
26      }
27  }
```

Hier ist die Zuständigkeit für das Veröffentlichen neuer Domain Events in den Application Layer verschoben worden. In den Zeilen 11 bis 13 wird die relevante Instanz des Aggregate `Campaign` geladen und deren Command `Deactivate` ausgeführt. Nur wenn der aktualisierte Status erfolgreich in die Datenbank geschrieben wurde, werden die neuen Domain Events in den Zeilen 15 bis 20 auf dem Message Bus veröffentlicht. Können wir nun diesem Code vertrauen? Nein.

Hier kann es sein, dass es der Prozess aus irgendeinem Grund nicht schafft, die Domain Events zu veröffentlichen. Vielleicht ist der Message Bus down. Oder der Server, der den Code ausführt, stürzt direkt nach dem Committen der Datenbanktransaktion, aber noch vor dem Veröffentlichen der Events ab. Dann befindet sich das System trotzdem in einem inkonsistenten Zustand, weil die Datenbanktransaktion committet ist, die Domain Events aber nie veröffentlicht werden.

Diese Spezialfälle lassen sich mit dem Outbox Pattern abdecken.

Outbox

Das Outbox Pattern (siehe Abbildung 9-11) stellt das zuverlässige Veröffentlichen von Domain Events mithilfe dieses Algorithmus sicher:

- Der aktualisierte Status des Aggregate und die neuen Domain Events werden in der gleichen atomaren Transaktion committet.
- Ein Message Relay holt sich die neu committeten Domain Events aus der Datenbank.
- Das Relay veröffentlicht die Domain Events auf dem Message Bus.
- Bei einem erfolgreichen Veröffentlichen markiert das Relay die Events entweder als `published`, oder es löscht sie vollständig.

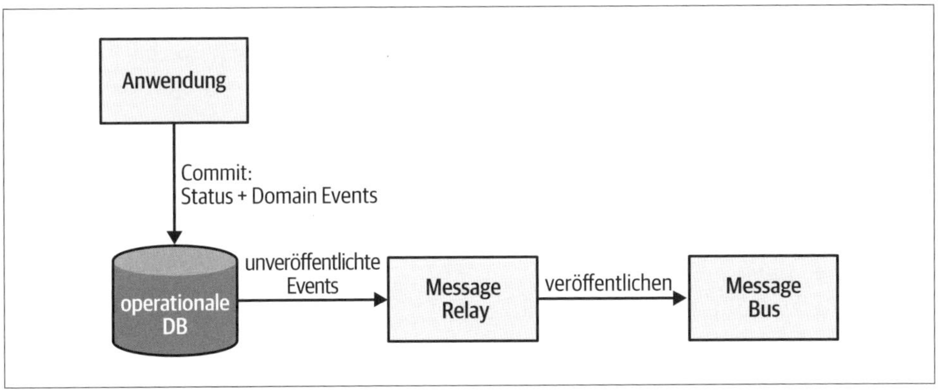

Abbildung 9-11: Outbox Pattern

Beim Einsatz einer relationalen Datenbank ist es üblich, die Fähigkeiten der Datenbank für einen atomaren Commit in zwei Tabellen zu nutzen und eine dedizierte Tabelle für das Speichern der Nachrichten einzusetzen (siehe Abbildung 9-12).

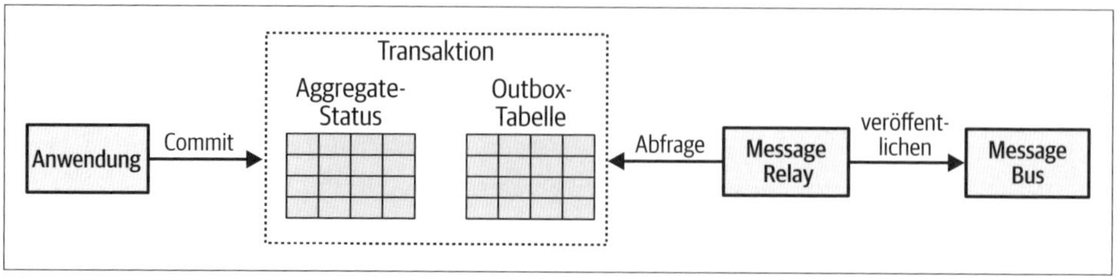

Abbildung 9-12: Outbox-Tabelle

Beim Einsatz einer NoSQL-Datenbank, die keine Transaktionen über mehrere Dokumente hinweg zulässt, müssen die ausgehenden Domain Events in den Datensatz des Aggregate eingebettet werden, zum Beispiel:

```
{
    "campaign-id": "364b33c3-2171-446d-b652-8e5a7b2be1af",
    "state": {
        "name": "Autumn 2017",
        "publishing-state": "DEACTIVATED",
        "ad-locations": [
            ...
        ]
        ...
    },
    "outbox": [
        {
            "campaign-id": "364b33c3-2171-446d-b652-8e5a7b2be1af",
            "type": "campaign-deactivated",
            "reason": "Goals met",
            "published": false
        }
    ]
}
```

In diesem Beispiel sehen Sie, dass die zusätzliche Eigenschaft `outbox` des JSON-Dokuments eine Liste mit Domain Events enthält, die veröffentlicht werden müssen.

Unveröffentlichte Events einsammeln

Das Publishing Relay kann die neuen Domain Events entweder per Pull oder per Push einsammeln:

Pull: Polling Publisher
: Das Relay kann die Datenbank kontinuierlich auf unveröffentlichte Events abfragen. Es muss passende Indizes geben, um die Last auf der Datenbank durch das kontinuierliche Abfragen möglichst gering zu halten.

Push: Transaction Log Tailing
: Hier können wir ein Datenbank-Feature nutzen, das das Publishing Relay proaktiv aufruft, wenn neue Events angefügt werden. So ermöglichen es beispielsweise einige relationale Datenbanken, über aktualisierte/eingefügte Datensätze informiert zu werden, indem die Transaktion an das Transaction Log angehängt wird. Manche NoSQL-Datenbanken stellen committete Änderungen als Event-Streams bereit (zum Beispiel AWS DynamoDB Streams).

Es ist wichtig, darauf hinzuweisen, dass das Outbox Pattern ein mindestens einmaliges Ausliefern der Nachrichten garantiert – hat das Relay direkt nach dem Veröffentlichen einer Nachricht, aber noch vor dem Markieren als »veröffentlicht« in der Datenbank ein Problem, wird die gleiche Nachricht in der nächsten Iteration erneut veröffentlicht.

Als Nächstes schauen wir uns an, wie wir das zuverlässige Veröffentlichen von Domain Events ausnutzen können, um ein paar der Einschränkungen zu umgehen, die durch die Aggregate-Designprinzipien vorgegeben sind.

Saga

Eines der zentralen Designprinzipien für Aggregates ist, jede Transaktion auf eine einzelne Instanz eines Aggregate zu beschränken. Damit ist sichergestellt, dass die Grenzen eines Aggregate sorgfältig bedacht und ein kohärenter Satz an Business-Funktionalität gekapselt wird. Aber es gibt Fälle, in denen Sie einen Business-Prozess implementieren müssen, der mehrere Aggregates umfasst.

Sehen wir uns folgendes Beispiel an: Wird eine Werbekampagne aktiviert, sollte sie automatisch das entsprechende Material an den Publisher übergeben. Beim Erhalt der Bestätigung durch den Publisher soll sich der Publishing-Status der Kampagne auf `Published` ändern. Bei einer Ablehnung soll die Kampagne als `Rejected` markiert werden.

Dieser Ablauf umfasst zwei Business Entities – die Werbekampagne und den Publisher. Es wäre definitiv zu viel des Guten, beide Entities innerhalb der gleichen Aggregate-Grenze unterzubringen, da es sich um klar unterschiedliche Entities mit unterschiedlichen Zuständigkeiten handelt, die auch noch zu verschiedenen Bounded Contexts gehören können. Stattdessen lässt sich dieser Ablauf als Saga implementieren.

Eine Saga ist ein lang laufender Business-Prozess. »Lang laufend« muss sich nicht unbedingt auf den zeitlichen Aspekt beziehen – Sagas können in Sekunden abgearbeitet sein, aber auch erst nach Jahren –, sondern eher in Bezug auf Transaktionen: Es handelt sich um einen Business-Prozess, der mehrere Transaktionen umfasst. Die Transaktionen können nicht nur von Aggregates umgesetzt werden, sondern von beliebigen Komponenten, die Domain Events ausgeben und auf Commands reagieren. Die Saga lauscht auf die Events, die von den relevanten Komponenten verschickt werden, und schickt dann entsprechende Commands an andere Komponenten. Schlägt einer der Ausführungsschritte fehl, ist die Saga dafür verantwortlich, passende Kompensationsaktivitäten auszuführen, um sicherzustellen, dass der Systemstatus konsistent bleibt.

Schauen wir uns an, wie der Publishing-Ablauf für die Werbekampagne aus dem vorherigen Beispiel als Saga implementiert werden kann (siehe Abbildung 9-13).

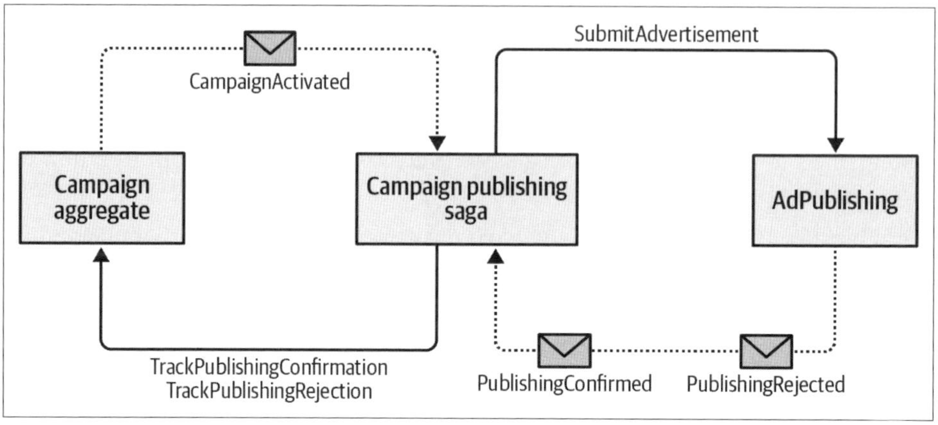

Abbildung 9-13: Saga

Um den Publishing-Prozess zu implementieren, muss die Saga auf das `CampaignActivated`-Event des `Campaign`-Aggregates lauschen sowie auf die `PublishingConfirmed`- und `PublishingRejected`-Events des `AdPublishing`-Contexts. Die Saga muss den `SubmitAdvertisement`-Command für den `AdPublishing`-Context ausführen sowie die `TrackPublishingConfirmation`- und `TrackPublishingRejection`-Commands für das `Campaign`-Aggregate. In diesem Beispiel agiert das Command `TrackPublishingRejection` als Kompensationsaktivität, die sicherstellt, dass die Werbekampagne nicht als aktiv betrachtet wird. Dies ist der Code:

```
public class CampaignPublishingSaga
{
    private readonly ICampaignRepository _repository;
    private readonly IPublishingServiceClient _publishingService;
    ...

    public void Process(CampaignActivated @event)
    {
        var campaign = _repository.Load(@event.CampaignId);
        var advertisingMaterials = campaign.GenerateAdvertisingMaterials();
        _publishingService.SubmitAdvertisement(@event.CampaignId,
                                               advertisingMaterials);
    }

    public void Process(PublishingConfirmed @event)
    {
        var campaign = _repository.Load(@event.CampaignId);
        campaign.TrackPublishingConfirmation(@event.ConfirmationId);
```

```
        _repository.CommitChanges(campaign);
    }

    public void Process(PublishingRejected @event)
    {
        var campaign = _repository.Load(@event.CampaignId);
        campaign.TrackPublishingRejection(@event.RejectionReason);
        _repository.CommitChanges(campaign);
    }
}
```

Dieses Beispiel geht davon aus, dass die Messaging-Infrastruktur die relevanten Events ausliefert, und es reagiert auf die Events durch das Ausführen der entsprechenden Commands. Das ist ein Beispiel für eine recht einfache Saga – sie hat keinen Status. Sie werden aber auch auf Sagas treffen, für die ein Statusmanagement erforderlich ist – zum Beispiel zum Verfolgen der ausgeführten Operationen, um im Fall eines Fehlers die passenden Kompensationsaktivitäten ausführen zu können. In solch einer Situation kann die Saga als Event-Sourced Aggregate implementiert werden, das die vollständige Historie der empfangenen Events und ausgeführten Commands persistiert. Aber die Ausführungslogik für die Commands sollte sich außerhalb der Saga selbst befinden und asynchron umgesetzt sein – ähnlich wie Domain Events im Outbox Pattern dispatcht werden:

```
public class CampaignPublishingSaga
{
    private readonly ICampaignRepository _repository;
    private readonly IList<IDomainEvent> _events;
    ...

    public void Process(CampaignActivated activated)
    {
        var campaign = _repository.Load(activated.CampaignId);
        var advertisingMaterials = campaign.GenerateAdvertisingMaterials();
        var commandIssuedEvent = new CommandIssuedEvent(
            target: Target.PublishingService,
            command: new SubmitAdvertisementCommand(activated.CampaignId,
            advertisingMaterials));

        _events.Append(activated);
        _events.Append(commandIssuedEvent);
    }

    public void Process(PublishingConfirmed confirmed)
    {
        var commandIssuedEvent = new CommandIssuedEvent(
            target: Target.CampaignAggregate,
            command: new TrackConfirmation(confirmed.CampaignId,
                                           confirmed.ConfirmationId));

        _events.Append(confirmed);
        _events.Append(commandIssuedEvent);
    }
```

```
        public void Process(PublishingRejected rejected)
        {
            var commandIssuedEvent = new CommandIssuedEvent(
                target: Target.CampaignAggregate,
                command: new TrackRejection(rejected.CampaignId,
                                            rejected.RejectionReason));

            _events.Append(rejected);
            _events.Append(commandIssuedEvent);
        }
    }
```

In diesem Beispiel muss das Outbox Relay für jede Instanz von `CommandIssueEvent` die Commands bei den passenden Endpoints ausführen. Wie beim Veröffentlichen von Domain Events stellt das Trennen der Statusübergänge der Saga vom Ausführen der Commands sicher, dass die Commands zuverlässig gestartet werden, selbst wenn der Prozess zwischendurch abbricht.

Konsistenz

Auch wenn das Saga Pattern eine Transaktion für mehrere Komponenten orchestriert, sind die Status der beteiligten Komponenten erst abschließend konsistent. Und selbst wenn die Saga schließlich alle relevanten Commands ausführt, können keine zwei Transaktionen als atomar betrachtet werden. Das korreliert mit einem anderen Designprinzip für Aggregates:

> *Nur die Daten innerhalb der Grenzen eines Aggregate können als streng konsistent betrachtet werden. Alles außerhalb ist nur abschließend konsistent.*

Nutzen Sie das als Richtschnur, um sicherzustellen, dass Sie Sagas nicht missbrauchen, um falsche Aggregate-Grenzen auszugleichen. Business-Operationen, die zum gleichen Aggregate gehören müssen, erfordern streng konsistente Daten.

Das Saga Pattern wird oft mit einem anderen Pattern verwechselt – dem Process Manager. Auch wenn die Implementierung ähnlich ist, handelt es sich doch um verschiedene Patterns. Im nächsten Abschnitt werden wir den Einsatzbereich des Process Manager Pattern und seine Unterschiede zum Saga Pattern behandeln.

Process Manager

Das Saga Pattern ist für einfache, lineare Abläufe gedacht. Im Prinzip bildet eine Saga Events auf passende Commands ab. In den Beispielen, die wir für die Saga-Implementierungen verwendeten, haben wir sogar ein einfaches Abbilden von Events auf Commands umgesetzt:

- das Event `CampaignActivated` auf das Command `PublishingService.SubmitAdvertisement`
- das Event `PublishingConfirmed` auf das Command `Campaign.TrackConfirmation`
- das Event `PublishingRejected` auf das Command `Campaign.TrackRejection`

Das Process Manager Pattern (siehe Abbildung 9-14) ist dazu gedacht, einen Business-Logik-basierten Prozess zu implementieren. Es ist als zentrale Verarbeitungseinheit definiert, die den Status der Abfolge verwaltet und die nächsten Prozessschritte bestimmt.[2]

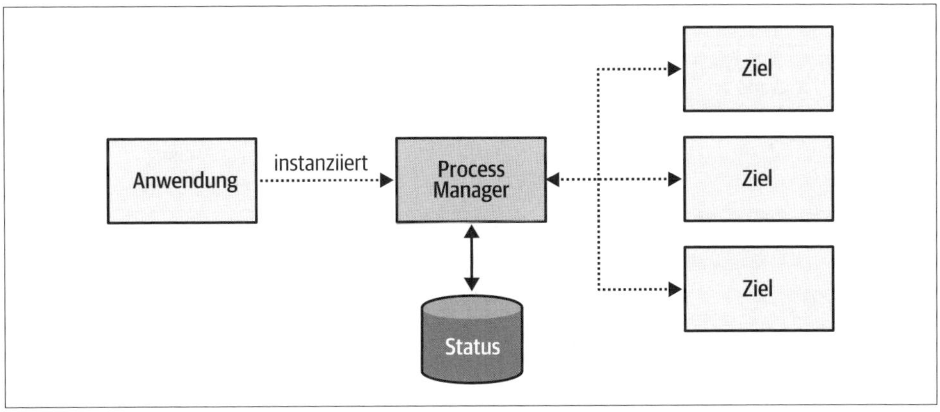

Abbildung 9-14: Process Manager

Als einfache Faustregel gilt: Enthält eine Saga `if`/`else`-Anweisungen, um die richtige Aktivität auszuwählen, ist es vermutlich ein Process Manager.

Ein weiterer Unterschied zwischen einem Process Manager und einer Saga besteht darin, dass eine Saga implizit instanziiert wird, wenn ein bestimmtes Event eintrifft, wie das bei `CampaignActivated` in den vorherigen Beispielen der Fall ist. Ein Process Manager kann andererseits nicht an ein einzelnes Quell-Event gebunden werden. Stattdessen handelt es sich um einen kohärenten Business-Prozess, der aus mehreren Schritten besteht. Somit muss ein Process Manager explizit instanziiert werden. Schauen Sie sich dieses Beispiel an:

Das Buchen einer Geschäftsreise beginnt mit einem Routing-Algorithmus, der die kostengünstigsten Flüge heraussucht und beispielsweise den entsprechenden Mitarbeiter um Bestätigung bittet. Bevorzugt dieser eine andere Route, muss seine direkte Vorgesetzte dies genehmigen. Nachdem die Flüge gebucht wurden, muss eines der vorab genehmigten Hotels für den passenden Termin gebucht werden. Stehen keine Hotels zur Verfügung, müssen die Flugtickets storniert werden.

In diesem Beispiel gibt es keine zentrale Entity, die den Buchungsprozess anstoßen könnte. Die Buchung selbst ist der Prozess und muss als Process Manager implementiert werden (siehe Abbildung 9-15).

2 Hohpe, G. und Woolf, B. (2003), *Enterprise Integration Patterns: Designing, Building, and Deploying Messaging Solutions*, Boston: Addison-Wesley.

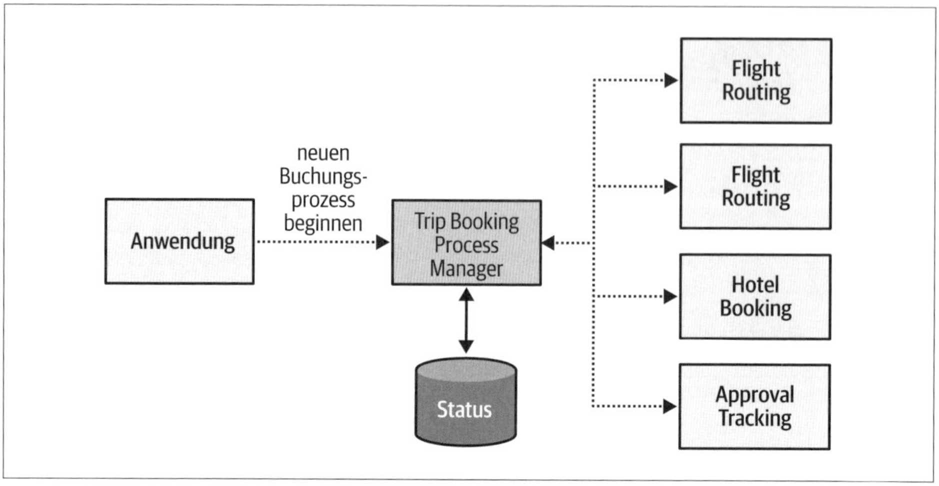

Abbildung 9-15: Trip Booking Process Manager

Process Manager werden häufig als Aggregates implementiert – entweder statusbasiert oder Event-basiert, zum Beispiel:

```
public class BookingProcessManager
{
    private readonly IList<IDomainEvent> _events;
    private BookingId _id;
    private Destination _destination;
    private TripDefinition _parameters;
    private EmployeeId _traveler;
    private Route _route;
    private IList<Route> _rejectedRoutes;
    private IRoutingService _routing;
    ...

    public void Initialize(Destination destination,
                           TripDefinition parameters,
                           EmployeeId traveler)
    {
        _destination = destination;
        _parameters = parameters;
        _traveler = traveler;
        _route = _routing.Calculate(destination, parameters);

        var routeGenerated = new RouteGeneratedEvent(
            BookingId: _id,
            Route: _route);

        var commandIssuedEvent = new CommandIssuedEvent(
            command: new RequestEmployeeApproval(_traveler, _route)
        );

        _events.Append(routeGenerated);
        _events.Append(commandIssuedEvent);
    }

    public void Process(RouteConfirmed confirmed)
```

```
    {
        var commandIssuedEvent = new CommandIssuedEvent(
            command: new BookFlights(_route, _parameters)
        );

        _events.Append(confirmed);
        _events.Append(commandIssuedEvent);
    }

    public void Process(RouteRejected rejected)
    {
        var commandIssuedEvent = new CommandIssuedEvent(
            command: new RequestRerouting(_traveler, _route)
        );

        _events.Append(rejected);
        _events.Append(commandIssuedEvent);
    }

    public void Process(ReroutingConfirmed confirmed)
    {
        _rejectedRoutes.Append(route);
        _route = _routing.CalculateAltRoute(destination,
                                    parameters, rejectedRoutes);
        var routeGenerated = new RouteGeneratedEvent(
            BookingId: _id,
            Route: _route);

        var commandIssuedEvent = new CommandIssuedEvent(
            command: new RequestEmployeeApproval(_traveler, _route)
        );

        _events.Append(confirmed);
        _events.Append(routeGenerated);
        _events.Append(commandIssuedEvent);
    }

    public void Process(FlightBooked booked)
    {
        var commandIssuedEvent = new CommandIssuedEvent(
            command: new BookHotel(_destination, _parameters)
        );

        _events.Append(booked);
        _events.Append(commandIssuedEvent);
    }

    ...
}
```

In diesem Beispiel hat der Process Manager seine explizite ID und einen persistenten Status, in dem die zu buchende Reise beschrieben ist. Wie im vorherigen Beispiel für das Saga Pattern subskribiert sich der Process Manager für Events, die den Ablauf steuern (`RouteConfirmed`, `RouteRejected`, `ReroutingConfirmed` und so weiter) und instanziiert Events vom Typ `CommandIssuedEvent`, die von einem Outbox Relay zum Ausführen der eigentlichen Commands verarbeitet werden.

Zusammenfassung

In diesem Kapitel haben Sie die verschiedenen Patterns zum Integrieren der Komponenten eines Systems kennengelernt. Es begann mit Patterns für Model Translations, die dann zum Implementieren von Anticorruption Layers oder Open-Host Services zum Einsatz kommen können. Wir haben gesehen, dass sich Übersetzungen entweder spontan erledigen lassen oder dass sie einer komplexeren Logik folgen, für die eine Statusverfolgung erforderlich ist.

Das Outbox Pattern ist ein zuverlässiger Weg, die Domain Events von Aggregates zu veröffentlichen. Es stellt sicher, dass Domain Events immer veröffentlicht werden, auch wenn es verschiedene Fehler im Prozess geben sollte.

Das Saga Pattern kann genutzt werden, um einfache komponentenübergreifende Business-Prozess zu implementieren. Komplexere Business-Prozesse lassen sich mit dem Process Manager Pattern implementieren. Beide Patterns nutzen asynchrone Reaktionen auf Domain Events und das Ausführen von Commands.

Übungen

1. Welche Patterns zum Integrieren von Bounded Contexts erfordern das Implementieren von Logik zur Modellumwandlung?
    a. Conformist
    b. Anticorruption Layer
    c. Open-Host Service
    d. B und C
2. Was ist das Ziel des Outbox Pattern?
    a. Die Messaging-Infrastruktur vom Business Logic Layer des Systems entkoppeln.
    b. Messages zuverlässig veröffentlichen.
    c. Die Implementierung des Event-Sourced Domain Model Pattern unterstützen.
    d. A und C
3. Welche anderen möglichen Anwendungsfälle gibt es für das Outbox Pattern, abgesehen vom Veröffentlichen von Messages auf einem Message Bus?
4. Worin bestehen die Unterschiede zwischen dem Saga Pattern und dem Process Manager Pattern?
    a. Ein Process Manager erfordert eine explizite Instanziierung, während eine Saga ausgeführt wird, wenn ein entsprechendes Domain Event veröffentlicht wird.

b. Anders als ein Process Manager erfordert eine Saga niemals das Persistieren des Ausführungsstatus.
c. Bei einer Saga müssen die zu bearbeitenden Komponenten das Event Sourcing Pattern implementieren, während dies bei einem Process Manager nicht erforderlich ist.
d. Das Process Manager Pattern passt für komplexe Business-Abläufe.
e. A und D sind korrekt.

TEIL III

Domain-Driven Design in der Praxis umsetzen

In Teil I und Teil II haben wir uns über Domain-Driven-Design-Werkzeuge für strategische und taktische Designentscheidungen unterhalten. In diesem Teil des Buchs wechseln wir von der Theorie in die Praxis. Sie werden lernen, Domain-Driven Design in realen Projekten anzuwenden.

- Kapitel 10 bringt das, was wir bisher über strategisches und taktisches Design gelernt haben, in einfachen Faustregeln zusammen, die Designentscheidungen vereinfachen. Sie werden lernen, schnell die Patterns zu finden, die zur Komplexität und den Anforderungen der Fachdomäne passen.
- In Kapitel 11 schauen wir uns das Domain-Driven Design aus einem anderen Blickwinkel an. Ein gutes Design ist für eine gute Lösung wichtig, aber nicht ausreichend. Wir müssen auch dafür sorgen, dass das Ganze in Form bleibt, während sich das Projekt mit der Zeit weiterentwickelt. In diesem Kapitel werden Sie erfahren, wie Sie Werkzeuge von Domain-Driven Design anwenden, um Softwaredesignentscheidungen zu begleiten und Software weiterzuentwickeln.
- Kapitel 12 stellt das EventStorming vor – ein praxisorientiertes Vorgehen, das den Prozess, Domänenwissen zu erschließen und eine Ubiquitous Language aufzubauen, unterstützt.
- Kapitel 13 beschließt Teil III mit einer Reihe von Tipps und Tricks für ein behutsames Einführen von Patterns und das Umsetzen von Praktiken von Domain-Driven Design in bestehenden Projekten – also solchen Projekten, mit denen wir den größten Teil der Zeit zu tun haben.

KAPITEL 10

Designheuristiken

Die korrekte Antwort auf so gut wie jede Frage in der Softwareentwicklung lautet: »Es kommt darauf an.« Das ist aber nicht wirklich hilfreich. In diesem Kapitel wollen wir uns anschauen, worauf »es« ankommt.

In Teil I haben Sie Werkzeuge von Domain-Driven Design für das Analysieren von Fachdomänen und das Treffen strategischer Designentscheidungen kennengelernt. In Teil II ging es um taktische Design-Patterns – die unterschiedlichen Möglichkeiten, Business-Logik zu implementieren, Systemarchitekturen zu organisieren und die Kommunikation zwischen den Komponenten eines Systems zu ermöglichen. Dieses Kapitel schlägt eine Brücke zwischen Teil I und Teil II. Sie werden Heuristiken für die Anwendung von Analysewerkzeugen zur Umsetzung verschiedener Softwaredesignentscheidungen kennenlernen – zum (Business) Domain-Driven (Software) Design.

Aber da es in diesem Kapitel um Designheuristiken geht, wollen wir erst einmal damit beginnen, den Begriff *Heuristik* zu definieren.

Heuristik

Eine Heuristik ist keine strenge Regel, die garantiert ist und sich als mathematisch zu 100 % bewiesen gezeigt hat. Sie ist eher als Faustregel anzusehen: nicht garantiert perfekt, aber für die eigenen unmittelbaren Ziele ausreichend. Mit anderen Worten: Der Einsatz von Heuristiken ist ein effektiver Ansatz zum Lösen von Problemen, der das Rauschen ignoriert, das in vielen Fällen vorhanden ist, und sich stattdessen auf die entscheidenden Sogkräfte konzentriert, die sich in den wichtigsten Hinweisen widerspiegeln.[1]

Die in diesem Kapitel vorgestellten Heuristiken konzentrieren sich auf die zentralen Eigenschaften der verschiedenen Fachdomänen und auf die Essenz der Probleme, die durch die diversen Designentscheidungen angegangen werden.

1 Gigerenzer, G., Todd, P. M. & ABC Research Group (Max-Planck-Institut für Bildungsforschung) (1999), *Simple Heuristics That Make Us Smart*, New York: Oxford University Press.

Bounded Contexts

In Kapitel 3 habe ich schon darüber geschrieben: Sowohl enge wie auch weite Grenzen können zur Definition eines gültigen Bounded Context passen und eine konsistente Ubiquitous Language umschließen. Aber es stellt sich weiterhin die Frage, was die optimale Größe eines Bounded Context ist. Diese Frage ist besonders angesichts der häufigen Gleichsetzung von Bounded Contexts mit Microservices wichtig.[2]

Sollen wir immer Bounded Contexts anstreben, die so klein wie möglich sind? Mein Freund Nick Tune sagt:

> »Es gibt viele nützliche und aufschlussreiche Heuristiken für die Definition der Grenzen eines Service. Größe ist eine der am wenigsten nützlichen.«

Anstatt das Modell von der gewünschten Größe abhängig zu machen – und auf kleine Bounded Contexts zu optimieren –, ist das Gegenteil viel effektiver: die Größe des Bounded Context von dem Modell abzuleiten, das er umschließt.

Änderungen an der Software, die viele Bounded Contexts betreffen, erfordern einen Haufen Koordination, insbesondere wenn die beteiligten Bounded Contexts von unterschiedlichen Teams implementiert werden. Solche Änderungen, die nicht auf einen einzelnen Bounded Context begrenzt sind, deuten auf ein ineffektives Design der Kontextgrenzen hin. Leider ist das Refaktorieren der Grenzen von Bounded Contexts sehr teuer, daher bleiben die ineffektiven Grenzen häufig unberührt und führen zu mehr technischen Schulden (siehe Abbildung 10-1).

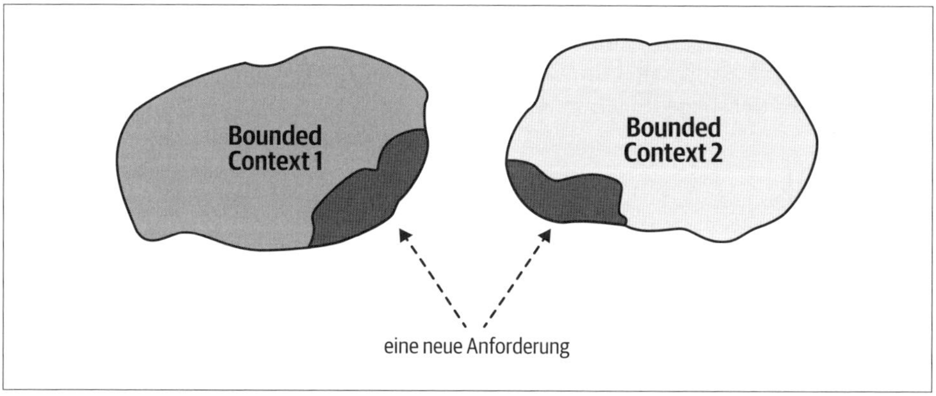

Abbildung 10-1: Eine Änderung, die mehrere Bounded Contexts betrifft

Änderungen, die dafür sorgen, dass Grenzen von Bounded Contexts nicht mehr passen, treten meist dann auf, wenn die Fachdomäne nicht gut genug bekannt ist oder wenn sich Business-Anforderungen häufig ändern. Wie Sie in Kapitel 1 gelernt haben, sind sowohl Volatilität als auch Unsicherheit Eigenschaften von Core

2 In Kapitel 11 geht es um das Zusammenspiel von Bounded Contexts und Microservices.

Subdomains, insbesondere in frühen Stadien der Implementierung. Wir können sie als Heuristik für das Design der Grenzen von Bounded Contexts nutzen.

Weitere Grenzen von Bounded Contexts oder solche, die mehrere Subdomains umfassen, machen es weniger kritisch, Fehler bei den Grenzen oder den Modellen der enthaltenen Subdomains zu machen. Ein Refaktorieren logischer Grenzen ist deutlich weniger teuer als ein Refaktorieren physischer Grenzen. Falls erforderlich, können Sie die weiteren Grenzen auch in engere Grenzen aufteilen, wenn Sie erst einmal mehr Domänenwissen gewonnen haben.

Diese Heuristik ist vor allem für Bounded Contexts geeignet, die Core Subdomains umfassen, da sowohl Generic wie auch Supporting Subdomains formalisierter und weniger volatil sind. Beim Erstellen eines Bounded Context mit einer Core Subdomain können Sie sich vor unvorhergesehenen Änderungen schützen, indem Sie andere Subdomains mit aufnehmen, mit denen die Core Subdomain am meisten interagiert. Dabei kann es sich um andere Core Subdomains oder sogar um Supporting oder Generic Subdomains handeln, wie in Abbildung 10-2 zu sehen ist.

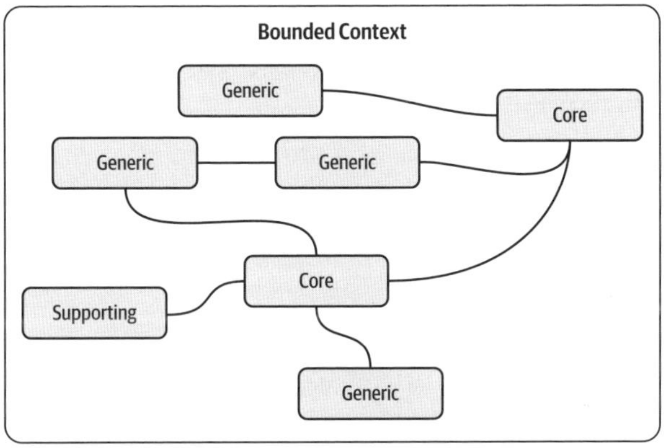

Abbildung 10-2: Weite Grenzen für einen Bounded Context

Implementierungs-Patterns für Business-Logik

In den Kapiteln 5 bis 7, in denen ich detailliert auf die Business-Logik eingegangen bin, haben Sie vier verschiedene Möglichkeiten kennengelernt, Business-Logik zu modellieren: die Patterns Transaction Script, Active Record, Domain Model und Event-Sourced Domain Model.

Sowohl das Transaction Script wie auch das Active Record Pattern passen besser zu Subdomains mit einfacher Business-Logik – zum Beispiel für Supporting Subdomains oder für das Integrieren einer Fremdlösung für eine Generic Subdomain. Der Unterschied zwischen den beiden Patterns ist die Komplexität der Datenstrukturen. Das Transaction Script Pattern kann für einfache Datenstrukturen zum Einsatz kommen, während das Active Record Pattern dabei hilft, das Abbilden komplexer Datenstrukturen auf die zugrunde liegende Datenbank zu kapseln.

Das Domain Model und seine Variante Event-Sourced Domain Model eignen sich für Subdomains mit komplexer Business-Logik – Core Subdomains. Core Subdomains, die mit monetären Transaktionen zu tun haben, sind rechtlich verpflichtet, ein Audit-Log zu führen, oder sie erfordern tiefgreifende Analysen des Systemverhaltens, die besser über das Event-Sourced Domain Model umsetzbar sind.

Vor diesem Hintergrund besteht eine passende Heuristik zur Auswahl des geeigneten Implementierungs-Pattern für die Business-Logik darin, folgende Fragen zu stellen:

- Geht es in der Subdomain um Geldflüsse oder andere monetäre Transaktionen, muss ein konsistentes Audit-Log bereitgestellt werden können, oder soll das Business das Verhalten sehr tiefgehend analysieren können? Dann nutzen Sie das Event-Sourced Domain Model. Ansonsten ...
- Ist die Business-Logik der Subdomain komplex? Dann implementieren Sie ein Domain Model. Ansonsten ...
- Enthält die Subdomain komplexe Datenstrukturen? Dann nutzen Sie das Active Record Pattern. Ansonsten ...
- Implementieren Sie ein Transaction Script.

Da es eine enge Beziehung zwischen der Komplexität einer Subdomain und ihrer Art gibt, können wir die Heuristik mit einem DDD-Entscheidungsbaum visualisieren (siehe Abbildung 10-3).

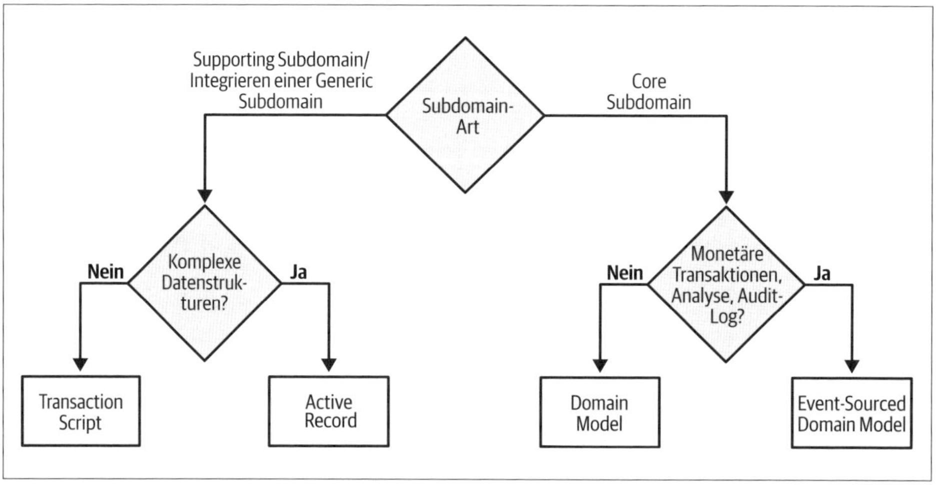

Abbildung 10-3: Entscheidungsbaum für Implementierungs-Patterns zur Business-Logik

Wir können eine andere Heuristik zum Definieren des Unterschieds zwischen komplexer und einfacher Business-Logik verwenden. Die Trennungslinie zwischen diesen beiden Arten von Business-Logik ist nicht sehr scharf, aber nützlich. Im Allgemeinen gehören zu komplexer Business-Logik komplizierte Business-Regeln, Invarianten und Algorithmen. Ein einfacher Ansatz dreht sich vor allem um das Validieren der Eingabewerte. Eine andere Heuristik für das Bewerten der Komplexität betrifft die Komplexität der Ubiquitous Language selbst. Beschreibt sie vor allem CRUD-Operationen oder aber kompliziertere Business-Prozesse und -Regeln?

Indem Sie das Pattern zum Implementieren der Business-Logik abhängig von deren Komplexität und der der Datenstrukturen wählen, können Sie Ihre Annahmen über die Art der Subdomain überprüfen. Angenommen, Sie gehen davon aus, dass es sich um eine Core Subdomain handelt, aber das beste Pattern ist ein Active Record oder ein Transaction Script. Oder Sie stellen fest, dass eine vorgebliche Supporting Subdomain ein Domain Model oder ein Event-Sourced Domain Model erfordern. Das ist dann eine ausgezeichnete Gelegenheit, Ihre Annahmen über die Subdomain und die Fachdomäne ganz allgemein auf den Prüfstand zu stellen. Denken Sie daran: Der Wettbewerbsvorteil einer Core Subdomain ist nicht unbedingt technisch bedingt.

Architektur-Patterns

In Kapitel 8 haben Sie die drei Architektur-Patterns Schichtenarchitektur (Layered Architecture), Ports & Adapters und CQRS kennengelernt.

Wenn Sie die vorgesehenen Implementierungs-Patterns für die Business-Logik kennen, wird die Wahl eines Architektur-Pattern einfacher:

- Das Event-Sourced Domain Model erfordert CQRS. Ansonsten wird das System in seinen Möglichkeiten zum Abfragen von Daten sehr beschränkt sein und eine einzelne Instanz nur über die ID abrufen können.
- Das Domain Model braucht eine Ports & Adapters Architecture. Sonst wird es durch die Schichtenarchitektur schwer, Aggregates und Value Objects unabhängig von der Persistenz zu gestalten.
- Das Active Record Pattern passt am besten zu einer Schichtenarchitektur mit dem zusätzlichen Application (Service) Layer. Dieser dient der Logik, die die Active Records steuert.
- Das Transaction Script Pattern lässt sich mit einer minimalen Schichtenarchitektur implementieren, die nur aus drei Schichten besteht.

Die einzige Ausnahme von den oben genannten Heuristiken ist das CQRS Pattern. CQRS ist nicht nur für das Event-Sourced Domain Model nützlich, es kann auch für andere Patterns zum Einsatz kommen, wenn für die Subdomain Daten in mehreren Persistenzmodellen repräsentiert werden müssen.

In Abbildung 10-4 sehen Sie einen Entscheidungsbaum für die durch die Heuristiken unterstützte Wahl eines Architektur-Pattern.

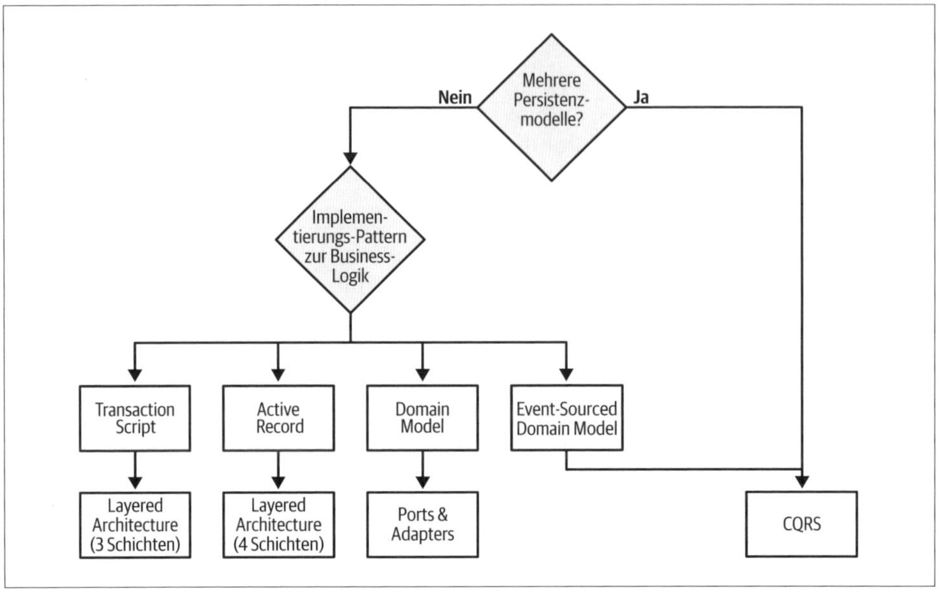

Abbildung 10-4: Entscheidungsbaum für Architektur-Patterns

Teststrategie

Das Wissen um das Implementierungs-Pattern für die Business-Logik und das Architektur-Pattern lässt sich als Heuristik für die Wahl einer Teststrategie für die Codebasis nutzen. Schauen Sie sich die drei Teststrategien in Abbildung 10-5 an.

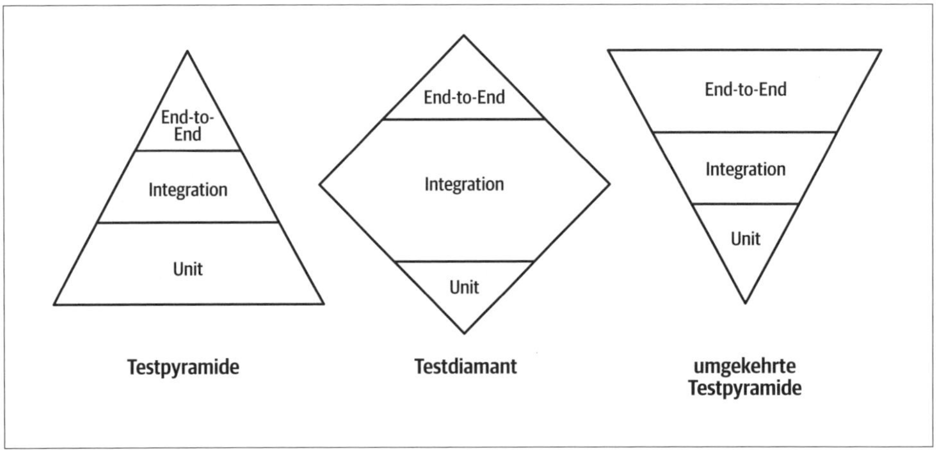

Abbildung 10-5: Teststrategien

Der Unterschied zwischen den in der Abbildung dargestellten Teststrategien besteht in der Gewichtung der verschiedenen Arten von Tests: Unit Tests, Integrationstests und End-to-End-Tests. Betrachten wir einmal jede Strategie genauer und wählen wir einen Kontext, in dem jedes Pattern genutzt werden sollte.

Testpyramide

Die klassische Testpyramide setzt vor allem auf Unit Tests und weniger auf Integrationstests und noch weniger auf End-to-End-Tests. Beide Varianten der Domain Model Patterns lassen sich am besten über eine Testpyramide angehen. Aggregates und Value Objects sind perfekte Einheiten für ein effektives Testen der Business-Logik.

Testdiamant

Der Testdiamant konzentriert sich vor allem auf Integrationstests. Wird das Active Record Pattern verwendet, verteilt sich die Business-Logik des Systems per definitionem auf die Service und Business Logic Layer. Um sich daher auf das Integrieren der beiden Schichten zu fokussieren, ist die Testpyramide die effektivste Wahl.

Umgekehrte Testpyramide

Die umgekehrte Testpyramide legt ihre größte Aufmerksamkeit auf die End-to-End-Tests – das Überprüfen des Anwendungsworkflows vom Anfang bis zum Ende. Solch ein Vorgehen passt am besten zu Codebasen, die das Transaction Script Pattern implementieren: Die Business-Logik ist einfach und die Anzahl an Schichten minimal, wodurch es effektiver ist, den End-to-End-Ablauf im System zu überprüfen.

In Abbildung 10-6 sehen Sie den Entscheidungsbaum für die Teststrategien.

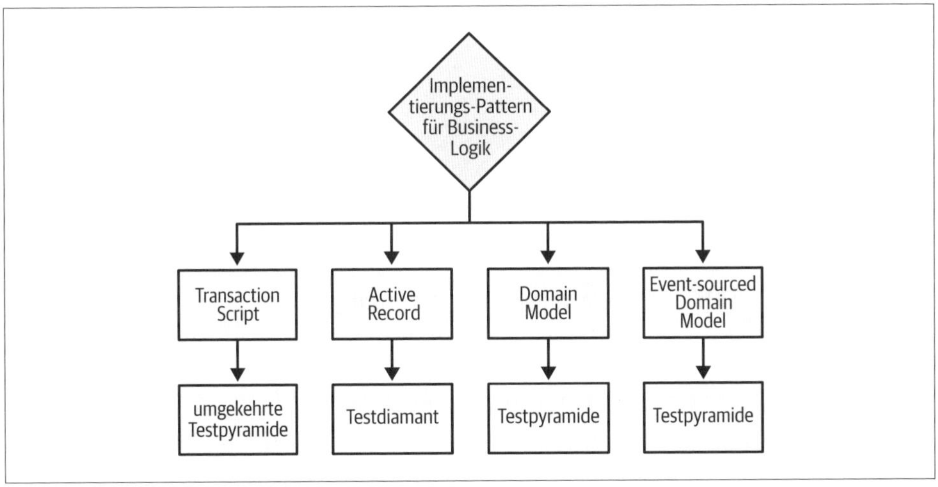

Abbildung 10-6: Entscheidungsbaum für die Teststrategie

Entscheidungsbaum für taktisches Design

Die Heuristiken zu Business-Logik-Patterns, Architektur-Patterns und Teststrategien lassen sich in einem Entscheidungsbaum für ein taktisches Design zusammenführen (siehe Abbildung 10-7).

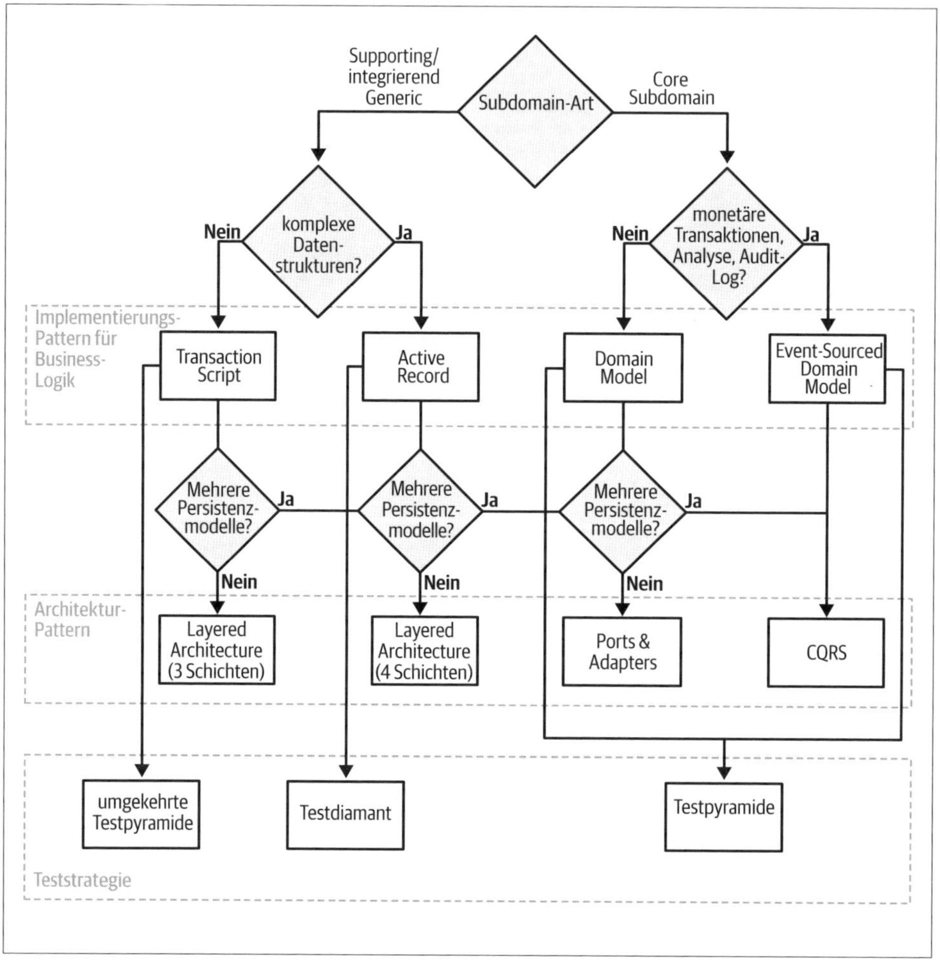

Abbildung 10-7: Entscheidungsbaum für taktisches Design

Wie Sie sehen, ist das Identifizieren der Subdomain-Arten und ein Studieren des Entscheidungsbaums ein guter Ausgangspunkt, umzentrale Designentscheidungen zu treffen. Ich möchte aber unbedingt nochmals darauf hinweisen, dass es sich hierbei um Heuristiken und nicht um feste Regeln handelt. Es gibt für jede Regel eine Ausnahme – und insbesondere für jede Heuristik, denn die sind schon per definitionem nicht zu 100 % korrekt.

Der Entscheidungsbaum basiert auf meiner Neigung zum Einsatz einfacher Werkzeuge, während ich auf die fortgeschritteneren Patterns – Domain Model, Event-Sourced Domain Model, CQRS und so weiter – nur dann zurückgreife, wenn es unbedingt notwendig ist. Andererseits habe ich Teams kennengelernt, die viel Erfahrung mit dem Implementieren des Event-Sourced Domain Model haben und es daher für all ihre Subdomains nutzen. Für die ist das einfacher, als auf verschiedene Patterns zurückzugreifen. Kann ich dieses Vorgehen jedem empfehlen? Natürlich nicht. In den Firmen, für die ich gearbeitet habe oder als Consultant tätig war, war der auf den Heuristiken basierende Ansatz effizienter als der Einsatz der gleichen Lösung für jedes Problem.

Letztendlich hängt es von Ihrem spezifischen Kontext ab. Nutzen Sie den Entscheidungsbaum aus Abbildung 10-7 und die Designheuristiken, auf denen er basiert, als Leitprinzipien, aber nicht als Ersatz für kritisches Denken. Stellen Sie fest, dass andere Heuristiken für Sie besser passen, verändern Sie die Leitprinzipien oder bauen Sie Ihren eigenen, ganz neuen Entscheidungsbaum.

Zusammenfassung

Dieses Kapitel führt Teil I und Teil II in einem auf Heuristiken basierenden Entscheidungs-Framework zusammen. Sie haben gelernt, wie Sie das Wissen aus der Fachdomäne und ihren Subdomains anwenden, um technische Entscheidungen zu treffen: Wählen Sie sichere Grenzen für Bounded Contexts, modellieren Sie die Business-Logik der Anwendung und bestimmen Sie die Architektur-Patterns, die erforderlich sind, um die Interaktionen aller internen Komponenten jedes Bounded Context zu orchestrieren. Schließlich haben wir noch ein anderes Thema angesprochen, das häufig für hitzige Diskussionen sorgt – welche Art von Test wichtiger ist – und haben mit Blick auf diese Frage das gleiche Framework verwendet, um die unterschiedlichen Tests aufgrund der Fachdomäne zu priorisieren.

Es ist wichtig, Designentscheidungen zu treffen, aber noch wichtiger ist es, die Entscheidungen nach einiger Zeit zu überprüfen. Im folgenden Kapitel wechseln wir zur nächsten Phase im Lebenszyklus des Softwaredesign: der Evolution von Designentscheidungen.

Übungen

1. Angenommen, Sie implementieren das Ticket Lifecycle Management System von WolfDesk (siehe Vorwort). Es handelt sich um eine Core Subdomain, die eine tiefgehende Analyse seines Verhaltens erfordert, sodass der Algorithmus mit der Zeit weiter optimiert werden kann. Wie würde Ihre initiale Strategie zum Implementieren der Business-Logik und der Architektur der Komponente aussehen? Wie stünde es um Ihre Teststrategie?

2. Wie würden Ihre Designentscheidungen für das Shift Management Module für die Support Agents von WolfDesk aussehen?
3. Um den Umgang mit den Schichten zu vereinfachen, wollen Sie auf einen externen Anbieter für die Feiertage in den unterschiedlichen geografischen Regionen zurückgreifen. Dabei wird der externe Anbieter regelmäßig aufgerufen, und die Datumswerte und Namen der anstehenden Feiertage werden abgerufen. Welche Business-Logik und welche Architektur-Patterns würden Sie verwenden, um die Integration zu implementieren? Wie würden Sie das Ganze testen?
4. Welche anderen Aspekte des Softwareentwicklungsprozesses ließen sich Ihrer Erfahrung nach in den auf Heuristiken basierenden Entscheidungsbaum einbinden?

KAPITEL 11

Evolution von Designentscheidungen

In der modernen, sich schnell ändernden Welt, in der wir leben, können es sich Unternehmen nicht leisten, lethargisch zu sein. Um im Wettbewerb zu bestehen, müssen sie sich kontinuierlich verändern, weiterentwickeln und gelegentlich sogar neu erfinden. Wir können diese Tatsache nicht ignorieren, wenn wir Systeme entwerfen – insbesondere wenn wir Software designen wollen, die gut an die Erfordernisse der Fachdomäne angepasst ist. Werden Änderungen nicht gut begleitet, wird selbst das ausgefeilteste und durchdachteste Design irgendwann zu einem Wartungsalbtraum werden und nicht mehr angepasst werden können. In diesem Kapitel geht es darum, wie Änderungen in der Umgebung eines Softwareprojekts die Designentscheidungen beeinflussen können und wie das Design entsprechend weiterentwickelt werden kann. Wir werden die vier häufigsten Änderungsvektoren untersuchen: Fachdomäne, Organisationsstrukturen, Domänenwissen und Wachstum.

Änderungen an Domains

In Kapitel 2 haben Sie erfahren, dass es drei Arten von Business-Subdomains gibt, und ich habe beschrieben, wie sich diese voneinander unterscheiden:

Core
: Aktivitäten, die die Firma von ihren Mitbewerbern unterscheidet und durch die sie einen Wettbewerbsvorteil erhält.

Supporting
: Dinge, die die Firma anders als ihre Konkurrenten umsetzt, die aber keinen Wettbewerbsvorteil bieten.

Generic
: Dinge, die alle Firmen gleich umsetzen.

In den vorherigen Kapiteln haben Sie gesehen, dass die Art der Subdomain die strategischen und taktischen Designentscheidungen beeinflusst:

- Wie die Grenzen der Bounded Contexts entworfen werden.
- Wie die Integration der Contexts orchestriert wird.
- Welche Design-Patterns genutzt werden, um der Komplexität der Business-Logik gerecht zu werden.

Um Software zu designen, die durch die Anforderungen der Fachdomäne bestimmt und vorangetrieben wird, ist es entscheidend, die Business Subdomains und deren Arten zu erkennen. Aber das ist noch nicht alles. Es ist genauso wichtig, auf die Evolution der Subdomains achtzugeben. Wenn eine Organisation wächst und sich weiterentwickelt, ist es nicht ungewöhnlich, dass einige ihrer Subdomains ihre Art verändern. Schauen wir uns ein paar Beispiele für solche Änderungen an.

Core nach Generic

Stellen Sie sich vor, dass eine Onlinehandelsfirma namens BuyIT ihre eigene Lösung zum Ausliefern der Bestellungen implementiert hat. Sie hat einen innovativen Algorithmus entwickelt, um die Lieferfahrten zu optimieren, sodass sie niedrigere Liefergebühren als ihre Wettbewerber anbieten kann.

Eines Tages sorgt eine andere Firma – DeliveryIT – für eine Umwälzung des Markts. Sie behauptet, dass sie das »Travelling Salesperson Problem« gelöst habe, und bietet eine Wegeoptimierung als Service an. Die Optimierung von DeliveryIT ist nicht nur besser, sie ist auch weitaus günstiger als das, was BuyIT für die gleiche Aufgabe aufbringen muss.

Sobald die Lösung von DeliveryIT als fertiges Produkt nutzbar ist, verwandelt sich aus Sicht von BuyIT ihre Core Subdomain zu einer Generic Subdomain. Im Ergebnis wird die optimale Lösung für alle Wettbewerber von BuyIT verfügbar. Ohne massive Investitionen in Forschung und Entwicklung kann BuyIT nicht mehr länger einen Wettbewerbsvorteil durch ihre Subdomain zur Wegeoptimierung erhalten. Was bisher für BuyIT als Wettbewerbsvorteil angesehen wurde, steht nun der gesamten Konkurrenz zur Verfügung.

Generic nach Core

Seit seinen Anfängen hat BuyIT eine fertige Lösung zum Managen ihres Warenbestands genutzt. Aber die BI-Reports zeigen immer wieder, dass die Vorhersagen für die Kundenbestellungen nicht korrekt sind. Daher schafft es BuyIT nicht, sein Lager ausreichend mit den beliebtesten Produkten zu bestücken, und verschwendet Platz für unbeliebte Waren. Nachdem ein paar alternative Lösungen zur Verwaltung des Warenbestands begutachtet wurden, trifft das Managementteam von BuyIT die strategische Entscheidung, in das Design und den Bau eines eigenen Systems zu investieren. Diese In-house-Lösung wird die Besonderheiten der Produkte, die BuyIT verkauft, berücksichtigen und bessere Vorhersagen in Bezug auf die Kundenwünsche treffen.

Die Entscheidung von BuyIT, die fertige Lösung durch eine eigene Implementierung zu ersetzen, hat die Warenbestandsverwaltung von einer Generic Subdomain zu einer Core Subdomain wechseln lassen: Eine erfolgreiche Implementierung der Funktionalität wird BuyIT zusätzliche Wettbewerbsvorteile gegenüber ihrer Konkurrenz verschaffen – die anderen Unternehmen werden bei ihrer generischen Lösung bleiben und nicht die fortgeschritteneren Vorhersagealgorithmen nutzen können, die von BuyIT erfunden und entwickelt wurden.

Ein reales Beispiel wie aus dem Lehrbuch für eine Firma, die eine Generic Subdomain zu einer Core Subdomain gemacht hat, ist Amazon. Wie alle Service-Provider brauchte Amazon eine Infrastruktur, auf der sie ihre Services laufen lassen konnte. Das Unternehmen war dazu in der Lage, die Art und Weise, wie sie ihre physische Infrastruktur verwaltet, neu zu erfinden, und hat das Ganze später sogar zu einem profitablen Geschäftszweig gemacht: Amazon Web Services.

Supporting nach Generic

Die Marketingabteilung von BuyIT implementiert ein System zum Verwalten ihrer Lieferanten und deren Verträge. Daran ist nichts besonders, und es ist auch nicht sehr komplex – einfach eine CRUD-Benutzeroberfläche zum Eingeben der Daten, mit anderen Worten: eine typische Supporting Subdomain.

Aber ein paar Jahre nach dem Implementieren der In-house-Lösung kommt eine Open-Source-Lösung für das Contracts Management heraus. Das Open-Source-Projekt implementiert die gleiche Funktionalität wie die bestehende Lösung, bietet aber noch ausgefeiltere Features, wie zum Beispiel OCR und Volltextsuche. Diese zusätzlichen Features standen schon lange auf der Wunschliste der Firma, aber sie wurden nie priorisiert, weil sie so geringe Auswirkungen auf das Business hatten. Nun aber entscheidet sich die Firma dazu, die In-house-Lösung aufzugeben und die Open-Source-Lösung zu integrieren. Dadurch wechselt die Document Management Subdomain von einer Supporting Subdomain zu einer Generic Subdomain.

Supporting nach Core

Eine Supporting Subdomain kann sich auch in eine Core Subdomain verwandeln – wenn zum Beispiel eine Firma eine Möglichkeit findet, die Supporting-Logik so zu optimieren, dass entweder die Kosten reduziert oder zusätzliche Gewinne generiert werden.

Ein typisches Symptom solch einer Transformation ist die zunehmende Komplexität der Business-Logik der Supporting Subdomain. Supporting Subdomains sind per definitionem einfach und bestehen meist aus CRUD-Oberflächen oder ETL-Prozessen. Wenn allerdings die Business-Logik mit der Zeit komplizierter wird, sollte es einen Grund für die zusätzliche Komplexität geben. Warum sollte es komplexer werden, wenn es keinen Einfluss auf die Firmenprofite hat? Das ist unbeabsichtigte Business-Komplexität. Wenn sich andererseits die Profite damit verbessern lassen, ist das ein Zeichen dafür, dass eine Supporting Subdomain zu einer Core Subdomain wird.

Core nach Supporting

Eine Core Subdomain kann mit der Zeit zu einer Supporting Subdomain werden. Das geschieht beispielsweise, wenn sich die Komplexität der Subdomain nicht rechtfertigen lässt – sie also nicht profitabel ist. In solchen Fällen entscheidet sich die Firma vielleicht dazu, die zusätzliche Komplexität zu verwerfen und nur die Logik beizubehalten, die gerade so erforderlich ist, um das Implementieren anderer Subdomains zu unterstützen.

Generic nach Supporting

Schließlich kann eine Generic Subdomain aus den gleichen Gründen wie bei einer Core Subdomain zu einer Supporting Subdomain werden. Kehren wir zu dem Beispiel mit dem Document Management System von BuyIT zurück: Möglicherweise hat die Firma erkannt, dass die Vorteile der Open-Source-Lösung nicht die Komplexität beim Integrieren überwiegen, und kehrt daher zum In-house-System zurück. Als Ergebnis hat sich die Generic Subdomain wieder in eine Supporting Subdomain verwandelt.

Die Änderungen an den Subdomains sind in Abbildung 11-1 noch einmal zusammengefasst.

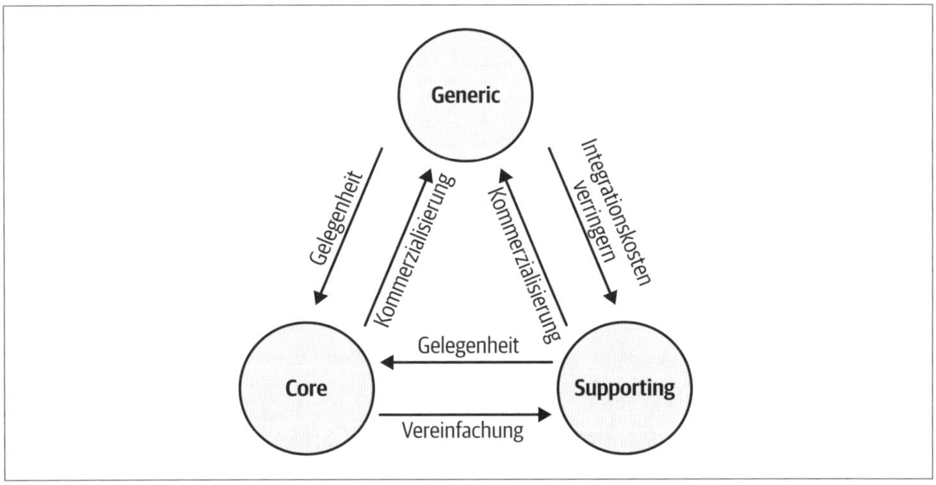

Abbildung 11-1: Änderungsfaktoren für die Art der Subdomain

Strategische Designaspekte

Eine Änderung des Tys einer Subdomain beeinflusst direkt ihren Bounded Context und konsequenterweise auch die entsprechenden strategischen Designentscheidungen. Wie Sie in Kapitel 4 gelernt haben, passen zu den verschiedenen Subdomain-Arten auch verschiedene Integrations-Patterns für die Bounded Contexts. Die Core Subdomains müssen ihre Modelle mithilfe des Anticorruption Layer und die Konsumenten vor häufigen Änderungen an den Implementierungsmodellen mit Published Languages (OHS) schützen.

Ein weiteres von solchen Änderungen betroffenes Integration-Pattern ist das Separate Ways Pattern. Wie Sie weiter oben gesehen haben, können Teams dieses Pattern für Supporting und Generic Subdomains nutzen. Verwandelt sich die Subdomain in eine Core Subdomain, ist es nicht länger akzeptabel, deren Funktionalität durch mehrere Teams zu duplizieren. Daher haben die Teams keine andere Wahl, als ihre Implementierungen zu integrieren. Die Customer-Supplier-Beziehung ist in diesem Fall am sinnvollsten, da die Core Subdomain nur von einem Team implementiert wird.

Aus Sicht einer Implementierungsstrategie unterscheiden sich Core und Supporting Subdomains in der Art und Weise, wie sie implementiert werden können. Supporting Subdomains können outgesourcet oder als »Übungsgelände« für neue Teammitglieder genutzt werden. Core Subdomains müssen in-house und so nah wie möglich an der Quelle des Domänenwissens implementiert werden. Verändert sich daher eine Supporting Subdomain zu einer Core Subdomain, sollte ihre Implementierung zurückgeholt werden. Die gleiche Logik gilt aber auch umgekehrt. Verändert sich eine Core Subdomain zu einer Supporting Subdomain, ist es möglich, die Implementierung outzusourcen, sodass sich die hauseigenen F&E-Teams auf die Core Subdomain konzentrieren können.

Taktische Designaspekte

Der wichtigste Indikator für die Änderung der Art einer Subdomain ist die Unfähigkeit des bestehenden technischen Designs, die aktuellen Business-Anforderungen erfüllen zu können.

Kehren wir zurück zu dem Beispiel einer Supporting Subdomain, die zu einer Core Subdomain wird. Supporting Subdomains sind mit recht einfachen Design-Patterns zum Modellieren der Business-Logik implementiert – insbesondere mit dem Transaction Script Pattern oder dem Active Record Pattern. Wie Sie in Kapitel 5 gesehen haben, passen diese Patterns nicht gut zu Business-Logik, die komplexe Regeln und Invarianten enthält.

Kommen mit der Zeit komplizierte Regeln und Invarianten zur Business-Logik hinzu, wird die Codebasis ebenfalls zunehmend komplex. Es wird sehr aufwendig werden, die neue Funktionalität hinzuzufügen, da das Design diese neue Komplexität nicht unterstützt. Dieser Aufwand ist ein wichtiges Signal. Nutzen Sie es als Anregung, sich über die Entscheidungen bezüglich Fachdomäne und Designs Gedanken zu machen.

Sie sollten sich nicht davor fürchten, die Implementierungsstrategie ändern zu müssen. Wir können nicht vorhersehen, wie sich ein Business im Laufe der Zeit entwickelt. Wir können auch nicht die ausgefeiltesten Design-Patterns für alle Arten von Subdomains nutzen – das wäre ineffektiv und Verschwendung von Ressourcen. Wir müssen das geeignetste Design auswählen und es bei Bedarf anpassen.

Wird die Entscheidung für das Modellieren der Business-Logik durchdacht getroffen und sind Sie sich all der möglichen Designs und der Unterschiede zwischen ihnen bewusst, ist eine Migration von einem Design-Pattern zu einem anderen gar nicht so dramatisch. Die folgenden Unterabschnitte stellen ein paar Beispiele vor.

Transaction Script nach Active Record

Im Kern basieren das Transaction Script Pattern und das Active Record Pattern auf dem gleichen Prinzip: Die Business-Logik wird als prozedurales Skript implementiert. Der Unterschied zwischen beiden besteht in der Art und Weise, wie die Datenstrukturen modelliert werden – das Active Record Pattern führt Datenstrukturen ein, um die Komplexität beim Abbilden auf den Storage-Mechanismus zu kapseln.

Wird das Arbeiten mit Daten in einem Transaction Script zur Herausforderung, refaktorieren Sie es zum Active Record Pattern. Halten Sie Ausschau nach komplizierten Datenstrukturen und kapseln Sie sie in Active-Record-Objekten. Statt direkt auf die Datenbank zuzugreifen, nutzen Sie Active Records, um das Modell und die Struktur zu kapseln.

Active Record nach Domain Model

Wird die Business-Logik, die Active Records verändert, komplex und stolpern Sie über immer mehr Fälle von Inkonsistenzen und Verdopplungen, refaktorieren Sie die Implementierung zum Domain Model Pattern.

Beginnen Sie damit, Value Objects zu ermitteln. Welche Datenstrukturen können als immutable Objects modelliert werden? Suchen Sie nach der zugehörigen Business-Logik und machen Sie sie ebenfalls zu einem Teil der Value Objects.

Als Nächstes analysieren Sie die Datenstrukturen und halten Ausschau nach Transaktionsgrenzen. Um sicherzustellen, dass die gesamte den Status modifizierende Logik explizit ist, machen Sie alle Setter der Active Records privat, sodass sie nur innerhalb des Active Record selbst geändert werden können. Natürlich müssen Sie davon ausgehen, dass das Kompilieren fehlschlägt – aber die Kompilierungsfehler werden Ihnen deutlich zeigen, wo sich die Logik zum Verändern des Status versteckt. Refaktorieren Sie sie so, dass sie innerhalb der Grenzen des Active Record liegt, zum Beispiel:

```
public class Player
{
    public Guid Id { get; set; }
    public int Points { get; set; }
}

public class ApplyBonus
{
    ...

    public void Execute(Guid playerId, byte percentage)
    {
        var player = _repository.Load(playerId);
        player.Points *= 1 + percentage/100.0;
        _repository.Save(player);
    }
}
```

Im folgenden Code können Sie die ersten Schritte dieser Transformation sehen. Der Code wird immer noch nicht kompilierbar sein, aber die Fehler werden zeigen, welche externen Komponenten den Objektstatus beeinflussen:

```
public class Player
{
    public Guid Id { get; private set; }
    public int Points { get; private set; }
}

public class ApplyBonus
{
    ...

    public void Execute(Guid playerId, byte percentage)
    {
        var player = _repository.Load(playerId);
        player.Points *= 1 + percentage/100.0;
        _repository.Save(player);
    }
}
```

In der nächsten Iteration können wir diese Logik in die Grenzen des Active Record verlegen:

```
public class Player
{
    public Guid Id { get; private set; }
    public int Points { get; private set; }

    public void ApplyBonus(int percentage)
    {
        this.Points *= 1 + percentage/100.0;
    }
}
```

Sobald die gesamte Business-Logik zum Verändern des Status in die Grenzen der entsprechenden Objekte geholt wurde, schauen Sie sich an, welche Hierarchien erforderlich sind, um die Business-Regeln und -Invarianten streng konsistent prüfen zu können. Das sind gute Kandidaten für Aggregates. Behalten Sie die Designprinzipien für Aggregates aus Kapitel 6 im Hinterkopf und halten Sie Ausschau nach den kleinsten Transaktionsgrenzen – also der kleinstmöglichen Datenmenge, die Sie benötigen, um streng konsistent bleiben zu können. Teilen Sie die Hierarchien entlang dieser Grenzen auf. Stellen Sie sicher, dass externe Aggregates nur durch ihre IDs referenziert werden.

Schließlich ermitteln Sie noch für jedes Aggregate dessen Root oder den Entry Point für die öffentliche Schnittstelle. Definieren Sie die Methoden aller anderen internen Objekte im Aggregate als privat und nur innerhalb des Aggregate aufrufbar.

Domain Model nach Event-Sourced Domain Model

Haben Sie ein Domain Model mit sauber designten Aggregate-Grenzen, können Sie es in ein Event-Sourced Model überführen. Statt die Daten des Aggregate direkt zu verändern, modellieren Sie die Domain Events, die erforderlich sind, um den Lebenszyklus des Aggregate zu repräsentieren.

Der herausforderndste Aspekt beim Refaktorieren eines Domain Model in ein Event-Sourced Domain Model ist die Historie der bestehenden Aggregates – das Migrieren des »zeitlosen« Status in das Event-basierte Modell. Da die feingranularen Daten, die alle vergangenen Statusänderungen repräsentieren, nicht vorhanden sind, müssen Sie entweder alte Events auf Basis einer möglichst guten Schätzung erzeugen oder Migrationsevents modellieren.

Alte Übergänge generieren

Dieser Ansatz hat zur Folge, dass ein angenäherter Event-Stream für jedes Aggregate erzeugt wird, sodass dieser in die gleiche Statusrepräsentation projiziert werden kann wie in der Originalimplementierung. Denken Sie an das Beispiel aus Kapitel 7, das in Tabelle 11-1 dargestellt wird.

Tabelle 11-1: Eine statusbasierte Repräsentation der Daten des Aggregate

lead-in	first-name	last-name	phone_number	status	last-contacted-on	order-placed-on	converted-on	followup-on
12	Shauna	Mercia	555-5453	converted	2020-0527T 12:02:12.51Z	2020-0527T 12:02:12.51Z	2020-0527T 12:38:44.12Z	null

Aus Sicht der Business-Logik können wir annehmen, dass die Instanz des Aggregate initialisiert wurde; dann wurde die Person kontaktiert, ein Auftrag wurde angenommen, und schließlich wurde, da der Status `converted` war, die Bezahlung für den Auftrag bestätigt. Die folgende Abfolge von Events kann all diese Annahmen darstellen:

```
{
    "lead-id": 12,
    "event-id": 0,
    "event-type": "lead-initialized",
    "first-name": "Shauna",
    "last-name": "Mercia",
    "phone-number": "555-4753"
},
{
    "lead-id": 12,
    "event-id": 1,
    "event-type": "contacted",
    "timestamp": "2020-05-27T12:02:12.51Z"
},
{
    "lead-id": 12,
    "event-id": 2,
    "event-type": "order-submitted",
    "payment-deadline": "2020-05-30T12:02:12.51Z",
    "timestamp": "2020-05-27T12:02:12.51Z"
},
{
    "lead-id": 12,
    "event-id": 3,
    "event-type": "payment-confirmed",
    "status": "converted",
    "timestamp": "2020-05-27T12:38:44.12Z"
}
```

Werden diese Events nacheinander angewendet, können sie in genau die Statusrepräsentation projiziert werden, die es auch im ursprünglichen System gab. Die »wiederhergestellten« Events lassen sich leicht testen, indem man den Status projiziert und ihn mit den Originaldaten vergleicht.

Aber es ist wichtig, sich der Nachteile dieses Vorgehens bewusst zu sein. Das Ziel beim Event Sourcing ist, eine zuverlässige, streng konsistente Historie der Domain Events für die Aggregates zu haben. Mit diesem Ansatz ist es unmöglich, die komplette Vergangenheit der Statusübergänge wiederherzustellen. Im vorherigen Beispiel wissen wir nicht, wie oft die Mitarbeitenden im Vertrieb die Person kontaktiert haben und wie viele `contacted`-Events wir daher verpasst haben.

Migrationsevents modellieren

Die Alternative ist, zuzugeben, dass wir nichts über die vergangenen Events wissen, und dies explizit als Event modellieren. Statt die Events zu generieren, die eventuell zum aktuellen Status geführt haben, definieren wir ein Migrationsevent und nutzen es, um die Event-Streams der bestehenden Aggregate-Instanzen zu initialisieren:

```
{
    "lead-id": 12,
    "event-id": 0,
    "event-type": "migrated-from-legacy",
```

```
    "first-name": "Shauna",
    "last-name": "Mercia",
    "phone-number": "555-4753",
    "status": "converted",
    "last-contacted-on": "2020-05-27T12:02:12.51Z",
    "order-placed-on": "2020-05-27T12:02:12.51Z",
    "converted-on": "2020-05-27T12:38:44.12Z",
    "followup-on": null
}
```

Der Vorteil dieses Vorgehens ist, dass das Fehlen der Vergangenheitsdaten explizit gemacht wird. Niemand kann davon ausgehen, dass der Event-Stream alle Domain Events erfasst hat, die im Lebenszyklus einer Aggregate-Instanz aufgetreten sind. Nachteil ist, dass die Spuren des Altsystems für immer im Event Store zu finden sind. Nutzen Sie beispielsweise das CQRS Pattern (und mit dem Event-Sourced Domain Model werden Sie das vermutlich tun), werden die Projektionen immer die Migrationsevents mit berücksichtigen müssen.

Organisationsänderungen

Eine andere Art von Änderungen, die das Design eines Systems beeinflussen können, sind Änderungen an der Organisation selbst. In Kapitel 4 haben wir uns verschiedene Patterns zum Integrieren von Bounded Contexts angeschaut: Partnership, Shared Kernel, Conformist, Anticorruption Layer, Open-Host Service und Separate Ways. Änderungen an der Organisationsstruktur können die Kommunikation und Zusammenarbeit zwischen Teams verändern und damit die Art und Weise, wie die Bounded Contexts integriert werden sollten.

Ein triviales Beispiel für solch eine Änderung sind wachsende Entwicklungsabteilungen (siehe Abbildung 11-2). Da ein Bounded Context nur von einem Team implementiert werden kann, kann das Hinzufügen eines weiteren Teams dazu führen, dass die bestehenden weiteren Bounded-Context-Grenzen in kleinere aufzuteilen sind, damit jedes Team an seinem eigenen Bounded Context arbeiten kann.

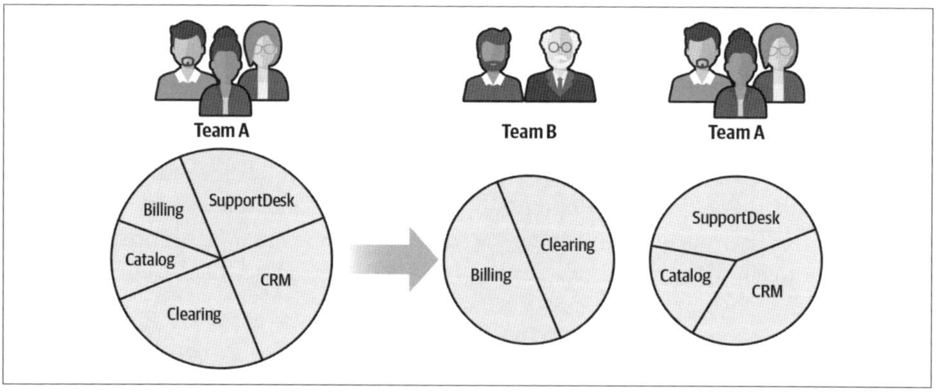

Abbildung 11-2: Aufteilen eines weiten Bounded Context, um eine wachsende Entwicklungsabteilung aufteilen zu können

Zudem sind die Entwicklungsbereiche einer Organisation oft auch auf geografisch verschiedene Standorte verteilt. Wird die Arbeit an den bestehenden Bounded Contexts an einen anderen Ort verlagert, kann das die Zusammenarbeit zwischen den Teams negativ beeinflussen. Dann müssen sich die Integrations-Patterns für die Bounded Contexts entsprechend anpassen – was in den folgenden Szenarien beschrieben wird.

Partnership nach Customer/Supplier

Das Partnership Pattern geht davon aus, dass es eine starke Kommunikation und Zusammenarbeit zwischen Teams gibt. Mit der Zeit kann das weniger werden – zum Beispiel wenn die Arbeit an einem der Bounded Contexts zu einer entfernten Entwicklungsabteilung verlagert wird. Solch eine Änderung wird die Kommunikation zwischen den Teams negativ beeinflussen, und es kann sinnvoll sein, sich weg vom Partnership Pattern und hin zu einer Customer-Supplier-Beziehung zu bewegen.

Customer/Supplier nach Separate Ways

Leider ist es für Teams nicht ungewöhnlich, ernsthafte Kommunikationsprobleme zu haben. Die Probleme können durch eine geografische Distanz oder aufgrund der Organisationspolitik auftreten. Solche Teams sehen sich vielleicht mit der Zeit mehr und mehr Integrationsproblemen gegenüber. Irgendwann kann es kostengünstiger sein, die Funktionalität zu duplizieren, anstatt sich die ganze Zeit gegenseitig auf die Pelle zu rücken.

Domänenwissen

Sie erinnern sich: Der zentrale Grundsatz von Domain-Driven Design besteht darin, dass Domänenwissen für das Designen eines erfolgreichen Softwaresystems essenziell ist. Das Einsammeln von Domänenwissen ist einer der anspruchsvollsten Aspekte der Softwareentwicklung – insbesondere für die Core Subdomains. Die Logik einer Core Subdomain ist nicht nur kompliziert, sie wird sich auch noch häufig ändern. Zudem ist das Modellieren ein fortlaufender Prozess. Modelle müssen besser werden, wenn mehr Wissen über die Fachdomäne erlangt wird.

Häufig ist die Komplexität der Fachdomäne implizit. Zuerst scheint alles einfach und geradlinig zu sein. Die initiale Einfachheit ist aber oft trügerisch und verwandelt sich schnell in etwas viel Komplizierteres. Wird mehr Funktionalität hinzugefügt, tauchen mehr und mehr Randfälle, Invarianten und Regeln auf. Solche Erfahrungen sind häufig disruptiv und erfordern es, das Modell von Grund auf erneut zu bauen – einschließlich der Grenzen der Bounded Contexts, Aggregates und anderer Implementierungsdetails.

Aus strategischer Sicht ist es eine nützliche Heuristik, die Grenzen der Bounded Contexts anhand des Levels des Domänenwissens zu designen. Die Kosten für das Aufteilen eines Systems in Bounded Contexts, die sich mit der Zeit als falsch herausstellen, können hoch sein. Ist daher die Domain-Logik unklar und ändert sie sich oft, ist es sinnvoll, die Bounded Contexts mit weiteren Grenzen zu designen. Wird dann nach und nach mehr Domänenwissen bekannt und stabilisieren sich die Änderungen an der Business-Logik, können diese weiteren Bounded Contexts in Kontexte mit engeren Grenzen – oder *Microservices* – aufgeteilt werden. Wir werden auf das Zusammenspiel zwischen Bounded Contexts und Microservices genauer in Kapitel 14 eingehen.

Taucht neues Domänenwissen auf, sollte es genutzt werden, um das Design weiterzuentwickeln und widerstandsfähiger zu machen. Leider sind Änderungen am Domänenwissen nicht immer positiv – es kann auch Wissen verloren gehen. Mit der Zeit veraltet Dokumentation gerne mal, Personen, die am ursprünglichen Design gearbeitet haben, verlassen die Firma, und neue Funktionalität wird ad hoc hinzugefügt, bis die Codebasis irgendwann den zweifelhaften Status eines Legacy-Systems hat. Es ist entscheidend, solch einen Abbau von Domänenwissen proaktiv zu verhindern. Ein effektives Werkzeug für das Wiederherstellen von Domänenwissen ist der EventStorming-Workshop, der Thema des nächsten Kapitels ist.

Wachstum

Wachstum ist ein Zeichen für ein gesundes System. Wird kontinuierlich neue Funktionalität hinzugefügt, ist das ein Zeichen dafür, dass das System erfolgreich ist – es bietet seinen Usern Wert und wird erweitert, um zusätzliche Anforderungen von diesen abzudecken und mit konkurrierenden Produkten mitzuhalten. Aber Wachstum hat auch eine dunkle Seite. Wächst ein Softwareprojekt, kann sich dessen Codebasis zu einem Big Ball of Mud entwickeln:

> Ein Big Ball of Mud ist ein planlos strukturierter, sich ausbreitender, nachlässiger, nur aus Gaffatape und Kabeln zusammengehaltener Dschungel aus Spaghetticode. Diese Systeme zeigen untrügliche Zeichen unregulierten Wachstums und müssen immer wieder repariert werden.
>
> – *Brian Foote und Joseph Yoder*[1]

Das unregulierte Wachstum, das zu Big Balls of Mud führt, entsteht durch das Erweitern der Funktionalität eines Softwaresystems, ohne dessen Designentscheidungen neu zu bewerten. Wachstum bläst die Grenzen der Komponenten auf und erweitert deren Funktionalität zunehmend. Es ist unabdingbar, die Wachstumseffekte auf Designentscheidungen zu untersuchen, insbesondere da es bei vielen Werkzeugen zum Domain-Driven Design um das Setzen von Grenzen geht: Busi-

1 Brian Foote und Joseph Yoder, *Big Ball of Mud*, Fourth Conference on Patterns Languages of Programs (PLoP '97/EuroPLoP '97), Monticello, Illinois, September 1997.

ness-Bausteine (Subdomains), Modelle (Bounded Contexts), Immutabilität (Value Objects) oder Konsistenz (Aggregates).

Das Leitprinzip für den Umgang mit durch Wachstum entstehender Komplexität ist, unbeabsichtigte Komplexität zu erkennen und auszumerzen – die durch veraltete Designentscheidungen verursachte Komplexität. Die erforderliche oder inhärente Komplexität der Fachdomäne sollte mithilfe von Werkzeugen und Praktiken von Domain-Driven Design gemanagt werden.

Als wir in vorherigen Kapiteln über DDD sprachen, folgten wir dem Prozess, erst die Fachdomäne und deren strategische Komponenten zu analysieren, dann die relevanten Modelle der Fachdomäne zu designen und schließlich die Modelle im Code zu designen und zu implementieren. Nutzen wir diese Schritte auch für den Umgang mit durch Wachstum gesteuerter Komplexität.

Subdomains

Wie in Kapitel 1 besprochen, kann es schwierig sein, die Grenzen der Subdomains zu erkennen. Daher wollen wir nicht versuchen, die Grenzen zu perfektionieren, sondern welche finden, die nützlich sind. Die Subdomains sollten es uns also erlauben, Komponenten mit unterschiedlichem Business-Wert zu ermitteln und die passenden Werkzeuge zum Designen und Implementieren der Lösung zu nutzen.

Wächst die Fachdomäne, können die Grenzen der Subdomains noch mehr verwischen und es erschweren, Subdomains zu erkennen, die mehrere kleinere Subdomains umfassen. Daher ist es wichtig, die identifizierten Subdomains neu zu begutachten und der Heuristik für kohärente Use Cases zu folgen (Gruppen von Use Cases, die mit denselben Daten arbeiten), um herauszufinden, wo eine Subdomain aufgeteilt werden kann (siehe Abbildung 11-3).

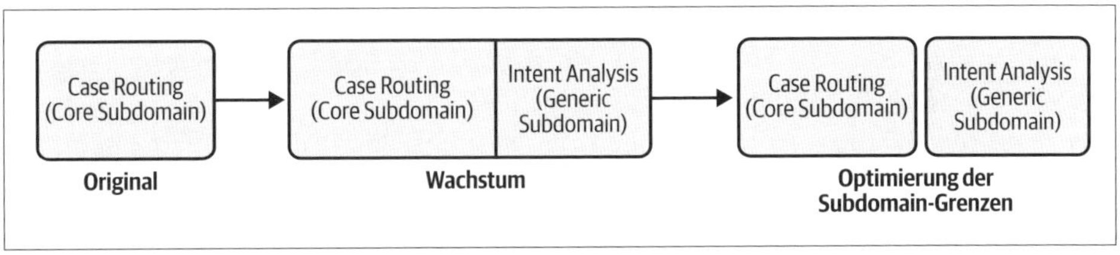

Abbildung 11-3: Optimieren der Subdomain-Grenzen, um sich dem Wachstum anzupassen

Können Sie feingranularere Subdomains unterschiedlicher Arten ermitteln, ist das eine wichtige Einsicht, die es Ihnen ermöglicht, die essenzielle Komplexität der Fachdomäne zu managen. Je präziser die Informationen über die Subdomains und ihre Arten sind, desto effektiver werden Sie technische Lösungen für jede Subdomain auswählen können.

Insbesondere für Core Subdomains ist es wichtig, die inneren Subdomains zu identifizieren, die extrahiert und explizit gemacht werden können. Wir sollten immer versuchen, Core Subdomains so weit wie möglich einzudampfen, sodass wir unsere Kräfte dort investieren können, wo es aus Sicht der Business-Strategie am entscheidendsten ist.

Bounded Contexts

In Kapitel 3 haben Sie gelernt, dass uns das Bounded Context Pattern ermöglicht, unterschiedliche Modelle der gleichen Fachdomäne zu verwenden. Statt ein Modell als Eier legende Wollmilchsau für alles zu bauen, können wir mehrere Modelle schaffen, die sich jeweils auf das Lösen eines spezifischen Problems konzentrieren.

Entwickelt sich ein Projekt weiter und nimmt sein Umfang zu, ist es nicht ungewöhnlich, dass die Bounded Contexts ihren Fokus verlieren und Logik ansammeln, die mit unterschiedlichen Problemen zu tun hat. Das ist unbeabsichtigte Komplexität. Wie bei Subdomains ist es sehr wichtig, die Grenzen der Bounded Contexts von Zeit zu Zeit unter die Lupe zu nehmen. Halten Sie immer nach Gelegenheiten Ausschau, die Modelle zu vereinfachen, indem Sie Bounded Contexts extrahieren, die sich auf das Lösen genau spezifizierter Probleme beschränken.

Wachstum kann zudem bestehende implizite Designprobleme explizit machen. Vielleicht bemerken Sie, dass eine Reihe von Bounded Contexts mit der Zeit immer »geschwätziger« wird und keine Operation abschließen kann, ohne einen anderen Bounded Context aufzurufen. Das kann ein deutliches Signal für ein ineffektives Modell sein und sollte angegangen werden, indem die Grenzen der Bounded Contexts neu designt werden, um deren Autonomie zu verbessern.

Aggregates

Als wir über das Domain Model Pattern in Kapitel 6 sprachen, nutzten wir das folgende Leitprinzip für das Designen der Aggregate-Grenzen:

> Faustregel ist, die Aggregates so klein wie möglich zu halten und nur die Objekte mit aufzunehmen, die sich für die Business-Logik des Aggregate in einem streng konsistenten Status befinden müssen.

Wachsen die Business-Anforderungen des Systems, kann es »bequem« sein, die neue Funktionalität auf die bestehenden Aggregates zu verteilen, ohne das Prinzip im Blick zu behalten, dass die Aggregates klein bleiben sollten. Wächst ein Aggregate und nimmt Daten auf, die nicht durch seine gesamten Business-Logik hindurch erforderlich sind, um streng konsistent zu bleiben, ist das wieder unbeabsichtigte Komplexität, die beseitigt werden muss.

Das Extrahieren von Business-Funktionalität in ein dediziertes Aggregate vereinfacht nicht nur das ursprüngliche Aggregate, es kann eventuell auch den Bounded Context vereinfachen, zu dem es gehört. Häufig deckt solch ein Refaktorieren auch noch ein zusätzliches verborgenes Modell auf, das – einmal explizit gemacht – in einen anderen Bounded Context extrahiert werden sollte.

Zusammenfassung

Wie Heraklit einmal sagte, ist nichts so beständig wie der Wandel. Unternehmen sind da keine Ausnahme. Um mit dem Wettbewerb Schritt halten zu können, versuchen Firmen unaufhörlich, sich weiterzuentwickeln und neu zu erfinden. Solche Änderungen sollten als zentrale Elemente des Designprozesses betrachtet werden.

Entwickelt sich die Fachdomäne weiter, müssen Änderungen an ihren Subdomains erkannt werden, und man muss im Systemdesign darauf reagieren. Stellen Sie sicher, dass Ihre früheren Designentscheidungen zum aktuellen Status der Fachdomäne und ihrer Subdomains passen. Entwickeln Sie bei Bedarf Ihr Design weiter, damit es besser zur aktuellen Strategie und den Anforderungen des Business passt.

Es ist ebenfalls wichtig, sich bewusst zu machen, dass Änderungen an der Organisationsstruktur die Kommunikation und Kooperation zwischen Teams beeinflussen kann und sich damit auch auf die Art und Weise auswirkt, wie deren Bounded Contexts integriert werden können. Etwas über die Fachdomäne zu lernen, ist ein fortlaufender Prozess. Wenn mit der Zeit mehr Domänenwissen aufgedeckt wird, muss es genutzt werden, um strategische und taktische Designentscheidungen zu verbessern.

Und schließlich ist das Wachsen von Software eine gewünschte Form der Änderung. Wird es aber nicht korrekt gemanagt, kann es desaströse Auswirkungen auf Design und Architektur des Systems haben. Daher gilt:

- Wird die Funktionalität einer Subdomain erweitert, versuchen Sie, feingranularere Subdomain-Grenzen zu identifizieren, durch die Sie bessere Designentscheidungen treffen können.
- Erlauben Sie es einem Bounded Context nicht, eine Eier legende Wollmilchsau zu werden. Achten Sie darauf, dass sich die von Bounded Contexts genutzten Modelle auf das Lösen spezifischer Probleme fokussieren.
- Sorgen Sie dafür, dass die Grenzen Ihrer Aggregates so eng wie möglich sind. Nutzen Sie die Heuristik der streng konsistenten Daten, um Möglichkeiten abzuklopfen, Business-Logik in neue Aggregates auszulagern.

Mein letzter Rat zu diesem Thema ist, die verschiedenen Grenzen kontinuierlich auf Zeichen für durch Wachstum entstehende Komplexität abzuklopfen. Eliminieren Sie unbeabsichtigte Komplexität und nutzen Sie die Werkzeuge von Domain-Driven Design, um die essenzielle Komplexität der Fachdomäne zu managen.

Übungen

1. Welche Art von Änderungen bei der Integration der Bounded Contexts wird oft durch das Wachstum einer Organisation verursacht?
   a. Partnership nach Customer/Supplier (Conformist, Anticorruption Layer oder Open-Host Service)
   b. Anticorruption Layer nach Open-Host Service
   c. Conformist nach Shared Kernel
   d. Open-Host Service nach Shared Kernel
2. Angenommen, die Integration der Bounded Contexts verschiebt sich von einer Conformist-Beziehung hin zu Separate Ways. Welche Informationen können Sie ausgehend von dieser Änderung ableiten?
   a. Die Entwicklungsteams haben ein Problem damit, zusammenzuarbeiten.
   b. Die doppelte Funktionalität ist entweder eine Supporting oder eine Generic Subdomain.
   c. Die doppelte Funktionalität ist eine Core Subdomain.
   d. A und B
   e. A und C
3. Was sind die Symptome einer Supporting Subdomain, die zu einer Core Subdomain wird?
   a. Es wird leichter, das bestehende Modell weiterzuentwickeln und die neuen Anforderungen zu implementieren.
   b. Es wird schwerer, das bestehende Modell weiterzuentwickeln.
   c. Die Subdomain ändert sich häufiger.
   d. B und C
   e. Nichts davon.
4. Welche Änderungen entstehen aus dem Entdecken einer neuen Business-Möglichkeit?
   a. Eine Supporting Subdomain wird zu einer Core Subdomain.
   b. Eine Supporting Subdomain wird zu einer Generic Subdomain.
   c. Eine Generic Subdomain wird zu einer Core Subdomain.
   d. Eine Generic Subdomain wird zu einer Supporting Subdomain.
   e. A und B
   f. A und C
5. Welche Änderung an der Business-Strategie könnte eine der Generic Subdomains von WolfDesk (die fiktive Firma aus dem Vorwort) in eine Core Subdomain verwandeln?

KAPITEL 12

EventStorming

In diesem Kapitel wenden wir uns kurz von Patterns und Techniken zum Softwaredesign ab. Stattdessen wollen wir uns auf einen Low-Tech-Modellierungsprozess namens *EventStorming* konzentrieren. Dieser Prozess bringt die zentralen Aspekte von Domain-Driven Design zusammen, die wir in den vorherigen Kapiteln behandelt haben.

Sie werden den EventStorming-Prozess kennenlernen, und Sie werden erfahren, wie Sie einen EventStorming-Workshop umsetzen und EventStorming nutzen können, um Domänenwissen effektiv zu verbreiten und eine Ubiquitous Language aufzubauen.

Was ist EventStorming?

EventStorming ist eine Low-Tech-Aktivität für eine Personengruppe, um einen Business-Prozess per Brainstorming zu erfassen und zügig zu modellieren. In gewisser Weise ist EventStorming ein taktisches Werkzeug, um Fachdomänenwissen zu verbreiten.

Eine EventStorming-Session hat einen *Scope* – den Business-Prozess, den die Gruppe untersuchen möchte. Die Teilnehmenden erforschen den Prozess als eine Folge von Domain Events, die durch Post-its auf einer Zeitachse dargestellt werden. Schritt für Schritt wird das Modell durch zusätzliche Konzepte erweitert – Beteiligte, Commands, externe Systeme und anderes –, bis alle Elemente die gesamte Geschichte dazu erzählen, wie der Business-Prozess funktioniert.

Wer sollte am EventStorming teilnehmen?

> Denken Sie einfach daran: Ziel des Workshop ist es, so viel wie möglich in kürzester Zeit zu lernen. Wir laden die Schlüsselpersonen zum Workshop ein, und wir wollen ihre wertvolle Zeit nicht verschwenden.
>
> – *Alberto Brandolini, Vater des EventStorming-Workshops*

Idealerweise sollte eine heterogene Personengruppe am Workshop teilnehmen. Tatsächlich kann aber jeder, der mit der Fachdomäne in Zusammenhang steht, dabei sein: Entwicklerinnen und Entwickler, Domänenexperten, Product Owner, Mitarbeitende des Testteams, UI/UX-Designer, Support-Personal und so weiter. Je mehr Personen mit unterschiedlichem Hintergrund beteiligt sind, desto mehr Wissen kann aufgedeckt werden.

Achten Sie aber darauf, dass die Gruppe nicht zu groß wird. Jeder Teilnehmende sollte zum Prozess beitragen können, was aber für Gruppen von mehr als zehn Personen schwierig werden kann.

Was brauchen Sie zum EventStorming?

EventStorming wird als Low-Tech-Workshop betrachtet, weil er mit Stift und Papier umgesetzt wird – mit sehr viel Papier. Schauen wir uns an, was Sie benötigen, um eine EventStorming-Session umzusetzen:

Modellierbereich
: Zunächst einmal benötigen Sie viel Raum zum Modellieren, am besten eine ganze Wand, die mit Packpapier bedeckt ist (siehe Abbildung 12-1). Ein großes Whiteboard kann auch reichen, aber es muss wirklich so groß wie möglich sein – Sie werden den gesamten Modellierbereich brauchen.

Post-its
: Dann brauchen Sie sehr viele Post-its in unterschiedlichen Farben. Die Zettel dienen dazu, verschiedene Konzepte der Fachdomäne zu repräsentieren, und jeder Teilnehmende sollte sie hinzufügen können. Achten Sie also darauf, genug Farben und überhaupt genügend Post-its vorzuhalten. Die Farben, die klassisch für das EventStorming genutzt werden, sind im nächsten Abschnitt beschrieben. Am besten bleiben Sie wenn möglich dabei, um mit all den aktuell verfügbaren Büchern und Kursen zum EventStorming abgestimmt zu sein.

Stifte
: Sie brauchen Stifte, mit denen Sie auf die Post-its schreiben können. Auch hier sollten die Materialien ausreichend vorhanden sein, um Wissen verbreiten zu können – es müssen genug Stifte für alle da sein.

Snacks
: Eine typische EventStorming-Session dauert zwei bis vier Stunden – sorgen Sie also für ein paar gesunde Snacks, zum Auffüllen der Energiereserven.

Räumlichkeiten
: Schließlich benötigen Sie einen ausreichend großen Raum. Stellen Sie sicher, dass es keinen großen Tisch in der Mitte gibt, der die Beteiligten davon abhält, sich frei zu bewegen und den Modellierbereich zu beobachten. Auch Stühle sind für EventStorming-Sessions nicht erwünscht. Sie wollen, dass die Menschen mitmachen und ihr Wissen teilen, und nicht, dass sie in der Ecke sitzen

und sich absondern. Räumen Sie daher (wenn möglich) die Stühle aus dem Raum.[1]

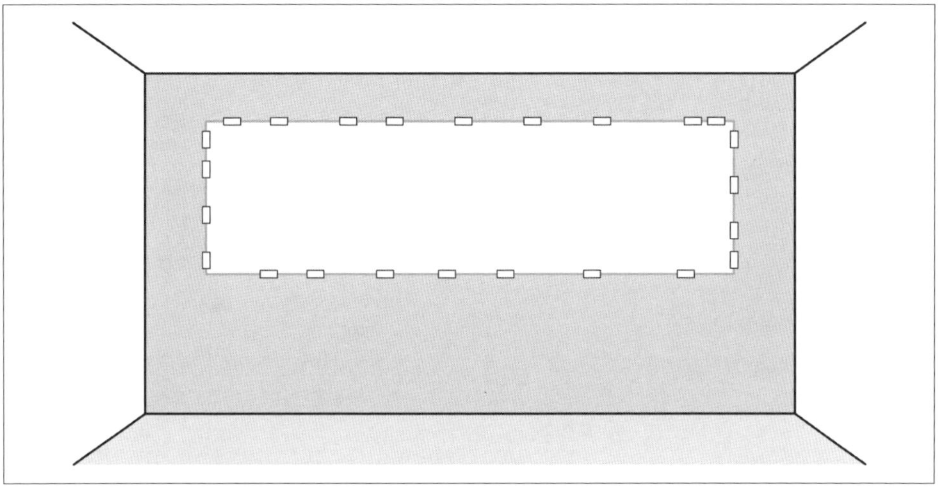

Abbildung 12-1: Modellierraum für ein EventStorming

Der EventStorming-Prozess

Ein EventStorming-Workshop wird normalerweise in zehn Schritten abgehalten. In jedem Schritt wird das Modell durch zusätzliche Informationen und Konzepte angereichert.

Schritt 1: Unstrukturiertes Erforschen

Das EventStorming beginnt mit einem Brainstorming der Domain Events, die mit der zu untersuchenden Fachdomäne verbunden sind. Ein *Domain Event* ist etwas Interessantes, das für das Business geschieht. Es ist wichtig, Domain Events in der Vergangenheitsform zu formulieren (siehe Abbildung 12-2) – es werden Dinge beschrieben, die schon geschehen sind.

Bei diesem Schritt schnappen sich alle Teilnehmenden einen Stapel orangefarbener Post-its, schreiben alle Domain Events darauf, die ihnen in den Sinn kommen, und kleben sie auf den Modellierbereich.

In dieser frühen Phase muss sich niemand um die Reihenfolge der Events Gedanken machen – nicht einmal um Redundanz. Bei diesem Schritt geht es nur darum, alle möglichen Dinge zusammenzutragen, die in der Fachdomäne geschehen können.

1 Das ist natürlich keine strikte Regel. Lassen Sie ein paar Stühle im Raum für den Fall, dass es für einige der Teilnehmenden zu anstrengend ist, eine so lange Zeit zu stehen.

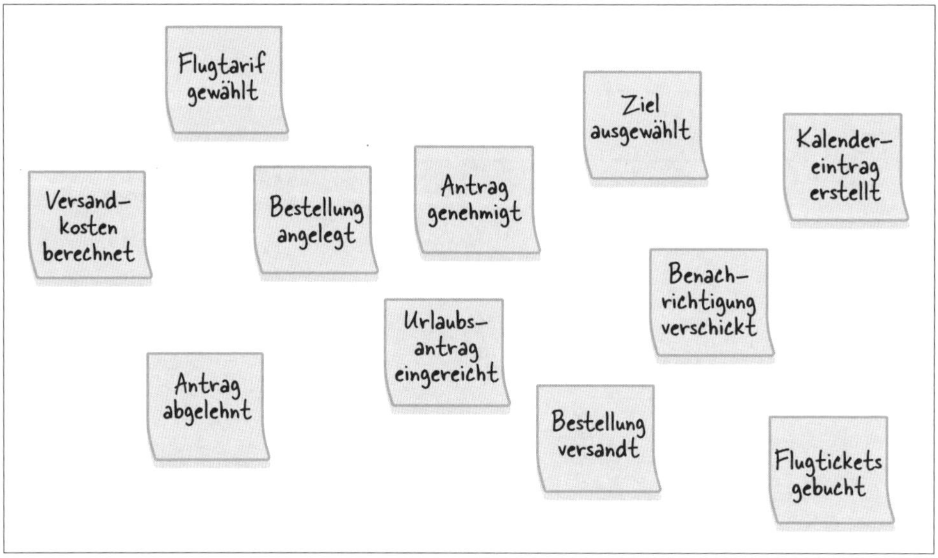

Abbildung 12-2: Unstrukturiertes Erforschen

Die Gruppe sollte weiter Domain Events erzeugen, bis die Zahl der neu ermittelten deutlich abnimmt.

Schritt 2: Zeitachsen

Als Nächstes gehen die Beteiligten die erzeugten Domain Events durch und bringen sie in die Reihenfolge, in der sie in der Fachdomäne vorkommen.

Die Events sollten mit dem »Happy Path Scenario« beginnen – dem Ablauf, der ein erfolgreiches Business-Szenario beschreibt. Ist der »Happy Path« abgeschlossen, können alternative Szenarien ergänzt werden – beispielsweise Pfade, bei denen Fehler auftreten oder andere Business-Entscheidungen getroffen werden. Ein Verzweigen des Ablaufs kann ausgedrückt werden, indem zwei Abläufe aus einem vorherigen Event entstehen, oder durch Pfeile, die auf die Modellieroberfläche gemalt werden (siehe Abbildung 12-3).

Abbildung 12-3: Ablauf der Events

In diesem Schritt können auch fehlerhafte Events korrigiert, Duplikate entfernt und natürlich bei Bedarf fehlende Events hinzugefügt werden.

Schritt 3: Pain Points

Haben Sie die Events entlang von Zeitachsen angeordnet, nutzen Sie diese Übersicht, um Stellen im Prozess zu identifizieren, die mehr Aufmerksamkeit benötigen. Dabei kann es sich um Flaschenhälse handeln, um manuelle Schritte, die zu automatisieren sind, um fehlende Dokumentation oder um fehlendes Domänenwissen.

Es ist wichtig, diese Ineffizienzen explizit zu machen, sodass Sie später leicht zu ihnen zurückkehren können, wenn die EventStorming-Session fortschreitet, oder um sich danach um sie zu kümmern. Die Pain Points werden mit gedrehten (rautenförmigen) pinkfarbenen Post-its markiert (siehe Abbildung 12-4).

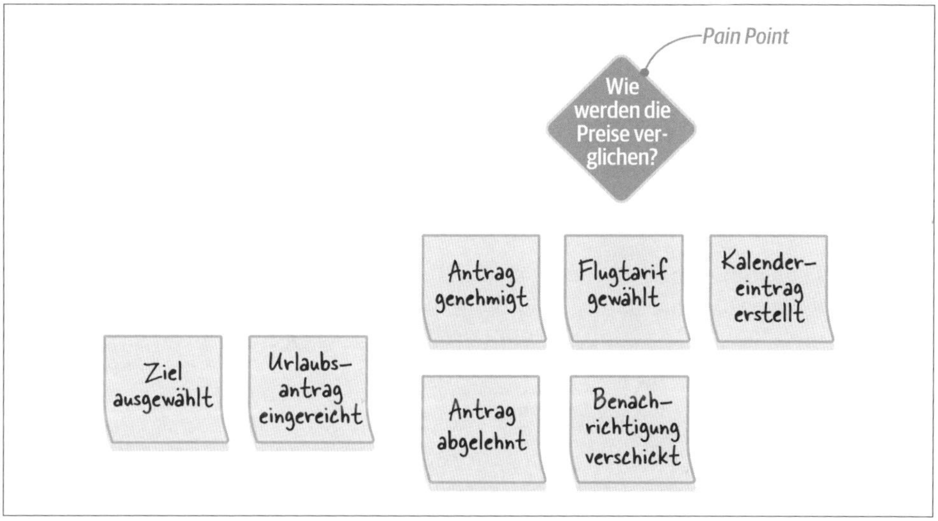

Abbildung 12-4: Ein rautenförmiges, pinkfarbenes Post-it, das auf einen Aspekt des Prozesses hinweist, der Aufmerksamkeit erfordert: fehlendes Domänenwissen darüber, wie die Flugpreise während des Buchungsprozesses verglichen werden

Natürlich ist dieser Schritt nicht die einzige Gelegenheit, Pain Points zu ermitteln. Achten Sie als Organisator während des gesamten Prozesses auf die Kommentare der Beteiligten. Wird ein Thema oder ein Problem erwähnt, dokumentieren Sie es als Pain Point.

Schritt 4: Pivotal Events

Liegt Ihnen nun eine Zeitachse mit Events vor, die durch Pain Points erweitert wurden, suchen Sie nach relevanten Business-Events, die eine Änderung am Kontext oder an einer Phase bedeuten. Diese werden als *Pivotal Events* oder zentrale Events bezeichnet und mit einem vertikalen Balken markiert, der die Events vor und nach dem Pivotal Event trennt.

So stehen beispielsweise »Einkaufswagen initialisiert«, »Bestellung initialisiert«, »Bestellung versandt«, »Bestellung zugestellt« und »Bestellung zurückgeschickt« für relevante Änderungen im Prozess einer Bestellung (siehe Abbildung 12-5).

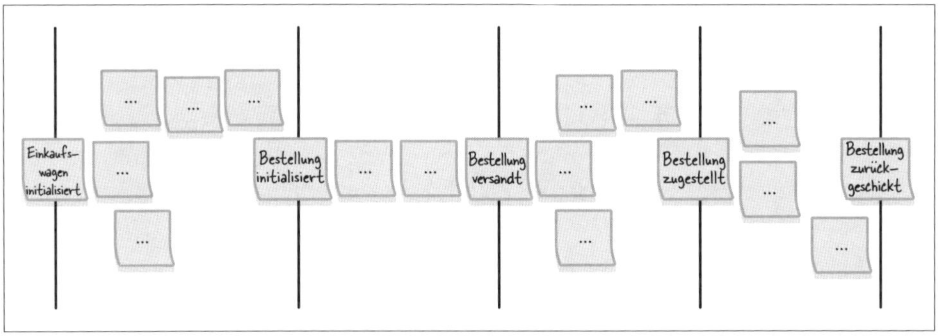

Abbildung 12-5: Pivotal Events stehen für Änderungen am Kontext im Event-Ablauf.

Pivotal Events sind ein Indikator für potenzielle Grenzen von Bounded Contexts.

Schritt 5: Commands

Während ein Domain Event etwas beschreibt, das schon geschehen ist, beschreiben *Commands*, was das Event oder die Abfolge von Events auslöst. Commands stehen für Systemoperationen und werden – anders als Domain Events – als Imperativ formuliert, zum Beispiel:

- Veröffentliche die Kampagne
- Rolle die Transaktion zurück
- Gebe die Bestellung auf

Commands werden auf hellblaue Post-its geschrieben und im Modellierbereich vor die Events geklebt, die sie auslösen können. Wird ein bestimmtes Command von einem »Actor« in einer spezifischen Rolle ausgeführt, werden Informationen darüber auf einem kleinen gelben Post-it hinzugefügt (siehe Abbildung 12-6). Der Actor repräsentiert eine User Persona innerhalb der Fachdomäne, wie zum Beispiel eine Kundin, einen Administrator oder eine Bearbeiterin.

Natürlich werden nicht alle Commands mit einem zugehörigen Actor verbunden sein. Daher fügen Sie die Actor-Information nur hinzu, wenn es offensichtlich ist. Im nächsten Schritt werden wir das Modell durch zusätzliche Entities ergänzen, die Commands auslösen können.

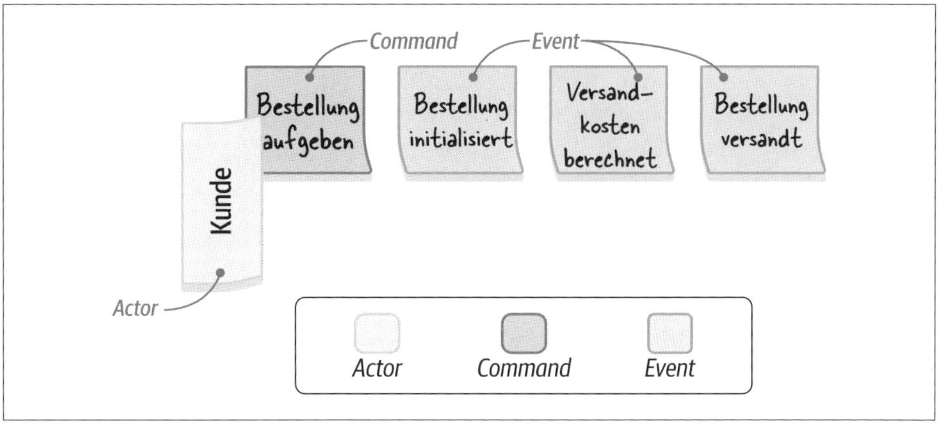

Abbildung 12-6: Das Command »Bestellung aufgeben« wird vom Kunden (Actor) ausgeführt, und darauf folgen die Events »Bestellung initialisiert«, »Versandkosten berechnet« und »Bestellung versandt«.

Schritt 6: Policies

So gut wie immer werden zwar ein paar Commands zum Modell hinzugefügt, ihnen wird aber kein spezifischer Actor zugeordnet. Bei diesem Schritt halten Sie nach Automation Policies Ausschau, die diese Commands ausführen könnten.

Eine *Automation Policy* ist ein Szenario, in dem ein Event die Ausführung eines Command auslöst. Mit anderen Worten: Ein Command wird automatisch ausgeführt, wenn ein bestimmtes Event auftritt.

Im Modellierbereich werden Policies als lilafarbene Post-its umgesetzt, die Events mit Commands verbinden, so geschehen mit dem Policy-Post-it in Abbildung 12-7.

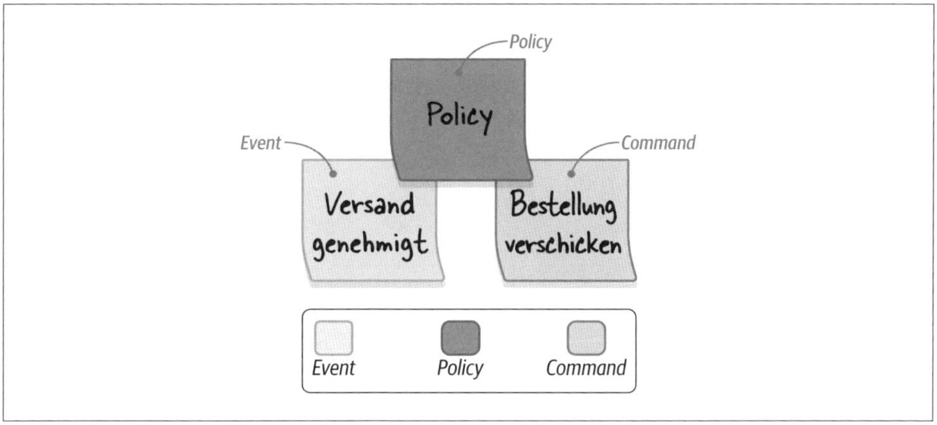

Abbildung 12-7: Eine Automation Policy, die das Command »Bestellung verschicken« auslöst, wenn das Event »Versand genehmigt« eintrifft

Sollte das fragliche Command nur ausgeführt werden, wenn bestimmte Kriterien erfüllt sind, können Sie diese explizit auf dem Policy-Post-it vermerken. Müssen Sie beispielsweise das Command `escalate` ausführen, wenn das Event »Complaint Received« eingetreten ist, aber nur dann, wenn die Beschwerde von einem VIP-Kunden kam, können Sie explizit »nur für VIP-Kunden« auf das Policy-Post-it schreiben.

Liegen Event und Command weit auseinander, können Sie einen Pfeil auf den Modellierbereich zeichnen, um beides miteinander zu verbinden.

Schritt 7: Read Models

Ein Read Model ist die Sicht auf die Daten innerhalb der Domain, die der Actor nutzt, um eine Entscheidung zum Ausführen eines Command zu tätigen. Dabei kann es sich um eine der Benutzeroberflächen des Systems handeln, um einen Report, eine Benachrichtigung und so weiter.

Die Read Models werden durch grüne Post-its dargestellt (siehe den »Einkaufswagen« in Abbildung 12-8) – zusammen mit einer kurzen Beschreibung zu den Informationsquellen, die erforderlich sind, um die Entscheidung des Actors zu unterstützen. Da ein Command ausgeführt wird, nachdem der Actor das Read Model betrachtet hat, werden die Read Models im Modellierbereich vor den Commands positioniert.

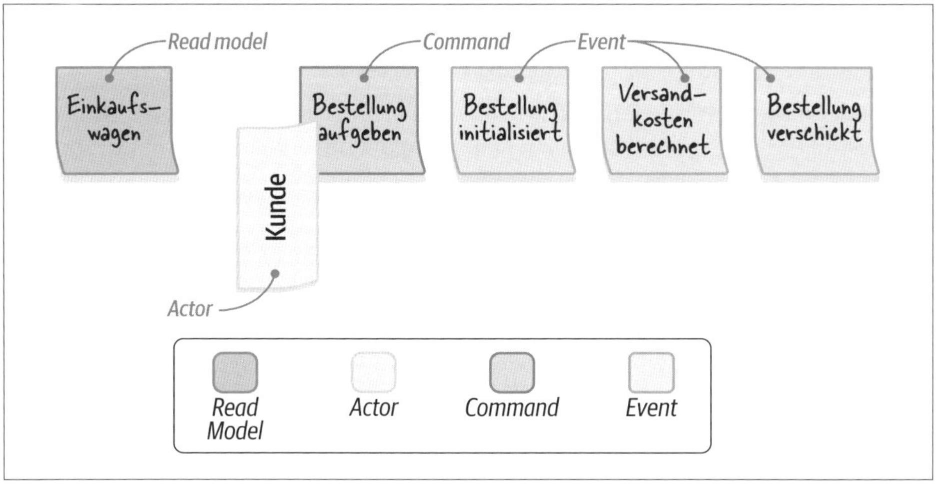

Abbildung 12-8: Die View, die der »Einkaufswagen« (Read Model) braucht, damit der Kunde (Actor) seine Entscheidung zum Aufgeben der Bestellung (Command) fällen kann

Schritt 8: Externe Systeme

Bei diesem Schritt geht es darum, das Modell durch externe Systeme zu erweitern. Ein *externes System* ist jedes System, das nicht Teil der untersuchten Domain ist. Es kann Commands ausführen (Input) oder über Events unterrichtet werden (Output).

Die externen Systeme werden durch pinkfarbene Post-its dargestellt. In Abbildung 12-9 löst das CRM (externes System) das Command »Bestellung ausliefern« aus. Wurde die Auslieferung genehmigt (Event), wird dies über eine Policy an das CRM (externes System) übermittelt.

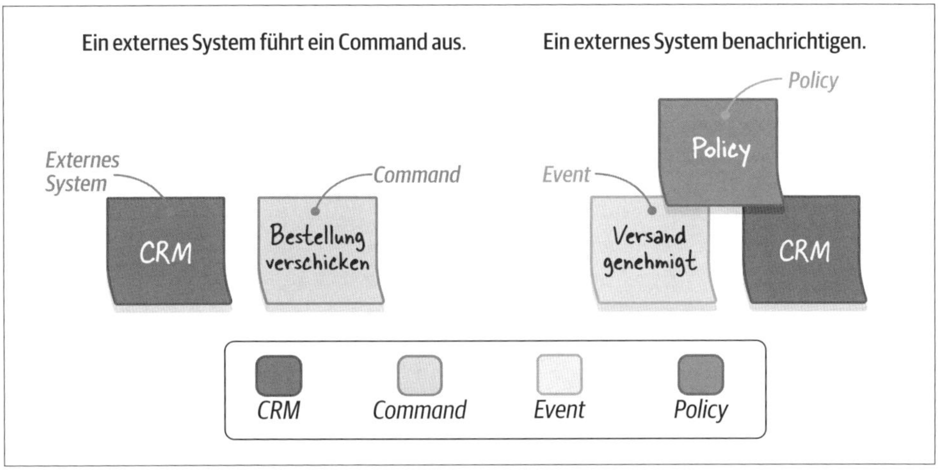

Abbildung 12-9: Ein externes System löst ein Command aus (links) und die Genehmigung der Übermittlung des Events an das externe System (rechts).

Am Ende dieses Schritts sollten alle Commands entweder durch Actors ausgeführt werden, durch Policies getriggert sein oder von externen Systemen gerufen werden.

Schritt 9: Aggregates

Sobald alle Events und Commands erfasst sind, können die Beteiligten zusammengehörige Konzepte in Aggregates organisieren. Ein *Aggregate* empfängt Commands und erzeugt Events.

Aggregates werden als große gelbe Post-its dargestellt. Die Commands stehen links davon, die Events rechts (siehe Abbildung 12-10).

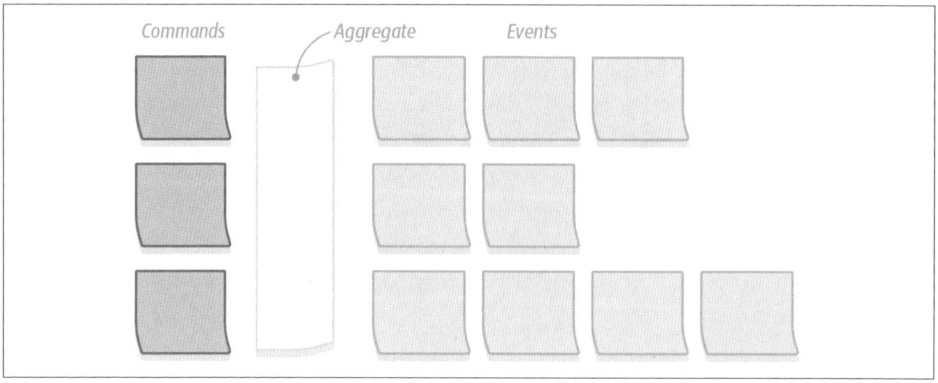

Abbildung 12-10: Commands und Domain Events werden in einem Aggregate organisiert.

Schritt 10: Bounded Contexts

Der letzte Schritt einer EventStorming-Session ist das Erfassen von Aggregates, die zusammengehören – entweder weil ihre Funktionalität eng miteinander verbunden ist oder weil sie durch Policies aneinander gebunden sind. Die Aggregates-Gruppen bilden natürliche Kandidaten für die Grenzen der Bounded Contexts, wie in Abbildung 12-11 zu sehen ist.

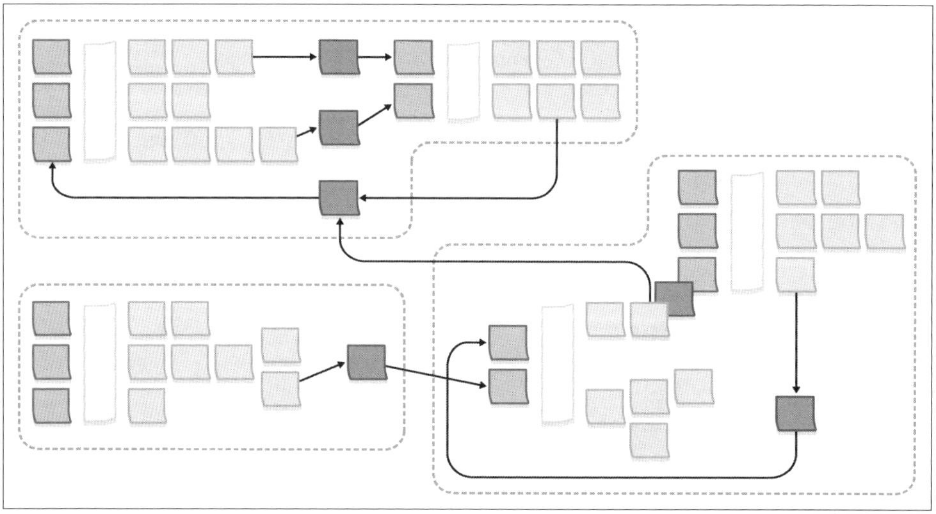

Abbildung 12-11: Ein mögliches Aufteilen des Systems in Bounded Contexts

Varianten

Alberto Brandolini, der Vater der EventStorming-Workshops, definiert den EventStorming-Prozess als *Orientierungshilfe* und nicht als *strenges Regelwerk*. Sie dürfen gerne mit dem Prozess experimentieren, um das »Rezept« zu finden, das für Sie am besten funktioniert.

Auf Basis meiner Erfahrungen beginne ich beim Einführen des EventStorming in einer Organisation damit, das »Große Ganze« der Fachdomäne zu untersuchen, indem ich den Schritten 1 (chaotisches Erforschen) bis 4 (Pivotal Elements) folge. Das sich daraus ergebende Modell deckt einen großen Bereich der Fachdomäne des Unternehmens ab, sorgt für eine gute Grundlage für Ubiquitous Languages und gibt eine grobe Orientierung für mögliche Grenzen von Bounded Contexts.

Ist dieses »Große Ganze« erfasst und wurden die verschiedenen Business-Prozesse identifiziert, nutzen wir eine dedizierte EventStorming-Session für jeden relevanten Business-Prozess – dieses Mal mit allen Schritten, um den vollständigen Prozess zu modellieren.

Am Ende einer vollständigen EventStorming-Session werden Sie ein Modell haben, das die Events, Commands, Aggregates und sogar mögliche Bounded Contexts der Fachdomäne beschreibt. Aber das alles ist nur ein nettes Add-on. Der wahre Wert einer EventStorming-Session ist der Prozess selbst – das Teilen von Wissen zwischen verschiedenen Stakeholdern, dem Abgleichen ihrer mentalen Modelle über das Business, das Aufdecken von miteinander in Konflikt stehenden Modellen und das Formulieren der Ubiquitous Language.

Das so entstehende Modell lässt sich als Basis für das Implementieren eines Event-Sourced Domain Model übernehmen. Die Entscheidung, ob Sie diesem oder einem anderen Weg folgen, hängt von Ihrer Fachdomäne ab. Implementieren Sie das Event-Sourced Domain Model, haben Sie schon die Grenzen des Bounded Context, die Aggregates und natürlich einen Entwurf für die erforderlichen Domain Events.

Wann Sie EventStorming einsetzen

Der Workshop unterstützt eine Reihe von Aspekten:

Eine Ubiquitous Language aufbauen
: Arbeitet die Gruppe zusammen, um das Modell des Business-Prozesses zu erstellen, synchronisiert sie instinktiv die Terminologie und beginnt damit, die gleiche Sprache zu verwenden.

Den Business-Prozess modellieren
: Eine EventStorming-Session ist eine effektive Möglichkeit, ein Modell des Business-Prozesses zu erstellen. Da sie auf DDD-orientierten Bausteinen basiert, ist sie auch ein effektiver Weg, die Grenzen von Aggregates und Bounded Contexts zu klären.

Neue Business-Anforderungen untersuchen
: Sie können EventStorming verwenden, um sicherzustellen, dass alle Beteiligten bei neuer Funktionalität die gleiche Vorstellung davon besitzen, und Randfälle aufdecken, die von den Business-Anforderungen nicht abgedeckt werden.

Domänenwissen wiederherstellen
: Mit der Zeit kann Domänenwissen verloren gehen. Das gilt besonders für Legacy-Systeme, die modernisiert werden müssen. EventStorming ist eine effiziente Möglichkeit, das von jedem Beteiligten beizutragende Wissen in einem kohärenten Bild zusammenzuführen.

Möglichkeiten zum Verbessern eines bestehenden Business-Prozesses untersuchen
: Mit einer End-to-End-Betrachtung eines Business-Prozesses erhalten Sie den Blickwinkel, der erforderlich ist, um Ineffizienzen und Möglichkeiten zum Verbessern des Prozesses zu erkennen.

Neue Teammitglieder an Bord holen
: Wenn Sie zu einer EventStorming-Session neue Teammitglieder einladen, ist das eine großartige Möglichkeit, deren Domänenwissen zu erweitern.

Neben der Frage, wann man EventStorming nutzt, ist es auch wichtig, zu wissen, wann man es nicht verwenden sollte. EventStorming wird weniger erfolgreich sein, wenn der Business-Prozess, den Sie untersuchen, einfach oder offensichtlich ist, wie zum Beispiel ein Abarbeiten einer Reihe von aufeinanderfolgenden Schritten ohne interessante Business-Logik oder besondere Komplexität.

Tipps für das EventStorming

Halte ich eine EventStorming-Session zusammen mit Menschen ab, die noch nie zuvor an einem EventStorming teilgenommen haben, beginne ich gern mit einem kurzen Überblick über den Prozess. Ich erläutere, wie es ablaufen wird, was für einen Business-Prozess wir untersuchen werden und welche Modellierungselemente wir im Workshop verwenden. Wenn wir die Elemente durchgehen – Domain Events, Commands, Actors und so weiter –, erstelle ich eine Legende (siehe Abbildung 12-12) aus den Post-its und Bezeichnungen, die wir nutzen werden, damit die Beteiligten bei Fragen zum Farbcode nachschauen können. Die Legende sollte während des Workshops immer verfügbar sein.

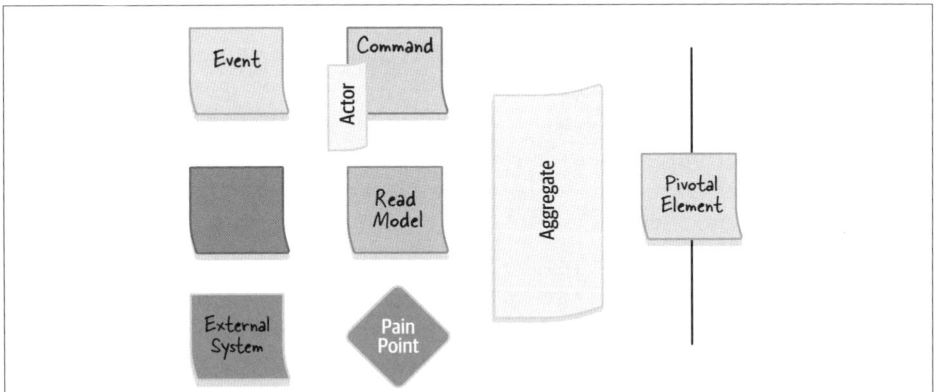

Abbildung 12-12: Eine Legende mit den verschiedenen Elementen des EventStorming-Prozesses auf den entsprechenden Post-its

Achten Sie auf die Dynamik

Schreitet der Workshop fort, ist es wichtig, die Energie der Gruppe zu beachten. Verlangsamt sich die Dynamik, versuchen Sie, den Prozess wiederzubeleben, indem Sie Fragen stellen, oder prüfen Sie, ob es Zeit für den nächsten Schritt ist.

Denken Sie daran, dass EventStorming eine Gruppenaktivität ist, daher achten Sie auch darauf, es als solche zu behandeln. Stellen Sie sicher, dass jeder die Chance hat, sich beim Modellieren und an den Diskussionen zu beteiligen. Bemerken Sie, dass Teilnehmende lieber nur am Rand stehen, versuchen Sie, sie mit in den Prozess einzubeziehen, indem Sie Fragen über den aktuellen Status des Modells stellen.

EventStorming ist eine intensive Aktivität, und ab und zu wird die Gruppe eine Pause benötigen. Fahren Sie mit der Session erst dann fort, wenn alle wieder im Raum sind. Fassen Sie dann den aktuellen Status des Modells kurz zusammen, damit die Gruppe wieder gemeinsam in die richtige Stimmung kommt.

Remote EventStorming

EventStorming wurde als Low-Tech-Aktivität entwickelt, bei der die Menschen miteinander im selben Raum interagieren und lernen. Alberto Brandolini, der Vater des Workshops, hat sich oft gegen ein remote durchgeführtes EventStorming ausgesprochen, weil es unmöglich sei, die gleiche Beteiligung und damit Zusammenarbeit und Wissensvermittlung zu erreichen, wie dies in einem Raum möglich ist.

Aber mit dem Entstehen der COVID-19-Pandemie im Jahr 2020 wurde es unmöglich, In-Person-Meetings und damit EventStorming wie angedacht durchzuführen. Eine Reihe von Tools hat versucht, Zusammenarbeit zu ermöglichen und Remote-EventStorming-Sessions zu unterstützen. Aktuell ist das erwähnenswerteste davon miro.com (*http://miro.com*). Haben Sie beim Online-EventStorming mehr Geduld und berücksichtigen Sie, dass die Kommunikation dabei weniger effektiv ist.

Zudem hat meine Erfahrung gezeigt, dass Remote-EventStorming-Sessions effektiver sind, wenn weniger Personen teilnehmen. Während bei einer In-Person-Session durchaus zehn Personen mitmachen können, bevorzuge ich es, Onlinesessions auf fünf Beteiligte zu begrenzen. Bräuchten Sie das Wissen weiterer Menschen, sollten Sie mehrere Sessions durchführen und danach die entstandenen Modelle vergleichen und zusammenführen.

Wenn es wieder möglich ist, kehren Sie zum In-Person-EventStorming zurück.

Zusammenfassung

EventStorming ist ein gemeinsamer Workshop zum Modellieren von Business-Prozessen. Abgesehen von sich daraus ergebenden Modellen ist sein Hauptvorteil das Teilen von Wissen. Am Ende der Session haben alle Beteiligten ihre mentalen Modelle des Business-Prozesses miteinander in Einklang gebracht und die ersten Schritte in Richtung einer Ubiquitous Language gemacht.

EventStorming ist wie Fahrrad fahren. Es ist viel einfacher, es durch Ausprobieren zu lernen als durch das Lesen eines Buchs. Gleichwohl macht so ein Workshop Spaß und lässt sich leicht realisieren. Sie müssen keinen schwarzen Gürtel in Event-Storming haben, um damit anzufangen. Organisieren Sie eine Session, folgen Sie den Schritten und lernen Sie während des Prozesses.

Übungen

1. Wer sollte zu einer EventStorming-Session eingeladen werden?
    a. Personen aus der Softwareentwicklung
    b. Domänenexperten
    c. QA-Spezialistinnen und -Spezialisten
    d. Alle Stakeholder, die Wissen über die Fachdomäne besitzen, die Sie untersuchen wollen
2. Wozu lässt sich eine EventStorming-Session gut nutzen?
    a. zum Aufbau einer Ubiquitous Language
    b. zum Erforschen einer neuen Fachdomäne
    c. zum Wiederherstellen verlorenen Wissens in einem Brownfield-Projekt
    d. zum Einführen neuer Teammitglieder
    e. zum Ermitteln von Wegen zum Optimieren des Business-Prozesses
    f. Alle Antworten sind korrekt.
3. Was für Ergebnisse können Sie von einer EventStorming-Session erwarten?
    a. Ein besseres gemeinsames Verständnis über die Fachdomäne
    b. Eine stabilere Grundlage für eine Ubiquitous Language
    c. Das Aufdecken von weißen Flecken im Verständnis der Fachdomäne
    d. Ein Event-basiertes Modell, mit dem sich ein Domain Model implementieren lässt
    e. Alles zusammen, aber abhängig vom Zweck der Session

KAPITEL 13

Domain-Driven Design in der Praxis

Wir haben uns mit den Werkzeugen von Domain-Driven Design zum Analysieren von Fachdomänen, zum Teilen von Wissen und zum Treffen strategischer und taktischer Designentscheidungen befasst. Stellen Sie sich nur vor, wie viel Spaß es machen wird, das Ganze in der Praxis anzuwenden. Überlegen wir uns ein Szenario, in dem Sie an einem Greenfield-Projekt arbeiten. All Ihre Kolleginnen und Kollegen haben das Domain-Driven Design gut verstanden, und von Anfang an geben alle ihr Bestes, um effektive Modelle zu designen, und natürlich nutzen sie hingebungsvoll die Ubiquitous Language. Mit fortschreitendem Projektverlauf helfen die Grenzen der Bounded Contexts explizit und effektiv dabei, die Modelle der Fachdomäne zu schützen. Und da alle taktischen Designentscheidungen mit der Business-Strategie abgestimmt sind, ist die Codebasis immer in einem ausgezeichneten Zustand: Sie spricht die Ubiquitous Language und implementiert die Design-Patterns, die für die Komplexität des Modells passend sind. Das wäre schön, oder?

Nun zurück zur Realität: Ihre Chance, die eben beschriebenen Arbeitsbedingungen zu erleben, dürften so groß sein wie der Hauptgewinn beim Lottospielen. Natürlich ist es möglich, aber nicht wahrscheinlich. Leider glauben viele Leute fälschlicherweise, dass Domain-Driven Design nur auf Greenfield-Projekte angewendet werden kann, in denen jeder im Team einen schwarzen Gürtel in DDD besitzt. Ironischerweise sind die Projekte, die am meisten von DDD profitieren, Brownfield-Projekte – solche, die schon ihre Funktionsfähigkeit im Business bewiesen haben und nun neu strukturiert werden müssten, um die aufgestauten technischen Schulden und die Designentropie zu bekämpfen. Zufälligerweise verbringen wir auch gerade mit solchen alten Big-Ball-of-Mud-Brownfield-Codebasen die meiste Zeit unserer Softwareentwicklungskarriere.

Ein anderes häufig auftauchendes Missverständnis in Verbindung mit DDD ist, dass es sich um einen Alles-oder-nichts-Ansatz handelt – entweder wenden Sie jedes Werkzeug an, das die Methodik anbietet, oder es handelt sich nicht um Domain-Driven Design. Das stimmt aber nicht. Es mag erdrückend erscheinen, sich mit all diesen Konzepten vertraut zu machen – und erst recht, sie auch in der Praxis anzuwenden. Glücklicherweise müssen Sie gar nicht all diese Patterns und Praktiken anwenden, um einen Nutzen aus Domain-Driven Design zu ziehen. Das gilt besonders für Brownfield-Projekte, bei denen es nahezu unmöglich ist, alle Patterns und Praktiken in einem vernünftigen Zeitrahmen einzuführen.

In diesem Kapitel werden Sie Strategien zum Anwenden der Werkzeuge und Patterns von Domain-Driven Design in der Praxis kennenlernen – auch in Brownfield-Projekten und in nicht ganz so idealen Umgebungen.

Strategische Analyse

Ausgehend von der in diesem Buch genutzten Reihenfolge der Themen der Domain-Driven Design Patterns und Praktiken ist der beste Ausgangspunkt für das Einführen von DDD in einer Organisation, Zeit zu investeiren, um ihre Business-Strategie und den aktuellen Status der Systemarchitektur zu verstehen.

Die Fachdomäne verstehen

Als Erstes identifizieren Sie die Fachdomäne der Firma:

- Was sind die Fachdomänen der Organisation?
- Wer sind die Kundinnen und Kunden?
- Welchen Service oder Wert bietet die Organisation ihren Kunden und Kundinnen?
- Mit welchen Firmen oder Produkten steht die Organisation im Wettbewerb?

Das Beantworten dieser Fragen verschafft Ihnen einen Überblick über die High-Level-Ziele der Firma. Als Nächstes schauen Sie sich die Domain näher an und halten Ausschau nach den Business-Bausteinen, die die Organisation nutzt, um ihre High-Level-Ziele zu erreichen – den Subdomains.

Eine gute erste Heuristik ist das Organisationsdiagramm der Firma – ihre Abteilungen und anderen Einheiten. Untersuchen Sie, wie diese Gruppen miteinander arbeiten, damit sich die Firma im Wettbewerb behaupten kann.

Zudem suchen Sie nach Anzeichen für die spezifischen Arten von Subdomains.

Core Subdomains

Um die Core Subdomains der Firma zu ermitteln, versuchen Sie, herauszufinden, was sie von ihren Konkurrenten unterscheidet:

- Hat die Firma ein »Geheimrezept«, das ihren Mitbewerbern fehlt? Zum Beispiel Intellectual Property wie Patente oder Algorithmen, die in-house designt wurden?
- Denken Sie daran, dass der Wettbewerbsvorteil – und damit die Core Subdomain – nicht notwendigerweise technisch sein muss. Besitzt die Firma einen nicht technischen Wettbewerbsvorteil? Zum Beispiel die Fähigkeit, nur beste Mitarbeiter einzustellen, ein einmaliges künstlerisches Design zu schaffen oder anderes?

Eine weitere mächtige, wenn auch unschöne Heuristik für Core Subdomains ist, die am schlechtesten designten Softwarekomponenten zu ermitteln – die Big Balls of Mud, die alle Entwickler hassen, die das Business aber nicht von Grund auf neu bauen lassen will, weil es Angst vor dem damit verbundenen Risiko hat. Der Schlüssel ist hier, dass das Legacy-System nicht durch ein fertiges System ersetzt werden kann – dann wäre es eine Generic Subdomain – und jede Veränderung daran zu riskant wäre.

Generic Subdomain

Um Generic Subdomains zu identifizieren, schauen Sie sich nach fertigen Lösungen, Subscription-Services oder der Integration von Open-Source-Lösungen um. Wie Sie in Kapitel 1 gelernt haben, sollten die gleichen Fertiglösungen auch für Ihre Wettbewerber verfügbar sein, und es sollte keine Business-Auswirkungen auf Ihr Unternehmen haben, wenn andere Firmen die gleichen Lösungen einsetzen.

Supporting Subdomain

Bei Supporting Subdomains suchen Sie nach den verbleibenden Softwarekomponenten, die sich nicht durch fertige Lösungen ersetzen lassen, die aber auch keinen Wettbewerbsvorteil bieten. Befindet sich der Code in keinem guten Zustand, führt das in der Softwareentwicklung nicht zu allzu emotionalen Situationen, weil er sich nur selten ändert. Daher sind die Effekte suboptimalen Softwaredesigns nicht so kritisch wie bei den Core Subdomains.

Sie müssen nicht alle Core Subdomains identifizieren. Es wäre auch gar nicht praktikabel oder überhaupt möglich – selbst für ein Unternehmen mittlerer Größe. Stattdessen versuchen Sie, die Gesamtstrukturen aufzudecken und sich die Subdomains genauer anzuschauen, die für die Softwaresysteme am relevantesten sind, an denen Sie arbeiten.

Das aktuelle Design untersuchen

Sind Sie erst einmal mit der Problemdomäne vertraut, können Sie sich die Lösung und deren Designentscheidungen näher anschauen. Beginnen Sie als Erstes mit den High-Level-Komponenten. Dabei handelt es sich nicht unbedingt um Bounded Contexts im Sinne des DDD, sondern möglicherweise um Grenzen, die dazu dienen, die Fachdomäne in Subsysteme zu unterteilen.

Die charakteristische Eigenschaft, nach der Sie Ausschau halten sollten, sind die entkoppelten Lebenszyklen der Komponenten. Auch wenn die Subsysteme im gleichen Quellcode-Repository verwaltet werden (Mono-Repo) oder wenn sich alle Komponenten in einer einzigen monolithischen Codebasis befinden, sollten Sie prüfen, welche unabhängig von den anderen weiterentwickelt, getestet und deployt werden können.

Das taktische Design begutachten

Prüfen Sie für jede High-Level-Komponente, welche Business-Subdomains sie enthält und welche technischen Designentscheidungen getroffen wurden: Welche Patterns werden genutzt, um die Business-Logik zu implementieren und die Architektur der Komponente zu definieren?

Passt diese Lösung zur Komplexität des Problems? Gibt es Bereiche, in denen ausgefeiltere Design-Patterns erforderlich sind? Und umgekehrt: Gibt es Subdomains, bei denen es möglich ist, das Ganze zu vereinfachen oder bestehende, fertige Lösungen einzusetzen? Nutzen Sie diese Informationen, um klügere strategische und taktische Entscheidungen zu treffen.

Das strategische Design begutachten

Nutzen Sie das Wissen über die High-Level-Komponenten, um die Context Map des aktuellen Designs so zu zeichnen, als würde es sich bei diesen High-Level-Komponenten um Bounded Contexts handeln. Identifizieren und verfolgen Sie die Beziehungen zwischen den Komponenten ähnlich wie bei Integrations-Patterns für Bounded Contexts.

Analysieren Sie schließlich die sich so ergebende Context Map und bewerten Sie die Architektur aus Sicht eines Domain-Driven Design. Gibt es suboptimale strategische Designentscheidungen? Beispielsweise solche:

- Mehrere Teams arbeiten an der gleichen High-Level-Komponente.
- Core Subdomains sind doppelt implementiert.
- Eine Core Subdomain wird durch eine externe Firma implementiert.
- Es gibt Reibungen aufgrund einer schlecht laufenden Integration.
- Externe Services und Legacy-Systeme sorgen für umständliche Modelle.

Diese Einblicke bilden einen guten Ausgangspunkt für das Planen einer Modernisierungsstrategie für das Design. Aber nachdem Sie nun detaillierteres Wissen über den Problem- (Fachdomäne) und den Lösungsraum (aktuelles Design) haben, sollten Sie zuerst nach verlorenem Domänenwissen Ausschau halten. Wie in Kapitel 11 besprochen, kann Wissen über die Fachdomäne aus unterschiedlichsten Gründen verloren gehen. Dieses Problem ist in Core Domains sehr verbreitet und auch akut, da dort die Business-Logik komplex und geschäftskritisch ist. Treffen Sie auf solche Fälle, nutzen Sie EventStorming-Sessions, um zu versuchen, das Wissen wiederherzustellen. Verwenden Sie die EventStorming-Session auch als Ausgangsbasis für das Kultivieren einer Ubiquitous Language.

Modernisierungsstrategie

Bemühungen, das System mal »so richtig« von Grund auf neu zu schreiben – und es dieses Mal sauber zu designen und zu implementieren –, sind selten erfolgreich.

Und noch seltener werden solche architektonischen Rundumerneuerungen vom Management unterstützt.

Ein sicherer Ansatz zum Verbessern des Designs bestehender Systeme ist, groß zu denken, aber klein zu beginnen. Eric Evans sagt, dass nicht alle großen Systeme gut designt sein werden. Das ist eine Tatsache, die wir akzeptieren sollten, und daher müssen wir strategisch entscheiden, wo wir mit unseren Modernisierungsaufwänden ansetzen. Eine Voraussetzung für diese Entscheidung ist, Grenzen zu haben, die die Subdomains des Systems unterteilen. Die Grenzen müssen nicht physisch vorhanden sein und jede Subdomain zu einem voll ausgestatteten Bounded Context machen. Stattdessen beginnen Sie damit, sicherzustellen, dass zumindest die logischen Grenzen (Namensraum, Module und Pakete – abhängig vom Technologie-Stack) mit den Grenzen der Subdomains abgestimmt sind, wie in Abbildung 13-1 gezeigt.

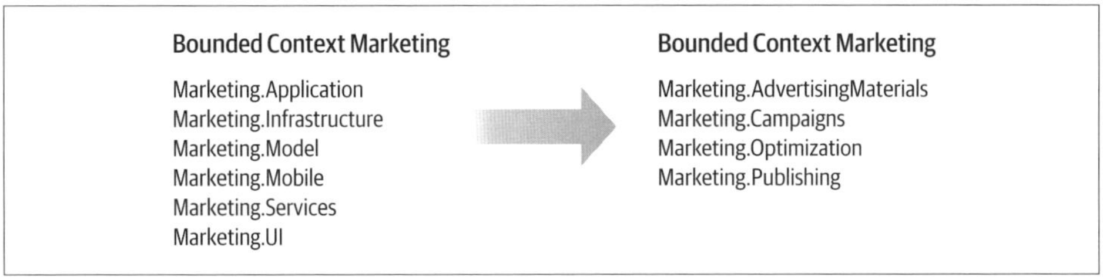

Abbildung 13-1: Reorganisieren der Module des Bounded Context, um die Grenzen der Business Subdomains und nicht die technischen Implementierungs-Patterns widerzuspiegeln

Das Anpassen der Module des Systems ist eine recht sichere Form des Refaktorierens. Sie verändern nicht die Business-Logik, sondern ordnen nur die Typen in einer besser organisierten Struktur an. Stellen Sie dabei aber sicher, dass Sie Referenzen über die vollen Namen vornehmen, sodass zum Beispiel beim dynamischen Laden von Bibliotheken oder bei Reflection nichts kaputtgeht.

Strategisches Modernisieren

Wie in Kapitel 10 besprochen, kann es riskant sein, das System zu früh in die kleinstmöglichen Bounded Contexts aufzuteilen. Wir werden Bounded Contexts und Microservices detaillierter im nächsten Kapitel behandeln. Hier sollten Sie schauen, wo Sie den größten Wert erhalten, wenn Sie logische Grenzen in physische Grenzen umwandeln. Das Extrahieren eines oder mehrerer Bounded Contexts, bei dem eine logische Grenze in eine physische verwandelt wird, zeigt Abbildung 13-2.

Fragen, die Sie sich stellen sollten:

- Arbeiten mehrere Teams an der gleichen Codebasis? Dann entkoppeln Sie die Entwicklungslebenszyklen, indem Sie Bounded Contexts für jedes Team definieren.

- Werden von den verschiedenen Komponenten miteinander in Konflikt stehende Modelle genutzt? Dann bringen Sie diese Modelle in getrennten Bounded Contexts unter.

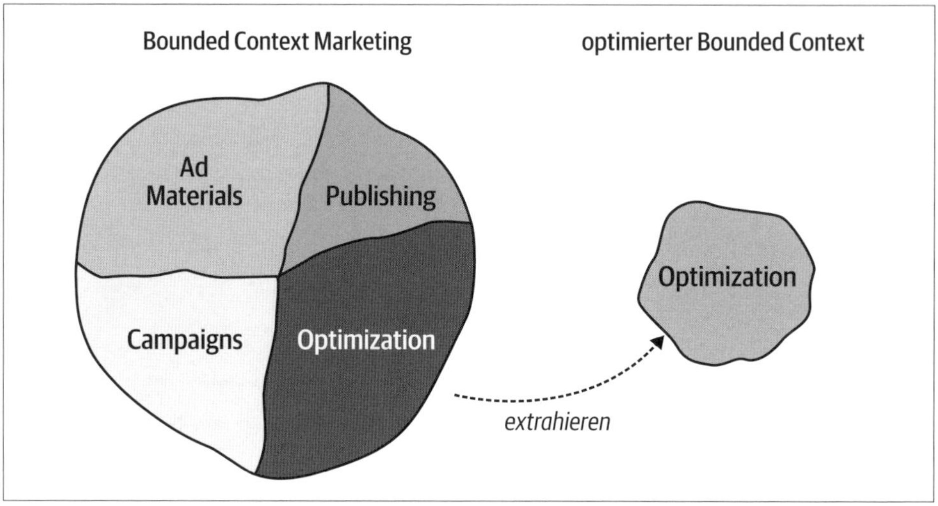

Abbildung 13-2: Einen Bounded Context extrahieren, indem eine logische Grenze in eine physische Grenze umgewandelt wird

Wenn die minimal erforderlichen Bounded Contexts eingerichtet sind, untersuchen Sie die Beziehungen und die Integrations-Patterns zwischen ihnen. Ermitteln Sie, wie die Teams, die an den verschiedenen Bounded Contexts arbeiten, kommunizieren und zusammenarbeiten. Insbesondere wenn sie per Ad-hoc- oder Shared-Kernel-ähnlicher Integration kommunizieren, sollten Sie schauen, ob die Teams gemeinsame Ziele und entsprechende Kollaborations-Levels besitzen.

Achten Sie auf Probleme, bei denen die Patterns zur Context-Integration helfen können:

Customer/Supplier Relationship
: Wie in Kapitel 11 besprochen, kann ein Wachstum der Organisation dazu führen, dass zuvor genutzte Patterns zu Kommunikation und Zusammenarbeit nicht mehr passen. Suchen Sie nach Komponenten, die für eine *Partnership*-Beziehung zwischen mehreren Entwicklungsteams designt wurden, bei denen die Partnerschaft aber nicht mehr nachhaltig ist. Refaktorieren Sie sie so, dass die passende Customer-Supplier-Beziehung genutzt wird (Conformist, Anticorruption Layer oder Open-Host Service).

Anticorruption Layer
: Anticorruption Layer können hilfreich sein, um Bounded Contexts vor Legacy-Systemen zu schützen, insbesondere wenn die Legacy-Systeme ineffiziente Modelle nutzen, die dazu tendieren, in Downstream-Komponenten auszustrahlen.

Ein weiterer häufiger Anwendungsfall für das Implementieren eines Anticorruption Layer ist das Schützen eines Bounded Context vor häufigen Änderungen an den öffentlichen Schnittstellen eines Upstream-Service, den er verwendet.

Open-Host Service
: Lösen Änderungen an den Implementierungsdetails einer Komponente oft Änderungen an vielen anderen Stellen im System aus und haben sie auch Einfluss auf die Consumer, sollten Sie darüber nachdenken, ob Sie sie zu einem Open-Host Service machen. Entkoppeln Sie das Implementierungsmodell von der öffentlichen API, die sie anbietet.

Separate Ways
: Insbesondere in großen Organisationen gibt es schnell mal Reibungen zwischen Entwicklungsteams, die an einer gemeinsamen Funktionalität arbeiten müssen. Wenn die entsprechende Funktionalität nicht geschäftskritisch ist – es sich also nicht um eine Core Subdomain handelt –, können die Teams getrennte Wege gehen, ihre eigene Lösung implementieren und damit die Quelle für die Reibung beseitigen.

Taktisches Modernisieren

Halten Sie aus taktischer Sicht zuallererst Ausschau nach den »schmerzhaftesten« Diskrepanzen zwischen Business-Wert und Implementierungsstrategien, etwa Core Subdomains, die Patterns implementieren, die nicht zur Komplexität des Modells passen – Transaction Script oder Active Record. Diese Systemkomponenten, die direkten Einfluss auf den Erfolg des Business haben, ändern sich am häufigsten, lassen sich dann aber bei einem schlechten Design nur mit viel Aufwand warten und weiterentwickeln.

Eine Ubiquitous Language kultivieren

Eine Voraussetzung für das erfolgreiche Modernisieren eines Designs sind das Domänenwissen und ein effektives Modell der Fachdomäne. Wie schon mehrfach erwähnt, ist eine Ubiquitous Language im Domain-Driven Design essenziell, um Wissen zu gewinnen und ein effektives Modell zur Lösung aufzubauen.

Vergessen Sie nicht die Abkürzung von Domain-Driven Design für das Erfassen von Domänenwissen: EventStorming. Mit EventStorming bauen Sie zusammen eine Ubiquitous Language mit den Domänenexperten auf und erforschen die Legacy-Codebasis – insbesondere dann, wenn es sich bei Letzterer um einen undokumentierten Haufen handelt, den niemand wirklich versteht. Holen Sie alle zusammen, die mit der Funktionalität zu tun haben, und lernen Sie die Fachdomäne kennen. EventStorming ist ein fantastisches Werkzeug, um Domänenwissen wiederherzustellen.

Sind Sie mit dem Domänenwissen und seinen Modellen ausgestattet, entscheiden Sie, welche Patterns zum Implementieren der Business-Logik am besten zur fraglichen Business-Funktionalität passen. Als Ausgangspunkt nutzen Sie die Designheuristiken aus Kapitel 10. Die nächste Entscheidung betrifft die Modernisierungsstrategie – ersetzen Sie nach und nach ganze Komponenten des Systems (Strangler Pattern) oder refaktorieren Sie Schritt für Schritt die bestehende Lösung.

Strangler Pattern

Würgefeigen (Strangler Fig, siehe Abbildung 13-3) sind eine Familie tropischer Bäume, die ein spezielles Wachstumsmuster teilen: Sie wachsen über andere Bäume – die Wirtsbäume. Eine Würgefeige beginnt ihr Leben als Samen in den oberen Zweigen des Wirtsbaums. Sie wächst dann nach unten, bis sie in der Erde wurzeln kann. Schließlich überwuchert die Feige den Wirtsbaum, wodurch dieser abstirbt.

Abbildung 13-3: Eine Würgefeige wächst auf ihrem Wirtsbaum. (Quelle: https://unsplash.com/photos/y_l5tep9wxI)

Das Strangler Fig Migration Pattern basiert auf der gleichen Wachstumsdynamik wie der Baum, nach dem es benannt wurde. Die Idee ist, einen neuen Bounded Context – den Strangler – zu erstellen, mit diesem neue Anforderungen zu implementieren und nach und nach die Funktionalität des Legacy Context dorthin zu migrieren. Gleichzeitig wird die Weiterentwicklung des Legacy Bounded Context gestoppt (abgesehen von Hotfixes und anderen Notfällen). Irgendwann ist dann die gesamte Funktionalität in den neuen Bounded Context migriert – den Strangler –, was analog zum Tod des Wirtsbaums führt – der Legacy-Codebasis.

Meist wird das Strangler Pattern zusammen mit dem Facade Pattern verwendet – einer dünnen Abstraktionsschicht, die als öffentliche Schnittstelle dient und für das Weiterleiten der Requests zum Verarbeiten entweder an den Legacy oder den modernisierten Bounded Context verantwortlich ist. Ist die Migration abgeschlossen – der Wirtsbaum gestorben –, wird die Facade entfernt, da sie nicht länger erforderlich ist (siehe Abbildung 13-4).

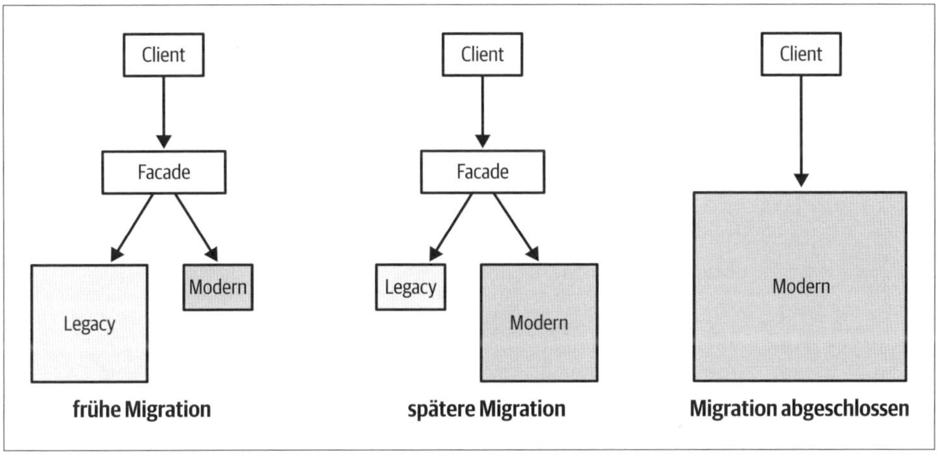

Abbildung 13-4: Der Facade Layer leitet die Requests abhängig vom Status der Migration der Funktionalität aus dem Legacy- in das modernisierte System weiter. Ist die Migration abgeschlossen, werden sowohl die Facade wie auch das Legacy-System entfernt.

Entgegen dem Prinzip, dass jeder Bounded Context ein eigenes Subsystem ist und daher seine Datenbank nicht mit anderen Bounded Contexts teilen kann, lässt sich die Regel hier aufweichen, wenn das Strangler Pattern implementiert wird. Sowohl der modernisierte wie auch der Legacy Context können die gleiche Datenbank nutzen, um eine komplexe Integration zwischen den Kontexten zu vermeiden, was in vielen Fällen zu verteilten Transaktionen führen würde – beide Kontexte müssen mit den gleichen Daten arbeiten (siehe Abbildung 13-5).

Die Bedingung für die Abweichung von der Regel »eine Datenbank pro Bounded Kontext« besteht darin, dass der alte Kontext irgendwann, und zwar besser früher als später, in den Ruhestand versetzt wird und die Datenbank ausschließlich von der neuen Implementierung verwendet wird.

Eine Alternative zur Strangler-basierten Migration ist das Modernisieren der Legacy-Codebasis – auch als *Refaktorieren* bezeichnet.

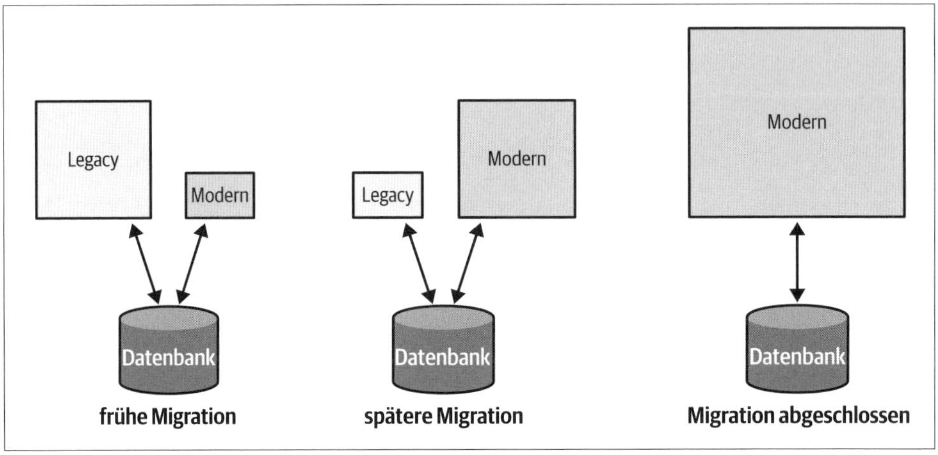

Abbildung 13-5: Sowohl das Legacy- wie auch das modernisierte System arbeiten temporär mit der gleichen Datenbank.

Taktische Designentscheidungen refaktorieren

In Kapitel 11 haben Sie die verschiedenen Aspekte beim Migrieren taktischer Designentscheidungen kennengelernt. Bei der Modernisierung einer Legacy-Codebasis gilt es jedoch zwei Nuancen zu beachten.

Erstens sind kleine inkrementelle Schritte sicherer als ein »Big Rewrite«. Refaktorieren Sie daher weder ein Transaction Script noch einen Active Record direkt in ein Event-Sourced Domain Model. Gehen Sie stattdessen den Zwischenschritt und entwerfen Sie statusbasierte Aggregates. Betreiben Sie den nötigen Aufwand und finden Sie effektive Aggregate-Grenzen. Stellen Sie sicher, dass sich die gesamte zugehörige Business-Logik innerhalb dieser Grenzen befindet. Der Wechsel von statusbasierten zu Event-Sourced Aggregates ist deutlich sicherer, als würden Sie falsche transaktionale Grenzen in einem Event-Sourced Aggregate entdecken.

Zweitens muss das Refactoring eines Domain Model nach dem gleichen Prinzip der kleinen inkrementellen Schritte nicht zwangsläufig eine atomare Änderung sein. Sie können stattdessen Schritt für Schritt die Elemente des Domain Model Pattern einführen.

Beginnen Sie damit, nach möglichen Value Objects zu suchen. Immutable Objects können die Komplexität der Lösung deutlich reduzieren, selbst wenn Sie kein vollständiges Domain Model nutzen.

Wie in Kapitel 11 besprochen, muss das Refaktorieren von Active Records in Aggregates nicht über Nacht geschehen. Es kann nach und nach vorgenommen werden. Beginnen Sie damit, die zugehörige Business-Logik zusammenzusammeln. Dann analysieren Sie die transaktionalen Grenzen. Gibt es Entscheidungen, für die eine strenge Konsistenz erforderlich ist, die aber nur mit abschließend konsistenten Daten arbeiten? Oder erzwingt umgekehrt die Lösung eine strenge Konsistenz, obwohl eine abschließende Konsistenz ausreichend wäre? Vergessen Sie beim Analysieren der Codebasis nicht, dass diese Entscheidungen von Business-Aspekten getrieben werden und nicht von technologischen Aspekten. Erst nach einer umfassenden Analyse der transaktionalen Anforderungen sollten Sie die Grenzen des Aggregate designen.

Falls erforderlich, können Sie beim Refaktorieren von Legacy-Systemen die neue Codebasis vor alten Modellen mithilfe eines Anticorruption Layer schützen und die Consumer von Änderungen an der Legacy-Codebasis durch das Implementieren eines Open-Host Service und das Bereitstellen einer Published Language fernhalten.

Pragmatisches Domain-Driven Design

Wie in der Einleitung zu diesem Kapitel besprochen, ist das Anwenden von Domain-Driven Design kein Alles-oder-nichts-Ansatz. Sie müssen nicht jedes Werkzeug anwenden, dass DDD zu bieten hat. Vielleicht funktionieren beispielsweise die taktischen Design-Patterns nicht bei Ihnen. Oder Sie ziehen andere Design-Patterns vor, weil sie für Ihre spezifische Domain besser funktionieren oder Sie sie einfach effektiver finden. Das ist total in Ordnung!

Solange Sie Ihre Fachdomäne und deren Strategie analysieren, nach effektiven Modellen Ausschau halten, um bestimmte Probleme zu lösen, und vor allem Designentscheidungen abhängig von den Anforderungen der Fachdomäne treffen, ist das Domain-Driven Design!

Ich möchte nochmals darauf hinweisen, dass es bei Domain-Driven Design nicht um Aggregates oder Value Objects geht. Domain-Driven Design dreht sich darum, dass Ihre Fachdomäne die Softwaredesignentscheidungen treibt.

Domain-Driven Design schmackhaft machen

Wenn ich dieses Thema auf Technologiekonferenzen vorstelle, gibt es eine Frage, die mir nahezu jedes Mal gestellt wird: »Das klingt ja alles toll, aber wie ›verkaufe‹ ich das meinem Team und meinem Management?« Das ist eine ausgesprochen wichtige Frage.

Verkaufen ist schwer, und ich persönlich hasse es, etwas verkaufen zu müssen. Wenn Sie darüber nachdenken, ist das Designen von Software auch ein Verkaufen. Wir verkaufen unsere Ideen dem Team, dem Management oder Kundinnen und Kunden. Aber eine Methodik, die solch einen weiten Bereich von Aspekten bei Designentscheidungen abdeckt und selbst über die Entwicklungszone hinausgeht und andere Stakeholder mit einbezieht, kann extrem schwer zu verkaufen sein.

Die Unterstützung durch das Management ist in einer Organisation für das Umsetzen ernsthafter Entscheidungen immer wichtig. Aber ist das Top-Level-Management nicht schon mit Domain-Driven Design vertraut oder dazu bereit, Zeit für das Erlernen des Business-Werts der Methodik zu investieren, wird dieses Thema nicht an erster Stelle stehen – insbesondere wenn es eine anscheinend große Veränderung des Entwicklungsprozesses wäre. Glücklicherweise heißt das aber nicht, dass Sie Domain-Driven Design nicht einsetzen können.

Undercover Domain-Driven Design

Machen Sie das Domain-Driven Design zu einem Teil Ihres Werkzeugkastens, nicht zu einer Organisationsstrategie. Die Patterns und Praktiken des DDD sind Entwicklungstechniken, und da die Softwareentwicklung Ihr Job ist, sollte Sie sie nutzen!

Schauen wir uns an, wie Sie DDD in Ihre tägliche Arbeit integrieren können, ohne viel Aufhebens darum zu machen.

Ubiquitous Language

Die Verwendung einer Ubiquitous Language ist ein Grundpfeiler von Domain-Driven Design. Sie ist entscheidend für das Aufdecken von Wissen, für die Kommunikation und für ein effektives Modellieren einer Lösung.

Zum Glück ist diese Praktik so trivial, dass sie bereits an der Grenze des gesunden Menschenverstands angesiedelt ist. Achten Sie sorgfältig darauf, welche Sprache die Stakeholder nutzen, wenn sie über die Fachdomäne sprechen. Steuern Sie die Terminologie sachte weg von technischem Jargon und hin zu Business-Begrifflichkeiten.

Halten Sie Ausschau nach inkonsistenten Begriffen und bitten Sie um eine Erläuterung. Wenn es zum Beispiel mehrere Namen für das gleiche Ding gibt, versuchen Sie, den Grund dafür zu ermitteln. Sind es unterschiedliche Modelle, die in der gleichen Lösung miteinander verschlungen sind? Suchen Sie nach Kontexten und machen Sie sie explizit. Ist die Bedeutung die gleiche, nutzen Sie Ihren gesunden Menschenverstand und bitten Sie darum, nur einen Begriff zu verwenden.

Kommunizieren Sie auch so viel wie möglich mit Domänenexperten. Dafür sind nicht einmal unbedingt formale Meetings erforderlich. An der Kaffeemaschine oder in der Kantine kann man sich auch wunderbar unterhalten. Reden Sie mit den Domänenexperten über die Fachdomäne. Versuchen Sie, deren Sprache zu sprechen. Halten Sie nach Unterschieden im Verständnis Ausschau und bitten Sie um Klärung. Keine Angst – Domänenexperten freuen sich normalerweise darüber, mit Entwicklerinnen und Entwicklern zusammenzuarbeiten, wenn diese ernsthaft daran interessiert ist, die Problemdomäne kennenzulernen!

Wichtiger ist noch, dass Sie die Ubiquitous Language in Ihrem Code und in der gesamten projektbezogenen Kommunikation einsetzen. Haben Sie Geduld. Es wird seine Zeit brauchen, eine Terminologie zu ändern, die in einer Organisation bereits länger im Einsatz ist, aber irgendwann wird sie verfangen.

Bounded Contexts

Beim Untersuchen möglicher Optionen zum Aufteilen greifen Sie auf die Prinzipien zurück, auf denen das Bounded Context Pattern aufbaut:

- Warum ist es besser, problemorientierte Modelle zu designen statt eines einzigen Modells für alle Anwendungsfälle? Weil »All-in-one«-Lösungen selten für irgendetwas effektiv sind.
- Warum kann ein Bounded Context keine miteinander in Konflikt stehenden Modelle enthalten? Wegen der zunehmenden kognitiven Last und der Komplexität der Lösung.
- Warum ist es eine schlechte Idee, dass mehrere Teams an der gleichen Codebasis arbeiten? Aufgrund der Reibung und der eingeschränkten Kommunikation zwischen den Teams.

Nutzen Sie die gleichen Ideen für Integrations-Patterns für Bounded Contexts: Stellen Sie sicher, dass Sie das Problem verstehen, das jedes Pattern lösen soll.

Taktische Designentscheidungen

Wenn es um taktische Design-Patterns geht, lassen Sie sich nicht durch Autorität blenden: »Hier nehmen wir ein Aggregate, weil es das DDD-Buch so sagt!« Setzen Sie stattdessen lieber auf Logik, zum Beispiel:

- Warum sind explizite transaktionale Grenzen wichtig? Um die Konsistenz der Daten zu schützen.
- Warum kann eine Datenbanktransaktion nicht mehr als eine Instanz eines Aggregate modifizieren? Um sicherzustellen, dass die Konsistenzgrenzen korrekt sind.
- Warum lässt sich der Status eines Aggregate nicht direkt durch eine externe Komponente verändern? Um dafür zu sorgen, dass sich die gesamte zusammengehörige Business-Logik an einem Ort befindet und nicht doppelt vorhanden ist.
- Warum können wir nicht einen Teil der Aggregate-Funktionalität in eine Stored Procedure auslagern? Damit keine Logik doppelt implementiert wird. Doppelte Logik – insbesondere in logisch und physisch entfernten Komponenten eines Systems – tendiert dazu, irgendwann nicht mehr synchron zu sein und zu defekten Daten zu führen.
- Warum sollten wir uns um Grenzen für kleine Aggregates bemühen? Weil weitere Transaktions-Scopes die Komplexität des Aggregate verstärken und die Performance negativ beeinflussen.

- Warum können wir statt Event Sourcing nicht einfach Events in eine Log-Datei schreiben? Weil es keine Garantien für langfristige Datenkonsistenz gibt.

Da wir gerade beim Event Sourcing sind: Spricht die Lösung für ein Event-Sourced Domain Model, kann es schwierig sein, die Implementierung dieses Pattern schmackhaft zu machen. Schauen wir uns daher einen Jedi-Gedankentrick an, der dabei helfen kann.

Event-Sourced Domain Model

Trotz seiner diversen Vorteile klingt das Event Sourcing vielen zu radikal. Wie bei allem, über das wir in diesem Buch gesprochen haben, liegt die Lösung darin, die Entscheidung durch die Fachdomäne steuern zu lassen.

Reden Sie mit Domänenexperten. Zeigen Sie Ihnen die Status- und Event-basierten Modelle. Erläutern Sie die Unterschiede und die Vorteile, die sich durch das Event Sourcing ergeben, – insbesondere in Bezug auf die zeitliche Dimension. Oft werden Sie darüber erfreut sein, wie tief die Einblicke dadurch werden können, und selbst für das Event Sourcing eintreten.

Und vergessen Sie während der Gespräche mit den Domänenexperten nicht, an der Ubiquitous Language zu arbeiten!

Zusammenfassung

In diesem Kapitel haben Sie verschiedene Techniken zum Einsatz der Werkzeuge von Domain-Driven Design in realen Szenarien kennengelernt – bei der Arbeit mit Brownfield-Projekten und Legacy-Codebasen und nicht unbedingt mit einem Team von DDD-Expertinnen und -Experten.

Beginnen Sie wie bei Greenfield-Projekten immer damit, die Fachdomäne zu analysieren. Was sind die Unternehmensziele, und wie sieht die Strategie aus, um diese zu erreichen? Nutzen Sie die Organisationsstrukturen und Designentscheidungen bestehender Software, um die Subdomains der Organisation und deren Arten herauszubekommen. Mit diesem Wissen planen Sie nun die Modernisierungsstrategie. Halten Sie Ausschau nach den Pain Points. Versuchen Sie, so viel Business-Wert wie möglich zu erreichen. Modernisieren Sie Legacy-Code entweder durch ein Refaktorieren oder durch das Ersetzen der relevanten Komponenten. Gehen Sie dabei auf jeden Fall Schritt für Schritt vor. Ein »Big Rewrite« sorgt eher für Risiken als für Business-Wert!

Außerdem können Sie DDD-Tools einsetzen, auch wenn DDD in Ihrem Unternehmen (noch) nicht weit verbreitet ist. Verwenden Sie die richtigen Tools, und wenn Sie sie mit Ihren Kolleginnen und Kollegen besprechen, nennen Sie immer die Logik und die Prinzipien, die hinter jedem Pattern stehen.

Dieses Kapitel schließt das eigentliche Thema »Domain-Driven Design« ab. In Teil IV werden Sie mehr über das Zusammenspiel von DDD mit anderen Methodiken und Patterns erfahren.

Übungen

1. Nehmen wir an, Sie führen Werkzeuge und Praktiken von Domain-Driven Design in einem Brownfield-Projekt ein. Was wird Ihr erster Schritt sein?
   a. Refaktorieren der gesamten Business-Logik in ein Event-Sourced Domain Model.
   b. Analysieren der Fachdomänen der Organisation und deren Strategie.
   c. Verbessern der Systemkomponenten durch Befolgen der Prinzipien sauberer Bounded Contexts.
   d. Es ist unmöglich, Domain-Driven Design in einem Brownfield-Projekt zu nutzen.
2. Wo widerspricht das Strangler Pattern einigen der zentralen Prinzipien von Domain-Driven Design während des Migrationsprozesses?
   a. Mehrere Bounded Contexts nutzen eine gemeinsame Datenbank.
   b. Handelt es sich beim modernisierten Bounded Context um eine Core Subdomain, kommt deren Implementierung in der alten und der neuen Implementierung vor.
   c. Mehrere Teams arbeiten am gleichen Bounded Context.
   d. A und B
3. Warum ist es im Allgemeinen nicht sinnvoll, auf Active Records basierende Business-Logik direkt in das Event-Sourced Domain Model zu refaktorieren?
   a. Ein statusbasiertes Modell erleichtert das Refaktorieren während des Lernprozesses.
   b. Es ist sicherer, große Änderungen Schritt für Schritt einzuführen.
   c. A und B
   d. Keines davon. Es ist vernünftig, selbst ein Transaction Script direkt in ein Event-Sourced Domain Model umzufaktorieren.
4. Während der Vorstellung des Aggregate Pattern fragt Ihr Team, warum das Aggregate nicht einfach alle möglichen Entities referenzieren kann, sodass es möglich ist, die gesamte Fachdomäne von einer Stelle aus zu durchlaufen. Wie antworten Sie darauf?

TEIL IV

DDD und andere Methodiken und Patterns

Bisher haben Sie in diesem Buch gelernt, wie Sie Domain-Driven Design nutzen, um Softwarelösungen anhand der Business-Strategie und der Anforderungen einer Organisation zu designen. Wir haben gesehen, wie man Werkzeuge und Praktiken von DDD anwendet, um die Fachdomäne sinnvoll zu nutzen, die Grenzen der Systemkomponenten zu designen und die Business-Logik zu implementieren.

Domain-Driven Design deckt einen großen Bereich des Lebenszyklus in der Softwareentwicklung ab, aber nicht alles. Andere Methodiken und Tools spielen ebenfalls eine Rolle. In Teil IV werden wir DDD in Bezug zu anderen Methodiken und Patterns behandeln:

- Es ist kein Geheimnis, dass das Domain-Driven Design vor allem durch die Verbreitung eines auf Microservices basierenden Architekturstils an Fahrt aufgenommen hat. In Kapitel 14 werden wir das Zusammenspiel von Microservices und Domain-Driven Design behandeln und sehen, wie sich die beiden Ansätze gegenseitig ergänzen.
- Event-Driven Architecture ist eine beliebte Methode, um skalierbare, performante und resiliente verteilte Systeme zu schaffen. In Kapitel 15 werden Sie die Prinzipien der Event-Driven Architecture kennenlernen und erfahren, wie Sie mit DDD eine effektive asynchrone Kommunikation designen.
- Kapitel 16 schließt das Buch mit effektivem Modellieren im Kontext der Datenanalytik ab. Sie werden die vorherrschenden Architekturen zum Datenmanagement kennenlernen – Data Warehouses und Data Lakes – und erfahren, wie deren Nachteile durch die Data Mesh Architecture vermieden werden. Wir werden zudem analysieren, inwiefern DDD und die Data Mesh Architecture auf den gleichen Designprinzipien und -zielen basieren.

KAPITEL 14

Microservices

Mitte der 2010er-Jahre eroberten Microservices die Softwareentwicklung im Sturm. Die Absicht war, die Anforderungen moderner Systeme zu erfüllen, sich schnell ändern zu können, skalierbar zu sein und wie selbstverständlich zur verteilten Natur des Cloud-Computings zu passen. Viele Firmen trafen die strategische Entscheidung, ihre monolithischen Codebasen aufzuteilen, um die Flexibilität zu erreichen, die die auf Microservices basierende Architektur bietet. Leider ging eine ganze Reihe solcher Aktionen nicht gut aus. Statt flexibler Architektur endeten diese Firmen bei verteilten Big Balls of Mud – die Designs wurden noch fragiler, klumpiger und teurer als bei den Monolithen, die die Firmen aufbrechen wollten.

Historisch gesehen, werden Microservices oft mit DDD assoziiert, insbesondere mit dem Bounded Context Pattern. Viele Menschen nutzen sogar die Begriffe *Bounded Context* und *Microservices* synonym. Aber sind sie wirklich das Gleiche? Dieses Kapitel schaut sich die Beziehung zwischen der Methodik von Domain-Driven Design und dem Microservices-Architektur-Pattern an. Sie werden die Zusammenarbeit der Patterns kennenlernen und vor allem erfahren, wie Sie DDD nutzen können, um effektive auf Microservices basierende Systeme zu designen.

Beginnen wir mit den Grundlagen und definieren wir, was genau Services und Microservices sind.

Was ist ein Service?

Laut OASIS ist ein Service ein Mechanismus, der den Zugriff auf eine oder mehrere Leistungen ermöglicht und bei dem dieser Zugriff über eine vorgegebene Schnittstelle erfolgt.[1] Die »vorgegebene Schnittstelle« ist ein beliebiger Mechanismus, um Daten von einem Service zu erhalten oder sie an ihn zu übermitteln. Er kann synchron sein, etwa bei einem Request/Response-Modell, oder asynchron, wie bei einem Modell, das Events empfängt und verschickt. Dies ist die öffentliche Schnitt-

1 *Reference model for service-oriented architecture v1.0* (o. D.), aufgerufen am 14. Juni 2021 von OASIS (*https://oreil.ly/IXhpG*).

stelle des Service (siehe Abbildung 14-1) – der Weg, mit anderen Systemkomponenten zu kommunizieren und zu integrieren.

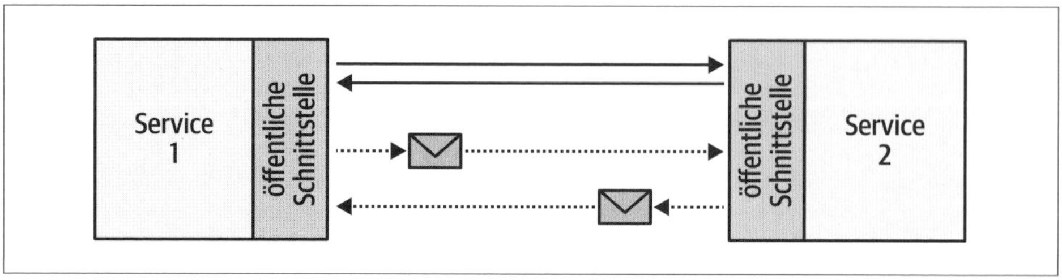

Abbildung 14-1: Kommunikation zwischen Services

Randy Shoup (*https://oreil.ly/IU6xJ*) vergleicht die Schnittstelle eines Service mit einer Eingangstür. Alle Daten, die den Service erreichen oder ihn verlassen, müssen durch diese Tür hindurch. Zudem definiert die öffentliche Schnittstelle eines Service den Service selbst – die von ihm angebotene Funktionalität. Eine gut definierte Schnittstelle reicht aus, um die von einem Service implementierte Funktionalität zu beschreiben. So beschreibt beispielsweise die in Abbildung 14-2 dargestellte öffentliche Schnittstelle explizit die Funktionalität des Service.

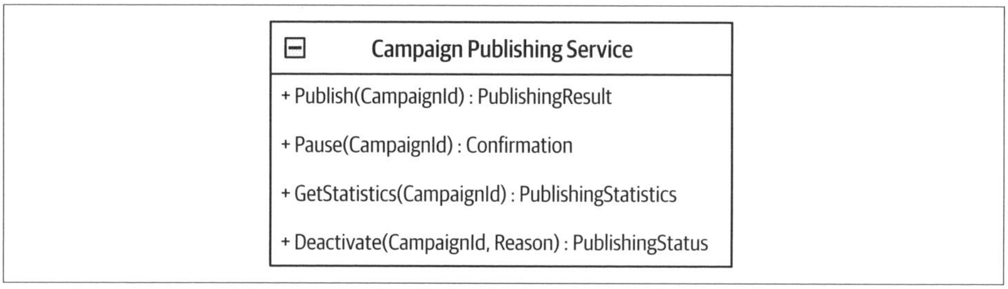

Abbildung 14-2: Die öffentliche Schnittstelle eines Service

Das führt uns zur Definition von Microservices.

Was ist ein Microservice?

Die Definition eines Microservice ist überraschend einfach. Da ein Service durch seine öffentliche Schnittstelle definiert ist, handelt es sich bei einem Microservice um eine mirco- oder mini-öffentliche Schnittstelle – eine Mini- bzw. Micro-Eingangstür.

Eine micro-öffentliche Schnittstelle erleichtert es, sowohl die Funktion eines einzelnen Service als auch dessen Integration mit anderen Systemkomponenten zu verstehen. Durch das Reduzieren der Funktionalität eines Service gibt es darüber hinaus weniger Gründe für Änderungen, und der Service wird beim Entwickeln, Managen und Skalieren autonom.

Zudem erklärt sich so die Praxis, Microservices ihre Datenbanken nicht nach außen geben zu lassen. Denn durch das Anbieten einer Datenbank wird diese zu einem Teil der Eingangstür des Service, und die öffentliche Schnittstelle würde damit sehr groß werden. Wie viele verschiedene SQL-Abfragen können Sie zum Beispiel auf einer relationalen Datenbank ausführen? Da SQL eine ziemlich flexible Sprache ist, würde die wahrscheinliche Schätzung irgendwo bei »unendlich« liegen. Daher kapseln Microservices ihre Datenbanken. Die Daten können nur über eine viel kompaktere, integrationsorientierte öffentliche Schnittstelle erreicht werden.

Method as a Service: Perfekte Microservices?

Zu formulieren, ein Microservice sei eine micro-öffentliche Schnittstelle, ist verführerisch einfach. Es klingt so, als würde das Beschränken einer Serviceschnittstelle auf eine einzelne Methode zu perfekten Microservices führen. Schauen wir uns an, was passiert, wenn wir dieses naive Aufteilen in die Praxis umsetzen.

Werfen Sie einen Blick auf den Backlog-Management-Service in Abbildung 14-3. Dessen öffentliche Schnittstelle besteht aus acht öffentlichen Methoden, und wir wollen hier die »Eine Methode pro Service«-Regel anwenden.

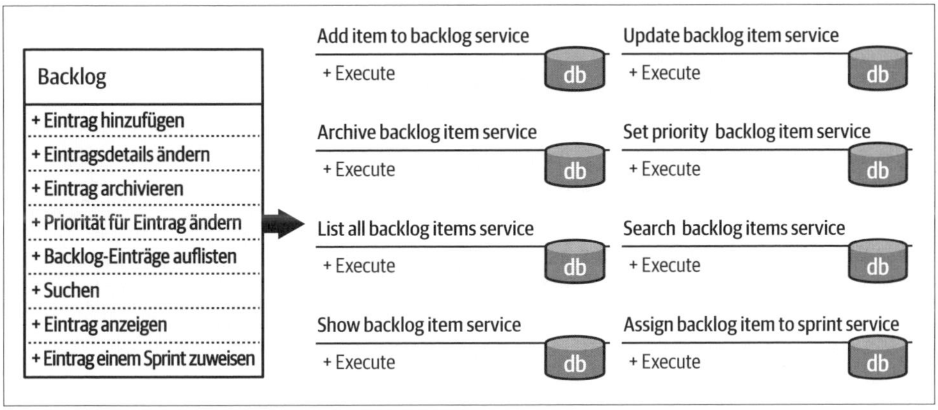

Abbildung 14-3: Naives Aufteilen

Da es sich hier überall um sich anständig verhaltende Microservices handelt, kapselt jeder seine Datenbank. Kein Service darf direkt auf die Datenbank eines anderen Service zugreifen – nur über dessen öffentliche Schnittstelle. Aber aktuell gibt es keine öffentliche Schnittstelle dafür. Die Services müssen zusammenarbeiten und die Änderungen synchronisieren, die jeder Service anwendet. Im Ergebnis müssen wir die Schnittstellen der Services erweitern, damit sie auf diese integrationsbezogenen Aspekte Rücksicht nehmen. Zudem zeigt sich der typische Big Ball of Mud, wenn wir die Integration und den Datenfluss visualisieren (siehe Abbildung 14-4).

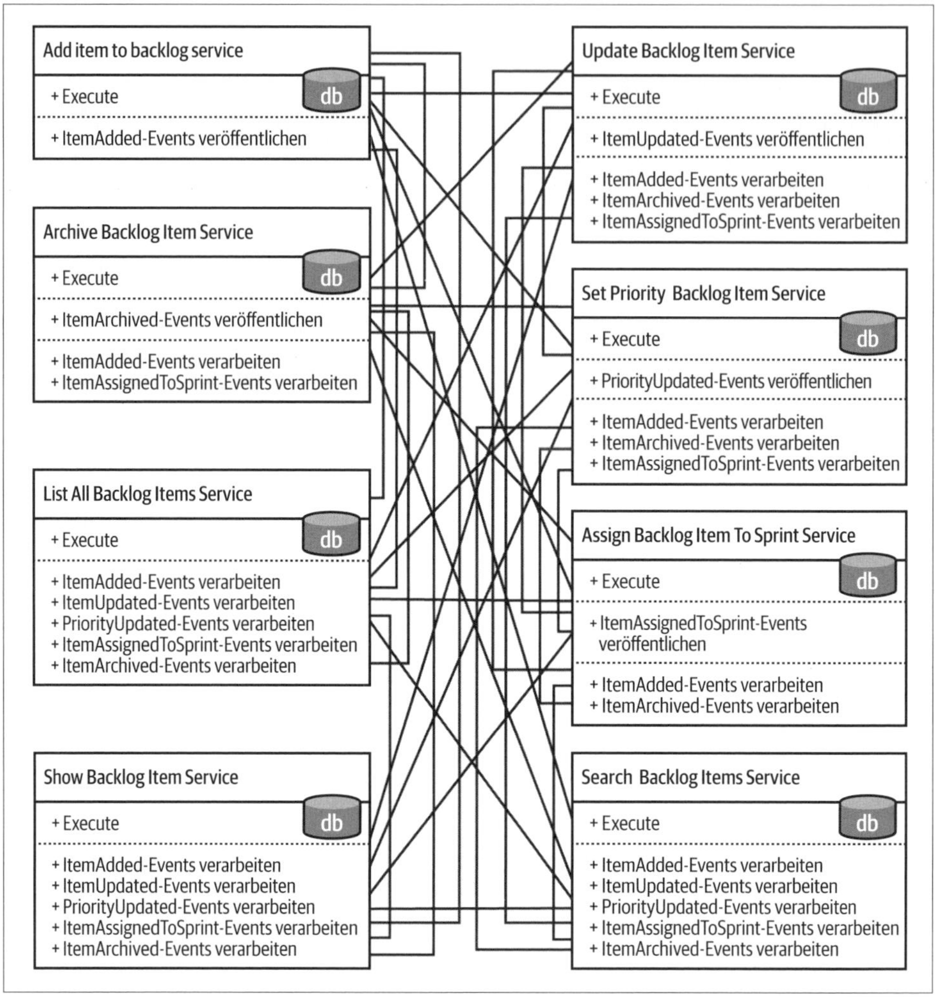

Abbildung 14-4: Komplexität bei der Integration

Um Randy Shoups Vergleich weiterzuspinnen: Indem wir das System in solch feingranulare Services unterteilt haben, wurden zwar definitiv die Eingangstüren der Services minimiert. Aber um die gesamte Systemfunktionalität zu implementieren, brauchten wir enorm viele »Nur für Mitarbeiter«-Türen für jeden Service. Schauen wir, was wir aus diesem Beispiel lernen können.

Designziel

Die sehr vereinfachende Aufteilungsheuristik, jeden Service nur eine einzelne Methode anbieten zu lassen, hat sich aus vielen Gründen als suboptimal erwiesen. Zum einen ist es einfach nicht möglich. Da die Services zusammenarbeiten müssen, werden wir gezwungen, deren öffentliche Schnittstelle durch integrationsbezogene öffentliche Methoden zu erweitern. Zum anderen stellt sich unser Sieg als Pyrrhussieg heraus. Jeder Service ist zwar viel einfacher als das ursprüngliche Design, aber das sich daraus ergebende System wurde deutlich komplexer.

Ziel der Microservices-Architektur ist, ein flexibles System zu schaffen. Konzentrieren Sie Ihre Arbeit am Design auf eine einzelne Komponente, ignorieren dabei aber deren Interaktion mit dem Rest des Systems, widerspricht das der Definition eines Systems:

- Ein Satz miteinander verbundener Dinge oder Devices, die zusammenarbeiten.
- Ein Satz Computer-Equipment und -Programme, die für einen bestimmten Zweck zusammen genutzt werden.

Daher kann ein System nicht aus unabhängigen Komponenten zusammengesetzt werden. In einem sauberen, auf Microservices basierenden System sind die Services zwar entkoppelt, müssen aber integriert sein und miteinander kommunizieren. Schauen wir uns die Wechselwirkung von der Komplexität individueller Microservices und der Komplexität des Gesamtsystems an.

Systemkomplexität

Vor 40 Jahren gab es kein Cloud Computing, keine Anforderungen auf globaler Ebene, und ein System musste nicht alle 11,7 Sekunden ausgeliefert werden können. Aber die Entwicklerinnen und Entwickler mussten trotzdem die Komplexität des Systems bezwingen. Selbst wenn die Werkzeuge damals andere waren, sind die Herausforderungen – und, wichtiger noch, die Lösungen – heutzutage weiterhin relevant und lassen sich auf das Design von auf Microservices basierenden Systemen anwenden.

In seinem Buch *Composite/Structured Design* spricht Glenford J. Myers darüber, wie prozeduraler Code strukturiert werden sollte, um seine Komplexität zu verringern. Auf der ersten Seite schreibt er:

> Beim Thema Komplexität geht es um viel mehr als nur um den Versuch, die lokale Komplexität jedes Teils eines Programms zu minimieren. Eine viel wichtigere Form der Komplexität ist die globale Komplexität – die Komplexität der Gesamtstruktur eines Programms oder Systems (also der Grad der Verbindung oder Unabhängigkeit zwischen den wichtigen Teilen eines Programms).

In unserem Kontext ist die *lokale Komplexität* die Komplexität jedes einzelnen Microservice, während es sich bei der *globalen Komplexität* um die Komplexität des Gesamtsystems handelt. Lokale Komplexität hängt von der Implementierung eines Service ab – globale Komplexität wird durch die Interaktionen und Abhängigkeiten zwischen den Services bestimmt. Welche der Komplexitäten sollte eher optimiert werden, wenn man ein auf Microservices basierendes System designt? Schauen wir uns beide Extreme an.

Es ist überraschend einfach, die globale Komplexität auf ein Minimum zu reduzieren. Wir müssen dazu nur jegliche Interaktion zwischen den Systemkomponenten beseitigen – also die gesamte Funktionalität in einem monolithischen Service implementieren. Wie wir zuvor gesehen haben, mag diese Strategie in bestimmten Szenarien funktionieren. In anderen kann sie zu dem Big Ball of Mud führen – dem vermutlich größtmöglichen Grad lokaler Komplexität.

Andererseits wissen wir, was passiert, wenn wir nur die lokale Komplexität optimieren, aber die globale Komplexität des Systems verleugnen – ein noch verworrenerer Big Ball of Mud. Diese Beziehung sehen Sie in Abbildung 14-5.

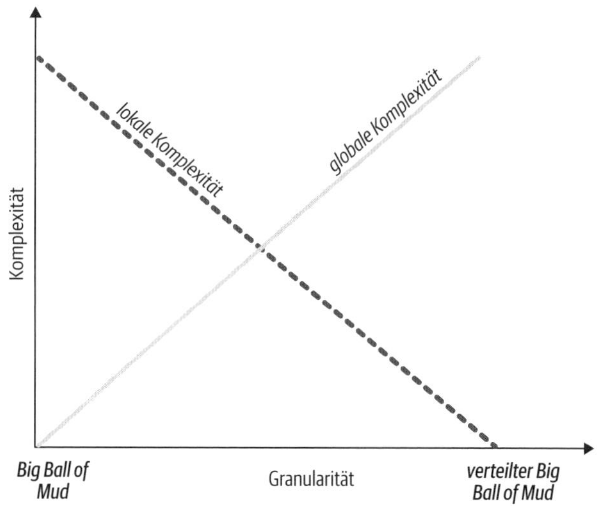

Abbildung 14-5: Service-Granularität und Systemkomplexitäten

Um ein sauberes, auf Microservices basierendes System zu designen, müssen wir sowohl die globale wie auch die lokale Komplexität optimieren. Definieren wir unser Designziel so, dass wir nur eines von beiden optimieren, erhalten wir ein lokales Optimum. Für das globale Optimum werden beide Komplexitäten abgestimmt. Schauen wir uns an, wie die Idee von micro-öffentlichen Schnittstellen dazu führt, dass globale und lokale Komplexitäten miteinander abgeglichen werden.

Microservices als tiefe Services

Ein Modul wird in einem Softwaresystem (oder auch jedem anderen System) durch seine Funktion und seine Logik definiert. Eine *Funktion* ist das, was das Modul tun soll – seine Business-Funktionalität. Die *Logik* ist die Business-Logik des Moduls – wie das Modul seine Business-Funktionalität implementiert.

In seinem Buch *Prinzipien des Softwaredesigns* behandelt John Ousterhout die Idee der Modularität und stellt eine einfache, aber dennoch mächtige visuelle Heuristik für das Bewerten des Designs eines Moduls vor: Tiefe.

Ousterhout schlägt vor, ein Modul als Rechteck darzustellen (siehe Abbildung 14-6). Die obere Kante des Rechtecks steht für die Funktion des Moduls oder die Komplexität seiner öffentlichen Schnittstelle. Ein breiteres Rechteck steht für breitere Funktionalität, während ein schmaleres eine beschränktere Funktion und damit eine einfachere öffentliche Schnittstelle besitzt. Die Fläche des Rechtecks repräsentiert die Logik des Moduls – oder die Implementierung seiner Funktionalität.

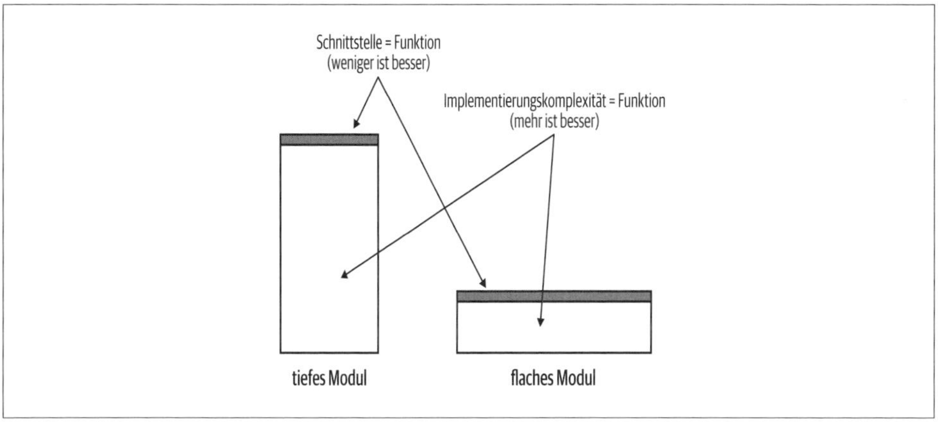

Abbildung 14-6: Tiefe Module

Nach diesem Modell sind effektive Module tiefe Module: eine einfache öffentliche Schnittstelle, die komplexe Logik kapselt. Ineffektive Module sind flach: Die öffentliche Schnittstelle eines flachen Moduls kapselt viel weniger Komplexität als ein tiefes Modul. Schauen Sie sich die Methode im folgenden Code an:

```
int AddTwoNumbers(int a, int b)
{
  return a + b;
}
```

Das ist ein extremer Fall eines flachen Moduls – die öffentliche Schnittstelle (die Signatur der Methode) und dessen Logik (die Methode selbst) sind exakt gleich. Mit solch einem Modul holen Sie sich zusätzliche »bewegliche Teile« hinzu, und statt Komplexität zu kapseln, erzeugen Sie so ungewollte Komplexität für das Gesamtsystem.

Microservices als tiefe Module

Abgesehen von den unterschiedlichen Begriffen unterscheidet sich die Idee der tiefen Module vom Microservices-Pattern darin, dass die Module gleichzeitig logische und physische Grenzen markieren können, während Microservices rein physisch sind. Ansonsten sind beide Konzepte und die zugrunde liegenden Designprinzipien identisch.

Die Services, die eine einzelne Business-Methode implementieren (siehe Abbildung 14-3), sind flache Module. Weil wir integrationsbezogene öffentliche Methoden einführen müssen, sind die sich so ergebenden Schnittstellen »breiter«, als sie sein sollten.

Aus Sicht der Systemkomplexität verringert ein tiefes Modul die globale Komplexität des Systems, während ein flaches Modul sie erhöht, indem es eine Komponente einführt, die ihre lokale Komplexität nicht kapselt.

Flache Services sind auch der Grund dafür, dass so viele auf Microservices basierende Projekte fehlschlagen. Die fälschliche Definition eines Microservice als ein Service, der nicht mehr als *X* Zeilen Code besitzt oder der sich leichter neu schreiben lassen sollte, als ihn anzupassen, konzentriert sich auf den einzelnen Service, statt den wichtigsten Aspekt der Architektur zu berücksichtigen: das System.

Die Grenze, bis zu der ein System in Microservices unterteilt werden kann, wird durch die Anwendungsfälle des Systems definiert, von denen die Microservices ein Teil sind. Teilen wir einen Monolithen in Services auf, gehen die Kosten für das Umsetzen einer Änderung herunter. Am geringsten sind sie dann, wenn das System in Microservices aufgeteilt ist. Aber teilen Sie das System noch weiter auf, werden die tiefen Services immer flacher werden. Ihre Schnittstellen werden wieder größer werden. Dieses Mal werden aufgrund der Integrationsanforderungen die Kosten für Änderungen auch wieder ansteigen, und die Architektur des Gesamtsystems wird sich in den gefürchteten verteilten Big Ball of Mud verwandeln, dargestellt in Abbildung 14-7.

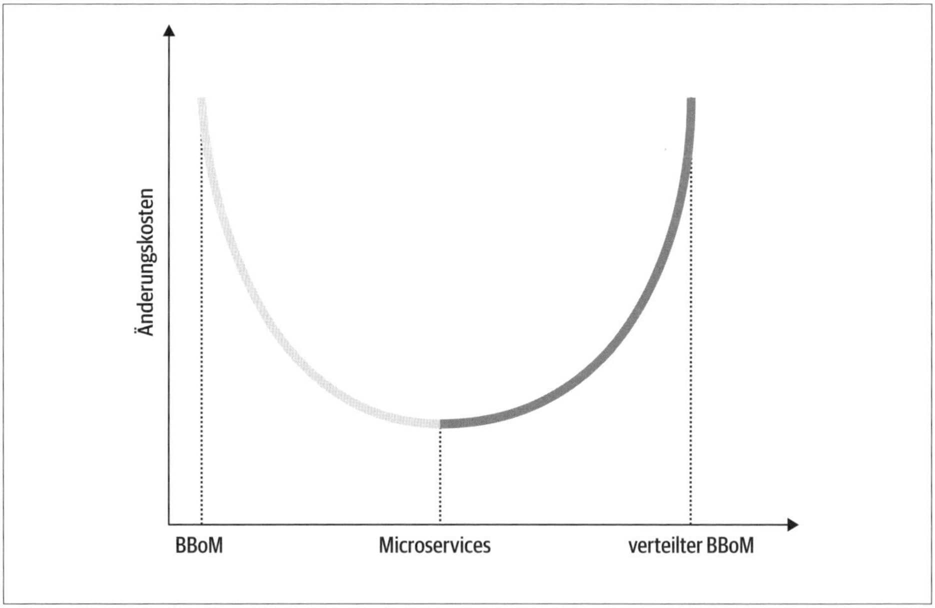

Abbildung 14-7: Granularität und Änderungskosten

Nachdem Sie nun gelernt haben, was Microservices sind, wollen wir uns anschauen, wie das Domain-Driven Design dabei helfen kann, die Grenzen von tiefen Services zu finden.

Domain-Driven Design und die Grenzen von Microservices

Wie bei Microservices geht es bei vielen der Domain-Driven Design Patterns aus den vorherigen Kapiteln um Grenzen – der Bounded Context ist die Grenze eines Modells, eine Subdomain begrenzt eine Business-Fähigkeit, und Aggregates und Value Objects sind transaktionale Grenzen. Schauen wir, welche dieser Grenzen sich für Microservices anbieten.

Bounded Contexts

Die Microservices und Bounded Context Patterns haben viele Gemeinsamkeiten – so viele, dass die Patterns oft synonym genutzt werden. Schauen wir, ob das wirklich der Fall ist: Korrelieren die Grenzen von Bounded Contexts mit denen von effektiven Microservices?

Sowohl Microservices wie auch Bounded Contexts sind physische Grenzen. Microservices gehören wie Bounded Contexts zu einem einzelnen Team. Wie bei Bounded Contexts können in einem Microservice keine sich widersprechenden Modelle implementiert werden, was zu komplexen Schnittstellen führen würde. Microservices sind tatsächlich Bounded Contexts. Aber gilt diese Beziehung auch umgekehrt? Können wir sagen, dass Bounded Contexts Microservices sind?

Wie Sie in Kapitel 3 gelernt haben, schützen Bounded Contexts die Konsistenz der Ubiquitous Language und der Modelle. Es können keine miteinander in Konflikt stehenden Modelle im gleichen Bounded Context implementiert werden. Stellen Sie sich vor, Sie arbeiten an einem Advertising-Management-System. In der Fachdomäne des Systems wird die Business Entity »Lead« im Promotions- und Sales-Kontext durch unterschiedliche Modelle repräsentiert. Daher sind Promotions und Sales Bounded Contexts, die jeweils genau ein Modell der Campaign-Entity definieren, das innerhalb seiner Grenzen gültig ist (siehe Abbildung 14-8).

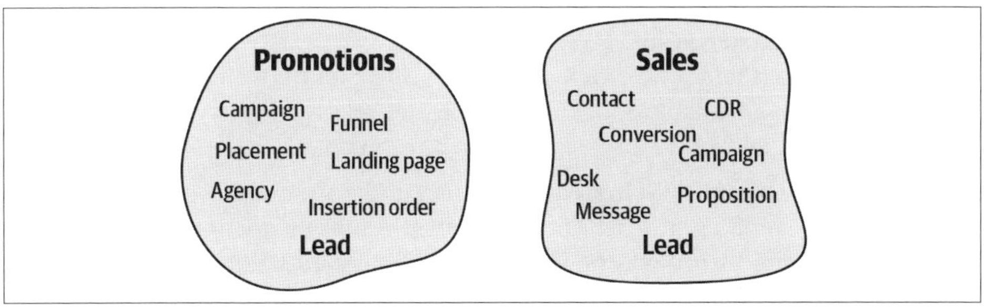

Abbildung 14-8: Bounded Contexts

Aus Gründen der Einfachheit wollen wir annehmen, dass es im System abgesehen vom Lead keine anderen miteinander in Konflikt stehenden Modelle gibt. Dadurch werden die sich daraus ergebenden Bounded Contexts natürlicherweise sehr weit – jeder Bounded Context kann mehrere Subdomains enthalten. Die Subdomains können von einem Bounded Context zu einem anderen verschoben werden. Solange die Subdomains nicht sich wiedersprechende Modelle beschreiben, sind alle möglichen Aufteilungen in Abbildung 14-9 durchaus gültige Bounded Contexts.

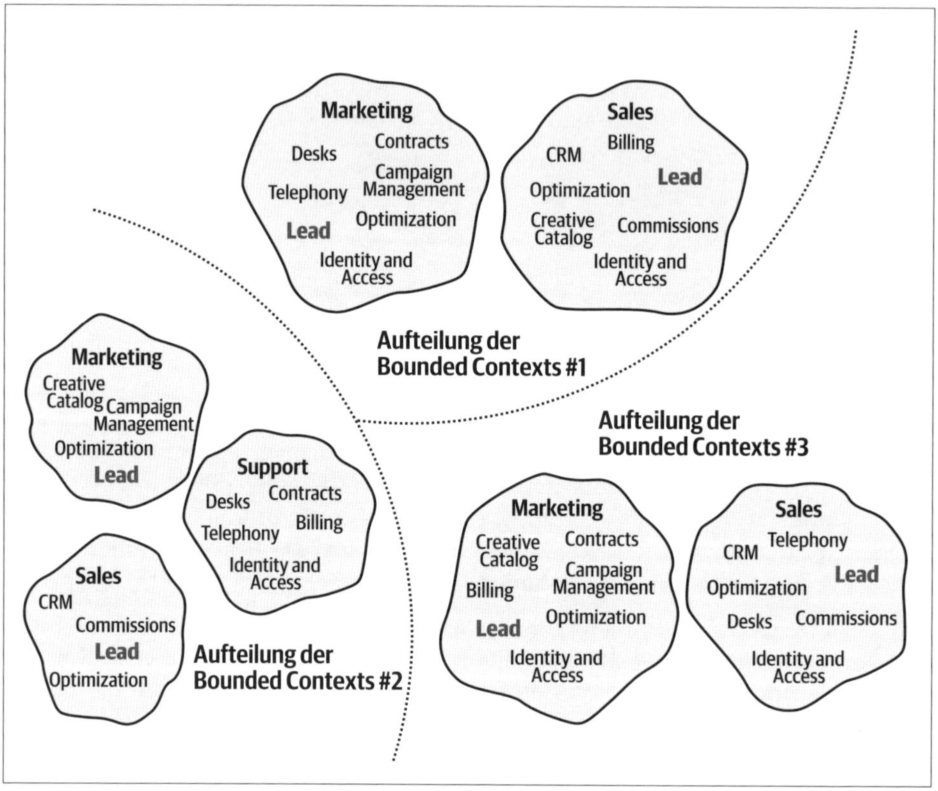

Abbildung 14-9: Alternative Aufteilungen in Bounded Contexts

Die verschiedenen Aufteilungen in Bounded Contexts spiegeln unterschiedliche Anforderungen wider – wie zum Beispiel verschiedene Größen und Strukturen von Teams, Abhängigkeiten vom Lebenszyklus und so weiter. Aber können wir sagen, dass alle gültigen Bounded Contexts in diesem Beispiel notwendigerweise Microservices sind? Nein – insbesondere wenn wir die relativ weiten Funktionalitäten der beiden Bounded Contexts in Aufteilung 1 bedenken.

Daher ist die Beziehung zwischen Microservices und Bounded Contexts nicht symmetrisch. Auch wenn es sich bei Microservices um Bounded Contexts handelt, ist nicht jeder Bounded Context ein Microservice. Bounded Contexts kennzeichnen andererseits die Grenzen des größtmöglichen Monolithen. Solch ein Monolith sollte nicht mit einem Big Ball of Mud verwechselt werden – es handelt sich um eine durchaus gültige Designoption, die die Konsistenz der Ubiquitous Language oder das Modell der Fachdomäne schützt. Wie wir in Kapitel 15 besprechen werden, sind solche weiten Grenzen in bestimmten Fällen effektiver als Microservices.

In Abbildung 14-10 ist die Beziehung zwischen Bounded Contexts und Microservices dargestellt. Der Bereich zwischen den Bounded Contexts und den Microservices ist sicher. Das sind gültige Designoptionen. Aber ist das System nicht in saubere Bounded Contexts unterteilt worden oder hat es die Grenze zu den Microservices überschritten, wird das zu einem Big Ball of Mud oder zu einem verteilten Big Ball of Mud führen.

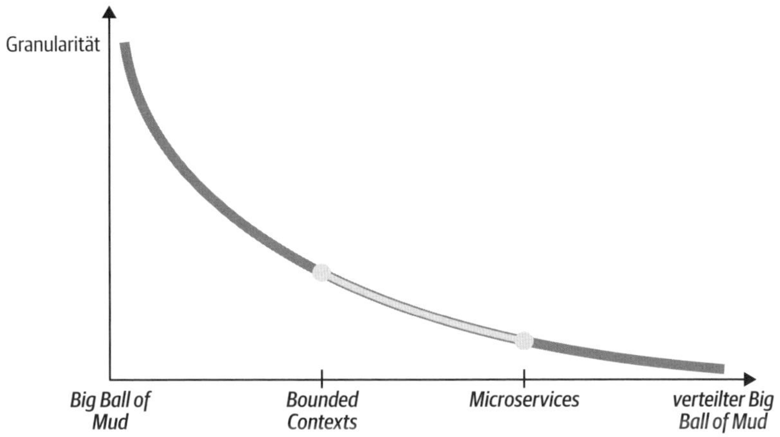

Abbildung 14-10: Granularität und Modularität

Als Nächstes wollen wir uns das andere Extrem anschauen: ob Aggregates dabei helfen können, die Grenzen von Microservices aufzudecken.

Aggregates

Während Bounded Contexts die weitesten sinnvollen Grenzen nutzen, bewirkt das Aggregate Pattern das Gegenteil. Die Grenze des Aggregate ist die engstmögliche Begrenzung. Ein Aufteilen eines Aggregate in mehrere physische Services oder Bounded Contexts ist nicht nur suboptimal, sondern führt auch noch (wie Sie in Anhang A lernen werden) mindestens zu ungewollten Konsequenzen.

Wie bei Bounded Contexts werden auch bei Aggregates die Grenzen oft als Inspiration für die Grenzen von Microservices angesehen. Ein Aggregate ist eine unteilbare Business-Funktionalitätseinheit, die die Komplexität ihrer internen Business-Regeln, Invarianten und ihrer Logik kapselt. Wie Sie weiter oben im Kapitel gelernt haben, geht es bei Microservices aber nicht um die individuellen Services. Ein einzelner Service muss im Kontext seiner Interaktion mit anderen Komponenten des Systems betrachtet werden:

- Kommuniziert das fragliche Aggregate mit anderen Aggregates in seiner Subdomain?
- Teilt es Value Objects mit anderen Aggregates?
- Wie wahrscheinlich werden sich Änderungen an der Business-Logik des Aggregate auf andere Komponenten der Subdomain auswirken und umgekehrt?

Je stärker die Beziehung des Aggregate zu den anderen Business Entities in seiner Subdomain ist, desto flacher wird es als einzelner Service sein.

Es wird Fälle geben, in denen ein Aggregate als Service für ein modulares Design sorgt. Aber viel häufiger werden solche feingranularen Services die globale Komplexität des Gesamtsystems vergrößern.

Subdomains

Eine bessere Heuristik für das Designen von Microservices ist das Abgleichen der Services mit den Grenzen von Business-Subdomains. Wie Sie in Kapitel 1 gelernt haben, sind Subdomains mit feingranularen Business-Fähigkeiten korreliert. Dies sind die Business-Bausteine, die für ein Unternehmen erforderlich sind, um sich in ihren Fachdomänen behaupten zu können. Aus Sicht der Fachdomäne beschreiben Subdomains die Fähigkeiten – was das Business tut –, ohne zu erläutern, wie die Fähigkeiten implementiert sind. Aus technischer Sicht repräsentieren Subdomains Sätze zusammengehöriger Anwendungsfälle: Sie nutzen das gleiche Modell der Fachdomäne, arbeiten mit den gleichen oder eng zusammengehörigen Daten und haben eine starke funktionale Beziehung. Eine Änderung an den Business-Anforderungen eines oder mehrerer Use Cases wird vermutlich auch die anderen Use Cases betreffen, wie in Abbildung 14-11 zu sehen ist.

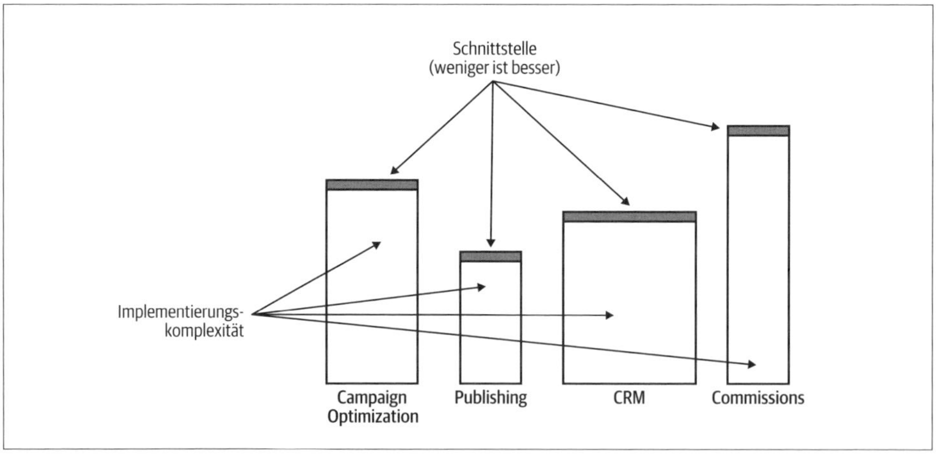

Abbildung 14-11: Subdomains

Die Granularität und der Fokus auf der Funktionalität der Subdomains – mehr »was« als »wie« – macht Subdomains ganz natürlich zu tiefen Modulen. Die Beschreibung einer Subdomain – die Funktion – kapselt die komplexeren Implementierungsdetails – die Logik. Die kohärente Natur der Anwendungsfälle, die in einer Subdomain enthalten sind, stellt auch die resultierende Tiefe des Moduls sicher. Ein Aufteilen in viele Use Cases würde zu einer komplexeren öffentlichen Schnittstelle und damit zu flacheren Modulen führen. Alle diese Dinge machen Subdomains zu einer sicheren Grenze für das Designen von Microservices.

Das Abgleichen von Microservices mit Subdomains ist eine sichere Heuristik, die für den größten Teil der Microservices zu einer optimalen Lösung führen wird. Aber es wird Situationen geben, in denen andere Grenzen effizienter sein werden – zum Beispiel in den weiteren linguistischen Grenzen des Bounded Context zu bleiben oder sich aufgrund nicht funktionaler Anforderungen auf ein Aggregate als Microservice zurückzuziehen. Die Lösung hängt nicht nur von der Fachdomäne ab, sondern auch von der Struktur der Organisation, von der Business-Strategie und von nicht funktionalen Anforderungen. Wie in Kapitel 11 besprochen, ist es entscheidend, die Architektur und das Design der Software kontinuierlich mit den Änderungen in der Umgebung abzugleichen.

Die öffentlichen Schnittstellen von Microservices komprimieren

Neben dem Ermitteln der Servicegrenzen kann das Domain-Driven Design auch dabei helfen, Services tiefer zu gestalten. Dieser Abschnitt zeigt, wie die Open-Host Service und Anticorruption Layer Patterns die öffentlichen Schnittstellen des Microservice vereinfachen können.

Open-Host Service

Der Open-Host Service entkoppelt das Modell des Bounded Context der Fachdomäne von dem Modell, das für die Integration mit anderen Komponenten des Systems genutzt wird (siehe Abbildung 14-12).

Das Einführen des integrationsorientierten Modells – die Published Language – verringert die globale Komplexität des Systems. Sie erlaubt uns, die Implementierung des Service weiterzuentwickeln, ohne dass das Auswirkungen auf die Consumer hat: Das neue Implementierungsmodell lässt sich in die bestehende Published Language übersetzen. Und die Published Language stellt ein eingeschränkteres Modell bereit. Sie ist rund um die Integrationsanforderungen designt und kapselt die Komplexität der Implementierung, die für die Consumer des Service nicht relevant ist. So kann sie beispielsweise weniger Daten bereitstellen und dabei ein bequemeres Modell für die Consumer nutzen.

Eine einfachere öffentliche Schnittstelle (Funktion) für die gleiche Implementierung (Logik) macht den Service »tiefer« und trägt zu einem effektiven Design des Microservice bei.

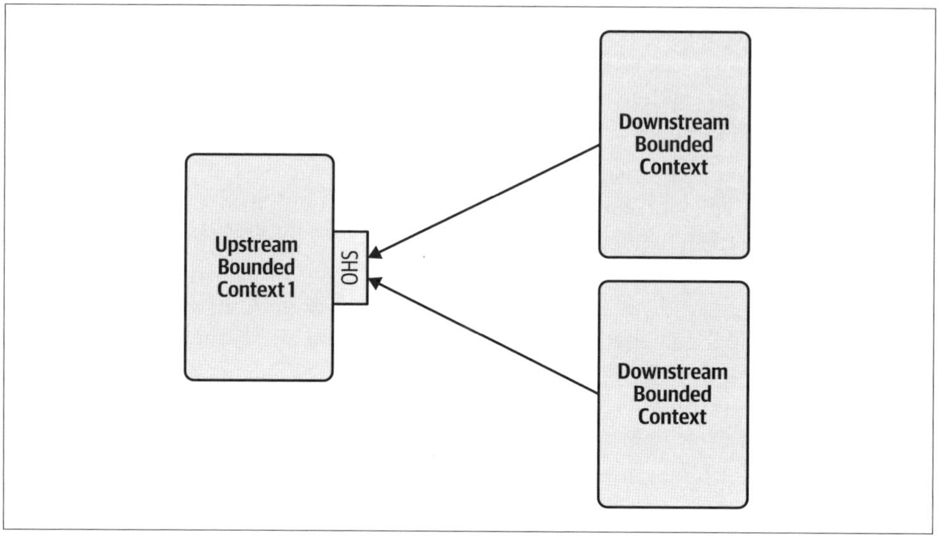

Abbildung 14-12: Services über eine Published Language integrieren

Anticorruption Layer

Das Anticorruption Layer (ACL) Pattern funktioniert genau umgekehrt. Es reduziert die Komplexität beim Integrieren des Service mit anderen Bounded Contexts. Klassischerweise gehört der Anticorruption Layer zu dem Bounded Context, den er beschützt. Aber wie in Kapitel 9 besprochen, kann diese Idee noch einen Schritt weitergesponnen werden, und der ACL kann als eigenständiger Service implementiert werden.

Der ACL-Service in Abbildung 14-13 verringert sowohl die lokale Komplexität des konsumierenden Bounded Context wie auch die globale Komplexität des Systems. Die Business-Komplexität des konsumierenden Bounded Context wird von der Integrationskomplexität getrennt. Letztere wird dem ACL-Service aufgebürdet. Weil der konsumierende Bounded Context mit einem bequemeren, integrationsorientierten Modell arbeitet, ist seine öffentliche Schnittstelle komprimiert – sie spiegelt nicht die Integrationskomplexität wider, die vom produzierenden Service bereitgestellt wird.

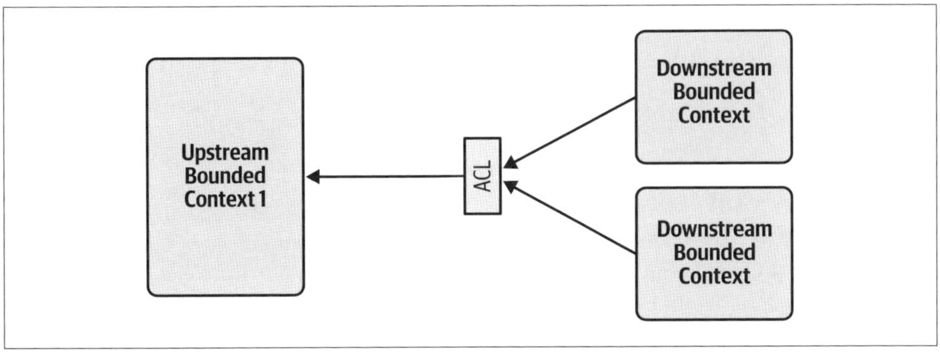

Abbildung 14-13: Anticorruption Layer als Stand-alone-Service

Zusammenfassung

Historisch gesehen, ist der auf Microservices basierende Architekturstil eng mit dem Domain-Driven Design verbunden – so sehr, dass die Begriffe *Microservice* und *Bounded Context* oft gleichwertig genutzt werden. In diesem Kapitel haben wir die Verbindung zwischen den beiden analysiert und festgestellt, dass sie nicht identisch sind.

Alle Microservices sind Bounded Contexts, aber nicht alle Bounded Contexts sind notwendigerweise Microservices. In seinem Kern definiert ein Microservice die kleinstmögliche gültige Grenze eines Service, während ein Bounded Context die Konsistenz des enthaltenen Modells schützt und die weitestmöglichen Grenzen repräsentiert. Definieren Sie Grenzen, die weiter als ihre Bounded Contexts sind, führt das zu einem Big Ball of Mud, während Grenzen, die kleiner als die Microservices sind, zu einem verteilten Big Ball of Mud führen.

Nichtsdestotrotz ist die Verbindung zwischen Microservices und Domain-Driven Design sehr eng. Wir haben gesehen, wie die Werkzeuge von Domain-Driven Design genutzt werden können, um effektive Grenzen für Microservices zu designen.

In Kapitel 15 werden wir uns weiter mit High-Level-Systemarchitektur befassen, dann aber aus einer anderen Perspektive: asynchrone Integration per Event-Driven Architecture. Sie werden erfahren, wie Sie die verschiedenen Arten von Event-Nachrichten nutzen können, um die Grenzen der Microservices weiter zu optimieren.

Übungen

1. Wie ist die Beziehung zwischen Bounded Contexts und Microservices?
   a. Alle Microservices sind Bounded Contexts.
   b. Alle Bounded Contexts sind Microservices.

c. Microservices und Bounded Contexts sind unterschiedliche Begriffe für das gleiche Konzept.

d. Microservices und Bounded Contexts sind komplett unterschiedliche Konzepte, die sich nicht miteinander vergleichen lassen.

2. Welche Teile eines Microservice sollten »micro« sein?

a. Die Anzahl an Pizzas, die erforderlich sind, um das Team zu versorgen, das die Microservices implementiert. Die Metrik muss berücksichtigen, dass die Teammitglieder unterschiedliche Essensvorlieben haben und verschiedene Mengen an Kalorien aufnehmen sollten.

b. Die Anzahl an Codezeilen, die erforderlich sind, um die Funktionalität zu implementieren. Da der Metrik die Länge der Zeilen egal ist, sollten Microservices vorzugsweise auf sehr breiten Monitoren implementiert werden.

c. Der wichtigste Aspekt beim Designen von auf Microservices basierenden Systemen ist, Microservices-freundliche Middleware und andere Infrastrukturkomponenten zu bekommen – vorzugsweise von für Microservices zertifizierten Anbietern.

d. Das Wissen über die Fachdomäne und ihre Feinheiten, das über die Grenzen des Service hinaus bereitgestellt werden muss und das durch seine öffentliche Schnittstelle widergespiegelt wird.

3. Was sind sichere Komponentengrenzen?

a. Grenzen, die weiter als Bounded Contexts sind.

b. Grenzen, die enger als Microservices sind.

c. Grenzen zwischen Bounded Contexts (am weitesten) und Microservices (am engsten).

d. Alle Grenzen sind sicher.

4. Ist es gutes Design, Microservices mit den Grenzen von Aggregates abzugleichen?

a. Ja, Aggregates sind immer gute Kandidaten für Microservices.

b. Nein, Aggregates sollten niemals als einzelne Microservices angeboten werden.

c. Es ist unmöglich, einen Microservice aus einem einzelnen Aggregate zu erstellen.

d. Die Entscheidung hängt von der Fachdomäne ab.

KAPITEL 15
Event-Driven Architecture

Wie Microservices ist auch die *Event-Driven Architecture* (EDA) in modernen verteilten Systemen überall zu finden. Vielfach wird dazu geraten, eine Event-getriebene Kommunikation als Standard-Integrationsmechanismus zu nutzen, wenn man ein lose gekoppeltes, skalierbares, fehlertolerantes verteiltes System designt.

Event-Driven Architecture wird oft mit Domain-Driven Design verbunden. Denn schließlich basiert die EDA auf Events, und Events sind im DDD sehr prominent vertreten – wir haben Domain Events, und eventuell nutzen wir Events sogar als Source of Truth des Systems. Es mag verlockend klingen, die DDD-Events als Basis für die Verwendung der Event-Driven Architecture zu nutzen. Aber ist das eine gute Idee?

Events sind keine Geheimzutat, die Sie einfach zu einem Legacy-System hinzufügen und es damit in ein lose gekoppeltes, verteiltes System verwandeln. Es ist eher umgekehrt: Ein sorgloses Anwenden der EDA kann einen modularen Monolithen in einen verteilten Big Ball of Mud verwandeln.

In diesem Kapitel werden wir das Zusammenspiel von EDA und DDD untersuchen. Ich werde die zentralen Bausteine der Event-Driven Architecture vorstellen, häufige Ursachen für das Fehlschlagen von EDA-Projekten beschreiben und zeigen, wie Sie die DDD-Werkzeuge nutzen können, um effektive, asynchron integrierte Systeme zu designen.

Event-Driven Architecture

Einfach gesagt, ist die *Event-Driven Architecture* ein Architekturstil, bei dem die Komponenten eines Systems untereinander asynchron kommunizieren, indem sie Event Messages austauschen (siehe Abbildung 15-1). Statt die Endpoints der Services synchron aufzurufen, veröffentlichen die Komponenten Events, um andere Systemelemente über Änderungen an der Domain des Systems zu informieren. Die Komponenten können sich auf Events subskribieren, die im System aufkommen, und entsprechend reagieren. Ein typisches Beispiel für einen Event-gesteuerten Ablauf ist das in Kapitel 9 beschriebene Saga Pattern.

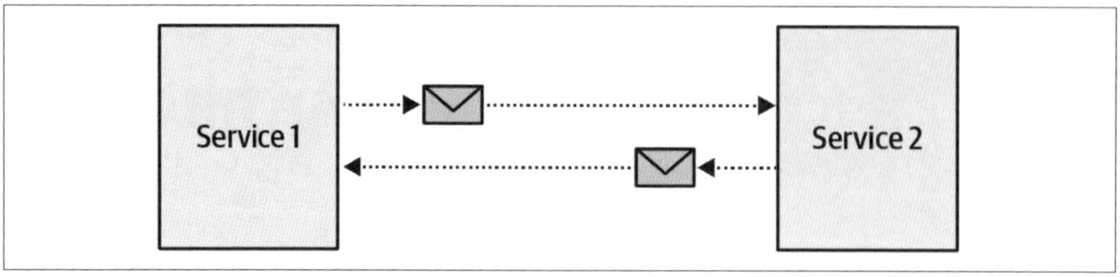

Abbildung 15-1: Asynchrone Kommunikation

Es ist wichtig, den Unterschied zwischen Event-Driven Architecture und Event Sourcing hervorzuheben. Wie in Kapitel 7 besprochen, handelt es sich beim Event Sourcing um eine Methode, um Änderungen am Status als Abfolge von Events abzubilden.

Auch wenn sowohl die Event-Driven Architecture als auch das Event Sourcing auf Events basieren, sind die zwei Patterns konzeptionell verschieden. Die EDA bezieht sich auf die Kommunikation zwischen Services, während das Event Sourcing innerhalb eines Service geschieht. Die für das Event Sourcing designten Events repräsentieren Statusübergänge (von Aggregates in einem Event-Sourced Domain Model), die im Service implementiert sind. Sie sollen die Feinheiten der Fachdomäne einfangen und sind nicht dazu gedacht, den Service mit anderen Systemkomponenten zu integrieren.

Wie Sie weiter unten in diesem Kapitel noch sehen werden, gibt es drei Arten von Events, von denen manche besser für die Integration geeignet sind als andere.

Events

In einem EDA-System ist der Austausch von Events der zentrale Kommunikationsmechanismus für das Integrieren der Komponenten, der eben auch das System ausmacht. Schauen wir uns die Events genauer an und finden wir heraus, was sie von Messages unterscheidet.

Events, Commands und Messages

Bisher entspricht die Definition eines Events der Definition des Message Pattern.[1] Aber die beiden Dinge unterscheiden sich. Ein Event ist eine Message, aber eine Message ist nicht unbedingt ein Event. Es gibt zwei Arten von Messages:

Event
: Eine Message, die eine schon erfolgte Änderung beschreibt.

1 Hohpe, G. & Woolf, B. (2003), *Enterprise Integration Patterns: Designing, Building, and Deploying Messaging Solutions*, Boston: Addison-Wesley.

Command
: Eine Message, die eine auszuführende Operation beschreibt.

Ein Event ist etwas, das schon geschehen ist, während ein Command eine Anweisung ist, etwas zu tun. Sowohl Events wie auch Commands können asynchron als Messages kommuniziert werden. Aber ein Command kann abgewiesen werden: Das Ziel des Commands kann es ablehnen, das Command auszuführen – beispielsweise, weil es ungültig ist oder den Business-Regeln des Systems widerspricht. Ein Empfänger eines Events kann das Event hingegen nicht abbrechen. Es beschreibt etwas, das schon geschehen ist. Das Einzige, was man tun kann, um ein Event »aufzuheben«, ist das Anstoßen einer kompensierenden Aktion – ein Command, wie dies im Saga Pattern umgesetzt wird.

Da ein Event etwas beschreibt, das schon geschehen ist, sollte der Name eines Events in der Vergangenheitsform formuliert werden – zum Beispiel DeliveryScheduled, ShipmentCompleted oder DeliveryConfirmed.

Struktur

Ein Event ist ein Datensatz, der mit der Messaging-Plattform Ihrer Wahl serialisiert und übertragen werden kann. Ein typisches Event-Schema enthält die Metadaten des Events und seine Payload – die durch das Event zu kommunizierenden Informationen:

```
{
    "type": "delivery-confirmed",
    "event-id": "14101928-4d79-4da6-9486-dbc4837bc612",
    "correlation-id": "08011958-6066-4815-8dbe-dee6d9e5ebac",
    "delivery-id": "05011927-a328-4860-a106-737b2929db4e",
    "timestamp": 1615718833,
    "payload": {
        "confirmed-by": "17bc9223-bdd6-4382-954d-f1410fd286bd",
        "delivery-time": 1615701406
    }
}
```

Die Payload eines Events beschreibt nicht nur die Informationen, die durch das Event übermittelt werden, sondern sie definiert auch den Typ des Events. Schauen wir uns die drei Typen von Events im Detail an und überlegen wir, wie sie sich voneinander unterscheiden.

Event-Typen

Events lassen sich einem von drei Typen zuordnen:[1] *Event Notification*, *Event-Carried State Transfer* oder *Domain Events*.

1 Fowler, M. (o. D.), *What do you mean by »Event-Driven«?*, abgerufen am 12. August 2021 von Martin Fowlers Blog (*https://oreil.ly/aSK5l*).

Event Notification

Eine Event Notification ist eine Message bezüglich einer Änderung in der Fachdomäne, auf die andere Komponenten reagieren werden. Beispiele dafür sind unter anderem PaycheckGenerated und CampaignPublished.

Die Event Notification sollte nicht zu ausführlich sein – Ziel ist, die interessierten Parteien von dem Ereignis zu unterrichten, aber die Benachrichtigung sollte nicht alle Informationen enthalten, die für die Empfänger notwendig wären, um darauf zu reagieren – zum Beispiel:

```
{
    "type": "paycheck-generated",
    "event-id": "537ec7c2-d1a1-2005-8654-96aee1116b72",
    "delivery-id": "05011927-a328-4860-a106-737b2929db4e",
    "timestamp": 1615726445,
    "payload": {
        "employee-id": "456123",
        "link": "/paychecks/456123/2021/01"
    }
}
```

Hier informiert das Event die externen Komponenten über das Erzeugen eines Paychecks. Es enthält nicht alle Informationen, die mit dem Paycheck in Verbindung stehen. Stattdessen kann der empfangende Code den Link nutzen, um mehr Informationen anzufordern. Dieser Benachrichtigungsablauf ist in Abbildung 15-2 dargestellt.

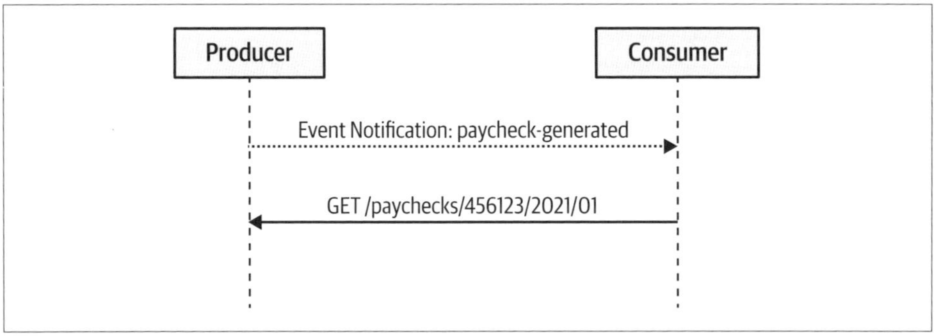

Abbildung 15-2: Ablauf der Event Notification

Auf gewisse Art und Weise ähnelt die Integration über Event Notification Messages dem Wireless-Emergency-Alert-System (WEA) in den USA und dem EU-Alert in Europa (siehe Abbildung 15-3). Die Systeme nutzen Mobilfunkmasten, um Kurznachrichten zu verteilen und die Bewohnerinnen und Bewohner über Angelegenheiten zur öffentlichen Gesundheit, zu Sicherheitswarnungen und anderen Notfällen zu informieren. Die Systeme sind darauf beschränkt, Nachrichten mit maximal 360 Zeichen zu verschicken. Diese Kurznachrichten reichen aus, um Sie über den Notfall zu informieren, aber Sie müssen selbst auf andere Informationsquellen zugreifen, um mehr Details zu bekommen.

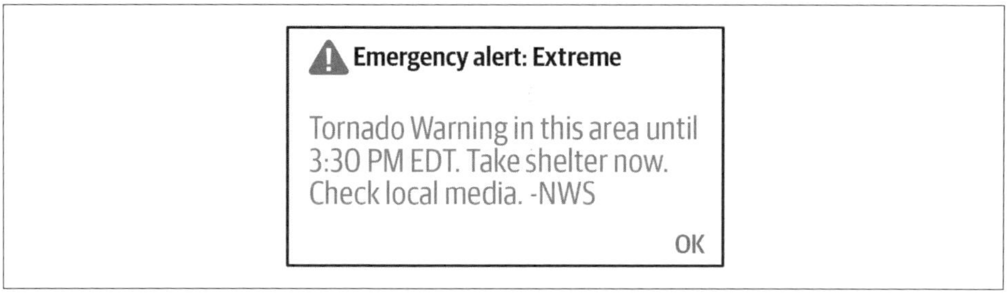

Abbildung 15-3: Notfallwarnsystem

Kurze Event Notifications können in vielen Szenarien von Vorteil sein. Schauen wir uns zwei genauer an: Sicherheit und Concurrency.

Sicherheit Indem Sie die Empfänger dazu nötigen, detaillierte Informationen explizit abzurufen, verhindern Sie, sicherheitsrelevante Informationen über die Messaging-Infrastruktur zu verbreiten. So ist eine zusätzliche Autorisierung erforderlich, damit die Subscriber auf die Daten zugreifen können.

Concurrency Aufgrund der asynchronen Natur der Event-getriebenen Integration kann die Information schon veraltet sein, wenn sie die Subscriber erreicht. Ist die Natur der Information für Race-Bedingungen anfällig, erlaubt ein explizites Abfragen das Einholen des aktuellsten Status.

Zudem kann der Abfrageprozess bei konkurrierenden Subscribern, bei denen nur einer ein Event verarbeiten soll, mit pessimistischem Locking integriert werden. Damit kann die Producer-Seite sicher sein, dass kein anderer Consumer die Message verarbeiten kann.

Event-Carried State Transfer

Event-Carried State Transfer (ECST) Messages benachrichtigen Subscriber über Änderungen im internen Status des Producers. Anders als die Event Notification Messages enthalten ECST Messages alle Daten über die Änderung am Status.

ECST Messages kann es in zwei Formen geben. Die erste ist ein vollständiger Snapshot des Status der modifizierten Entity:

```
{
    "type": "customer-updated",
    "event-id": "6b7ce6c6-8587-4e4f-924a-cec028000ce6",
    "customer-id": "01b18d56-b79a-4873-ac99-3d9f767dbe61",
    "timestamp": 1615728520,
    "payload": {
        "first-name": "Carolyn",
        "last-name": "Hayes",
        "phone": "555-1022",
        "status": "follow-up-set",
        "follow-up-date": "2021/05/08",
```

```
        "birthday": "1982/04/05",
        "version": 7
    }
}
```

Diese ECST Message enthält einen vollständigen Snapshot des aktualisierten Status einer Kundin. Beim Arbeiten auf großen Datenstrukturen kann es sinnvoll sein, in die ECST Message nur die Felder aufzunehmen, die tatsächlich verändert wurden:


```
{
    "type": "customer-updated",
    "event-id": "6b7ce6c6-8587-4e4f-924a-cec028000ce6",
    "customer-id": "01b18d56-b79a-4873-ac99-3d9f767dbe61",
    "timestamp": 1615728520,
    "payload": {
        "status": "follow-up-set",
        "follow-up-date": "2021/05/10",
        "version": 8
    }
}
```


Egal ob ECST Messages vollständige Snapshots oder nur die aktualisierten Felder enthalten – ein Stream mit solchen Events erlaubt es Consumern, einen lokalen Cache mit den Status der Entities vorzuhalten und damit zu arbeiten. Konzeptionell ist der Einsatz von Event-Carried State Transfer Messages ein Mechanismus zur asynchronen Datenreplikation. Dieser Ansatz macht das System fehlertoleranter, sodass die Consumer auch dann weiterarbeiten können, wenn der Producer nicht verfügbar ist. Statt die Datenquelle jedes Mal abzufragen, wenn die Daten benötigt werden, können alle Daten lokal gecacht werden (siehe Abbildung 15-4).

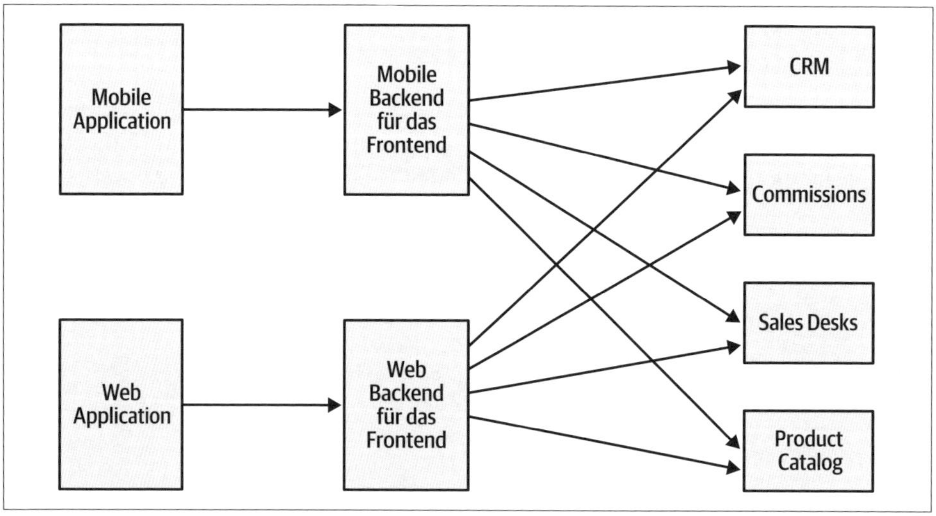

Abbildung 15-4: Backend für das Frontend

Domain Event

Der dritte Typ von Event Messages ist das Domain Event, das wir in Kapitel 6 beschrieben haben. Domain Events stehen irgendwo zwischen Event Notifications und ECST Messages – beide beschreiben ein wichtiges Ereignis in der Fachdomäne und enthalten alle Daten, die es beschreiben. Aber trotz gewisser Ähnlichkeiten sind sie doch konzeptionell verschieden.

Domain Events und Event Notifications

Sowohl Domain Events als auch Event Notifications beschreiben Änderungen in der Fachdomäne des Producers. Aber es gibt zwei konzeptionelle Unterschiede.

Erstens enthalten Domain Events alle Informationen zum Beschreiben des Ereignisses. Der Consumer muss keine weiteren Aktionen ausführen, um das Gesamtbild zu erhalten.

Zweitens ist der Modellierungszweck ein anderer. Event Notifications sind dazu designt, die Integration mit anderen Komponenten zu erleichtern. Domain Events sollen dagegen die Fachdomäne modellieren und beschreiben. Sie können auch dann nützlich sein, wenn kein externer Consumer an ihnen interessiert ist. Das gilt insbesondere für Event-Sourced Systeme, bei denen Domain Events genutzt werden, um alle möglichen Statusübergänge zu modellieren. Würde es externe Consumer geben, die an allen verfügbaren Domain Events interessiert wären, spräche das für ein suboptimales Design. Wir werden darauf noch genauer weiter unten eingehen.

Domain Events und Event-Carried State Transfer

Die in Domain Events enthaltenen Daten unterscheiden sich konzeptionell vom Schema einer typischen ECST Message.

Eine ECST Message liefert genügend Informationen, um einen lokalen Cache der Producer-Daten vorzuhalten. Es wird aber von keinem einzelnen Domain Event erwartet, solch ein umfassendes Modell bereitzustellen. Selbst die Daten in einem spezifischen Domain Event reichen nicht aus, um den Status des Aggregate zu cachen, da andere Domain Events, für die sich der Consumer eventuell nicht registriert hat, die gleichen Felder beeinflussen können.

Zudem unterscheidet sich wie bei den Notification Events die Absicht des Modells für diese beiden Arten von Messages. Die in Domain Events enthaltenen Daten sollen den Status des Aggregate gar nicht beschreiben. Stattdessen beschreiben sie ein Business-Ereignis, das sich in dessen Lebenszyklus ereignet hat.

Beispiel für Event-Typen

Es folgt nun noch ein Beispiel, das die Unterschiede zwischen den drei Typen von Events aufzeigt. Schauen Sie sich die folgenden drei Arten an, das Ereignis einer Hochzeit zu repräsentieren:

```
eventNotification = {
    "type": "marriage-recorded",
    "person-id": "01b9a761",
    "payload": {
        "person-id": "126a7b61",
        "details": "/01b9a761/marriage-data"
    }
};

ecst = {
    "type": "personal-details-changed",
    "person-id": "01b9a761",
    "payload": {
        "new-last-name": "Williams"
    }
};

domainEvent = {
    "type": "married",
    "person-id": "01b9a761",
    "payload": {
        "person-id": "126a7b61",
        "assumed-partner-last-name": true
    }
};
```

`marriage-recorded` ist eine Event Notification Message. Sie enthält keine Informationen über die Tatsache hinaus, dass die Person mit der angegebenen ID geheiratet hat. Es gibt nur minimale Informationen über das Ereignis, und die Consumer, die an mehr Details interessiert sind, werden dem Link im Feld `details` folgen müssen.

`personal-details-changed` ist eine Event-Carried State Transfer Message. Sie beschreibt die Änderungen an den persönlichen Details der Person – genauer gesagt, dass sich ihr Nachname geändert hat. Die Message erklärt nicht den Grund für die Änderung. Hat die Person geheiratet, oder wurde sie geschieden?

Bei `married` handelt es sich schließlich um ein Domain Event. Es ist so nahe wie möglich an der Natur des Events in der Fachdomäne modelliert. Das Event enthält die ID der Person und ein Flag, das angibt, ob die Person den Nachnamen ihres Partners beziehungsweise ihrer Partnerin angenommen hat.

Design einer Event-gesteuerte Integration

Wie in Kapitel 3 erwähnt, geht es beim Softwaredesign vor allem um Grenzen. Grenzen definieren, was drinnen und was draußen ist und vor allem, was die Grenzen überschreitet – insbesondere wie die Komponenten untereinander integriert sind. Die Events in einem EDA-basierten System sind vollwertige Designelemente, die Einfluss darauf haben, wie die Komponenten integriert werden und wie die Grenzen der Komponenten selbst aussehen. Die Wahl des richtigen Typs für die Event Messages ist entscheidend dafür, ob ein verteiltes System funktioniert (weil es entkoppelt ist) oder nicht (weil es zu eng gekoppelt ist).

In diesem Abschnitt werden Sie Heuristiken für das Anwenden verschiedener Event-Typen kennenlernen. Aber zuerst wollen wir sehen, wie wir Events nutzen, um einen eng gekoppelten, verteilten Big Ball of Mud zu entwerfen.

Verteilter Big Ball of Mud

Schauen Sie sich das System in Abbildung 15-5 an.

Der Bounded Context CRM ist als Event-Sourced Domain Model implementiert. Als das CRM-System mit dem Bounded Context Marketing integriert werden muss, entscheiden sich die Teams dazu, die Flexibilität des Event-Sourced Data Model zu nutzen und sich den Consumer – in diesem Fall Marketing – für die Domain Events von CRM registrieren zu lassen. Mit diesen Events soll dann das Modell projiziert werden, das ihre Anforderungen erfüllt.

Als der Bounded Context AdsOptimization dazukommt, muss er ebenfalls die vom Bounded Context CRM erzeugten Informationen verarbeiten. Erneut entscheiden sich die Teams auch hier dafür, dass sich AdsOptimization für alle Domain Events registriert, die im CRM entstehen, und das Modell projiziert, das die Bedürfnisse dieses Bounded Context erfüllt.

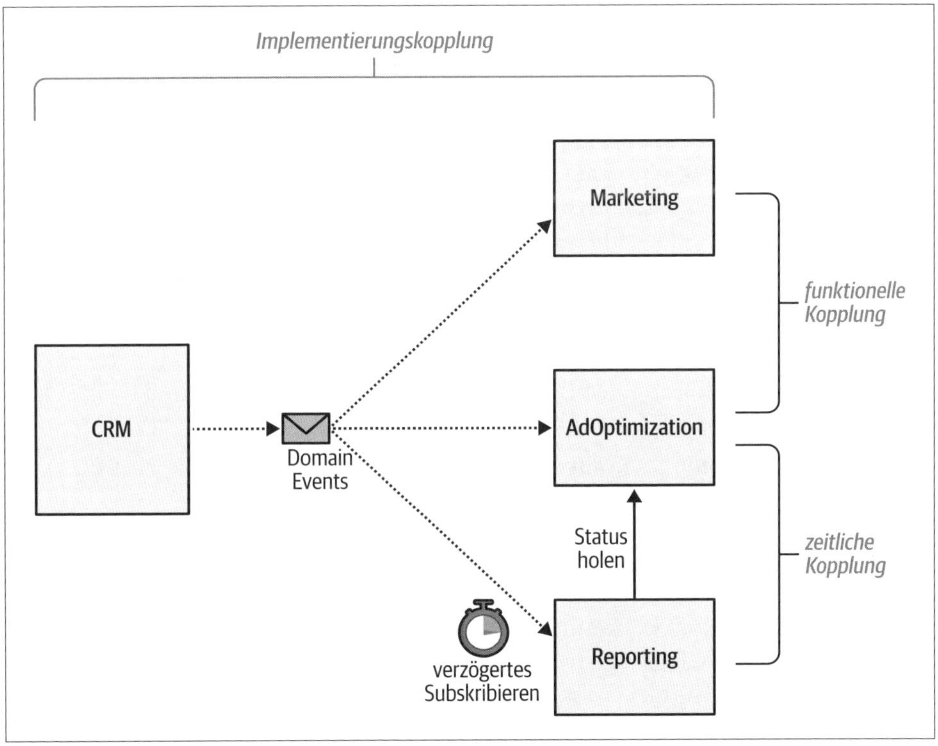

Abbildung 15-5: Eng gekoppeltes verteiltes System

Interessanterweise mussten die beiden Bounded Contexts Marketing und AdsOptimization die Kundeninformationen im gleichen Format präsentieren, weshalb sie auch das gleiche Modell aus den Domain Events von CRM projiziert haben – ein flacher Snapshot des Status jedes Kunden und jeder Kundin.

Der Bounded Context Reporting hat sich nur auf eine Untermenge der Domain Events von CRM subskribiert und nutzt diese als Event Notification Messages, um die im AdsOptimization Context zusammengestellten Daten abzurufen. Aber da der Bounded Context AdsOptimization die gleichen Events nutzt, um seine Berechnungen anzustoßen, nutzt das Reporting-Modell eine Verzögerung von fünf Minuten, um sicherzustellen, dass der AdsOptimization Context schon aktualisiert wurde. Es verarbeitet also die Nachrichten erst fünf Minuten nach dem Empfangen.

Dieses Design ist furchtbar. Schauen wir uns die verschiedenen Formen von Kopplung in diesem System an.

Zeitliche Kopplung

Die Bounded Contexts AdsOptimization und Reporting sind zeitlich gekoppelt: Sie hängen von einer strikten Ausführungsreihenfolge ab. Die AdsOptimization-Komponente muss seine Verarbeitung abgeschlossen haben, bevor das Reporting-Modul angestoßen wird. Wird die Reihenfolge umgekehrt, werden im Reporting-System inkonsistente Daten entstehen.

Um die erforderliche Ausführungsreihenfolge zu erzwingen, hat die Entwicklung die Verarbeitungsverzögerung im Reporting-System eingeführt. Diese Verzögerung von fünf Minuten ermöglicht der AdsOptimization-Komponente, die erforderlichen Berechnungen abzuschließen. Offensichtlich schützt das nicht vor einer falschen Ausführungsreihenfolge:

- AdsOptimization ist eventuell überlastet und schafft es nicht, in den fünf Minuten fertig zu werden.
- Ein Netzwerkaussetzer verzögert das Zustellen der Messages an den AdsOptimization-Service.
- Die AdsOptimization-Komponente hat einen Ausfall, und die eintreffenden Meldungen werden nicht weiterverarbeitet.

Funktionelle Kopplung

Die Bounded Contexts Marketing und AdsOptimization haben sich beide für die Domain Events von CRM registriert und implementieren schließlich auch die gleiche Projektion der Kundendaten. Mit anderen Worten: Die Business-Logik, die eintreffende Domain Events in eine statusbasierte Repräsentation umwandelt, ist doppelt in beiden Bounded Contexts vorhanden, und es gibt die gleichen Änderungsgründe – die Kundendaten müssen im gleichen Format ausgegeben werden.

Hat sich die Projektion in einer der Komponenten geändert, muss sie daher auch im zweiten Bounded Context repliziert werden.

Das ist ein Beispiel für eine funktionelle Kopplung: Mehrere Komponenten implementieren die gleiche Business-Funktionalität, und wenn sich diese ändert, müssen sich beide Komponenten gleichzeitig ändern.

Implementierungskopplung

Diese Art von Kopplung ist subtiler. Die Bounded Contexts Marketing und AdsOptimization haben sich für alle Domain Events registriert, die vom Event-Sourced Model von CRM ausgehen. Konsequenterweise führt nun eine Änderung an der Implementierung von CRM – zum Beispiel das Hinzufügen eines neuen Domain Event oder das Ändern im Schema eines bestehenden – dazu, dass sich auch beide subskribierenden Bounded Contexts ändern müssen! Geschieht das nicht, kann das zu inkonsistenten Daten führen. Ändert sich beispielsweise das Schema eines Events, wird die Projektionslogik der Empfänger fehlschlagen. Wird andererseits ein neues Domain Event zu CRM hinzugefügt, kann das potenziell die projizierten Modelle betreffen. Ignoriert man es, werden die Projektionen ebenfalls inkonsistent werden.

Die Event-gesteuerte Integration refaktorieren

Wie Sie sehen, wird ein System weder entkoppelt noch resilient, wenn man einfach nur blind Events darüber ausgießt. Sie mögen vielleicht denken, dass das hier ein unrealistisches Beispiel ist, aber leider basiert es auf einer wahren Geschichte. Schauen wir uns an, wie wir die Events so anpassen können, dass sich das Design drastisch verbessert.

Indem alle Domain Events nach außen gegeben werden, die das Datenmodell von CRM bilden, binden sich die Subscriber an die Implementierungsdetails des Producers. Die Implementierungskopplung kann man umgehen, indem entweder ein deutlich eingeschränkter Satz an Events oder ein anderer Typ von Events veröffentlicht wird.

Die Subscriber Marketing und AdsOptimization sind funktionell aneinander gekoppelt, indem sie die gleiche Business-Funktionalität implementieren.

Sowohl die Implementierungs- wie auch die funktionelle Kopplung kann in Angriff genommen werden, indem man die Projektionslogik im Producer kapselt – den Bounded Contexts des CRM. Statt ihre Implementierungsdetails nach außen zu geben, kann sich CRM am Consumer-getriebenen Contract Pattern orientieren: Projiziere das Modell, das von den Consumern benötigt wird, und mache es zu einem Teil der Published Language des Bounded Context – ein integrationsspezifisches Modell, entkoppelt vom internen Implementierungsmodell. Als Ergebnis erhalten die Consumer alle erforderlichen Daten, wissen aber nichts über das Implementierungsmodell von CRM.

Um die zeitliche Kopplung zwischen den Bounded Contexts AdsOptimization und Reporting anzugehen, kann die AdsOptimization-Komponente eine Event Notification Message veröffentlichen, die dann in der Reporting-Komponente dafür sorgt, dass die erforderlichen Daten abgerufen werden. Dieses refaktorierte System ist in Abbildung 15-6 dargestellt.

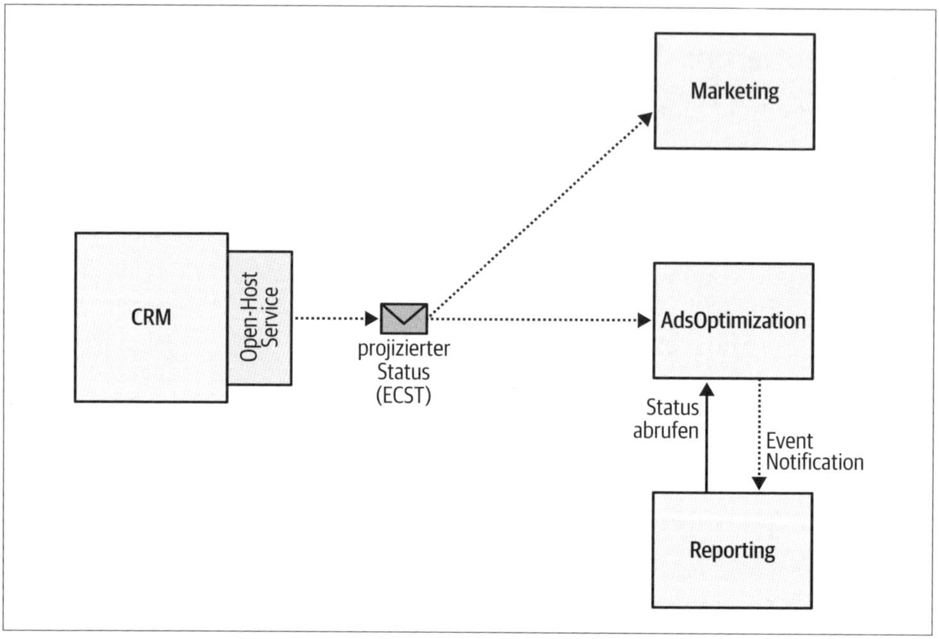

Abbildung 15-6: Refaktoriertes System

Event-gesteuerte Designheuristiken

Suchen Sie für die aktuelle Aufgabe die richtige Art von Event aus, wird das sich daraus ergebende Design um Größenordnungen weniger gekoppelt, dafür aber flexibler und fehlertoleranter sein. Formulieren wir die Designheuristiken hinter den umgesetzten Änderungen.

Gehen Sie vom Schlimmsten aus

Wie Andrew Grove es formuliert hat: Nur die Paranoiden überleben.[1] Nutzen Sie diesen Ratschlag als Richtschnur, wenn Sie Event-gesteuerte Systeme entwerfen:

- Das Netzwerk wird langsam sein.
- Server werden im unpassendsten Moment ausfallen.
- Events werden in der falschen Reihenfolge eintreffen.
- Events werden doppelt eintreffen.

1 Grove, A. S. (1999), *Nur die Paranoiden überleben*, München: Heyne.

Und vor allem: Diese Ereignisse werden am häufigsten an Wochenenden und Feiertagen auftreten.

Das Wort *Driven* in Event-Driven Architecture bedeutet, dass Ihr gesamtes System vom erfolgreichen Ausliefern der Nachrichten abhängt. Die Einstellung »Es wird schon gutgehen« sollten Sie daher auf jeden Fall ablegen. Stellen Sie sicher, dass die Events immer konsistent ausgeliefert werden, egal wie:

- Nutzen Sie das Outbox Pattern, um Messages zuverlässig zu veröffentlichen.
- Stellen Sie beim Veröffentlichen von Messages sicher, dass die Subscriber doppelte Messages erkennen und die richtige Reihenfolge bei durcheinandergeratenen Nachrichten wiederherstellen können.
- Nutzen Sie die Patterns Saga und Process Manager, wenn Sie kontextübergreifende Prozesse orchestrieren, die das Ausführen kompensierender Aktionen erfordern.

Nutzen Sie öffentliche und private Events

Seien Sie vorsichtig, wenn Sie Implementierungsdetails über Domain Events bekannt machen, insbesondere bei Event-Sourced Aggregates. Behandeln Sie Events als inhärenten Teil der öffentlichen Schnittstelle des Bounded Context. Stellen Sie daher beim Implementieren des Open-Host Service Pattern sicher, dass sich die Events in der Published Language des Bounded Context widerspiegeln. Patterns zum Umwandeln von Event-basierten Modellen wurden in Kapitel 9 besprochen.

Beim Designen der öffentlichen Schnittstelle der Bounded Contexts nutzen Sie die verschiedenen Typen von Events. Event-Carried State Transfer Messages verdichten das Implementierungsmodell zu einem kompakteren Modell, das nur die Informationen kommuniziert, die Consumers benötigen.

Event Notification Messages können zum Einsatz kommen, um die öffentliche Schnittstelle noch weiter zu minimieren.

Und schließlich: Nutzen Sie Domain Events nur selten für die Kommunikation mit externen Bounded Contexts. Denken Sie dann lieber über das Designen eines Satzes dedizierter öffentlicher Domain Events nach.

Konsistenzanforderungen evaluieren

Designen Sie eine Event-getriebene Kommunikation, evaluieren Sie die Konsistenzanforderungen der Bounded Contexts als zusätzliche Heuristik für die Wahl des Event-Typs:

- Kann die Komponente mit abschließend konsistenten Daten umgehen, nutzen Sie die Event-Carried State Transfer Message.
- Muss der Consumer die aktuellste Änderung für die Status des Producers kennen, geben Sie eine Event Notification Message heraus, auf die dann eine Abfrage folgt, mit der der aktuelle Status des Producers ermittelt werden kann.

Zusammenfassung

In diesem Kapitel wurde die Event-Driven Architecture als inhärenter Aspekt beim Designen der öffentlichen Schnittstelle eines Bounded Context vorgestellt. Sie haben die drei Event-Typen kennengelernt, die für die kontextübergreifende Kommunikation zum Einsatz kommen können:

Event Notification
: Eine Benachrichtigung, dass etwas Wichtiges geschehen ist. Der Consumer muss aber explizit beim Producer nachfragen, um zusätzliche Informationen zu erhalten.

Event-Carried State Transfer
: Ein Message-basierter Mechanismus zur Replikation von Daten. Jedes Event enthält einen Snapshot eines Status, mit dem ein lokaler Cache mit den Producer-Daten gefüllt werden kann.

Domain Event
: Eine Message, die ein Ereignis in der Fachdomäne des Producers beschreibt.

Nutzen Sie die falschen Typen von Events, wird ein EDA-basiertes System schnell auf Abwege geraten und sich unabsichtlich in einen Big Ball of Mud verwandeln. Um den richtigen Event-Typ für die Integration zu wählen, untersuchen Sie die Konsistenzanforderungen der Bounded Contexts und achten darauf, welche Implementierungsdetails Sie veröffentlichen. Designen Sie einen expliziten Satz an öffentlichen und privaten Events. Und stellen Sie schließlich sicher, dass das System die Messages auch ausliefert – selbst im Fall technischer Probleme oder bei Ausfällen.

Übungen

1. Welche der folgenden Aussagen ist/sind korrekt?
    a. Die Event-Driven Architecture definiert die Events, die dazu gedacht sind, die Grenzen von Komponenten zu überschreiten.
    b. Event Sourcing definiert die Events, die dazu gedacht sind, innerhalb der Grenzen eines Bounded Context zu bleiben.
    c. Event-Driven Architecture und Event Sourcing sind verschiedene Begriffe für das gleiche Pattern.
    d. A und B sind korrekt.
2. Welche Event-Typen passen am besten, um Statusänderungen zu kommunizieren?
    a. Event Notification
    b. Event-Carried State Transfer
    c. Domain Event

   d. Alle Event-Typen sind gleich gut zur Kommunikation von Statusänderungen geeignet.

3. Welche Patterns zur Integration von Bounded Contexts benötigt das explizite Definieren öffentlicher Events?
   a. Open-Host Service
   b. Anticorruption Layer
   c. Shared Kernel
   d. Conformist
4. Die Services S1 und S2 sind asynchron integriert. S1 muss Daten kommunizieren, und S2 muss dazu in der Lage sein, die aktuellsten Daten aus S1 zu lesen. Welcher Event-Typ passt für dieses Integrationsszenario?
   a. S1 sollte Event-Carried State Transfer Events veröffentlichen.
   b. S1 sollte Public Event Notifications veröffentlichen, die S2 signalisieren, einen synchronen Request für die aktuellsten Informationen abzuschicken.
   c. S1 sollte Domain Events veröffentlichen.
   d. A und B

KAPITEL 16

Data Mesh

Bisher haben wir in diesem Buch Modelle zum Aufbau operationaler Systeme genutzt. Solche Systeme implementieren Realtime-Transaktionen, die die Systemdaten verändern und die tagtäglichen Interaktionen mit der Umgebung orchestrieren. Diese Modelle sind die Online-Transactional-Processing-(OLTP-)Daten. Eine andere Art von Daten, die Aufmerksamkeit und eine saubere Modellierung verdienen, sind Online-Analytical-Processing-(OLAP-)Daten.

In diesem Kapitel werden Sie etwas über das Data Mesh lernen – eine Architektur zum Managen analytischer Daten. Sie werden sehen, wie die auf Data Mesh basierende Architektur funktioniert und wo sie sich von klassischen Ansätzen zum OLAP-Datenmanagement unterscheidet. Schließlich werden Sie noch erfahren, wie sich Domain-Driven Design und Data Mesh gegenseitig ergänzen. Aber zuerst wollen wir uns anschauen, was diese analytischen Datenmodelle sind und warum wir nicht einfach die operationalen Systeme für analytische Anwendungsfälle nutzen können.

Analytisches Datenmodell versus transaktionales Datenmodell

Man sagt, Wissen sei Macht. Analytische Daten sind das Wissen, das Unternehmen die Macht gibt, gesammelte Daten zu nutzen, um Einblicke zum Optimieren des Business zu erlangen, die Bedürfnisse der Kundschaft besser zu verstehen und sogar automatisierte Entscheidungen zu treffen, indem Machine-Learning-(ML-)Modelle trainiert werden.

Die analytischen (OLAP) und die transaktionalen Modelle (OLTP) dienen unterschiedlichen Typen von Consumern und ermöglichen das Implementieren unterschiedlicher Anwendungsfälle, weshalb sie auch nicht den gleichen Designprinzipien folgen.

Operationale Modelle sind rund um die verschiedenen Entities aus der Fachdomäne des Systems aufgebaut. Sie implementieren deren Lebenszyklen und orchestrieren ihre Interaktionen. Diese Modelle (siehe Abbildung 16-1) sind die Grundlage operationaler Systeme und müssen daher darauf optimiert sein, Realtime-Business-Transaktionen zu unterstützen.

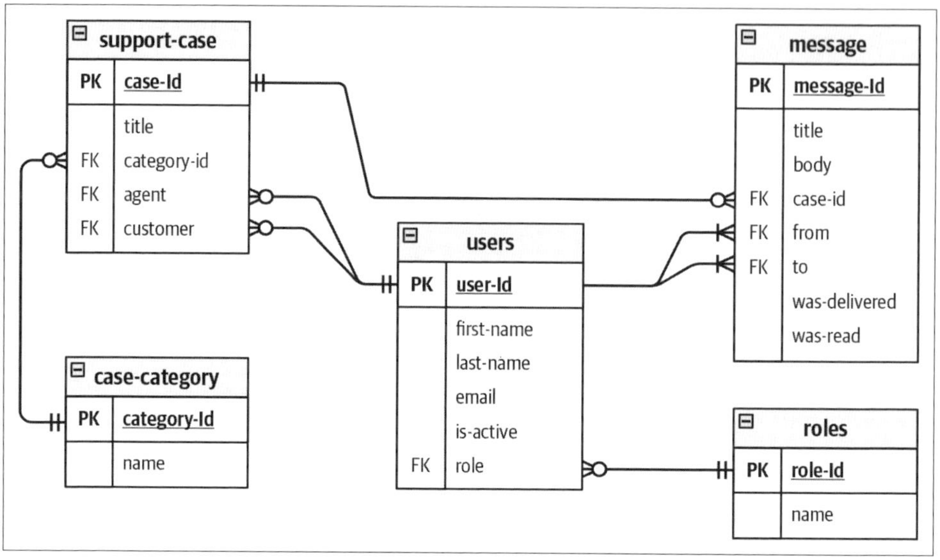

Abbildung 16-1: Ein Schema einer relationalen Datenbank, das die Beziehungen zwischen Entities in einem operationalen Modell beschreibt

Analytische Modelle sind dazu designt, unterschiedliche Einblicke in die operationalen Systeme zu erlangen. Statt Realtime-Transaktionen zu implementieren, soll ein analytisches Modell Einsichten in die Performance von Business-Aktivitäten ermöglichen und – noch wichtiger – zeigen, wie das Business seine Arbeit optimieren kann, um mehr Wert zu schaffen.

Aus Sicht einer Datenstruktur ignorieren OLAP-Modelle die individuellen Business-Entities und fokussieren sich stattdessen auf Business-Aktivitäten, indem Fact-Tabellen und Dimension-Tabellen modelliert werden. Wir werden uns diese beiden Arten von Tabellen genauer anschauen.

Fact-Tabelle

Facts repräsentieren Business-Aktivitäten, die schon geschehen sind. Sie ähneln der Idee von Domain Events, weil beide Dinge beschreiben, die in der Vergangenheit stattfanden. Aber anders als bei Domain Events gibt es keine stilistische Anforderung, Facts als Verben in der Vergangenheitsform zu benennen. Sie repräsentieren trotzdem Aktivitäten von Business-Prozessen. So würde beispielsweise eine Fact-Tabelle `Fact_CustomerOnboardings` einen Datensatz für jeden neu hinzugekommenen Kunden oder jede neue Kundin enthalten, während sich in `Fact_Sales` ein Datensatz für jeden bestätigten Verkauf findet. Abbildung 16-2 zeigt ein Beispiel für eine Fact-Tabelle.

	Fact_SolvedCases
PK	**CaseId**
FK	AgentKey
FK	CategoryKey
FK	OpenedOnDateKey
FK	ClosedOnDateKey
FK	CustomerKey

Abbildung 16-2: Eine Fact-Tabelle mit Datensätzen für Fälle, die vom Support Desk einer Firma gelöst wurden

Ähnlich wie bei Domain Events werden Fact-Datensätze niemals gelöscht oder verändert. Analytische Daten sind Append-only-Daten: Die einzige Möglichkeit, zu zeigen, dass Daten veraltet sind, ist, einen neuen Datensatz mit dem aktuellen Status hinzuzufügen. Schauen Sie sich die Fact-Tabelle `Fact_CaseStatus` in Abbildung 16-3 an. Sie enthält Angaben über den Status von Support-Anfragen im Laufe der Zeit. Es gibt kein explizites Verb im Namen des Fact, aber der vom Fact erfasste Business-Prozess ist das Kümmern um Support-Fälle.

Fact_CaseStatus

CaseId	Timestamp	AgentKey	CategoryKey	CustomerKey	StatusKey
case-141408202228	2021-06-15 10:30:00		12	10060512	1
case-141408202228	15/06/2021 11:00:00	285889	12	10060512	2
case-141408202228	15/06/2021 11:30:00	285889	12	10060512	2
case-141408202228	15/06/2021 12:00:00	285889	12	10060512	3
case-141408202228	15/06/2021 12:30:00	285889	12	10060512	2
case-141408202228	15/06/2021 13:00:00	285889	12	10060512	4

Abbildung 16-3: Eine Fact-Tabelle, die die Statusänderungen im Lebenszyklus eines Support-Falls beschreibt

Ein weiterer großer Unterschied zwischen den OLAP- und OLTP-Modellen ist die Granularität der Daten. Operationale Systeme erfordern Daten, die so präzise wie möglich sind, um die Business-Transaktionen umsetzen zu können. Bei analytischen Modellen sind aggregierte Daten in vielen Anwendungsfällen effizienter. So können Sie beispielsweise in der Tabelle Fact_CaseStatus aus Abbildung 16-3 sehen, dass die Snapshots alle 30 Minuten gemacht werden. Datenanalysten, die mit dem Modell arbeiten, entscheiden, welche Granularität für ihre Anforderungen am besten passt. Erstellten Sie einen Fact-Datensatz für jede Änderung – zum Beispiel jede Änderung der Daten eines Falls –, würden Sie in manchen Situationen zu viele Daten produzieren, während es in anderen gar nicht technisch machbar wäre.

Dimension-Tabelle

Ein weiterer wichtiger Baustein eines analytischen Modells ist eine Dimension. Handelt es sich bei einem Fact um einen Business-Prozess oder eine Aktion (ein Verb), beschreibt eine Dimension den Fact (ein Adjektiv).

Dimensions sind dazu gedacht, die Attribute der Facts zu beschreiben. Sie werden als Fremdschlüssel von einer Fact-Tabelle zu einer Dimension-Tabelle referenziert. Die als Dimensions modellierten Attribute sind jegliche Angaben oder Daten, die in unterschiedlichen Fact-Datensätzen vorkommen, aber nicht in eine einzelne Spalte passen. So erweitert beispielsweise das Schema in Abbildung 16-4 den Fact `SolvedCases` um seine Dimensions.

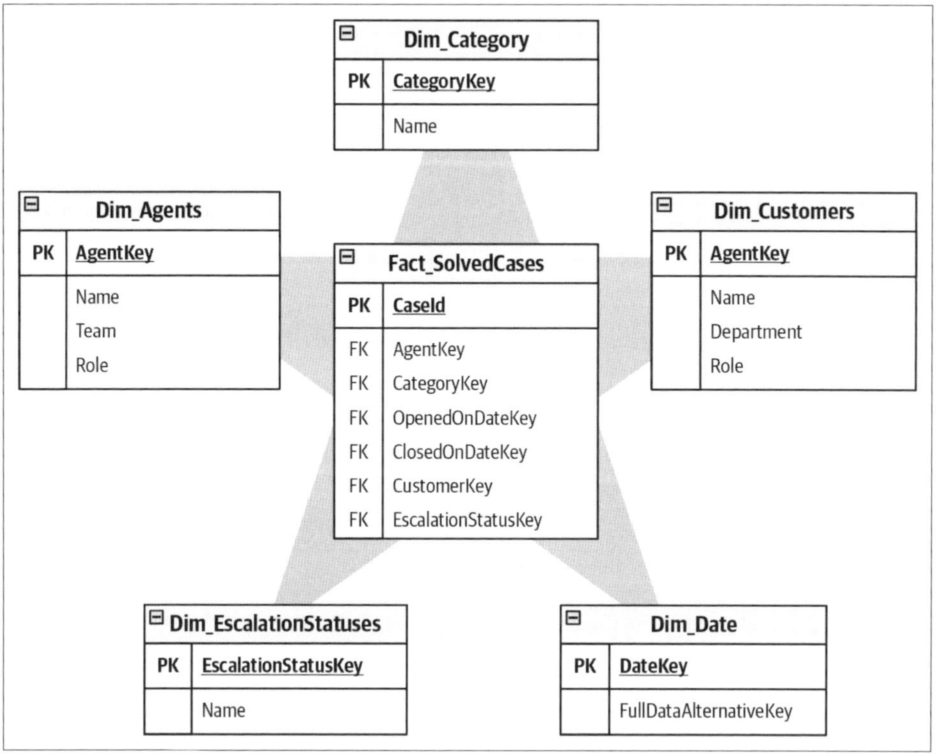

Abbildung 16-4: Der Fact SolvedCases mit seinen Dimensions

Der Grund für die starke Normalisierung der Dimensions ist die Anforderung analytischer Systeme, flexible Abfragen zu ermöglichen. Das ist ein weiterer Unterschied zwischen operationalen und analytischen Modellen. Es ist möglich, vorherzusagen, wie ein operationales Modell abgefragt werden wird, um die Business-Anforderungen zu erfüllen. Die Abfragemuster analytischer Modelle sind nicht vorhersagbar. In der Datenanalyse werden flexible Möglichkeiten gebraucht, um auf die Daten zu schauen, und es lässt sich nur schwer abschätzen, welche Abfragen in Zukunft ausgeführt werden. Daher unterstützt die Normalisierung dynamische Abfragen und Filter sowie das Gruppieren der Facts-Daten über unterschiedliche Dimensions hinweg.

Analytische Modelle

Die in Abbildung 16-5 skizzierte Tabellenstruktur wird als *Star-Schema* bezeichnet. Es basiert auf den n:1-Beziehungen zwischen den Facts und ihren Dimensions: Jeder Dimension-Datensatz wird von vielen Facts genutzt; ein Fremdschlüssel aus einem Fact zeigt auf einen einzelnen Dimension-Datensatz.

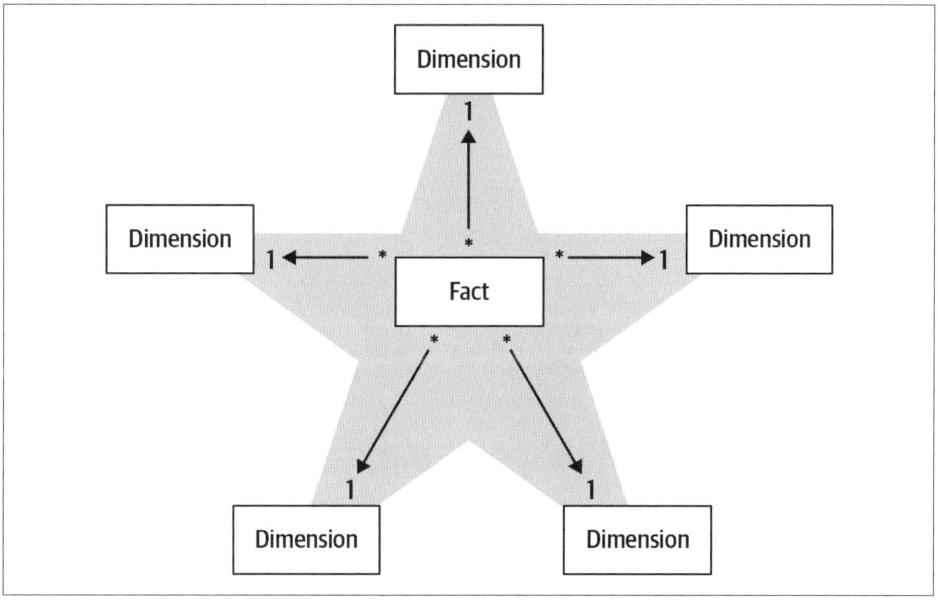

Abbildung 16-5: Die n:1-Beziehung zwischen Facts und ihren Dimensions

Ein weiteres verbreitetes analytisches Modell ist das *Snowflake-Schema*. Es basiert auf den gleichen Bausteinen – Facts und Dimensions. Aber im Snowflake-Schema gibt es die Dimensions in mehreren Stufen: Jede Dimension wird weiter in feingranularere Dimensions normalisiert, wie in Abbildung 16-6 zu sehen ist.

Dadurch ist weniger Storage-Platz für die Dimension-Daten notwendig, und das Warten ist leichter. Aber das Abfragen der Facts-Daten erfordert ein Joinen von mehr Tabellen, wodurch auch mehr Rechenleistung erforderlich ist.

Sowohl das Star- als auch das Snowflake-Schema ermöglichen es Datenanalysten, die Unternehmensleistung zu analysieren und Erkenntnisse darüber zu gewinnen, was optimiert und in Business-Intelligence-(BI-)Berichte integriert werden kann.

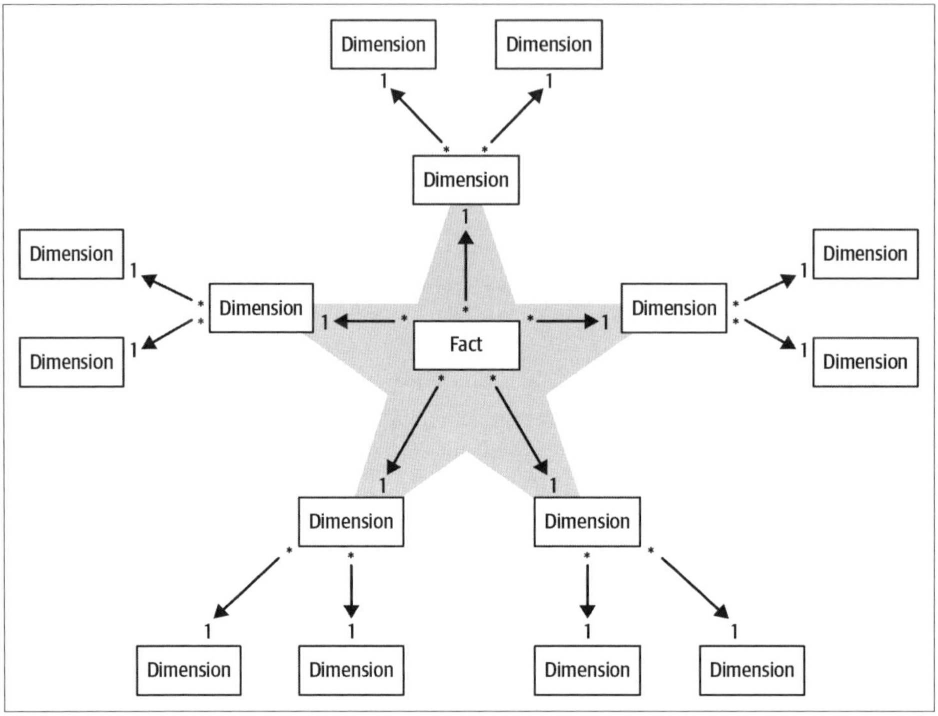

Abbildung 16-6: Mehrstufige Dimensions im Snowflake-Schema

Plattformen zum Managen analytischer Daten

Wenden wir uns nun von der analytischen Modellierung ab und eher den Datenmanagementarchitekturen zu, die das Erzeugen und Bereitstellen analytischer Daten unterstützen. In diesem Abschnitt werden wir zwei verbreitete Architekturen für analytische Daten vorstellen: das Data Warehouse und den Data Lake. Sie werden die grundlegenden Funktionsprinzipien kennenlernen und erfahren, wie sich die beiden Architekturen unterschieden und welche Herausforderungen sie mit sich bringen. Das Wissen um die Arbeitsweise der beiden Architekturen schafft die Grundlage für das eigentliche Thema dieses Kapitels – das Data Mesh Paradigm und sein Zusammenspiel mit dem Domain-Driven Design.

Data Warehouse

Die *Data Warehouse Architecture* (DWH) ist recht unkompliziert. Sie extrahieren Daten aus allen operationalen Systemen des Unternehmens, transformieren diese

Quelldaten in ein analytisches Modell und laden die sich so ergebenden Daten in eine analyseorientierte Datenbank. Diese Datenbank ist das Data Warehouse.

Diese Datenmanagementarchitektur basiert vor allem auf den Extract/Transform/Load-(ETL-)Skripten. Die Daten können aus diversen Quellen stammen: aus operationalen Datenbanken, von Streaming-Events, Logs und so weiter. Neben dem Übersetzen der Quelldaten in ein Facts/Dimensions-basiertes Modell können in dem Transformationsschritt auch zusätzliche Operationen ausgeführt werden – zum Beispiel das Entfernen sensibler oder doppelter Daten, das korrekte Anordnen von Events, das Aggregieren feingranularerer Events und so weiter. In manchen Fällen kann für diese Transformation temporärer Storage für die eintreffenden Daten notwendig sein. Dieser wird als Staging Area bezeichnet.

Das sich so ergebende Warehouse (siehe Abbildung 16-7) enthält analytische Daten, die die Business-Prozesse aus dem gesamten Unternehmen abbilden. Die Daten werden über die SQL-Sprache (oder einen ihrer Dialekte) abgerufen und von Datenanalysten und BI-Entwicklerinnen genutzt.

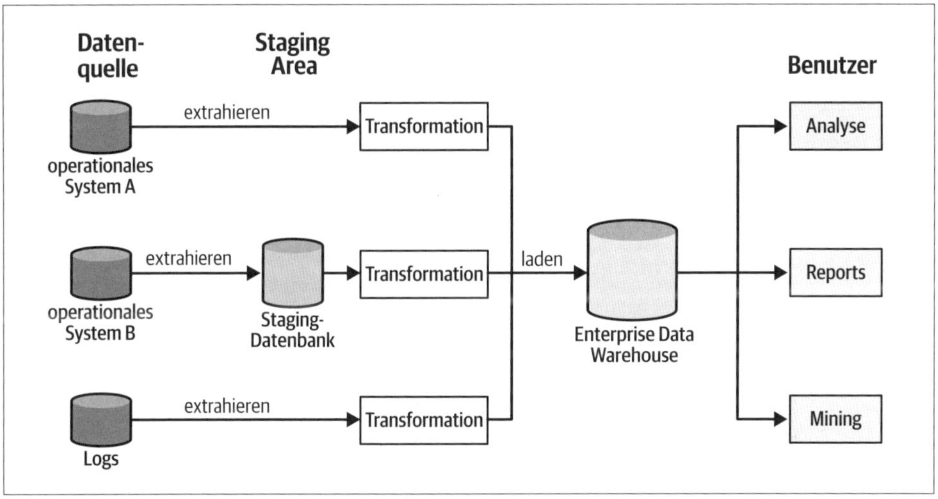

Abbildung 16-7: Eine typische Architektur für ein Data Warehouse eines Unternehmens

Bei sorgfältiger Betrachtung wird einem auffallen, dass die Data Warehouse Architecture ebenfalls einige der in den Kapiteln 2 und 3 beschriebenen Herausforderungen besitzt.

Zum einen ist letztlich das Ziel der Data Warehouse Architecture, ein unternehmensweites Modell zu bauen. Das Modell sollte die Daten beschreiben, die von allen Unternehmenssystemen erzeugt werden, und all die verschiedenen Anwendungsfälle für analytische Daten abdecken. Das analytische Modell ermöglicht zum Beispiel, das Business zu optimieren, operationale Kosten zu reduzieren, kluge Business-Entscheidungen zu treffen, Reporting umzusetzen und sogar ML-Modelle zu trainieren. Wie Sie in Kapitel 3 gelernt haben, ist solch ein Ansatz – von sehr kleinen Organisationen einmal abgesehen – völlig impraktikabel. Es ist viel effektiver und skaliert besser, ein Modell für die aktuelle Aufgabe zu designen – zum Beispiel das Bauen von Reports oder das Trainieren von ML-Modellen.

Die Herausforderung, ein allumfassendes Modell zu bauen, lässt sich teilweise durch den Einsatz von Data Marts lösen. Ein Data Mart ist eine Datenbank, die Daten für wohldefinierte analytische Anforderungen vorhält, wie zum Beispiel die Analyse einer einzelnen Business-Abteilung. Im in Abbildung 16-8 gezeigten Data Mart Model wird ein Mart direkt durch einen ETL-Prozess von einem operationalen System befüllt, während ein anderer Mart seine Daten aus dem Data Warehouse extrahiert.

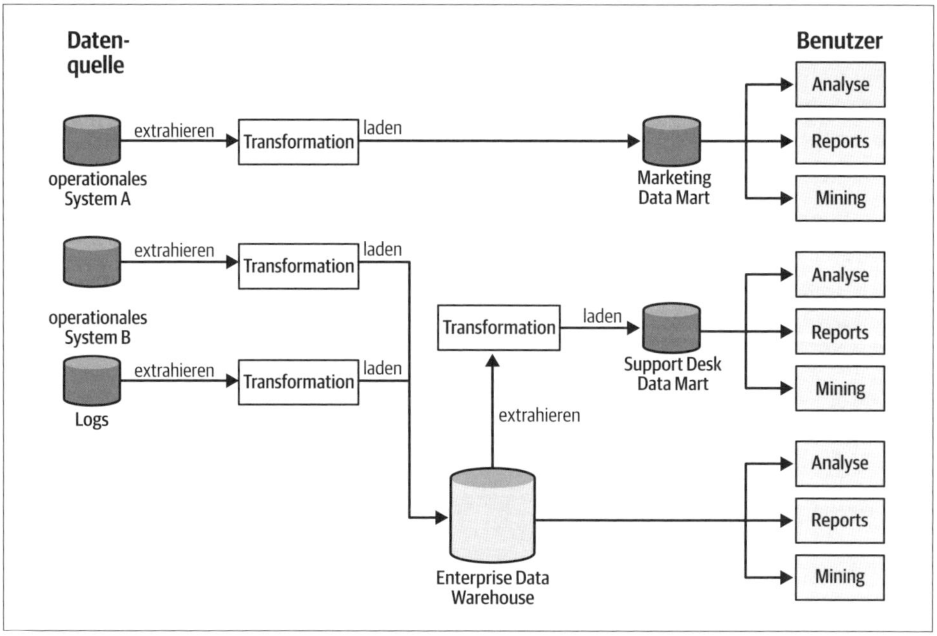

Abbildung 16-8: Die Enterprise Data Warehouse Architecture, erweitert durch Data Marts

Werden die Daten vom Enterprise Data Warehouse in einen Data Mart übernommen, muss das unternehmensweite Modell immer noch im Data Warehouse definiert werden. Alternativ können Data Marts dedizierter ETL-Prozesse implementieren, um Daten aus den operationalen Systemen zu übernehmen. In diesem Fall wird es dann zu einer Herausforderung, Daten über unterschiedliche Marts hinweg abzufragen – zum Beispiel über unterschiedliche Abteilungen hinweg –, weil dann eine datenbankübergreifende Abfrage erforderlich ist, die die Performance deutlich beeinflusst.

Ein weiterer kniffliger Aspekt der Data Warehouse Architecture ist, dass die ETL-Prozesse eine enge Kopplung zwischen den analytischen (OLAP) und den operationalen (OLTP) Systemen schaffen. Die von den ETL-Skripten konsumierten Daten müssen nicht notwendigerweise über die öffentlichen Schnittstellen des Systems bereitgestellt werden. Häufig holen sich DWH-Systeme einfach alle Daten, die sich in den operationalen Datenbanken der Systeme befinden. Das in der operationalen Datenbank genutzte Schema ist keine öffentliche Schnittstelle, sondern eher ein internes Implementierungsdetail. Daher kann schon eine kleine Änderung im Schema dafür sorgen, dass die ETL-Skripte des Data Warehouse nicht mehr funktionieren. Da die operationalen und analytischen Systeme von unterschiedlichen Organisationseinheiten implementiert und betreut werden, ist die Kommunikation zwischen beiden herausfordernd und kann zu einigen Spannungen zwischen den Teams führen. Dieses Kommunikationsmuster ist in Abbildung 16-9 dargestellt.

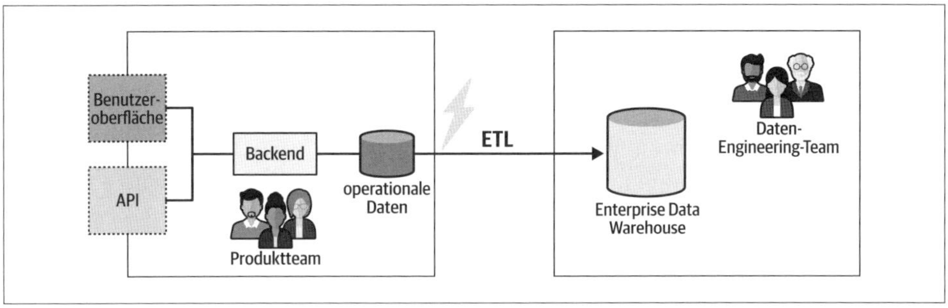

Abbildung 16-9: Das Data Warehouse wird gefüllt, indem Daten direkt von der operationalen Datenbank geholt und die integrationsorientierten öffentlichen Schnittstellen ignoriert werden.

Die Data Lake Architecture geht einige der Nachteile der Data Warehouse Architecture an.

Data Lake

Wie ein Data Warehouse basiert auch die Data Lake Architecture auf der Idee, die operationalen Daten des Systems aufzunehmen und sie in ein analytisches Modell zu transformieren. Aber es gibt einen konzeptionellen Unterschied zwischen den beiden Ansätzen.

Ein auf Data Lakes basierendes System nimmt die operationalen Daten der Systeme auf. Statt sie jedoch direkt in ein analytisches Modell umzuwandeln, werden die Daten in ihrer Rohform persistiert – also im ursprünglichen operationalen Modell.

Aber die Rohdaten können die Anforderungen bei der Datenanalyse nicht erfüllen. Daher ist es die Aufgabe der Data Engineers und der BI Engineers, den Daten ihre Geheimnisse zu entlocken und die ETL-Skripte zu implementieren, die die analytischen Modelle erzeugen und sie in ein Data Warehouse füttern. Abbildung 16-10 zeigt die Data Lake Architecture.

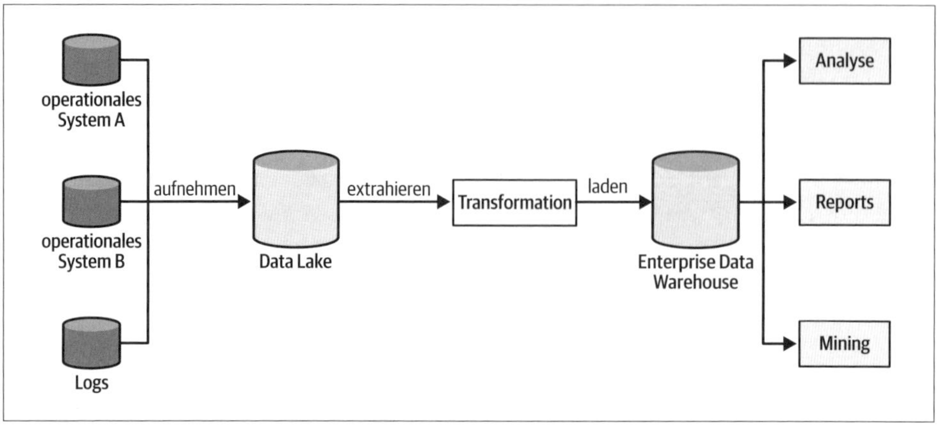

Abbildung 16-10: Data Lake Architecture

Da die Daten der operationalen Systeme in ihrer ursprünglichen Rohform persistiert und erst danach transformiert werden, erlaubt der Data Lake die Arbeit an mehreren aufgabenorientierten Modellen. Ein Modell kann für das Reporting genutzt werden, ein anderes für das Trainieren von ML-Modellen und so weiter. Zudem können zukünftig neue Modelle ergänzt und mit den bestehenden Rohdaten initialisiert werden.

Das verzögerte Generieren analytischer Modelle erhöht allerdings die Komplexität des Gesamtsystems. Es ist nicht ungewöhnlich, dass Data Engineers mehrere Versionen des gleichen ETL-Skripts implementieren und pflegen, um unterschiedliche Versionen des operationalen Modells zu berücksichtigen (siehe Abbildung 16-11).

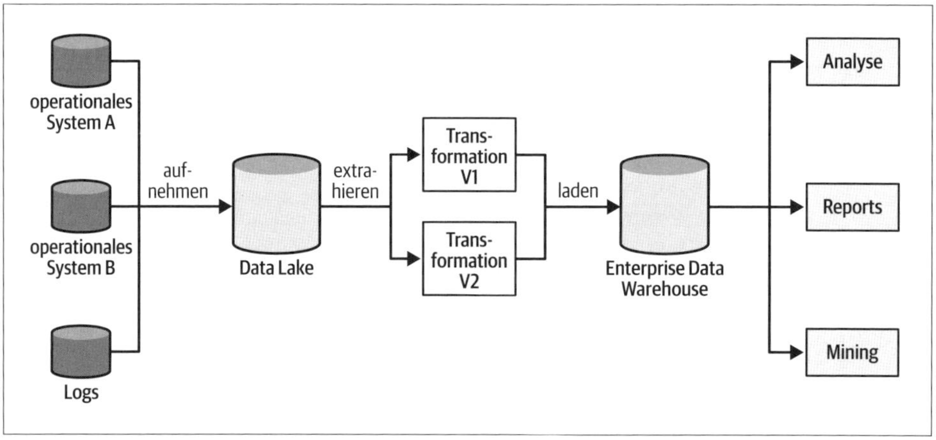

Abbildung 16-11: Mehrere Versionen des gleichen ETL-Skripts, um unterschiedliche Versionen des operationalen Modells zu berücksichtigen

Da Data Lakes darüber hinaus ohne Schema sind – es gibt kein Schema für die eintreffenden Daten – und es keine Kontrolle über die Qualität dieser Daten gibt, werden die Daten im Data Lake ab einer gewissen Größe chaotisch. Data Lakes machen es einfach, Daten zu übernehmen, aber es wird viel schwieriger, sie zu nutzen. Oder wie man oft sagt: Ein Data Lake wird zu einem Data Swamp. Die Arbeit der Data Scientists wird um Größenordnungen schwerer, wenn es darum geht, Sinn in das Chaos zu bringen und nützliche analytische Daten zu extrahieren.

Herausforderungen von Data Warehouse und Data Lake Architectures

Sowohl die Data Warehouse wie auch die Data Lake Architecture basieren auf der Annahme, dass das Unternehmen umso mehr Erkenntnisse gewinnt, je umfangreichere Daten zu Analysezwecken aufgenommen werden. Aber beide Ansätze tendieren dazu, unter dem Gewicht von »Big Data« zusammenzubrechen. Die Transformation operationaler in analytische Modelle sorgt irgendwann für Tausende unwartbarer, schnell geschriebener ETL-Skripte.

Aus Modellierungssicht überschreiten beide Architekturen die Grenzen der operationalen Systeme und schaffen Abhängigkeiten von ihren Implementierungsdetails. Die resultierende Kopplung an die Implementierungsmodelle sorgt für Spannungen zwischen den Teams der operationalen und der analytischen Systeme – häufig so weitgehend, dass Änderungen an den operationalen Modellen verhindert werden, um bloß nicht die ETL-Jobs der Analysesysteme zu gefährden.

Um das Ganze noch schlimmer zu machen, fehlt Datenanalystinnen und -entwicklern – weil sie zu einer anderen Organisationseinheit gehören – oft das detaillierte Wissen über die Fachdomäne, das die Entwicklungsteams der operationalen Systeme haben. Statt sich dort umfassend auszukennen, sind sie vor allem auf den Umgang mit Big Data spezialisiert.

Und schließlich ist die Kopplung an die Implementierungsmodelle gerade bei auf Domain-Driven Design basierenden Projekten besonders kritisch, weil dort der Schwerpunkt auf dem kontinuierlichen Weiterentwickeln und Verbessern der Modelle der Fachdomäne liegt. Eine Änderung am operationalen Modell kann dann unvorhergesehene Auswirkungen auf das analytische Modell haben. Solche Änderungen gibt es in DDD-Projekten häufig, und sie führen dann oft zu Reibungen zwischen Forschung und Entwicklung und Datenteams.

Die Einschränkungen bei Data Warehouses und Data Lakes inspirierten zu einer neuen Architektur zum Managen von analytischen Daten – dem Data Mesh.

Data Mesh

Bei der Data Mesh Architecture handelt es sich im Prinzip um Domain-Driven Design für analytische Daten. So wie die verschiedenen Patterns der DDD Grenzen ziehen und ihre Inhalte schützen, definiert und schützt die Data Mesh Architecture Modelle und Zuständigkeitsgrenzen für analytische Daten.

Die Data Mesh Architecture basiert auf vier zentralen Prinzipien: Daten anhand von Domains unterteilen, Daten als Produkt, Autonomie ermöglichen und ein Ökosystem aufbauen. Besprechen wir jedes dieser Prinzipien im Detail.

Daten anhand von Domains unterteilen

Sowohl der Data-Warehouse- wie auch der Data-Lake-Ansatz versuchen, alle Daten des Unternehmens in einem großen Modell zu vereinheitlichen. Das sich so ergebende analytische Modell ist aus all den Gründen ineffektiv, die auch für ein unternehmensweites operationales Modell gelten. Zudem verwischt das Zusammenführen von Daten aus allen Systemen an einem Ort die Zuständigkeitsgrenzen der verschiedenen Datenelemente.

Statt ein monolithisches analytisches Modell zu bauen, macht sich die Data-Mesh-Architektur die gleiche Lösung zunutze, die wir schon in Kapitel 3 für operationale Daten besprochen haben: Nutzen Sie mehrere analytische Modelle und richten Sie sie an den jeweiligen Ursprüngen der Daten aus. Das bringt die Zuständigkeitsgrenzen der analytischen Modelle mit den Grenzen der Bounded Contexts in Einklang (siehe Abbildung 16-12).

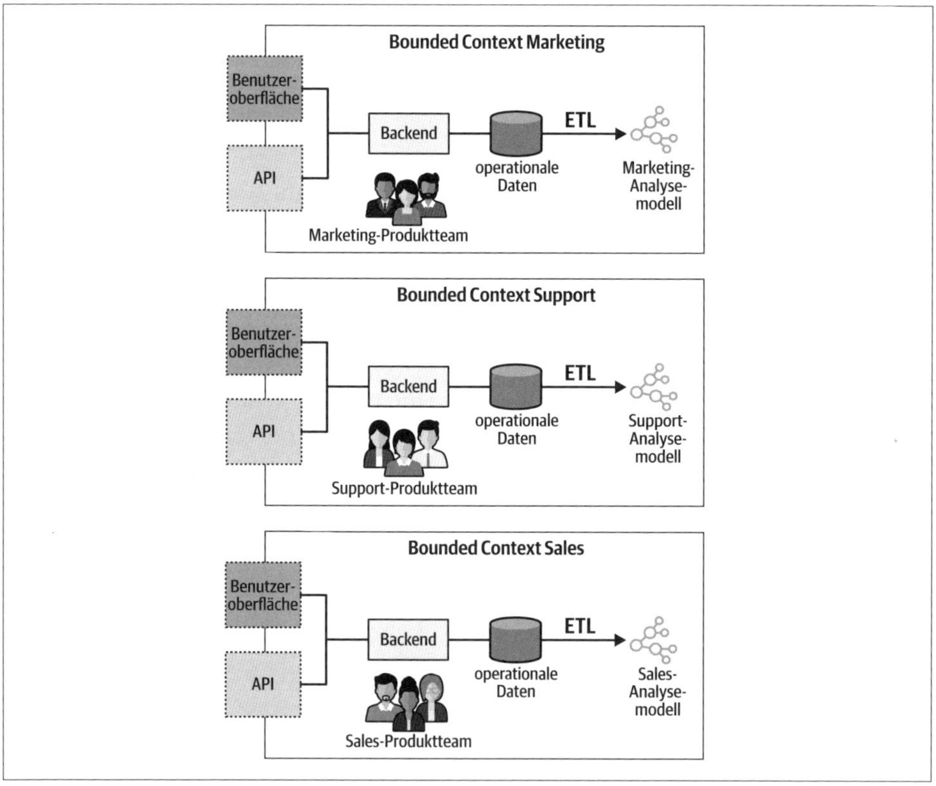

Abbildung 16-12: Abgleichen der Zuständigkeitsgrenzen der analytischen Modelle mit den Grenzen der Bounded Contexts

Wird das analytische Modell anhand der Bounded Contexts des Systems unterteilt, fällt das Generieren der analytischen Daten in den Zuständigkeitsbereich der entsprechenden Produktteams.

Jeder Bounded Context ist nun für seine operationalen (OLTP) und analytischen (OLAP) Modelle zuständig. Konsequenterweise ist nun dasselbe Team, dem das operationale Modell gehört, auch dafür verantwortlich, es in das analytische Modell zu transformieren.

Daten als Produkt

Die klassischen Architekturen zum Managen von Daten erschweren es, qualitativ hochwertige analytische Daten zu erkunden, zu verstehen und zusammenzutragen. Das gilt insbesondere bei Data Lakes.

Das Prinzip der Daten als Produkt steht dafür, die analytischen Daten gewissermaßen als vollwertige Mitglieder der Datengemeinschaft anzusehen. Anstatt dass die analytischen Systeme die operationalen Daten aus dubiosen Quellen einsammeln müssen (interne Datenbanken, Log-Dateien und so weiter), übergeben in einem Data-Mesh-basierten System die Bounded Contexts die analytischen Daten über wohldefinierte Output Ports (siehe Abbildung 16-13).

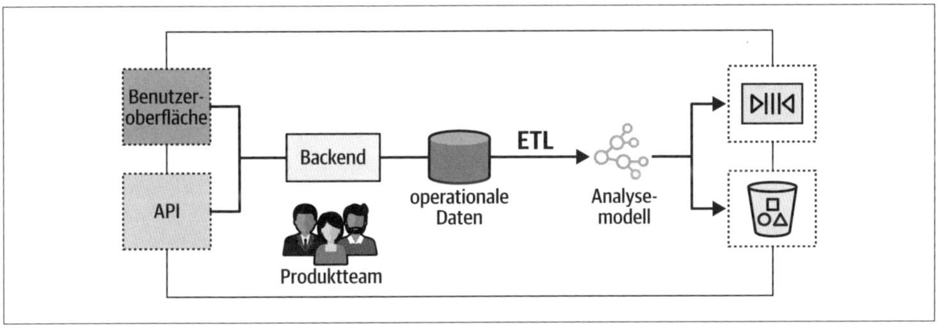

Abbildung 16-13: Polyglotte Data Endpoints stellen die analytischen Daten für die Consumer bereit.

Analytische Daten sollten genau so behandelt werden wie jede öffentliche API:

- Es sollte einfach sein, die notwendigen Endpoints zu finden – die Data Output Ports.
- Die analytischen Endpoints sollten ein wohldefiniertes Schema haben, das die angebotenen Daten und ihr Format beschreibt.
- Die analytischen Daten sollten vertrauenswürdig sein und wie bei jeder API definierte und überwachte Service-Level-Agreements (SLAs) besitzen.
- Die analytischen Modelle sollten als normale API versioniert werden und entsprechend auch mit Änderungen am Modell, die die Integration stören, umgehen.

Da die analytischen Daten als Produkt behandelt werden, müssen sie auch die Bedürfnisse ihrer Kunden erfüllen. Das Team des Bounded Context ist dafür verantwortlich, sicherzustellen, dass das daraus resultierende Modell dies leistet. Anders als bei der Data Warehouse und der Data Lake Architecture ist beim Data Mesh die Verantwortung für die Datenqualität ein sehr wichtiger Aspekt.

Das Ziel der verteilten Datenmanagementarchitektur ist es, die feingranularen analytischen Modelle so zu kombinieren, dass die Datenanalyseanforderungen der Organisation erfüllt werden. Soll ein BI-Report beispielsweise Daten aus mehreren Bounded Contexts berücksichtigen, sollte er dazu in der Lage sein, deren analytische Daten bei Bedarf auszulesen, lokale Transformationen auf die Daten anzuwenden und den Report zu erstellen.

Schließlich werden unterschiedliche Consumer die analytischen Daten auch in unterschiedlicher Form benötigen. Manche möchten SQL-Abfragen ausführen, andere die analytischen Daten über einen Object Storage Service holen und so weiter. Daher müssen die Datenprodukte polyglott sein und die Daten in Formaten bereitstellen, die die verschiedenen Bedürfnisse der Consumer erfüllen.

Um das Prinzip der Daten als Produkt zu implementieren, brauchen Produktteams zusätzliche datenorientierte Spezialistinnen und Spezialisten. Das ist das fehlende Teil im funktionsübergreifenden Teampuzzle, das traditionell nur Spezialistinnen und Spezialisten für die operationalen Systeme umfasst.

Autonomie ermöglichen

Die Produktteams sollten dazu in der Lage sein, sowohl ihre eigenen Datenprodukte zu schaffen als auch Datenprodukte von anderen Bounded Contexts zu konsumieren. Wie bei Bounded Contexts sollten die Datenprodukte interoperabel sein.

Es wäre ineffizient, schwierig integrierbar und eine Verschwendung, wenn jedes Team seine eigene Lösung zum Bereitstellen analytischer Daten bauen würde. Damit das nicht geschieht, ist eine Plattform erforderlich, die die Komplexität beim Bauen, Ausführen und Betreuen interoperabler Datenprodukte abstrahiert. Das Designen und Bauen solch einer Plattform ist keine kleine Aufgabe, und es erfordert ein dediziertes Team.

Das Team für die Dateninfrastrukturplattform sollte dafür verantwortlich sein, die Blaupause für das Datenprodukt, die vereinheitlichten Zugriffs-Patterns, die Zugriffssteuerung und den polyglotten Storage zu definieren, aber auch die Plattform zu monitoren und sicherzustellen, dass die SLAs und Ziele erreicht werden.

Ein Ökosystem schaffen

Der letzte Schritt beim Erstellen eines Data-Mesh-Systems ist, eine Governance-Gruppe einzurichten, die Interoperabilitäts- und Ökosystem-Denken in der Domäne der analytischen Daten fördern soll. Typischerweise wäre das eine Gruppe, die aus den Dateneigentümerm und Product Ownern der Bounded Contexts sowie Vertretern des Teams für die Dateninfrastrukturplattform besteht (siehe Abbildung 16-14).

Die Governance-Gruppe ist dafür verantwortlich, die Regeln zu definieren, mit denen ein gesundes und interoperables Ökosystem sichergestellt wird. Die Regeln müssen auf alle Datenprodukte und ihre Schnittstellen angewendet werden, und es ist die Aufgabe der Gruppe, dafür zu sorgen, dass man sich im gesamten Unternehmen an diese Regeln hält.

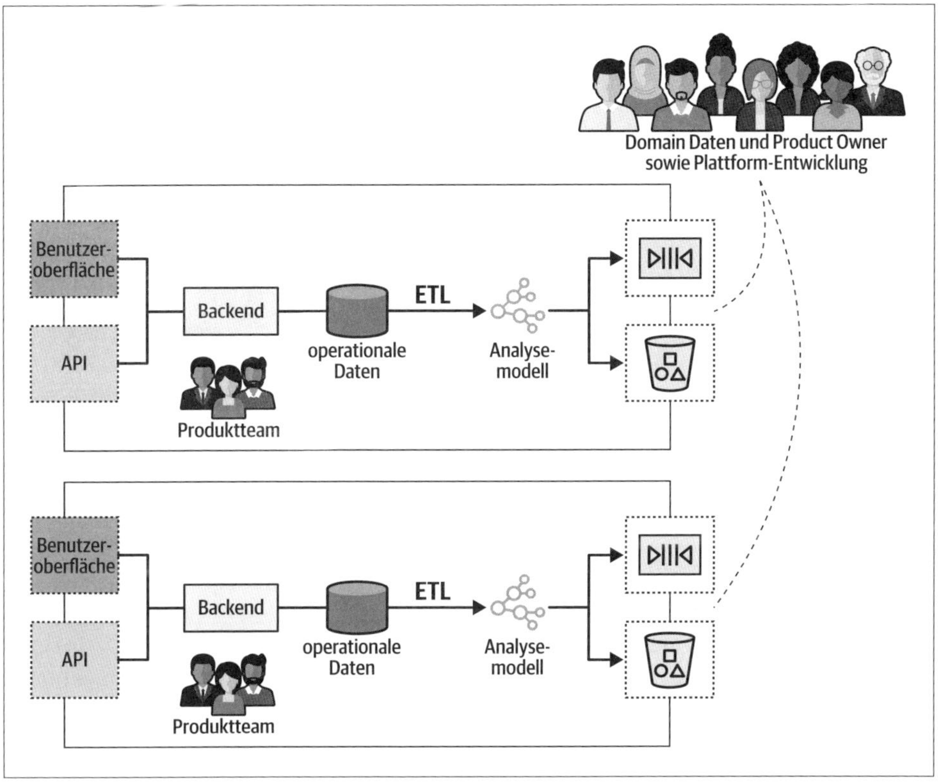

Abbildung 16-14: Die Governance-Gruppe stellt sicher, dass das Ökosystem für die verteilte Datenanalyse interoperabel und gesund ist und die Anforderungen der Organisation erfüllt.

Data Mesh und Domain-Driven Design kombinieren

Das sind die vier Prinzipien, auf denen die Data Mesh Architecture basiert. Der Schwerpunkt liegt auf dem Definieren von Grenzen und dem Kapseln der Implementierungsdetails hinter wohldefinierten Output Ports und macht deutlich, dass die Data Mesh Architecture auf der gleichen Argumentation aufbaut wie das Domain-Driven Design. Zudem können manche der DDD-Patterns das Implementieren der Data Mesh Architecture sehr gut unterstützen.

Vor allem die Ubiquitous Language und das sich daraus ergebende Domänenwissen sind entscheidend für das Designen analytischer Modelle. Wie in den Abschnitten zu Data Warehouse und Data Lake besprochen, fehlt das Domänenwissen in den klassischen Architekturen.

Zudem ist das Bereitstellen der Daten eines Bounded Context in einem Modell, das sich von seinem operationalen Modell unterscheidet, das Open-Host Pattern. In diesem Fall ist das analytische Modell eine zusätzliche Published Language.

Das CQRS Pattern erleichtert es, mehrere Modelle aus denselben Daten zu erzeugen. Es kann genutzt werden, um das operationale Modell in ein analytisches Modell zu transformieren. Die Fähigkeit des CQRS Pattern, ganz neue Modelle zu schaffen, erleichtert das parallele Generieren und Bereitstellen mehrerer Versionen des analytischen Modells (siehe Abbildung 16-15).

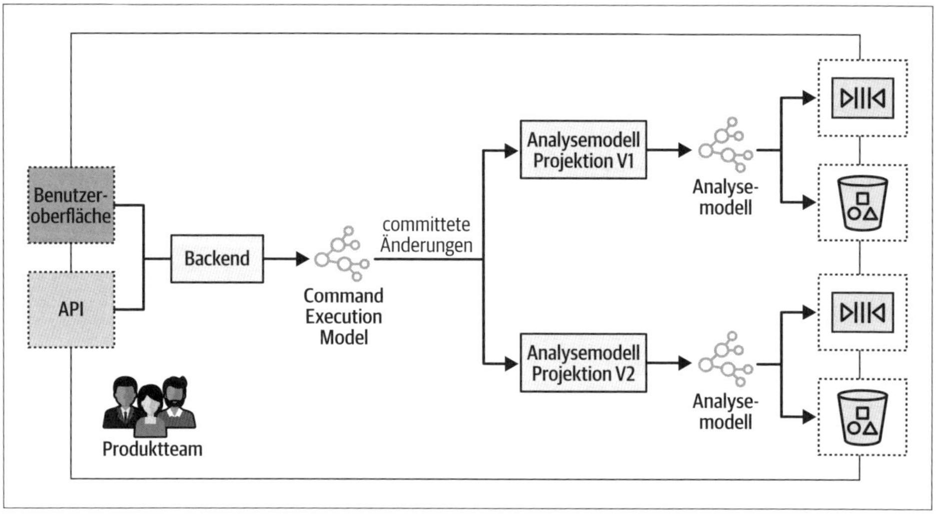

Abbildung 16-15: Einsatz des CQRS Pattern, um die analytischen Daten parallel in zwei verschiedenen Schema-Versionen bereitzustellen

Und da schließlich die Data Mesh Architecture die Modelle der verschiedenen Bounded Contexts kombiniert, um analytische Anwendungsfälle zu implementieren, lassen sich die Patterns für operationale Modelle zum Integrieren von Bounded Contexts auch für analytische Modelle nutzen. Zwei Produktteams können ihre analytischen Modelle gemeinsam weiterentwickeln. Ein weiteres kann einen Anticorruption Layer implementieren, um sich vor einem ineffizienten analytischen Modell zu schützen. Oder die Teams können getrennte Wege gehen und doppelte Implementierungen analytischer Modelle schaffen.

Zusammenfassung

In diesem Kapitel haben Sie verschiedene Aspekte beim Designen von Softwaresystemen kennengelernt – insbesondere das Definieren und Managen von analytischen Daten. Wir haben über die vorherrschenden Modelle für analytische Daten gesprochen, sind auf das Star- und Snowflake-Schema eingegangen und haben gezeigt, wie die Daten klassisch in Data Warehouses und Data Lakes verwaltet werden.

Die Data Mesh Architecture versucht, die Herausforderungen der klassischen Datenmanagement-Architekturen zu meistern. Im Kern wendet sie die gleichen Prinzipien wie das Domain-Driven Design an, hier aber auf analytische Daten: Das analytische Modell wird in handhabbare Einheiten unterteilt, und es wird sichergestellt, dass die analytischen Daten zuverlässig über ihre öffentlichen Schnittstellen erreichbar sind. Schließlich können das CQRS Pattern und die Integrations-Patterns für Bounded Contexts dabei helfen, die Data-Mesh-Infrastruktur zu implementieren.

Übungen

1. Welche der folgenden Aussagen sind in Bezug auf die Unterschiede zwischen transaktionalen (OLTP) und analytischen (OLAP) Modellen korrekt?
    a. OLAP-Modelle sollten flexiblere Abfragemöglichkeiten als OLTP-Modelle anbieten.
    b. OLAP-Modelle werden sich häufiger ändern als OLTP-Modelle und müssen daher auf die Schreibvorgänge optimiert werden.
    c. OLTP-Daten sind für Realtime-Operationen optimiert, während es akzeptabel ist, Sekunden oder sogar Minuten auf die Antwort einer OLAP-Anfrage zu warten.
    d. A und C sind korrekt.
2. Welches Integrations-Pattern für Bounded Contexts ist für das Implementieren der Data Mesh Architecture essenziell?
    a. Shared Kernel
    b. Open-Host Service
    c. Anticorruption Layer
    d. Partnership
3. Welches Architektur-Pattern ist für das Implementieren der Data Mesh Architecture essenziell?
    a. Schichtenarchitektur
    b. Ports & Adapters
    c. CQRS
    d. Architektur-Patterns können die Implementierung eines OLAP-Modells nicht unterstützen.

4. Die Definition der Data Mesh Architecture enthält das Aufteilen der Daten anhand von »Domains«. Welcher DDD-Begriff entspricht der Idee der Data-Mesh-Domains?
   a. Bounded Contexts
   b. Fachdomänen
   c. Subdomains
   d. Es gibt kein Synonym für die Data-Mesh-Domains im DDD.

Abschließende Worte

Zum Ende unserer Reise durch das Domain-Driven Design möchte ich zu dem Zitat zurückkehren, mit dem ich begonnen habe:

> Es ist nicht sinnvoll, über die Lösung zu sprechen, bevor wir uns über das Problem einig geworden sind, und ebenso wenig, über die Implementierungsschritte zu sprechen, bevor wir über die Lösung Klarheit haben.
>
> – *Efrat Goldratt-Ashlag*

Dieses Zitat fasst unsere Reise ziemlich gut zusammen.

Problem

Um eine Softwarelösung anbieten zu können, müssen wir zunächst das Problem verstehen: Was ist die *Fachdomäne*, in der wir arbeiten, was sind die Business-Ziele, und wie sieht die Strategie aus, um sie zu erreichen?

Wir haben die *Ubiquitous Language* genutzt, um ein tiefes Verständnis für die Fachdomäne und deren Logik zu erhalten, die wir in Software umsetzen müssen.

Sie haben gelernt, die Komplexität des fachlichen Problems im Griff zu behalten, indem Sie es in *Bounded Contexts* unterteilt haben. Jeder Bounded Context implementiert ein einzelnes Modell der Fachdomäne, das ein spezifisches Problem lösen soll.

Wir haben besprochen, wie Sie die Bausteine der Fachdomäne erkennen und kategorisieren: *Core*, *Supporting* und *Generic Subdomains*. In Tabelle 1 werden diese drei Arten von Subdomains verglichen.

Tabelle 1: Die drei Arten von Subdomains

Art der Subdomain	Wettbewerbsvorteil	Komplexität	Volatilität	Implementierung	Problem
Core	ja	hoch	hoch	in-house	interessant
Generic	nein	hoch	niedrig	kaufen/anpassen	gelöst
Supporting	nein	niedrig	niedrig	in-house/outsourcen	offensichtlich

Lösung

Sie haben gelernt, dieses Wissen zu nutzen, um Lösungen zu designen, die auf die jeweilige Art der Subdomain hin optimiert sind. Wir haben vier Implementierungs-Patterns für Business-Logik behandelt – *Transaction Script*, *Active Record*, *Domain Model* und *Event-Sourced Domain Model* – und die Szenarien besprochen, in denen jedes Pattern seine Vorteile ausspielen kann. Sie haben auch drei Architektur-Patterns kennengelernt, die das entsprechende Gerüst für das Implementieren der Business-Logik liefern: *Schichtenarchitektur*, *Ports & Adapters* und *CQRS*. In Abbildung 1 sind die Heuristiken für die taktischen Entscheidungen bezüglich dieser Patterns zusammengefasst.

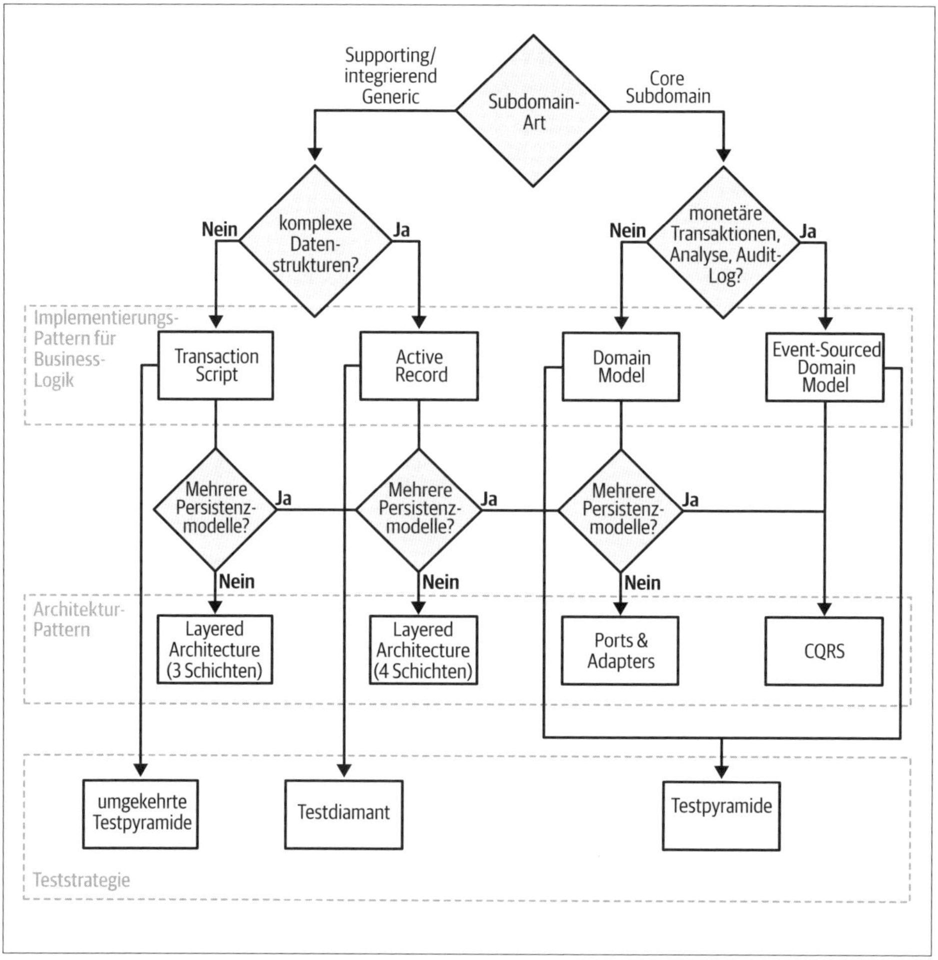

Abbildung 1: Entscheidungsbaum, der die Heuristiken für taktische Entscheidungen zusammenfasst

Implementierung

In Teil III haben wir besprochen, wie Sie die Theorie in die Praxis umsetzen. Sie haben gelernt, wie Sie effektiv eine Ubiquitous Language aufbauen, indem Sie eine EventStorming-Session nutzen, wie Sie das Design in Form halten, wenn sich die Fachdomäne weiterentwickelt, und wie Sie das Domain-Driven Design in Brownfield-Projekten einführen können.

In Teil IV ging es um die Beziehung zwischen Domain-Driven Design und anderen Methodiken und Patterns: Microservices, Event-Driven Architecture und Data Mesh. Wir haben gesehen, dass DDD nicht nur in Kombination mit diesen Techniken genutzt werden kann, sondern dass sie sich sogar gegenseitig ergänzen.

Weiterführende Literatur

Ich hoffe, dieses Buch hat Ihr Interesse für Domain-Driven Design geweckt. Wenn Sie mehr darüber lernen wollen, finden Sie hier ein paar Bücher, die ich rückhaltlos empfehlen kann.

Fortgeschrittenes Domain-Driven Design

- Evans, E. (2003). *Domain-Driven Design: Tackling Complexity in the Heart of Software*. Boston: Addison-Wesley.

  Eric Evans ursprüngliches Buch, das die Methodik von Domain-Driven Design eingeführt hat. Auch wenn es keine neueren Aspekte von DDD enthält, wie zum Beispiel Domain Events und Event Sourcing, ist es immer noch eine unverzichtbare Quelle, wenn Sie einen schwarzen Gürtel in DDD bekommen möchten.

- Martraire, C. (2019). *Living Documentation: Continuous Knowledge Sharing by Design*. Boston: Addison-Wesley.

  In diesem Buch schlägt Cyrille Martraire einen auf Domain-Driven Design basierenden Ansatz vor, um Wissen zu teilen, zu dokumentieren und zu testen.

- Vernon, V. (2013). *Implementing Domain-Driven Design*. Boston: Addison-Wesley.

  Ein weiterer zeitloser DDD-Klassiker. Vaughn Vernon behandelt das Domain-Driven Design sehr tiefgehend und liefert Beispiele für seinen Einsatz und für seine strategischen und taktischen Werkzeuge. Als Grundlage greift Vaughn auf ein reales Beispiel für eine fehlschlagende Initiative mit DDD und die neu aufgesetzte Reise des Teams zurück, bei der wichtige Kurskorrekturen vorgenommen wurden.

- Young, G. (2017). *Versioning in an Event Sourced System* (*https://leanpub.com/esversioning/read*). Leanpub.

  In Kapitel 7 haben wir darüber gesprochen, dass es schwierig sein kann, ein System, das Event Sourcing verwendet, weiterzuentwickeln. Dieses Buch widmet sich diesem Thema.

Architektur- und Integrations-Patterns

- Dehghani, Z. (2022). *Data Mesh: Delivering Data-Driven Value at Scale*. Boston: O'Reilly.

  Zhamak Dehghani ist Autor des Data Mesh Pattern, das wir in Kapitel 16 behandelt haben. In diesem Buch erklärt Dehghani die Prinzipien hinter der Datenmanagementarchitektur und zeigt, wie man die Data Mesh Architecture in der Praxis implementiert.

- Fowler, M. (2002). *Patterns of Enterprise Application Architecture*. Boston: Addison-Wesley.

  Das klassische Buch zu Anwendungsarchitektur-Patterns, auf das ich in den Kapiteln 5 und 6 mehrfach verweise. Dies ist das Buch, in dem die Patterns Transaction Script, Active Record und Domain Model erstmals definiert wurden.

- Hohpe, G., & Woolf, B. (2003). *Enterprise Integration Patterns: Designing, Building, and Deploying Messaging Solutions*. Boston: Addison-Wesley.

  Viele der in Kapitel 9 behandelten Patterns wurden erstmals in diesem Buch vorgestellt. Lesen Sie es, wenn Sie mehr zu Patterns zur Komponentenintegration erfahren wollen.

- Richardson, C. (2019). *Microservice Patterns: With Examples in Java*. New York: Manning Publications.

  In diesem Buch stellt Chris Richardson viele detaillierte Beispiele für Patterns vor, die oft beim Entwerfen einer Architektur für auf Microservices basierende Lösungen zum Einsatz kommen. Darunter sind Saga, Process Manager und Outbox, die wir in Kapitel 9 behandelt haben.

Legacy-Systeme modernisieren

- Kaiser, S. (Veröffentlichung geplant für 2022). *Adaptive Systems with Domain-driven Design, Wardley Mapping, and Team Topologies*. Boston: Addison-Wesley.

  Susanne Kaiser teilt ihre Erfahrungen beim Modernisieren von Altsystemen mithilfe von Domain-Driven Design, Wardley Mapping und Teamtopologien.

- Tune, N. (Veröffentlichung geplant für 2022). *Architecture Modernization: Product, Domain, & Team Oriented* (*https://leanpub.com/arch-modernization-ddd*). Leanpub.

  In diesem Buch geht Nick Tune detailliert darauf ein, wie man mit Domain-Driven Design und anderen Techniken die Architektur von Brownfield-Projekten modernisieren kann.

- Vernon, V., & Jaskula, T. (2021). *Implementing Strategic Monoliths and Microservices*. Boston: Addison-Wesley.

  Ein praxisorientiertes Buch, in dem die Autoren zeitlose Werkzeuge zur Softwareentwicklung vorstellen – unter anderem Rapid Discovery und Learning, Domain-Driven-Ansätze und den Umgang mit den Feinheiten beim sauberen Implementieren von Lösungen, die auf Monolithen oder Microservices basieren. Der Fokus liegt dabei auf dem wichtigsten Aspekt: innovative Business-Strategie anbieten zu können.

- Vernon, V., & Jaskula, T. (2021). *Strategic Monoliths and Microservices*. Boston: Addison-Wesley.

  In diesem Buch stellen Vaughn und Tomasz ein strategisches Denken rund um Software vor, indem sie untersuchen, wie man die wichtigsten Innovationen mithilfe des Discovery-Based Learning und einem Domain-Driven-Ansatz umsetzen kann und wie man die sinnvollste Architektur und die passendsten Werkzeuge für die Aufgabe aussucht – Microservices, Monolithen oder eine Mischung – und wie man dafür sorgt, dass sie zusammenarbeiten.

EventStorming

- Brandolini, A. (noch nicht veröffentlicht). *Introducing EventStorming* (*https://leanpub.com/introducing_eventstorming*). Leanpub.

  Alberto Brandolini ist der Vater der EventStorming-Workshops, und in diesem Buch erklärt er den Prozess und die Ideen hinter dem EventStorming im Detail.

- Rayner, P. (noch nicht veröffentlicht). *The EventStorming Handbook* (*https://leanpub.com/eventstorming_handbook*). Leanpub.

  Paul Rayner erklärt, wie er EventStorming in der Praxis einsetzt. Zudem werden unzählige Tipps und Tricks vorgestellt, um eine Session zu einem Erfolg zu machen.

Zusammenfassung

Das war's! Vielen Dank für das Lesen dieses Buchs. Ich hoffe, Sie hatten Spaß daran und werden das, was Sie gelernt haben, auch einsetzen.

Mein Wunsch ist, dass Sie aus diesem Buch die Logik und die Prinzipien hinter den Werkzeugen von Domain-Driven Design mitnehmen. Folgen Sie dem Domain-Driven Design nicht blind als Dogma, sondern versuchen Sie, die Grundsätze zu verstehen, auf denen es aufbaut. Durch dieses Verständnis werden Sie deutlich häufiger die Gelegenheit haben, DDD anzuwenden und Gewinn daraus zu ziehen. Verstehen Sie die Philosophie von Domain-Driven Design, können Sie auch die Konzepte der Methodiken einzeln besser anwenden – insbesondere in Brownfield-Projekten.

Und schließlich: Achten Sie immer auf Ihre Ubiquitous Language, und wenn Sie Zweifel haben, führen Sie eine EventStorming-Session durch. Viel Glück!

ANHANG A

DDD anwenden: eine Fallstudie

In diesem Anhang möchte ich erzählen, wie meine Reise mit dem Domain-Driven Design begann: Es ist die Geschichte eines Start-ups, das wir hier »Marketnovus« nennen wollen. Bei Marketnovus wurde vom Tag der Gründung an auf DDD-Methodiken gesetzt. Im Lauf der Jahre haben wir nicht nur jeden möglichen DDD-Fehler gemacht, sondern wir hatten auch die Gelegenheit, aus diesen Fehlern zu lernen und sie zu korrigieren. Ich werde diese Geschichte und auch die Fehler nutzen, um zu zeigen, welche Rolle die DDD-Patterns und -Werkzeuge für den Erfolg eines Softwareprojekts spielen.

Diese Fallstudie besteht aus zwei Teilen. In Teil I stelle ich Ihnen die Geschichte zu den fünf Bounded Contexts von Marketnovus vor und erzähle, welche Designentscheidungen getroffen wurden und wie die Ergebnisse aussahen. Im zweiten Teil werde ich zeigen, wie das die Dinge widerspiegelt, die Sie in diesem Buch gelernt haben.

Bevor wir beginnen, muss ich darauf hinweisen, dass Marketnovus nicht mehr existiert. Daher hat dieser Anhang keinerlei werblichen Charakter. Und da die Firma nicht mehr besteht, kann ich auch ehrlich über unsere Erfahrungen sprechen.

Fünf Bounded Contexts

Bevor wir uns in die Tiefen der Bounded Contexts und ihres Designs begeben, müssen wir als brave DDD-Praktiker zuerst die Fachdomäne von Marketnovus definieren.

Fachdomäne

Stellen Sie sich vor, Sie produzierten ein Produkt oder einen Service. Marketnovus hat es Ihnen ermöglicht, all Ihre marketingbezogenen Aufgaben auszulagern. Deren Experten liefern Ihnen eine Marketingstrategie für Ihr Produkt. Die Texter und Grafikerinnen erstellen tonnenweise Werbematerialien, wie zum Beispiel Banner und Landing Pages, die sich für Werbekampagnen für Ihr Produkt eignen. Alle Leads, die durch diese Kampagnen entstehen, würden von den Sales Agents von Marketnovus betreut werden, die für Sie Anrufe tätigen und Ihr Produkt verkaufen. Dieser Prozess ist in Abbildung A-1 dargestellt.

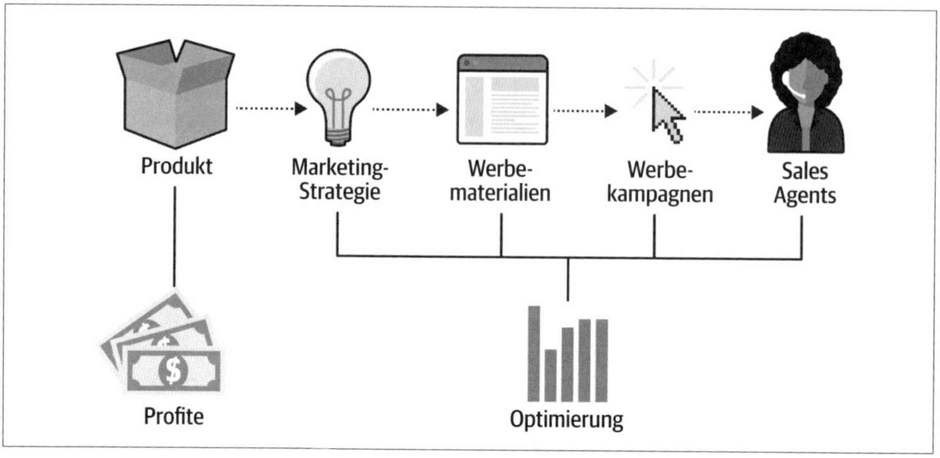

Abbildung A-1: Marketingprozess

Am wichtigsten ist, dass dieser Marketingprozess viele Punkte hat, an denen er optimiert werden kann – und das ist genau die Aufgabe der Analyseabteilung. Das Team hat alle Daten begutachtet, um sicherzustellen, dass Marketnovus und seine Kunden so viel wie möglich für ihre Aufwände bekommen – sei es durch das Ermitteln der erfolgreichsten Kampagnen, das Feiern der effektivsten Kreativmitarbeiter oder indem sichergestellt ist, dass die Sales Agents an den vielversprechendsten Leads arbeiten.

Da wir eine eigenfinanzierte Firma sind, müssen wir so schnell wie möglich in Fahrt kommen. Daher musste die erste Version unseres Softwaresystems direkt nach dem Gründen der Firma das erste Drittel unserer Wertschöpfungskette implementieren:

- Ein System zum Verwalten der Verträge und zur Integration mit externen Publishern.
- Ein Katalog für die Designerinnen und Designer, um Werbematerialien zu verwalten.
- Eine Lösung für das Kampagnenmanagement, um Werbekampagnen zu begleiten.

Ich war etwas überfordert und musste einen Weg finden, die Komplexität der Fachdomäne zu durchschauen. Zum Glück hatte ich nur kurze Zeit vor dieser Aufgabe ein Buch gelesen, das genau das versprach. Natürlich rede ich von Eric Evans bahnbrechendem *Domain-Driven Design: Tackling Complexity at the Heart of Software*.

Wenn Sie das Vorwort zu diesem Buch gelesen haben, wissen Sie, dass Evans' Buch die Antworten bietet, nach denen ich schon länger gesucht habe: wie Sie Business-Logik designen und implementieren. Allerdings war es kein Buch, das sich mir gleich beim ersten Lesen erschloss. Aber ich hatte trotzdem das Gefühl, dass ich allein schon durch das Lesen der Kapitel über taktisches Design ein gutes Verständnis von DDD erworben hatte.

Raten Sie mal, wie das System initial designt wurde? Es hätte eine bestimmte prominente Person[1] aus der DDD-Community sehr stolz gemacht.

Bounded Context 1: Marketing

Der Architekturstil unserer ersten Lösung lässt sich ganz gut als »Aggregates überall« zusammenfassen. Agency, Campaign, Placement, Funnel, Publisher – wirklich jedes Nomen in den Anforderungen wurde als Aggregate definiert.

Alle diese sogenannten Aggregates waren in einem riesigen, einzelnen Bounded Context zusammengefasst. Ja, ein großer, furchtbarer Monolith – das, wovor heute alle warnen.

Und natürlich waren das keine Aggregates. Es gab keine Transaktionsgrenzen, und sie enthielten so gut wie kein Verhalten. Die gesamte Business-Logik war in einem monströsen Service Layer implementiert.

Wenn Sie versuchen, ein Domain Model zu implementieren, aber beim Active Record Pattern landen, wird das oft als »Anemic Domain Model« Antipattern bezeichnet. Rückblickend betrachtet war unser Design ein Beispiel wie aus dem Lehrbuch – nämlich wie man ein Domain Model nicht implementiert. Aber aus Sicht des Business sahen die Dinge ganz anders aus.

Denn das Projekt schien ein Erfolg zu sein! Trotz der fehlerhaften Architektur konnten wir eine lauffähige Software in sehr kurzer Zeit anbieten. Wie haben wir das geschafft?

A Kind of Magic

Es gelang uns irgendwie, eine robuste Ubiquitous Language auf die Beine zu stellen. Keiner von uns hatte vorher Erfahrung im Onlinemarketing gesammelt, aber wir konnten uns trotzdem mit Domänenexperten unterhalten. Wir haben sie verstanden, sie haben uns verstanden, und zu unserer Überraschung stellten sich die Domänenexperten als sehr nette Leute heraus! Sie waren wirklich begeistert davon, dass wir von ihnen lernen und ihre Erfahrung nutzen wollten.

Die gut laufende Kommunikation mit den Domänenexperten erlaubte uns, die Fachdomäne in sehr kurzer Zeit zu begreifen und ihre Business-Logik zu implementieren. Ja, es war ein ziemlich großer Monolith, aber für zwei Entwickler in ei-

1 @DDDBorat ist eine parodistischer Twitter-Account, der bekannt dafür ist, schlechte Ratschläge zu Domain-Driven Design zu geben.

ner Garage war es gut genug. Und schließlich haben wir funktionierende Software in sehr kurzer Zeit geschaffen.

Unser frühes Verständnis von Domain-Driven Design

Unser damaliges Verständnis von Domain-Driven Design lässt sich mithilfe eines sehr einfachen Diagramms darstellen – siehe Abbildung A-2.

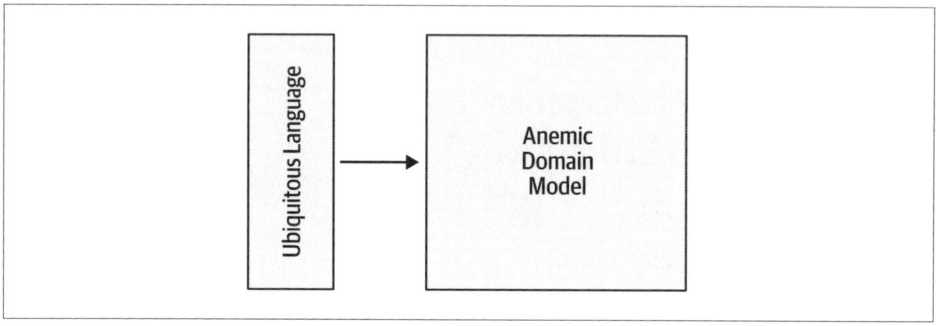

Abbildung A-2: Unser damaliges Verständnis von Domain-Driven Design

Bounded Context 2: CRM

Bald nach der Auslieferung der Campaign-Management-Lösung trafen die ersten Leads ein, und wir mussten Gas geben. Unsere Sales Agents brauchten ein robustes Customer-Relationship-Management-(CRM-)System, um die Leads und ihre Lebenszyklen zu managen.

Das CRM musste alle eintreffenden Leads aggregieren, sie anhand verschiedener Parameter gruppieren und auf die verschiedenen Sales Desks rund um den Globus verteilen. Außerdem musste es sich mit den internen Systemen unserer Geschäftspartner verbinden, um sie über Änderungen an den Lebenszyklen der Leads zu informieren und um unsere Leads durch zusätzliche Informationen zu ergänzen. Und natürlich sollte das CRM so viele Gelegenheiten zur Optimierung wie möglich bieten. So mussten wir beispielsweise sicherstellen können, dass die Agents an den vielversprechendsten Leads arbeiteten, wir mussten die Leads den Agents abhängig von deren Qualifikationen und bisherigen Leistungen zuweisen und eine sehr flexible Lösung zum Berechnen der Kommissionen anbieten.

Da kein fertiges Produkt unsere Anforderungen erfüllte, entschieden wir uns dazu, selbst unser eigenes CRM-System zu bauen.

Mehr »Aggregates«!

Der erste Implementierungsansatz bestand darin, dass wir uns weiterhin auf die taktischen Patterns konzentrierten. Wieder definierten wir jedes Nomen als Aggregate und stopften es in den gleichen Monolithen. Dieses Mal schien es aber von Anfang an nicht richtig zu sein.

Wir stellten allzu häufig fest, dass wir unschöne Präfixe für unsere »Aggregate«-Namen vergeben mussten – zum Beispiel CRMLead und MarketingLead, MarketingCampaign und CRMCampaign. Interessanterweise haben wir diese Präfixe bei unseren Gesprächen mit den Domänenexperten nie verwenden müssen. Irgendwie war ihnen die Bedeutung immer aus dem Kontext klar.

Dann erinnerte ich mich daran, dass es im Domain-Driven Design die Idee von Bounded Contexts gibt, die wir bisher ignoriert hatten. Nachdem ich mir die entsprechenden Kapitel in Evans Buch nochmals durchgelesen hatte, war mir klar, dass Bounded Contexts genau die Probleme lösen würden, die wir hatten: Sie schützen die Konsistenz der Ubiquitous Language. Zudem veröffentlichte Vaughn Vernon zu dieser Zeit seinen Artikel »Effective Aggregate Design« (*https://oreil.ly/tJ0pb*). Dort wurden all die Fehler aufgeführt, die wir beim Designen der Aggregates gemacht hatten. Wir behandelten sie als Datenstrukturen, aber sie spielen eine viel größere Rolle, weil sie die Konsistenz der Systemdaten schützen.

Also traten wir einen Schritt zurück und designten die CRM-Lösung neu, um diese Aspekte mit zu berücksichtigen.

Lösungsdesign: die zweite

Wir begannen, indem wir unseren Monolithen in zwei getrennte Bounded Contexts unterteilten – Marketing und CRM. Natürlich gingen wir nicht gleich so weit und verwandelten alles in Microservices – wir taten nur das minimal Notwendige, um die Ubiquitous Language zu schützen.

Aber im neuen Bounded Context CRM wollten wir nicht die gleichen Fehler machen, die uns im Marketingsystem passiert waren. Keine Anemic Domain Models mehr! Hier würden wir ein echtes Domain Model mit echten Aggregates wie aus dem Lehrbuch implementieren. Insbesondere schworen wir uns Folgendes:

- Jede Transaktion würde nur eine Instanz eines Aggregate beeinflussen.
- Statt eines ORM würde jedes Aggregate selbst den Transaktions-Scope definieren.
- Der Service Layer würde auf eine sehr strenge Diät gesetzt, und die gesamte Business-Logik würde in die entsprechenden Aggregates umgeordnet werden.

Wir waren so enthusiastisch, es dieses Mal richtig zu machen. Aber bald wurde offensichtlich, dass das Modellieren eines sauberen Domain Model schwer ist!

Im Vergleich zum Marketingsystem dauerte alles viel länger! Es war nahezu unmöglich, die Transaktionsgrenzen gleich beim ersten Mal richtig zu definieren. Manchmal hatten wir verschiedene Modelle bewertet und getestet und erst später gemerkt, dass genau das eine, das wir ignoriert hatten, das richtige gewesen wäre. Der Preis dafür, die Dinge »richtig« zu machen, war sehr hoch – es kostete sehr viel Zeit.

Schnell wurde jedem klar, dass wir die Deadlines im Leben nicht halten könnten! Um uns Arbeit abzunehmen, entschied das Management, die Implementierung eines Teils der Features abzugeben ... an das Datenbankadministrationsteam.

Genau, um die Business-Logik in Stored Procedures zu implementieren.

Diese eine Entscheidung führte in der Folge zu sehr vielen Problemen. Nicht weil SQL nicht die beste Sprache zum Beschreiben von Business-Logik ist. Nein – der wahre Grund war ein bisschen subtiler und elementarer.

Turmbau zu Babel 2.0

Diese Situation sorgte für einen impliziten Bounded Context, dessen Grenze eines unserer komplexesten Business Entities zerschnitt – den Lead.

Das Ganze führte zu zwei Teams, die an der gleichen Business-Komponente arbeiteten und eng miteinander in Beziehung stehende Features implementierten. Ubiquitous Language? Ach, geh weg! Tatsächlich hatte jedes Team sein eigenes Vokabular, um die Fachdomäne und ihre Regeln zu beschreiben.

Die Modelle waren inkonsistent. Es gab kein gemeinsames Verständnis. Das Wissen war doppelt vorhanden, und die gleichen Regeln wurden zweimal implementiert. Und wenn sich die Logik änderte, passten die Implementierungen sehr schnell nicht mehr zusammen.

Unnötig zu sagen, dass das Projekt viel zu spät ausgeliefert wurde und voller Fehler war. Schräge Produktivprobleme, die jahrelang unter dem Radar flogen, zerstörten unseren wertvollsten Schatz: unsere Daten.

Die einzige Möglichkeit, da wieder herauszukommen, war ein vollständiges Umprogrammieren des Lead-Aggregate – dieses Mal mit sauberen Grenzen –, was wir ein paar Jahre später auch taten. Es war nicht leicht, aber das Chaos war so groß, dass wir keinen anderen Ausweg sahen.

Ein besseres Verständnis von Domain-Driven Design

Auch wenn sich dieses Projekt aus Business-Sicht als ziemlicher Fehlschlag herausgestellt hatte, war unser Verständnis für Domain-Driven Design etwas gewachsen: Baue eine Ubiquitous Language, schütze deren Integrität mit Bounded Contexts, und statt überall ein Anemic Domain Model zu implementieren, implementiere überall ein sauberes Domain Model. Dieses Modell sehen Sie in Abbildung A-3.

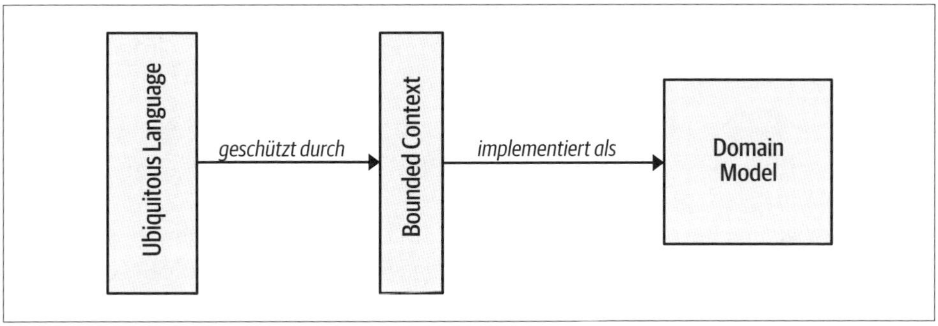

Abbildung A-3: Aufnehmen von Konzepten zum strategischen Design in unser Verständnis von Domain-Driven Design

Natürlich fehlte hier ein wichtiger Teil von Domain-Driven Design: Subdomains, ihre Arten und ihr Einfluss auf das Design eines Systems.

Eigentlich wollten wir die Arbeit so gut wie möglich erledigen, aber schließlich verschwendeten wir nur Zeit und Arbeit auf das Bauen von Domain Models für Supporting Subdomains. Wie Eric Evans schreibt: Nicht alles in einem großen System wird gut designt sein. Wir haben das auf die harte Tour gelernt und wollten das so gewonnene Wissen in unserem nächsten Projekt umsetzen.

Bounded Context 3: Event Crunchers

Nachdem das CRM-System ausgerollt war, hatten wir die Vermutung, dass eine implizite Subdomain auf Marketing und CRM verteilt war. Immer dann, wenn der Prozess für das Verarbeiten eintreffender Kunden-Events geändert werden sollte, mussten wir Änderungen am Bounded Context vom Marketing und vom CRM vornehmen.

Da dieser Prozess konzeptionell zu keinem von beiden gehörte, entschieden wir uns, diese Logik in einen dedizierten Bounded Context namens »Event Crunchers« auszulagern (siehe Abbildung A-4).

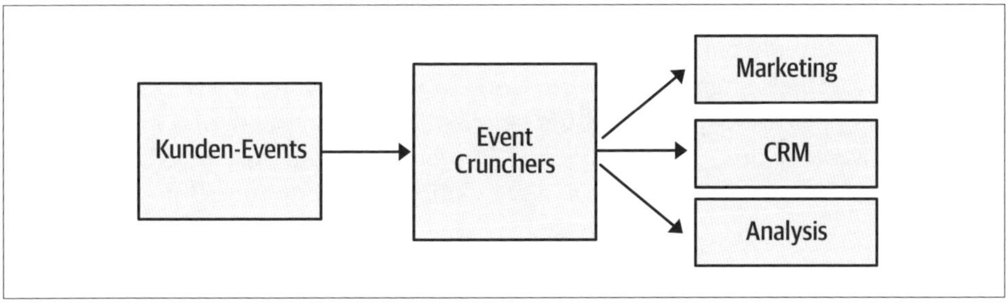

Abbildung A-4: Der Bounded Context Event Crunchers kümmert sich um die eintreffenden Kunden-Events.

Da wir mit dem Herumschieben von Daten kein Geld verdienten und es auch keine fertige Lösung gab, die wir dafür einsetzen konnten, schien Event Crunchers eine Supporting Subdomain zu sein. Und so designten wir sie auch.

Nichts besonders Spannendes: einfach nur eine Schichtenarchitektur und ein paar einfache Transaktionsskripte. Diese Lösung funktionierte großartig – aber nur eine gewisse Zeit.

Als sich unser Business weiterentwickelte, implementierten wir immer mehr Features in Event Crunchers. Es begann damit, dass Kolleginnen und Kollegen aus der Business Intelligence (BI) um ein paar Flags baten: ein Flag zum Markieren eines neuen Kontakts, ein weiteres zum Markieren diverser erstmalig vorkommender Events, noch mehr Flags, um Business-Invarianten hervorzuheben, und so weiter.

Schließlich entwickelten sich diese einfachen Flags zu einer richtigen Business-Logik mit komplexen Regeln und Invarianten. Was als Transaktionsskripte begann, wurde zu einer ausgewachsenen Core Business Subdomain.

Leider geht es meist nicht gut aus, wenn Sie komplexe Business-Logik als Transaktionsskripte implementieren. Da wir unser Design für den Umgang mit der komplexen Business-Logik nicht angepasst hatten, landeten wir irgendwann bei einem sehr großen Big Ball of Mud. Jede Änderung an der Codebasis wurde teurer als die vorherige, mit der Qualität ging es bergab, und wir waren dazu gezwungen, das Design von Event Crunchers neu zu überdenken. Das taten wir ein Jahr später. Die Business-Logik war mittlerweile so komplex geworden, dass sie sich nur noch mit Event Sourcing angehen ließ. Wir refaktorierten die Logik von Event Crunchers in ein Event-Sourced Domain Model, für dessen Events sich andere Bounded Contexts registrieren konnten.

Bounded Context 4: Bonuses

Eines Tages baten uns die Sales Desk Manager, eine einfache, aber nervige Prozedur zu automatisieren, die sie bisher manuell erledigen mussten: die Kommissionen für die Sales Agents berechnen.

Auch hier ging es einfach los: Einmal im Monat wurde ein Prozentsatz der Verkäufe jedes Agents berechnet und der Report an die Manager und Managerinnen geschickt. Wir überlegten, ob das eine Core Subdomain war. War es nicht. Es gab nichts Neues zu erfinden, wir machten kein Geld mit diesem Prozess, und wenn es möglich gewesen wäre, eine bestehende Implementierung zu kaufen, hätten wir das auf jeden Fall getan. Nicht Core, nicht Generic – eine weitere Supporting Subdomain.

Dementsprechend entwarfen wir auch die Lösung: Active Record Objects, orchestriert durch einen »smarten« Service Layer (siehe Abbildung A-5).

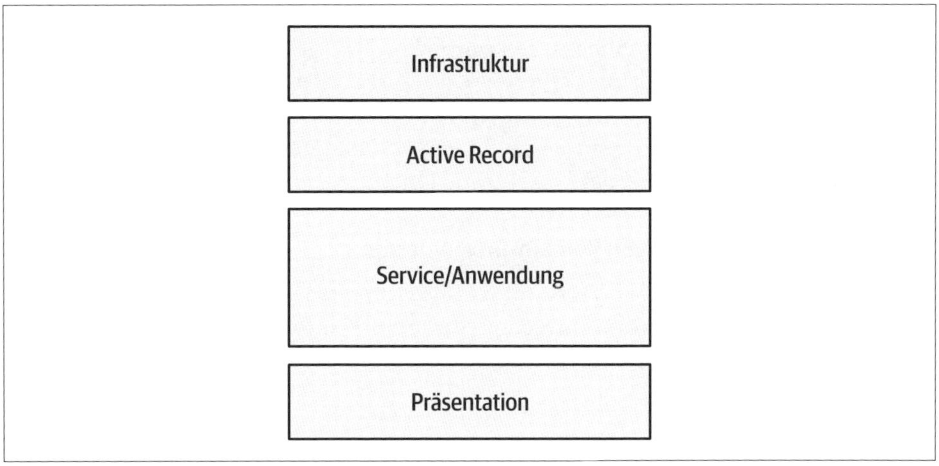

Abbildung A-5: Der Bounded Context Bonuses wurde mit den Active Record und Layered Architecture Patterns implementiert.

Nachdem der Prozess automatisiert worden war, brach eine Welle der Kreativität über uns herein. Unsere Analysten und Analystinnen wollten den Prozess bis zum Anschlag optimieren. Sie wollten unterschiedliche Prozentsätze ausprobieren, Prozentsätze mit Verkäufen und Preisen koppeln, zusätzliche Kommissionen für das Erreichen bestimmter Ziele freischalten und so weiter. Da war es nur eine Frage der Zeit, bis unser erstes Design nicht mehr mithalten konnte.

Auch hier verwandelte sich die Codebasis Schritt für Schritt in einen unwartbaren Ball of Mud. Es wurde immer teurer, neue Features hinzuzufügen, Fehler entstanden – und wenn Sie es mit Geld zu tun haben, kann selbst der kleinste Fehler große Folgen haben.

Design: die zweite

Wie beim Event-Crunchers-Projekt ging irgendwann gar nichts mehr. Wir mussten den alten Code wegwerfen und die Lösung von Grund auf neu schreiben – dieses Mal als Event-Sourced Domain Model.

Und ebenfalls wie beim Event-Crunchers-Projekt war die Fachdomäne zunächst als Supporting Domain eingestuft worden. Als sich das System weiterentwickelte, verwandelte es sich nach und nach in eine Core Subdomain: Wir fanden Wege, mit diesen Prozessen Geld zu generieren. Aber es gab einen großen Unterschied zwischen diesen beiden Bounded Contexts.

Ubiquitous Language

Für das Bonuses-Projekt hatten wir eine Ubiquitous Language. Auch wenn die erste Implementierung auf Active Records basierte, konnten wir trotzdem eine Ubiquitous Language verwenden.

Als die Komplexität der Domain wuchs, wurde auch die Sprache, die die Domänenexperten nutzten, umfangreicher und komplizierter. Irgendwann ließ sie sich nicht mehr durch Active Records modellieren! Diese Erkenntnis erlaubte uns, viel früher als im Event-Crunchers-Projekt zu erkennen, dass sich etwas ändern müsste. Wir sparten eine Menge Zeit, indem wir nicht versuchten, einen Würfel durch ein rundes Loch zu pressen – dank der Ubiquitous Language.

Ein klassisches Verständnis von Domain-Driven Design

Mittlerweile hatte sich unser Verständnis von Domain-Driven Design in ein klassisches verwandelt: Ubiquitous Language, Bounded Contexts und verschiedene Arten von Subdomains, jede entsprechend ihren Bedürfnissen designt (siehe Abbildung A-6).

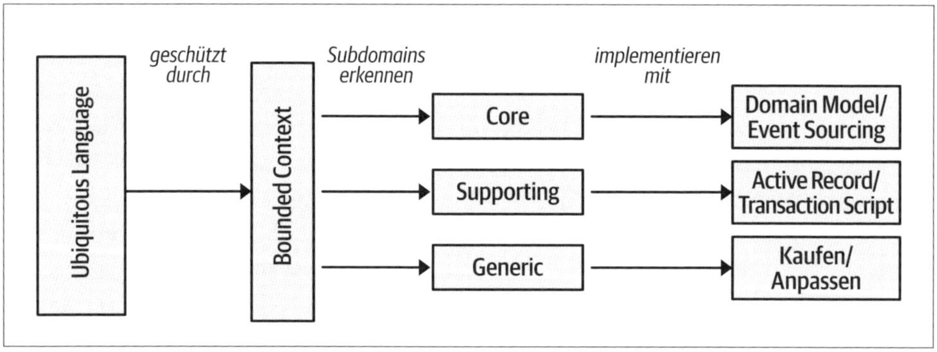

Abbildung A-6: Ein klassisches Modell von Domain-Driven Design

Aber für unser nächstes Projekt traf uns eine unerwartete Wende.

Bounded Context 5: Der Marketing Hub

Unser Management suchte nach einem neuen Feld, in dem sich Gewinn machen ließe. Es entschied sich dazu, zu versuchen, unsere Fähigkeit zum Generieren sehr vieler Leads auszunutzen und diese an kleinere Kunden zu verkaufen, mit denen wir bisher noch nicht zusammengearbeitet hatten. Dieses Projekt wurde als »Marketing Hub« bezeichnet.

Da das Management diese Fachdomäne als neue Profitmöglichkeit definiert hatte, war sie ganz klar eine Core Business Domain. Daher schöpften wir beim Design auch aus dem Vollen: Event-Sourced Domain Model und CQRS. Außerdem verbreitete sich damals gerade das Schlagwort *Microservices*, diesem Ansatz wollten wir eine Chance geben.

Unsere Lösung sah wie die Implementierung in Abbildung A-7 aus.

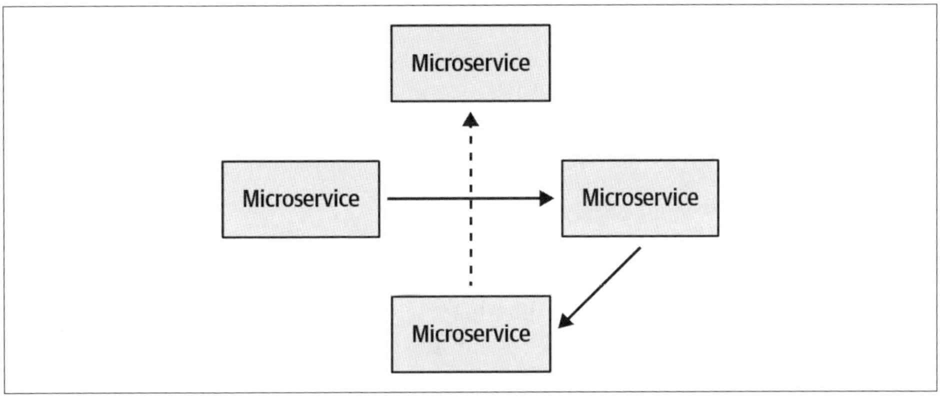

Abbildung A-7: Eine auf Microservices basierende Implementierung des Bounded Context Marketing Hub

Kleine Services, die jeweils ihre eigene Datenbank hatten, mit synchroner und asynchroner Kommunikation untereinander – auf dem Papier sah das nach einem perfekten Design aus. In der Praxis war es das dann nicht so sehr.

Micro-was?

Wir näherten uns den Microservices recht naiv und gingen davon aus, dass sie umso besser wären, je kleiner sie wären. Also zogen wir Servicegrenzen rund um die Aggregates. In DDD-Sprache wurde jedes Aggregate zu seinem eigenen Bounded Context.

Auch hier sah das erste Design super aus. Es ermöglichte uns, jeden Service anhand seiner spezifischen Anforderungen zu implementieren. Nur einer würde Event Sourcing einsetzen, beim Rest würde es sich um statusbasierte Aggregates handeln. Zudem konnten alle unabhängig voneinander gewartet und weiterentwickelt werden.

Aber als das System größer wurde, wurden diese Services immer geschwätziger. Schließlich benötigte so gut wie jeder Service Daten von allen anderen Services, um manche seiner Operationen abzuschließen. Das Ergebnis? Was als entkoppeltes System gedacht war, endete als verteilter Monolith – ein absoluter Wartungsalbtraum.

Leider gab es noch ein anderes viel grundlegenderes Problem mit dieser Architektur. Um den Marketing Hub zu implementieren, nutzten wir die komplexesten Patterns zum Modellieren der Fachdomänen: Domain Model und Event-Sourced Domain Model. Diese Services wurden von uns sehr sorgfältig entworfen. Aber es war alles vergeblich.

Das eigentliche Problem

Trotz der Tatsache, dass das Business den Marketing Hub als Core Subdomain angesehen hatte, war er technisch nicht sehr komplex. Hinter der komplexen Architektur stand eine sehr einfache Business-Logik, die so simpel war, dass man sie auch mit ganz klassischen Active Records hätte implementieren können.

Wie sich zeigte, wollten die Business-Menschen den Profit damit machen, dass sie unsere bestehenden Beziehungen zu anderen Firmen nutzten – und nicht durch clevere Algorithmen.

Die technische Komplexität war schließlich viel größer als die Business-Komplexität. Um solche Unterschiede bei der Komplexität zu beschreiben, verwenden wir den Begriff *ungewollte Komplexität*, und unser erstes Design führte genau dorthin. Das System war »overengineert«.

Diskussion

Das waren die fünf Bounded Contexts, von denen ich Ihnen erzählen wollte: Marketing, CRM, Event Crunchers, Bonuses und Marketing Hub. Natürlich besaß so eine umfassende Fachdomäne wie Marketnovus noch viel mehr Bounded Contexts, aber ich wollte nur die zeigen, bei denen wir am meisten gelernt hatten.

Nachdem wir die fünf Bounded Contexts nun durchgegangen sind, wollen wir sie aus einer anderen Perspektive betrachten. Wie hat das Anwenden oder Nicht-Anwenden der zentralen Elemente von Domain-Driven Design unsere Ergebnisse beeinflusst?

Ubiquitous Language

Meiner Erfahrung nach ist die Ubiquitous Language die »Core Subdomain« von Domain-Driven Design. Die Fähigkeit, die gleiche Sprache zu sprechen wie unsere Domänenexperten, war für uns unabdingbar. Es stellte sich als ein sehr viel effektiverer Weg zum Teilen von Wissen heraus als Tests oder Dokumente.

Zudem war das Vorhandensein einer Ubiquitous Language für uns ein wichtiges Signal für den Erfolg eines Projekts:

- Als wir begannen, war unsere Implementierung des Marketingsystems bei Weitem nicht perfekt. Aber die robuste Ubiquitous Language glich die architektonischen Schwächen aus, und sie erlaubte uns, die Projektziele zu erreichen.
- Im CRM-Kontext haben wir es vermasselt. Unabsichtlich hatten wir zwei Sprachen, die die gleiche Fachdomäne beschrieben. Wir arbeiteten an einem sauberen Design, aber aufgrund von Kommunikationsproblemen hatten wir zum Schluss nur ein großes Chaos.

- Das Event-Crunchers-Projekt begann als einfache Supporting Subdomain, und wir hatten nicht in die Ubiquitous Language investiert. Diese Entscheidung bereuten wir viele Male, als die Komplexität immer mehr zunahm. Es hätte uns weniger Zeit gekostet, wenn wir gleich von Anfang an eine Ubiquitous Language gehabt hätten.
- Im Bonuses-Projekt wuchs die Business-Logik um Größenordnungen, aber die Ubiquitous Language erlaubte uns, den Bedarf für Änderungen der Implementierungsstrategie viel früher zu erkennen.

Die Ubiquitous Language ist daher nicht optional – egal ob Sie an einer Core, Supporting oder Generic Subdomain arbeiten.

Wir haben gelernt, wie wichtig es ist, so früh wie möglich in die Ubiquitous Language zu investieren. Es erfordert unglaublich viel Aufwand und Geduld, eine Sprache zu »korrigieren«, wenn sie schon eine Weile in einer Firma gesprochen wird (wie das bei unserem CRM-System der Fall war). Wir haben es geschafft, die Implementierung geradezuziehen. Es war nicht einfach, aber schließlich waren wir erfolgreich. Das gilt aber nicht für die Sprache. Jahrelang nutzten manche Menschen immer noch die miteinander in Konflikt stehenden Begriffe, die in der ersten Implementierung definiert worden waren.

Subdomains

Wie Sie in Kapitel 1 gelernt haben, gibt es drei Arten von Subdomains – Core, Supporting und Generic –, und es ist wichtig, die Art der aktuellen Subdomain herauszufinden, wenn man eine Lösung designt.

Es kann schwierig sein, die Art der Subdomain zu ermitteln. Wie in Kapitel 1 erwähnt, ist es wichtig, die Subdomains auf der Granularitätsebene zu identifizieren, die für das aktuelle Softwaresystem relevant ist. So war beispielsweise unsere Marketing-Hub-Initiative dazu gedacht, eine zusätzliche Einnahmequelle für die Firma zu sein. Aber der Softwareaspekt dieser Funktionalität war eine Supporting Subdomain, während das Ausnutzen der Beziehungen und Verträge zu anderen Firmen der eigentliche Wettbewerbsvorteil war – die echte Core Subdomain.

Zudem haben Sie in Kapitel 11 gelernt, dass es nicht ausreicht, die Art einer Subdomain zu erkennen. Sie müssen sich auch der Möglichkeit bewusst sein, dass sich die Subdomain später in eine andere Art weiterentwickelt. Bei Marketnovus haben wir so gut wie alle möglichen Kombinationen von Änderungen an der Art einer Subdomain durchlebt:

- Event Crunchers und Bonuses begannen als Supporting Subdomains. Sobald man erkannte, dass man sie monetarisieren kann, wurden sie zu unseren Core Subdomains.
- Im Marketingkontext haben wir unseren eigenen Kreativkatalog implementiert. Mit der Zeit haben wir ihn verbessert und andere Implementierungen ausprobiert, aber schließlich wurde er durch ein Machine-Learning-Modell er-

setzt, das als Managed Service von einem Cloud-Anbieter lief. Technisch gesehen, wurde eine Core Subdomain so zu einer Generic Subdomain.

- Im CRM-Kontext hatten wir einen Algorithmus, der die vielversprechendsten Leads identifizierte. Wir haben ihn im Laufe der Zeit verfeinert und verschiedene Implementierungen ausprobiert, aber schließlich wurde er durch ein Machine-Learning-Modell ersetzt, das als Service eines Cloud-Anbieters läuft. Technisch gesehen wurde eine Core Subdomain generisch.
- Wie wir gesehen haben, begann unser Marketing-Hub-System als Core Subdomain, wurde aber schließlich zu einer Supporting Subdomain, da sich der Wettbewerbsvorteil in einer ganz anderen Dimension befand.

Wie Sie in diesem Buch gelernt haben, betreffen die Subdomain-Arten ein weites Gebiet von Designentscheidungen. Wenn Sie eine Subdomain nicht korrekt identifizieren, kann das ein teurer Fehler sein, wie Event Crunchers und Marketing Hub gezeigt haben.

Designentscheidungen auf Subdomains abbilden

Hier ein Trick, den ich bei Marketnovus gelernt habe, um zu prüfen, ob die Art einer Subdomain richtig gewählt wurde: Drehen Sie die Beziehung zwischen Subdomains und taktischen Designentscheidungen um. Wählen Sie das Implementierungs-Pattern für die Business-Logik. Nicht einfach spekulieren, aber auch nicht den Goldstandard bauen – wählen Sie einfach das Pattern, das für die aktuellen Anforderungen passt. Als Nächstes bilden Sie das gewählte Pattern auf eine passende Subdomain-Art ab. Und schließlich vergleichen Sie die ermittelte Subdomain-Art mit der Business-Vision.

Wenn Sie die Beziehung zwischen Subdomains und taktischen Designentscheidungen umdrehen, schafft das einen zusätzlichen Dialog zwischen Ihnen und dem Business. Manchmal brauchen uns die Business-Menschen genauso wie wir sie.

Andererseits wird es interessant, wenn eine Subdomain vom Business als Supporting Subdomain betrachtet wird, sich aber nur mit den fortgeschritteneren Modellierungstechniken wie Domain Model oder Event-Sourced Domain Model abbilden lässt.

Erstens kann es sein, dass die Business-Menschen bei ihren Anforderungen einfach zu kreativ waren, was zu ungewollter Business-Komplexität führt. Das passiert. In solchen Fällen können (und sollten) die Anforderungen vereinfacht werden.

Zweitens kann es passieren, dass das Business-Team noch nicht erkannt hat, dass es diese Subdomain nutzt, um einen zusätzlichen Wettbewerbsvorteil zu erlangen. Das ist beim Bonuses-Projekt geschehen. Decken Sie diese Diskrepanz auf, helfen Sie Business dabei, schneller neue Profitquellen zu entdecken.

Ignorieren Sie keine Schmerzen

Am wichtigsten ist es, niemals »Schmerzen« zu ignorieren, wenn Sie die Business-Logik eines Systems implementieren. »Schmerzen« sind ein wichtiges Signal dafür, entweder das Modell der Fachdomäne oder die taktischen Designentscheidungen weiterzuentwickeln und zu verbessern. Bei den taktischen Designentscheidungen bedeutet das, dass sich die Subdomain weiterentwickelt hat und es Zeit ist, einen Schritt zurückzugehen und deren Art und die Implementierungsstrategie zu überdenken. Hat sich die Art geändert, reden Sie mit den Domänenexperten, um den Business Context zu verstehen. Wenn Sie die Implementierung neu designen müssen, um neue Business-Realitäten widerzuspiegeln, haben Sie vor solchen Änderungen keine Angst. Haben Sie sich einmal bewusst dazu entschieden, wie die Business-Logik zu modellieren ist, und sind Ihnen alle möglichen Optionen bekannt, wird es viel leichter, auf solch eine Änderung zu reagieren und die Implementierung in ein deutlich passenderes Pattern zu refaktorieren.

Grenzen von Bounded Contexts

Bei Marketnovus haben wir eine ganze Reihe von Strategien ausprobiert, um die Grenzen von Bounded Contexts zu setzen:

- Linguistische Grenzen: Wir haben unseren initialen Monolithen in Marketing- und CRM-Kontexts unterteilt, um deren Ubiquitous Languages zu schützen.
- Subdomain-basierte Grenzen: Viele unserer Subdomains wurden in ihren eigenen Bounded Contexts implementiert – zum Beispiel Event Crunchers und Bonuses.
- Entity-basierte Grenzen: Wie schon erwähnt, war dieser Ansatz im Marketing-Hub-Projekt nur begrenzt erfolgreich, aber in anderen hat er durchaus funktioniert.
- Suizidale Grenzen: Sie erinnern sich vielleicht? In der initialen Implementierung von CRM hatten wir ein Aggregate in zwei verschiedene Bounded Contexts zerschnitten. Bitte nicht nachmachen, okay?

Welche dieser Strategien ist die empfehlenswerteste? Keine passt in jeder Situation. Unserer Erfahrung nach war es viel sicherer, einen Service aus einem größeren herauszulösen, als mit Services zu beginnen, die zu klein waren. Daher bevorzugten wir es, mit größeren Grenzen zu starten und sie später aufzuteilen, wenn wir mehr Wissen über das Business erlangt hatten. Wie weit sind diese ersten Grenzen? Wie in Kapitel 11 besprochen, hängt das alles an der Fachdomäne: Je weniger Sie darüber wissen, desto weiter sind die ersten Grenzen.

Diese Heuristik hat uns gute Dienste geleistet. Bei den Bounded Contexts Marketing und CRM enthielt beispielsweise jeder mehrere Subdomains. Mit der Zeit teilten wir diese in Microservices auf. Wie in Kapitel 14 definiert, sind wir während der Weiterentwicklung der Bounded Contexts im Rahmen der sicheren Grenzen geblieben. Wir konnten vermeiden, diese Grenzen zu überschreiten, indem wir das

Refaktorieren erst dann vornahmen, als wir genug Wissen über die Fachdomäne erlangt hatten.

Zusammenfassung

Mit den Geschichten der Bounded Contexts von Marketnovus habe ich Ihnen gezeigt, wie sich unser Verständnis für Domain-Driven Design mit der Zeit weiterentwickelt hat (in Abbildung A-6 war das gut zu erkennen):

- Wir begannen immer mit dem Aufbau einer Ubiquitous Language mit den Domänenexperten, um so viel wie möglich über die Fachdomäne zu lernen.
- Bei miteinander in Konflikt stehenden Modellen haben wir die Lösung in Bounded Contexts aufgeteilt und haben uns dabei an den linguistischen Grenzen der Ubiquitous Language orientiert.
- Wir haben die Grenzen und Arten der Subdomains in jedem Bounded Context ermittelt.
- Für jede Subdomain haben wir eine Implementierungsstrategie mithilfe taktischer Designheuristiken festgelegt.
- Wir haben die initialen Subdomain-Arten mit denen verglichen, die sich durch das taktische Design ergeben haben. Stimmten die Arten nicht überein, haben wir das mit dem Business besprochen. Manchmal führten diese Gespräche zu Anpassungen in den Anforderungen, weil wir den Product Owners eine neue Perspektive auf das Projekt vermitteln konnten.
- Wenn sich mehr Domänenwissen ergab und es erforderlich war, haben wir die Bounded Contexts weiter in neue Bounded Contexts mit engeren Grenzen aufgeteilt.

Vergleichen wir diese Vision von Domain-Driven Design mit der, mit der wir begonnen haben, würde ich sagen, der Hauptunterschied liegt darin, dass wir uns von »überall Aggregates« zu »überall Ubiquitous Language« weiterentwickelt haben.

Ich habe Ihnen erzählt, wie die Geschichte bei Marketnovus begann. Jetzt möchte ich Ihnen zum Schluss auch noch erzählen, wie sie endete.

Die Firma wurde sehr schnell profitabel und schließlich von ihrem größten Kunden aufgekauft. Natürlich kann ich ihren Erfolg nicht allein dem Domain-Driven Design zuschreiben. Aber all die Jahre befanden wir uns fortlaufend im »Start-up-Modus«.

Was wir in Israel als »Start-up-Modus« bezeichnen, wird in der restlichen Welt »Chaos« genannt: Die Business-Anforderungen und Prioritäten ändern sich ständig, es gibt aggressive Zeitvorgaben und nur ein winziges F&E-Team. Durch DDD konnten wir all diese Komplexitäten angehen und weiter funktionierende Software ausliefern. Im Rückblick würde ich sagen, dass es sich gelohnt hat, auf Domain-Driven Design zu setzen.

ANHANG B

Antworten auf die Übungsfragen

Kapitel 1

1. D: B und C. Nur Core Subdomains bieten Wettbewerbsvorteile, die die Firma von anderen Beteiligten in der Branche unterscheiden.
2. B: Generic. Generic Subdomains sind komplex, haben aber keinen Wettbewerbsvorteil. Daher lohnt es sich, eine bestehende und erprobte Lösung zu verwenden.
3. A: Core. Core Subdomains sind am ehesten volatil, da es sich um die Bereiche handelt, in denen die Firma versucht, neue Lösungen anzubieten, was oft eine ganze Reihe von Interaktionen zum Finden der am besten geeignete Lösung erfordert.
4. Die Fachdomäne von WolfDesk sind Management-Systeme für Help Desks.
5. Wir können die folgenden Core Subdomains identifizieren, die es WolfDesk erlauben, sich von ihren Wettbewerbern zu unterscheiden, und die ihr Business-Modell unterstützen:
    a. Ein Algorithmus zum Managen des Ticket-Lebenszyklus, der Tickets schließen soll, damit Anwenderinnen und Anwender gedrängt werden, neue zu öffnen.
    b. Ein Fraud Detection System, um einen Missbrauch des Business-Modells zu verhindern.
    c. Support Autopilot, der die Arbeit der Support Agents unterstützt und die Lebensdauer der Tickets weiter verkürzt.
6. Die folgenden Supporting Subdomains lassen sich aus der Beschreibung des Unternehmens erkennen:
    a. Verwalten der Ticket-Kategorien eines Tenant.
    b. Verwalten der Produkte eines Tenant, für die die Kundinnen und Kunden Support-Tickets öffnen können.
    c. Eintragen der Arbeitszeiten eines Support Agent.

7. Die folgenden Generic Subdomains lassen sich aus der Beschreibung des Unternehmens erkennen:
   a. Benutzerinnen und Benutzer authentifizieren und autorisieren nach Branchenstandards.
   b. Einsatz externer Provider für Authentifikation und Autorisierung (SSO).
   c. Die Serverless-Computing-Infrastruktur, die die Firma nutzt, um elastische Skalierbarkeit sicherzustellen und die Computing-Kosten beim Onboarding neuer Tenants zu minimieren.

Kapitel 2

1. D: Alle Stakeholder des Projekts sollten mit ihrem Verständnis und Wissen über die Fachdomäne beitragen.
2. D: Eine Ubiquitous Language sollte in der gesamten projektbezogenen Kommunikation genutzt werden. Der Quellcode der Software sollte ebenfalls die Ubiquitous Language »sprechen«.
3. Die Kunden und Kundinnen von WolfDesk sind *Tenants*. Um das System nutzen zu können, durchlaufen sie einen schnellen *Onboarding*-Prozess. Das Tarifmodell der Firma basiert auf der Anzahl an *Tickets*, die während einer *Charging Period* eröffnet wurden. Der Algorithmus zum Managen des *Ticket Lifecycle* stellt sicher, dass *Inactive Tickets* automatisch geschlossen werden. Der Algorithmus zur *Fraud Detection* verhindert, dass Tenants das Business-Modell ausnutzen. Die Funktionalität des *Support Autopilot* versucht, automatisch Lösungen für neue Meldungen zu finden. Ein *Ticket* gehört zu einer Support-*Category* und ist mit einem *Product* verbunden, für das der Tenant Support anbietet. Ein *Support Agent* kann nur Tickets während seiner beziehungsweise ihrer *Work Time* verarbeiten, die durch die *Shift Schedules* definiert ist.

Kapitel 3

1. B: Bounded Contexts werden designt, während Subdomains erkannt werden.
2. D: Alle drei. Ein Bounded Context ist eine Grenze eines Modells, und ein Modell lässt sich nur in seinem Bounded Context anwenden. Bounded Contexts werden in unabhängigen Projekten/Lösungen implementiert, sodass jeder Bounded Context seinen eigenen Entwicklungslebenszyklus haben kann. Und schließlich sollte ein Bounded Context von einem einzelnen Entwicklungsteam implementiert werden, weshalb es sich auch um eine Zuständigkeitsgrenze handelt.

3. D: Es kommt darauf an. Es gibt keine perfekte Größe eines Bounded Context für alle Projekte und alle Situationen. Verschiedene Faktoren, wie zum Beispiel Modelle, organisatorische Einschränkungen und nicht funktionale Anforderungen, beeinflussen den optimalen Scope eines Bounded Context.
4. D: B und C sind korrekt. Ein Bounded Context sollte nur von einem Team bearbeitet werden. Gleichzeitig kann aber ein Team für mehrere Bounded Contexts zuständig sein.
5. Man kann sicherlich annehmen, dass sich das operationale Modell, das den Lebenszyklus der Tickets implementiert, von denen unterscheiden wird, die zur Fraud Detection oder dem Support Autopilot dienen. Algorithmen zur Fraud Detection erfordern meist ein eher analysebasiertes Modellieren, während das Autopilot-Feature vermutlich ein Modell nutzen wird, das für den Einsatz mit Machine-Learning-Algorithmen optimiert ist.

Kapitel 4

1. D: Separate Ways. Das Pattern beinhaltet das doppelte Implementieren einer Funktionalität in mehreren Bounded Contexts. Aber das Verdoppeln komplexer, volatiler und geschäftskritischer Business-Logik sollte so weit wie möglich vermieden werden.
2. A: Core Subdomain. Eine Core Subdomain wird sehr wahrscheinlich einen Anticorruption Layer nutzen, um sich selbst vor ineffektiven Modellen zu schützen, die durch Upstream-Services bereitgestellt werden oder bei denen sich die öffentlichen Schnittstellen im Upstream häufig ändern.
3. A: Core Subdomain. Eine Core Subdomain wird sehr wahrscheinlich den Open-Host Service implementieren. Durch das Entkoppeln ihres Implementierungsmodells von der öffentlichen Schnittstelle (Published Language) wird das Weiterentwickeln des Modells vereinfacht, ohne die Downstream-Consumer zu beeinflussen.
4. B: Shared Kernel. Das Shared Kernel Pattern ist eine Ausnahme von der Regel für Bounded Contexts, dass nur ein Team für einen Context zuständig sein sollte. Es wird ein kleiner Teil des Modells definiert, der gemeinsam bearbeitet wird und der von mehreren Bounded Contexts simultan weiterentwickelt werden kann. Der gemeinsame Teil des Modells sollte immer so klein wie möglich gehalten werden.

Kapitel 5

1. C: Keines dieser Patterns kann genutzt werden, um eine Core Subdomain zu implementieren. Sowohl Transaction Script wie auch Active Record sind eher für eine einfache Business-Logik geeignet, während zu Core Subdomains normalerweise komplexere Business-Logik gehört.

2. D: Alle diese Probleme sind möglich:
   a. Schlägt die Ausführung nach Zeile 6 fehl, versucht der aufrufende Code, die Operation zu wiederholen. Wird der gleiche Agent von der Methode `FindLeastBusyAgent` gewählt, wird dessen Zähler `ActiveTickets` um mehr als 1 erhöht.
   b. Schlägt die Ausführung nach Zeile 6 fehl, aber versucht der aufrufende Code *nicht*, die Operation zu wiederholen, wird der Zähler nicht erhöht, das Ticket aber auch nicht angelegt.
   c. Schlägt die Ausführung nach Zeile 12 fehl, wird das Ticket erstellt und zugewiesen, aber die Benachrichtigung in Zeile 14 wird nicht verschickt.
3. Schlägt die Ausführung nach Zeile 12 fehl, versucht der aufrufende Code, die Operation zu wiederholen, und ist das dann erfolgreich, wird das gleiche Ticket persistiert und zweimal zugewiesen.
4. Alle Supporting Subdomains von WolfDesk sind gute Kandidaten für eine Implementierung als Transaction Script oder Active Record, da ihre Business-Logik recht gradlinig ist:
   a. Verwalten der Ticket-Kategorien eines Tenant.
   b. Verwalten der Produkte eines Tenant, für die die Kundinnen und Kunden Support-Tickets öffnen können.
   c. Erstellen des Schichtplans für einen Support Agent eines Tenant.

Kapitel 6

1. C: Value Objects sind immutable. (Zudem können sie Daten und Verhalten enthalten.)
2. B: Aggregates sollte so klein wie möglich designt werden, solange die Anforderungen der Fachdomäne zur Datenkonsistenz erfüllt bleiben.
3. B: Um korrekte Transaktionsgrenzen sicherzustellen.
4. D: A und C.
5. B: Ein Aggregate kapselt all seine Business-Logik, aber die Business-Logik, die einen Active Record bearbeitet, kann außerhalb seiner Grenzen liegen.

Kapitel 7

1. A: Domain Events nutzen Value Objects, um zu beschreiben, was in der Fachdomäne passiert ist.
2. C: Es lassen sich mehrere Statusrepräsentationen projizieren, und Sie können zukünftig immer weitere Projektionen hinzufügen.
3. D: B und C sind korrekt.

4. Der Algorithmus für den Ticket-Lebenszyklus ist ein guter Kandidat, um ihn als Event-Sourced Domain Model zu implementieren. Das Erzeugen von Domain Events für alle Statusübergänge kann es einfacher machen, zusätzliche Statusrepräsentationen zu projizieren, die für den Frau-Detection-Algorithmus optimiert sind oder die Autopilot-Funktionalität unterstützen.

Kapitel 8

1. D: A und C
2. D: B und C
3. C: Infrastructure Layer
4. E: A und D
5. Die Arbeit mit mehreren Modellen, die durch das CQRS Pattern projiziert wurden, widerspricht nicht den Anforderungen für Bounded Contexts, eine Modellgrenze zu sein, da nur eines der Modelle als Source of Truth definiert ist und für das Vornehmen von Änderungen am Aggregate-Status genutzt wird.

Kapitel 9

1. D: B und C
2. B: Zuverlässig Nachrichten veröffentlichen.
3. Das Outbox Pattern kann genutzt werden, um das asynchrone Ausführen externer Komponenten zu implementieren. So kann es beispielsweise zum Verschicken von E-Mails zum Einsatz kommen.
4. E: A und D sind korrekt.

Kapitel 10

1. Event-Sourced Domain Model, CQRS-Architektur und eine Teststrategie, die sich auf Unit Tests fokussiert.
2. Die Schichten können als Active Records modelliert werden, die in einer Schichtenarchitektur agieren. Die Teststrategie sollte sich vor allem auf Integrationstests konzentrieren.
3. Die Business-Logik kann als Transaction Script implementiert werden, das in einer Schichtenarchitektur organisiert ist. Aus Sicht der Tests lohnt es sich, sich auf End-to-End-Tests zu konzentrieren und den kompletten Integrationsablauf zu überprüfen.

Kapitel 11

1. A: Partnership nach Custom/Supplier (Conformist, Anticorruption Layer oder Open-Host Service). Wenn die Organisation wächst, kann es für Teams schwieriger werden, ihre Bounded Contexts ad hoc zu integrieren. Daher wechseln sie zu einem formaleren Integrations-Pattern.
2. D: A und B. A ist korrekt, weil Bounded Contexts getrennte Wege gehen, wenn die Kosten für das Verdoppeln des Codes niedriger sind als der Overhead einer Zusammenarbeit. C ist falsch, weil es keine gute Idee ist, die Implementierung einer Core Subdomain zu verdoppeln. B ist korrekt, weil das Separate Ways Pattern für Supporting und Generic Subdomains genutzt werden kann.
3. D: B und C
4. F: A und C
5. Nach dem Erreichen einer gewissen Wachstumsgrenze könnte WolfDesk in die Fußstapfen von Amazon treten und seine eigene Computing-Plattform implementieren, um seine Fähigkeiten zum elastischen Skalieren und zum Optimieren seiner Infrastrukturkosten weiter zu optimieren.

Kapitel 12

1. D: Alle Stakeholder besitzen Wissen über die Fachdomäne, die Sie untersuchen wollen.
2. F: Alle Antworten sind gute Gründe für eine EventStorming-Session.
3. E: Alle Antworten sind mögliche Ergebnisse einer EventStorming-Session. Das zu erwartende Ergebnis hängt von Ihrem initialen Grund für das Aufsetzen der Session ab.

Kapitel 13

1. B: Analysieren Sie die Fachdomäne der Organisation und deren Strategie.
2. D: A und B
3. C: A und B
4. Ein Aggregate mit einer Grenze rund um den Bounded Context kann die gesamten Daten des Bounded Context zu einem Teil einer großen Transaktion machen. Es ist auch wahrscheinlich, dass es von Anfang an zu Performanceproblemen bei diesem Vorgehen kommt. Wenn das geschieht, wird die Transaktionsgrenze entfernt werden, und es wird nicht mehr länger möglich sein, anzunehmen, dass die Informationen aus dem Aggregate streng konsistent sind.

Kapitel 14

1. A: Alle Microservices sind Bounded Contexts. (Aber nicht alle Bounded Contexts sind Microservices.)
2. D: Das Wissen über die Fachdomäne und seine Feinheiten, das über die Grenzen des Service hinaus bereitgestellt werden muss und das durch seine öffentliche Schnittstelle widergespiegelt wird.
3. C: Grenzen zwischen Bounded Contexts (am weitesten) und Microservices (am engsten).
4. D: Die Entscheidung hängt von der Fachdomäne ab.

Kapitel 15

1. D: A und B sind korrekt.
2. B: Event-Carried State Transfer
3. A: Open-Host Service
4. B: S2 sollte Public Event Notifications veröffentlichen, was S1 signalisiert, einen synchronen Request zu feuern, um die aktuellsten Daten zu erhalten.

Kapitel 16

1. D: A und C sind korrekt.
2. B: Open-Host Service. Eine der vom Open-Host Service bereitgestellten Published Languages können OLAP-Daten sein, die für eine analytische Verarbeitung optimiert sind.
3. C: CQRS. Das CQRS Pattern kann genutzt werden, um Projektionen des OLAP-Modells aus dem transaktionalen Modell zu erzeugen.
4. A: Bounded Contexts

Literatur

Brandolini, A. (o. D.). *Introducing EventStorming*. Leanpub.

Brooks, F. P. Jr. (2003), *Vom Mythos des Mann-Monats: Essays über Software-Engineering*, Bonn, mitp.

Eisenhardt, K., & Sull, D. (2016). *Simple Rules: How to Succeed in a Complex World*. London: John Murray.

Esposito, D., & Saltarello, A. (2008). *Architecting Applications for the Enterprise: Microsoft®.NET*. Redmond, WA: Microsoft Press.

Evans, E. (2003). *Domain-Driven Design: Tackling Complexity in the Heart of Software*. Boston: Addison-Wesley.

Feathers, M. C. (2018). *Effektives Arbeiten mit Legacy Code: Refactoring und Testen bestehender Software*. Frechen: mitp.

Fowler, M. (2002). *Patterns of Enterprise Application Architecture*. Boston: Addison-Wesley.

Fowler, M. (2019). *Refactoring: Improving the Design of Existing Code* (2nd ed.). Boston: Addison-Wesley.

Fowler, M. (o. D.). *What do you mean by "Event-Driven"?* Abgerufen am 12. August 2021 von *https://martinfowler.com/articles/201701-event-driven.html*.

Gamma, E., Helm, R., & Johnson, R. (2015). *Design Patterns: Entwurfsmuster als Elemente wiederverwendbarer objektorientierter Software*. Frechen: mitp.

Gigerenzer, G., Todd, P. M. & ABC Research Group (Max-Planck-Institut für Bildungsforschung) (1999), *Simple Heuristics That Make Us Smart*, New York: Oxford University Press.

Goldratt, E. M. (2005). *Beyond the Goal: Theory of Constraints*. New York: Gildan Audio.

Goldratt, E. M., & Goldratt-Ashlag, E. (2018). *The Choice*. Great Barrington, MA: North River Press Publishing Corporation.

Goldratt-Ashlag, E. (2010). *The Layers of Resistance – The Buy-In Process According to TOC* (Kapitel 20 des Handbuchs *Theory of Constraints*). Bedford, England: Goldratt Marketing Group.

Garcia-Molina, H., & Salem K. (1987). *Sagas*. Princeton, NJ: Department of Computer Science, Princeton University.

Helland, P. (2020). Data on the outside versus data on the inside. *Communications of the ACM*, 63(11), 111–118.

Hohpe, G., & Woolf, B. (2003). *Enterprise Integration Patterns: Designing, Building, and Deploying Messaging Solutions*. Boston: Addison-Wesley.

Khononov, V. (2022). *Balancing Coupling in Software Design*. Boston: Addison-Wesley.

Khononov, V. (2019). *What Is Domain-Driven Design?* Boston: O'Reilly.

Martraire, C. (2019). *Living Documentation: Continuous Knowledge Sharing by Design*. Boston: Addison-Wesley.

Millett, S., & Tune, N. (2015). *Patterns, Principles, and Practices of Domain-Driven Design* (1st ed.). Nashville: John Wiley & Sons.

Myers, G. J. (1978). *Composite/Structured Design*. New York: Van Nostrand Reinhold.

Ousterhout, J. (2022). *Prinzipien des Softwaredesigns: Entwurfsstrategien für komplexe Systeme*. Heidelberg: O'Reilly.

Richardson, C. (2019). *Microservice Patterns: With Examples in Java*. New York: Manning Publications.

Vernon, V. (2013). *Implementing Domain-Driven Design*. Boston: Addison-Wesley.

Vernon, V. (2017). *Domain-Driven Design kompakt*. Heidelberg: dpunkt.verlag.

West, G. (2019). *Scale: Die universalen Gesetze des Lebens von Organismen, Städten und Unternehmen*. München: C. H. Beck.

Wright, D., & Meadows, D. H. (2009). *Thinking in Systems: A Primer*. London: Earthscan.

Index

C

D

E

F

G

H

I

K

L

M

N

O

P

R

S

T

Über den Autor

Vlad (Vladik) Khononov ist Softwareentwickler mit über 20 Jahren Branchenerfahrung, in denen er für große und kleine Firmen gearbeitet hat – in unterschiedlichsten Rollen vom Webmaster bis zum Chefarchitekten. Vlad ist zudem als Sprecher, Blogger und Autor unterwegs. Er ist überall auf der Welt aktiv, um zu beraten und über Domain-Driven Design, Microservices und Softwarearchitektur ganz allgemein zu sprechen. Vlad hilft Firmen dabei, aus ihren Fachdomänen Sinn zu ziehen, Legacy-Systeme zu entwirren und komplexe Architekturaufgaben anzugehen. Er lebt im Norden Israels zusammen mit seiner Frau und einer fast vernünftigen Anzahl an Katzen.

Kolophon

Das Tier auf dem Titelbild von *Einführung in Domain-Driven Design* ist eine Monameerkatze (*Cercopithecus mona*), die in den tropischen Wäldern Westafrikas und der karibischen Inseln zu finden ist, wo sie während des Sklavenhandels eingeschleppt wurde. Sie springt im mittleren bis oberen Bereich des Laubdachs von Baum zu Baum und nutzt dabei ihren langen Schwanz zum Ausbalancieren.

Monameerkatzen haben ein rötlich braunes Fell, das im Gesicht, an den Gliedmaßen und am Schwanz dunkler ist. Die Unterseite und die Innenseite der Beine sind weiß. Weibchen sind im Schnitt 40 cm groß, während Männchen auf 50 cm kommen – der Schwanz kann dazu noch eine Länge von 65 cm oder mehr haben. Lange Fellbüschel an den Wangen können gelb oder grau gefärbt sein, und die Nasen zeigen eine hellpinke Färbung. Die Wangen dienen als Vorratsbereich bei der Futtersuche, sie können genauso groß wie der Magen sein.

Monameerkatzen fressen Früchte, Samen, Insekten und Blätter und werden in freier Wildbahn etwa 30 Jahre alt. Jeden Tag suchen sie mehrfach in großen Gruppen nach Futter. Es wurden Scharen von über 40 Tieren dokumentiert – meist dominiert ein Männchen die Gruppe, das mehrere Weibchen begattet und gegen rivalisierende Männchen kämpft. Diese Gruppen können sehr viel Lärm machen.

Monameerkatzen haben durch die Aktivitäten des Menschen den Gefährdungsgrad »potenziell gefährdet«. Viele der Tiere auf den O'Reilly-Covern sind vom Aussterben bedroht; sie alle sind wichtig für unsere Welt.

Die Umschlagillustration stammt von Karen Montgomery und basiert auf einem Schwarz-Weiß-Stich aus *Lydekker's Royal Natural History*. Die Schriftarten für das Cover sind Gilroy Semibold und Guardian Sans.